2015上海房地产年鉴

《上海房地产年鉴》编纂委员会　编

线装書局

图书在版编目（CIP）数据

上海房地产年鉴. 2015 / 华伟主编. -- 北京 : 线装书局, 2016.5
ISBN 978-7-5120-2279-9

Ⅰ. ①上… Ⅱ. ①华… Ⅲ. ①房地产业－上海市－2015－年鉴 Ⅳ. ①F299.275.1-54

中国版本图书馆CIP数据核字(2016)第132081号

上海房地产年鉴（2015）

主　　编：华伟
编　　者：《上海房地产年鉴》编纂委员会
责任编辑：李旻 高晓彬
出版发行：线装書局
地址：北京西城区鼓楼西大街41号（100009）
电话：010-64045283（发行部）64045583（总编室）
网址：www.xzhhc.com
经　　销：新华书店
印　　刷：上海华捷印务科技有限公司
开　　本：890mm×1240mm　1/16
印　　张：20.5
字　　数：650千字
版　　次：2016年5月第1版　第1次印刷
印　　数：0001-3000册
广告许可登记号：京西工商广字第8011号（1-1）

定　　价：580.00元

《上海房地产年鉴》编纂委员会

《上海房地产年鉴》编辑部

上海市住房和城乡建设管理委员会领导

顾金山　上海市住房和城乡建设管理委员会主任
倪　蓉　上海市住房和城乡建设管理委员会副主任
蒋曙杰　上海市住房和城乡建设管理委员会副主任
袁嘉蓉　上海市住房和城乡建设管理委员会副主任
裴　晓　上海市住房和城乡建设管理委员会副主任
邓建平　上海市住房和城乡建设管理委员会副主任
于福林　上海市住房和城乡建设管理委员会副主任
刘千伟　上海市住房和城乡建设管理委员会
金　晨　上海市住房和城乡建设管理委员会秘书长

上海市规划和国土资源管理局领导

庄少勤　上海市规划和国土资源管理局局党组书记、局长
肖征忠　上海市规划和国土资源管理局局党组成员、副局长
徐毅松　上海市规划和国土资源管理局副局长
史家明　上海市规划和国土资源管理局局党组成员、副局长
蒋蔚超　上海市规划和国土资源管理局局党组成员、纪律检查组组长
王训国　上海市规划和国土资源管理局局党组成员、副局长
岑福康　上海市规划和国土资源管理局局党组成员、副局长
俞斯佳　上海市规划和国土资源管理局局党组成员、总工程师
陈薇萍　上海市规划和国土资源管理局副巡视员

上海实用房产指南

厉无畏

全国政协原副主席　厉无畏

蓝天绿水楼市旺
安居乐业奔小康

庄晓天
二〇〇四年六月

上海市原副市长　庄晓天

安居樂業

上海市房地产经济学会原会长　桑荣林

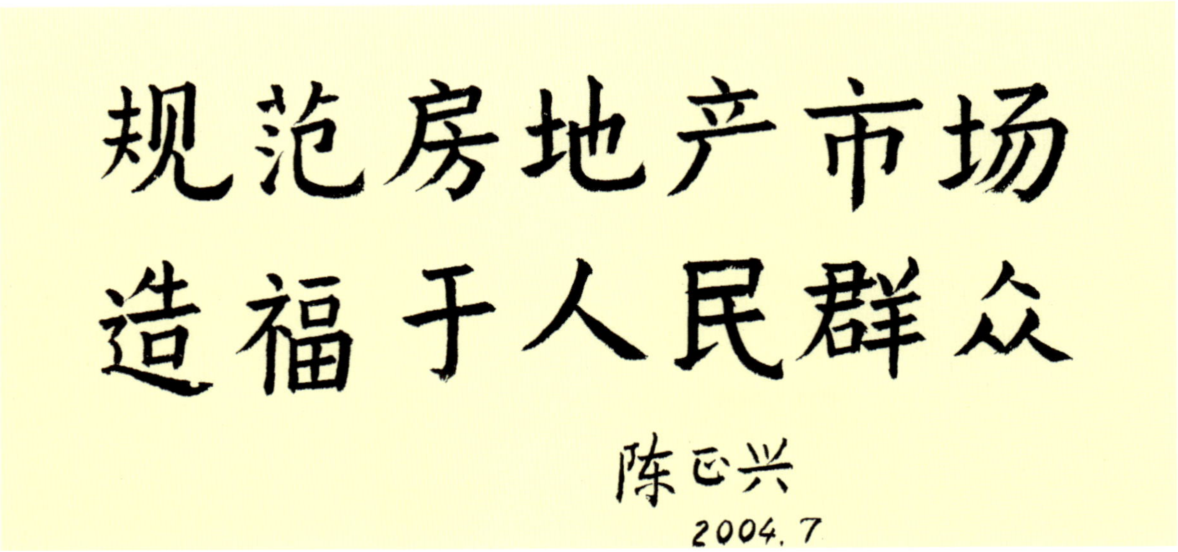

上海市政协原副主席　陈正兴

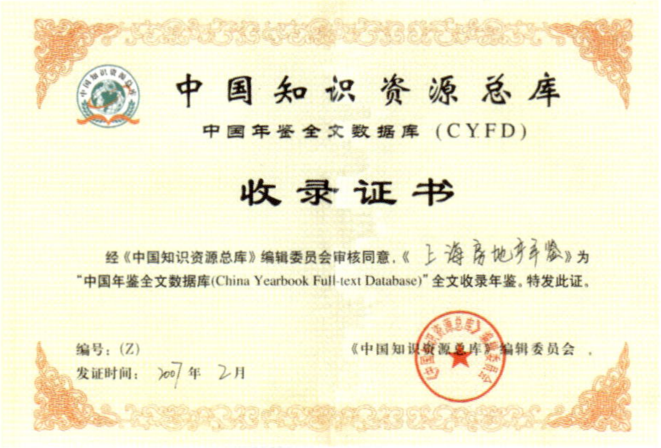

《上海房地产年鉴》被收录进“中国知识资源总库”

《上海房地产年鉴》被中国版协年鉴工作委员会授予“中国年鉴全文数据库核心年鉴称号”

1 2014年4月，上海市委副书记、市长杨雄到市住房保障房屋管理局调研。

2 2014年4月，蒋卓庆副市长调研本市住宅小区综合治理工作。

1 2014年1月，市规划国土资源局召开2014年度重点工作和重点课题研讨会。

2 2014年11月，国土资源部土地整治中心罗明总工程师带队和澳大利亚昆士兰科技大学教授John Byrne等外籍专家一行10人来沪考察调研。

3 2014年2月，本市召开上海市旧住房综合改造工作座谈会。

1 2014年1月，市住房保障领导小组召开上海市2014年住房保障工作会议。

2 2014年2月，本市召开上海市旧住房综合改造工作座谈会。

3 市委统战部部长沙海林、市政协副主席周汉民一行接见编辑部负责人。

1 嘉定区外冈镇市级土地整治项目首季水稻喜获丰收。

2 2014年10月，“上海2040高峰论坛”活动第一场在世博会城市最佳实践区新落成的“上海设计中心南馆”召开。

3 2014年6月，“E时代的优秀历史保护建筑项目暨慢品上海湖南社区”平台上线。

金茂府
JIN MAO PALACE

中国铁建
青秀城
青秀·卓庭
GREEN MANSION
格调公馆 卓尔不凡
约(建面)78①-106②m²
经典版式 城市菁英置业优选
新顾城
商圈环伺
洋房住区
富氧美宅
星级装修
轻奢优雅
经典板式
全明通透
NEAR THE WATERSIDE, AMONG THE FOREST
SUNSHINE HOUSE
①10#102
GARDEN
规划教育用地
龙湖北城天街
7号线
刘行站
青秀·卓庭
GREEN MANSION
潘泾路
顾村商圈
宝安公路
1号线
宝安公路站
绿地缤纷城
上海绿地北郊广场
(沃尔玛)
外环线
贵宾专线:(+86)21 5675 9999
项目地址:宝山区宝安公路933号
免责声明：本广告仅为要约邀请，买卖双方的权利义务以最终签署的商品房买卖合同为准。

上海亚通置业发展有限公司

上海亚通置业发展有限公司是上海亚通股份有限公司的全资子公司，于2003年6月成立，主要从事房地产开发与经营。公司将“服务民众、报效社会”作为企业使命，向社会倾力提供安全、便捷、可靠、温馨的产品和服务，致力于提高社会民众的生活质量。公司秉持健康生态的开发理念，抱着为亲人筑宅的态度，不断在业务中突破创新，为置业者提供高品质的楼宇和服务。

亚通置业坚持贯彻先进的规划设计理念，从建设生态岛要求出发，注重绿化环境和人文环境的营造，强调人与自然的和谐共处以及人与人之间的沟通交流，致力于打造舒适和谐的社区。

亚通置业已成功打造龙馨嘉园、海岛星城、江海名都等项目，目前正全力打造亚通水岸景苑项目。亚通水岸景苑为崇明首个百米樱花水岸社区项目，位于崇明新老城区交汇处，毗邻百联商业中心及卫生服务中心并引入在国内具有良好声誉的南京西路幼儿园，坐拥醇熟的商业、医疗、教育配套。社区内围绕550米天然景观河并有河滨花园、御庭花园、紫藤花园、玉兰花园、棕榈花园、圣泉花园六大主题生态花园，遍植多种名贵绿植，让置业者不出家门即可踏青赏花。项目一期于2015年1月开盘并热销，二期将于近期开盘。

PHOENIX CITY
凤凰城
皆因凤凰而精彩
一站式配套
舒适阔三房
咫尺5号线
南加州风情
2013年度中国房地产人文气质典范金奖
项目地址：景谷中路58弄（轨交5号东川路站）
投资商/开发商：上海闵行置业发展有限公司
全程营销代理：新聚仁物业咨询有限公司
TO THOSE WHO KNOW BETTER HOW
TO ENJOY LIFE
凤藏中心尽非凡
OVER THE CITY CENTER
莘庄南 地铁口 29万方全能生活城
VIP LINE 54731188
THOSE WHO KNOW BETTER HOW TO ENJOY LIFE TO THOSE WHO KNOW BETTER HOW TO ENJOY LIFE TO THOSE WHO KNOW BETTER HOW TO ENJOY LIFE TO THOSE WHO KNOW BETTER HOW TO ENJOY LIFE TO THOSE WHO KNOW BETTER HOW TO ENJOY
上海闵行房地集团
上海闵行置业发展有限公司
Shanghai Minhang Real Estate Group
上海闵行房地集团上海闵行置业发展有限公司成立于2002年4月，注册资本7000万元。公司秉承“资源节约、环境友好、人居健康、宜居住宅”的开发理念，开发项目在近四届“上海市优秀住宅”评选中连续获奖，其中“华夏茗苑”项目获第八届上海市优秀住宅金奖。在第七届上海市优秀住宅评选中，“丽都城”项目获银“源枫景苑”项目获“优秀保障性住宅奖”。 上海闵行置业发展有限公司还被上海市房协授予“第六届 （2011— 2012）上海市房地产开发企业50强”称号。
公司现在建的29万方南加州生活城——“凤凰景苑”，首期16幢房将于2015年下半年交房。在售的户型面积有104至110平方米的两房、134至141平方米的三房、180平方米的四房和顶层复式等。
TO THOSE WHO KNOW BETTER HOW TO ENJOY LIFE TO THOSE WHO KNOW BETTER HOW TO ENJOY LIFE TO THOSE WHO KNOW BETTER HOW TO ENJOY LIFE TO THOSE WHO KNOW BETTER HOW TO ENJOY LIFE TO THOSE WHO KNOW BETTER HOW TO ENJOY
闵行房管（2014）预字0000237号 闵行房管（2014）预字0000236号 本广告所涉及的图片、文字仅供参考，最终以合同及政府批文为准。

上海卫百辛（集团）有限公司

上海卫百辛（集团）有限公司成立于1996年，公司性质为国有独资公司，注册资本32.517亿元人民币，具有国家房地产开发企业二级资质，经营管理范围涉及房地产开发、资产经营、物业管理、旧住房成套改造、房屋征收等业务，连续十九年被评为“上海市重点工程实事立功竞赛优秀公司”，并荣获“上海房地产十八年杰出贡献企业”、“上海市诚信承诺先进单位”、“上海市厂务公开民主管理工作先进单位”等荣誉称号，涌现出了“全国劳动模范”、“全国五一劳动奖章”、“上海市劳模集体”等一批先进集体和个人。

近年来，公司秉承“便民利民为百姓、创业创新创品牌”的企业精神，以“建设杨浦和谐社区”为己任，扎实推进物业管理、旧住房成套改造、房屋征收等各项民生工程，积极参与杨浦旧区改造，不断深化“卫百辛”品牌“以百姓为本、为百姓服务”的内涵，获得了广大业主、合作方的认同和好评。公司在关注企业社会责任的同时，积极谋求自身发展，加快企业经济结构的转型，大力拓展房屋租赁、社区延伸服务等多种经营，实现了经济效益和社会效益的双提升，逐步成长为具有良好品牌信誉的区属骨干企业。

公司将以“服务杨浦百姓安居”为使命，以为杨浦广大业主住户提供优质安全便捷的物业管理服务为首要任务，努力朝着“致力于和谐安居的社区物业运营商”的企业长远发展目标稳步迈进。

上海众众房地产开发有限公司

上海众众房地产开发有限公司于1998年联合行业同仁共同组建，注册资金2000万元，房地产开发二级资质，是上海众众实业发展有限公司在房地产领域子公司。

公司成立以来，先后开发“众众家园”一、二期、三期，建造小高层达6.8万平方米，获上海市最佳优秀房型奖、工程质量优质奖，并获建设系统“闵行杯”奖杯；开发“众众德尚世嘉”住宅小区，建筑面积达16多万平方米，总投资约10亿人民币，获上海“四高小区”等称号；开发“众昌金城”酒店公寓约3.6万平方米，上海市莘庄工业区“众众工业园”。2014年完成“众众德尚世嘉”小区东区都市府邸的项目；奉贤区南桥镇光明工业区10万平方米项目，首期已完成2万平方米工业标准厂房的建设。

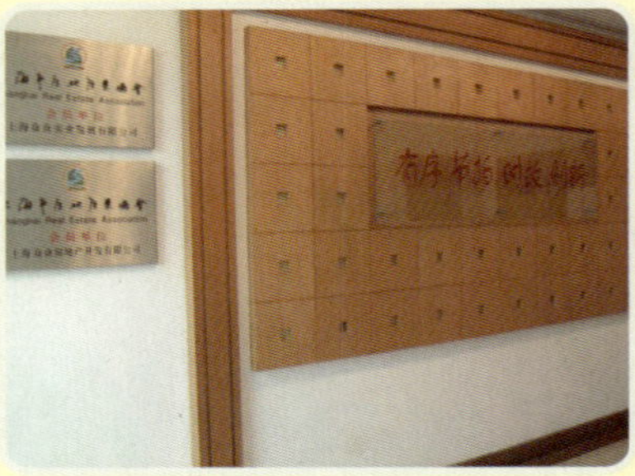

经过十多年的发展，公司不断发展，总资产达3亿元。现有员工29人，大专及以上学历占80%，其中中高级人才占53%。公司荣获上海市工商局2002-2012年首批认定的企业合同信用等级A级单位；2003年被推荐为上海市房地产行业协会理事单位；2004年获国家工商行政管理总局、商标局批准公司司标和开发、资本投资二个商标注册证，并获批续展至2024年；2005年成为中国工商业联合会会员单位，2005年被行业确认为上海市首批诚信守诺120家企业之一；2009年中国房地产诚信品牌企业；2010年“百强”地产杰出贡献企业；2011年11月-2015年12月诚信创建“五星”级企业，2015年上海市房地产开发企业诚信承诺先进单位。

目 录

第一篇 专论篇

第二篇　环境篇

第三篇 行业篇

第四篇 类型篇

第五篇 区域篇

第六篇 附录篇

第一篇 专论

ALMANAC OF SHANGHAI REAL ESTATE

第一章 综述

第一节 谈谈房地产行业的供给侧改革

尹伯成

供给与需求从来就是市场经济运行的两侧，所有市场概莫能外，房地产市场同样如此。有人以为，中央提出供给侧改革就是就是要抑制房地产行业发展，因为长期来我国推动经济增长靠的就是大力发展房地产等行业，结果形成大量库存，不得不在2016年把“去库存”作为经济运行的五大任务之一，而“去库存”抑制房地产发展正是目前供给侧结构性改革中一个重要任务。这完全是一种误解。

实际上，供给侧改革不等于压抑房地产，相反，当前我国要为改革和经济转型升级创造一个稳定的经济大环境，还离不开房地产，因为房地产上下游涉及60多个行业的发展，稳经济就得稳房地产。当然，房地产行业同样存在一个供给侧改革问题。

房地产需求是指对房地产的购买。放松限购，放宽信贷，降低税收等都属于鼓励需求的政策。显然，房地产供给就是指房地产的开发和供应问题。房地产行业的供给侧改革就是针对当前房地产供给方面存在的问题，要做那些方面的改革和调整。这可以从几个层面上说。

从政府宏观层面上说，例如，如何降低开发房地产的成本以促使房价稳定，像营改增的政策就有利于降低开发商成本。再如，如何解决一线城市和部分二线城市与三四线城市需求冷热不均问题，在限购、信贷等方面实行了差异化政策。又如，如何鼓励多开发中小套型住宅，规定中小套型住宅和大的高档住宅享受各方面不同的税收政策。这些就都属于供给侧改革的政策。

从房地产民生层面上说，如何完善一系列配套措施以解决许多保障性住房分配了仍旧空置、无人愿意去住的问题，如何解决三四线城市大量商品房空置而同时政府又在大力新建保障性住房问题。比方说能否用开发保障性住房的资金直接收购空置的商品房作为保障性住房，也是房地产供给侧改革中问题。

从行业内部业态层面上说，如何解决各种房地产业态不合理、不平衡问题，包括商业地产总体过剩而有些地产严重短缺问题。例如，上海市这方面问题就比较突出，需要切实加以解决。例如，可否将一部分空置的商业房产改造成为养老地产或者住房，也是房地产供给侧改革中问题。

从企业微观层面说，如何把产品真正做好，是一个很大的重要问题。在这方面，一年多前，恒大推出无理由退房，可能是一个很好的例子。所谓无理由退房，就是不让消费者有理由退房。这来源于恒大产品的高品质与高性价比，在产品品质方面的不遗余力，持续实施精品战略，在设计、施工等房地产开发链条上打造环节精品。过硬的工程质量、完善便捷的配套设施、优质化的物业服务、标准化运营，这些形成了品质的“硬功夫”。

总之，房地产供给侧改革要解决的问题很多，都需要切切实实来解决。

第二节　2014 年上海房地产市场回顾

在经历了 2013 年楼市交易繁荣、房价较快上涨后，2014 年前三季度上海市房地产市场经历了一轮调整，主要表现为开发投资增速回落和楼市销售量减少。但在四季度限贷放松、普通商品住房标准调整及贷款利率下降等多重因素影响下，楼市出现回暖走势。

一、房地产开发投资状况分析

2014 年，上海市房地产开发投资 3 206.48 亿元，比上年增长 13.7%，从全年走势看，投资增速呈现前三季度个位数增长，四季度达到两位数（见图 1-1）。房地产开发投资占全社会固定资产投资比重上升，2014 年所占比重达到 53.3%，高出上年 3.4 个百分点。

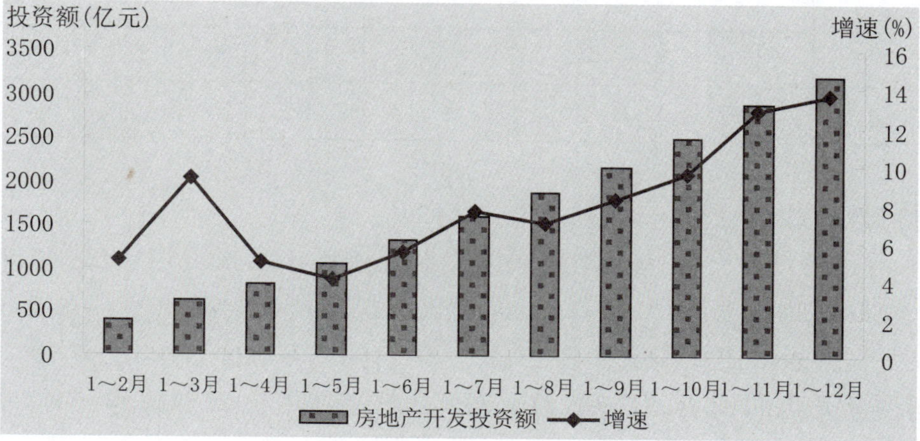

图 1-1　2014 年上海市房地产开发投资情况

从房屋类型看，非住宅投资快于住宅投资。2014 年，上海市住宅投资 1 724.65 亿元，比上年增长 6.8%，占全部房地产开发投资的 53.8%；办公楼投资 534.77 亿元，增长 41.8%，占 16.7%；商业营业用房投资 457.92 亿元，增长 23.8%，占 14.3%。

从投资结构看，土地购置费快速增长。2014 年，上海市房地产开发投资中建筑及安装工程投资 2076.59 亿元，比上年增长 9.8%，占全部房地产开发投资的 64.8%；土地购置费 873.61 亿元，增长 48.4%，成为拉动房地产开发投资增长的主要因素。

从项目规模看，大项目投资增速较高。2014 年，上海市完成投资额 5 亿元以上的房地产开发项目有 162 个，比上年增加 33 个，共计投资 1573.46 亿元，增长 29%，高出全市房地产开发投资增速 15.3 个百分点。

从投资主体看，非国有企业投资增长较快。2014 年，上海市国有房地产企业投资 219.65 亿元，比上年下降 48.1%；非国有企业投资 2986.83 亿元，增长 24.6%。在非国有企业投资中，股份制企业投资 1 504.16 亿元，增长 21.2%；私营企业投资 862.75 亿元，增长 27.1%；港澳台企业投资 408.02 亿元，增长 78.5%；外商企业投资 198.81 亿元，增长 22.3%。

从全国范围看，2014 年全国房地产开发投资总额 95 035.61 亿元，其中位列前 3 位的依次是江苏（8 240.22 亿元）、广东（7 638.45 亿元）和浙江（7 262.38 亿元）。上海居全国 31 个省市区的第 14 位，与上年持平，投资额占全国及东部地区的比重分别为 3.4% 和 6.1%，比上年分别提高 0.1 个和 0.2 个百分点；上海房地产开发投资增速居全国 31 个省市区的第 17 位，比上年增长 13.7%，分别比全国（10.5%）和东部地区（10.4%）高 3.2 和 3.3 个百分点。(见表 1-1)。

表 1-1　上海房地产开发投资情况　　单位：亿元、万平方米

年份	房地产开发投资		住宅开发投资		商品房新开工面积		住宅新开工面积	
	数值	同比（%）	数值	同比（%）	数值	同比（%）	数值	同比（%）
2014 年	3 206	13.7	1725	6.8	2 782	2.8	1 547	-5.8
2013 年	2 820	18.4	1616	11.3	2 706	-0.7	1 643	5.1
2012 年	2 381	9.7	1 471	5.1	2 910	-20.1	1 563	-36.8

二、房地产建设状况分析

2014 年上海市房地产开发投资增速较上年明显回落，且投资增长更多依赖土地购置费的快速增长。受此影响，上海市房屋施工面积仅个位数增长。2014 年，上海市房屋施工面积 14 690.18 万平方米，比上年增长 8.7%。其中，住宅 8 525.85 万平方米，增长 4.9%。

上海市房屋新开工面积 2 782.02 万平方米，比上年增长 2.8%。其中，住宅 1 547.29 万平方米，下降 5.8%；非住宅 1 234.73 万平方米，增长 16.2%。10 月起，上海市房屋新开工面积扭转了长达 31 个月同比下降的走势。同时，上海市房屋竣工面积自 11 月起也出现了同比增长。2014 年，上海市房屋竣工面积 2 313.29 万平方米，比上年增长 2.6%。其中，住宅 1 535.55 万平方米，增长 8.3%（见表 1-2）。

表 1-2　2014 年上海市房屋新开工及竣工情况

指 标	新开工面积		竣工面积	
	（万平方米）	增速（%）	（万平方米）	增速（%）
全部房屋	2 782.02	2.8	2 313.29	2.6
# 住宅	1 547.29	-5.8	1 535.55	8.3
办公楼	365.25	38.3	165.03	-6.2
商业营业用房	388.03	41.1	208.36	-17.8

三、上海房地产市场交易状况分析

2014 年，上海市严格贯彻落实国家和市级各项房地产调控政策措施，采取差别化住房

信贷、税收、住房限购、增加土地供应等综合措施，抑制投资和投机性购房需求。由于房价上涨预期有所分歧，前三季度买卖双方持续观望，导致市场交易出现萎缩。

一方面由于2013年上海市楼市交易繁荣，成交面积明显高于正常年份，导致基数较高；另一方面由于2014年前三季度市场经历了一轮调整，观望情绪浓厚，导致全年上海市新建房屋销售面积减少，降幅超一成（见图1-2）。2014年，上海市新建房屋销售面积2 084.66万平方米，比上年下降12.5%。其中，住宅1 780.91万平方米，下降11.7%。

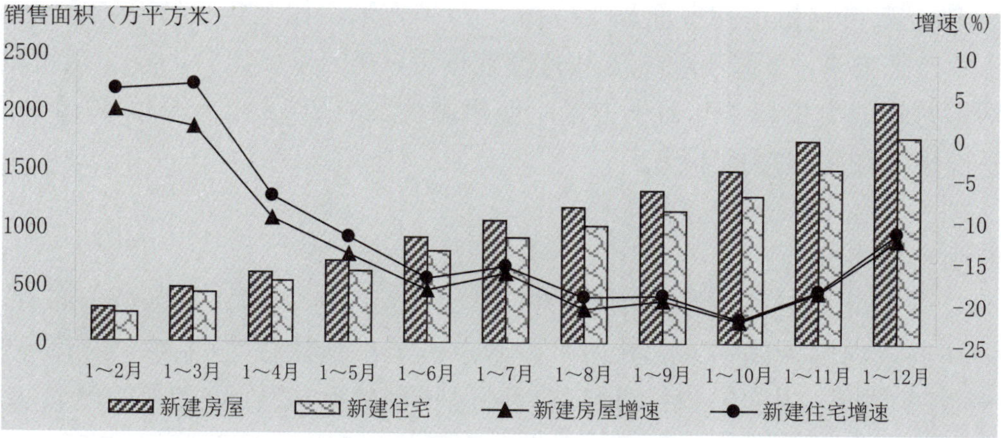

图1-2　2014年上海市新建商品房销售面积情况

从成交结构看，市场化新建住宅成交减少是全市新建住宅销售面积下降的主要原因。2014年，上海市市场化新建住宅销售面积比上年下降26%，保障性住宅则增长6.2%。从历史成交量看，自2013年12月至2014年9月上海市市场化新建住宅单月成交面积连续10个月低于近5年来月均成交水平，受四季度出台的一系列楼市政策影响，2014年四季度市场化新建住宅月均成交面积超百万平方米。（见图1-3）

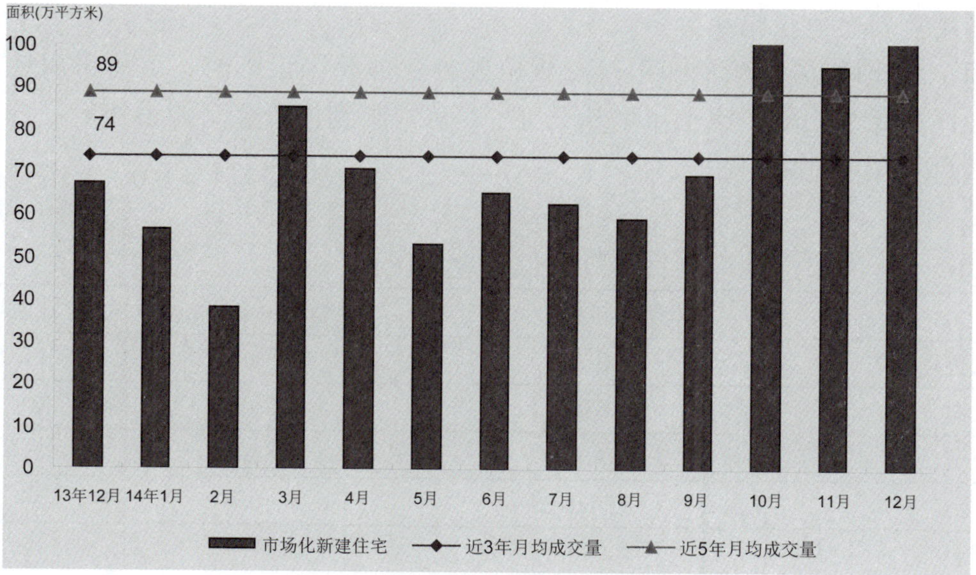

图1-3　2014年上海市市场化新建住宅单月成交情况

从全国范围看，2014 年全国新建房屋销售面积 120　648.54 万平方米，东部地区 54　755.84 万平方米，上海分别占全国及东部地区销售面积的 1.7% 和 3.8%。上海新建房屋销售面积比上年下降 12.5%，同期全国下降 7.6　%，东部地区下降 13.7%，上海降幅居全国 31 个省市区的第 8 位，降幅居前的依次是辽宁（-38.1%）、吉林（-28.6%）、黑龙江（-25.9%）、北京（-23.6%）、海南（-15.7%）、江苏（-14%）和天津（-12.7%）。

存量房方面，卖方撤牌惜售、买方谨慎入市，买卖双方因市场环境低迷，不约而同选择了观望，前三季度存量房交易显得较为冷清，四季度成交出现回升。据市房地产交易中心统计，2014 年上海市存量房网签面积 1　719.3 万平方米，比上年下降 38.3%。其中，存量住宅 1　454.6 万平方米，下降 40.9%。从月度数据看，在四季度出台的各类楼市政策作用下，存量住宅网签月均成交量超 150 万平方米，但相比火爆的 2013 年上海市 2014 年存量房市场成交量还是出现了较大幅度的下降。

四、商品房价格分析

2014 年，上海市新建住宅平均销售价格 16　415 元 / 平方米。从区域分布看，全市新建住宅中，内环线以内区域销售 54.28 万平方米，占全市新建住宅的 3%；内外环线之间区域销售 304.81 万平方米，占 17.1%；外环线以外区域销售 1　421.82 万平方米，占 79.9%。全年各环线区域新建住宅平均销售价格分别为：内环线以内 53　629 元 / 平方米，内外环线之间 23　681 元 / 平方米，外环线以外 13　437 元 / 平方米。

从剔除共有产权房和动迁安置房等保障性住宅后的市场化新建住宅的区域分布看，内环线以内区域销售 52.38 万平方米，占全市市场化新建住宅的 6.3%；内外环线之间区域销售 148.66 万平方米，占 18%；外环线以外区域销售 625.69 万平方米，占 75.7%。全年各环线区域市场化新建住宅平均销售价格分别为：内环线以内 54　436 元 / 平方米，内外环线之间 40　345 元 / 平方米，外环线以外 20　487 元 / 平方米。

五、房地产资金到位情况分析

2013 年，受销售房款减少和银行业规范表外业务等因素影响，上海市房地产项目建设到位资金合计 269.9 亿元，比上年增长 3.5%。从本年到位资金来源渠道看，四大类资金均呈现“两增两降”（见表 1-2）。

表 1-2　2014 年上海市房地产项目本年到位资金情况

指　标	本年到位资金（亿元）	增速（%）	比重（%）
本年到位资金	5 269.90	3.5	100.0
国内贷款	1 638.84	26.8	31.1
利用外资	69.61	82.5	1.3
自筹投资	1 560.83	-0.6	29.6
其他资金	2 000.62	-8.7	38.0

据人民银行上海总部统计，截至2014年底上海市中资银行本外币商业性房地产贷款余额12 361.53亿元，比上年增长12.1%。其中，房地产开发贷款余额5 490.39亿元，增长17.3%；个人购房贷款余额6 429.82亿元，增长9.8%。

2014年，上海市新建及存量住房销售量均出现下降。受此影响，2014年上海市公积金贷款当年发放贷款472.2亿元，比上年下降23.2%，而上年则增长49.8%。

六、土地供应与成交分析

2014年上海土地市场总成交面积851.3万平方米，较2013年下滑31.3%，其中，商品住宅性质用地成交501.2万平方米，商业用地成交164.4万平方米，保障房用地出让185.7万平方米。

2014年上海土地市场共计成交土地（剔除工业用地）201幅，较去年下滑27.7%。其中，商品住宅用地（含普通商品房、商住办混合）土地成交 90幅，商业用地（商业、办公及 餐饮等）成交75幅，另外保障房用地（动迁安置房）成交 36幅。

2013年土地市场出让总金额达1 64.7亿元，较2013年下滑21.8%，总成交金额创下招拍挂以来上海土地市场出让金总额第二高，仅次于去年的2 129.7亿元。其中商品住宅性质用地成交1 244.7亿元，商业用地成交311.2亿元，保障房用地成交108.8亿元。（见图1-4、图1-5、图1-6）

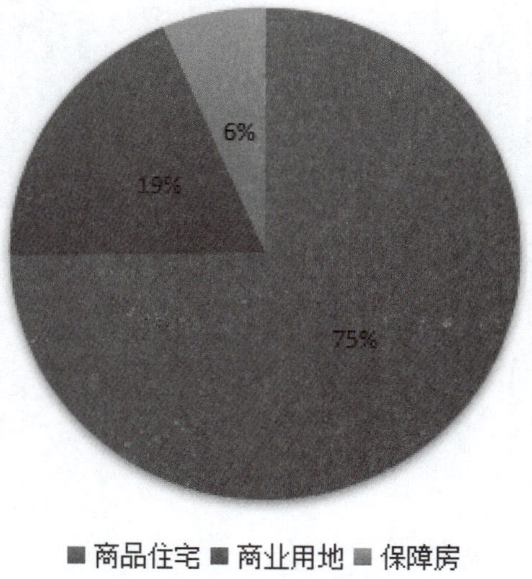

图1-4　2014年上海市分类型土地成交情况

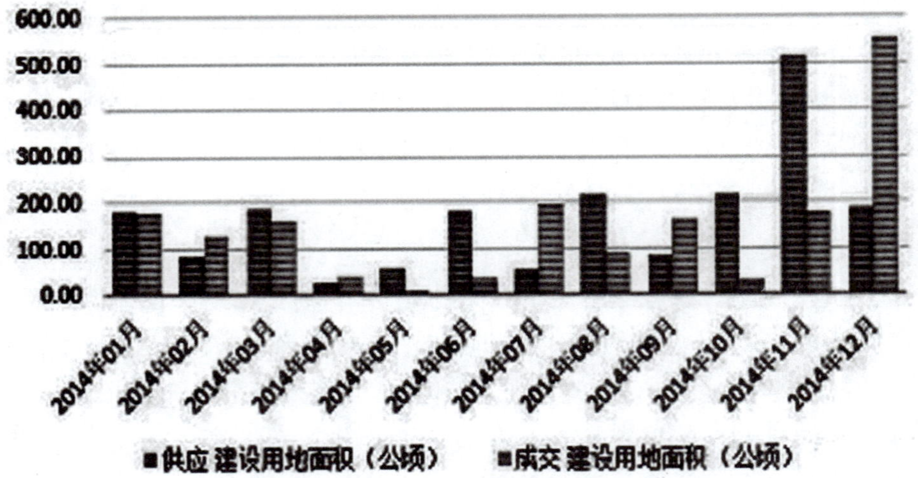

图 1-5 2014 年 1-12 月上海土地市场每月走势

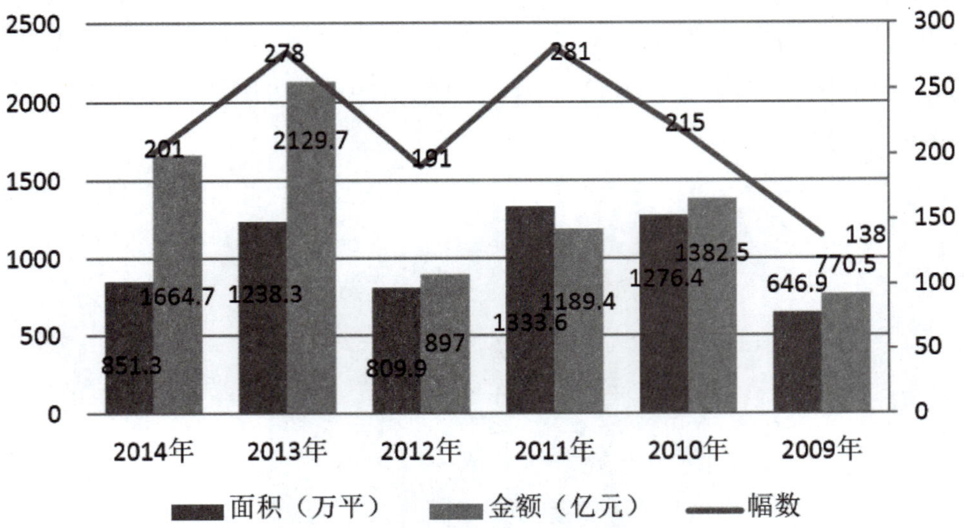

图 1-6 2009 ～ 2014 年土地市场走势

第二章 中华人民共和国2014年国民经济和社会发展统计公报[1]

2014年，面对复杂多变的国际环境和艰巨繁重的国内发展改革稳定任务，党中央、国务院团结带领全国各族人民，牢牢把握国内外发展大势，坚持稳中求进工作总基调，全力推进改革开放，着力创新宏观调控，奋力激发市场活力，努力培育创新动力，国民经济在新常态下平稳运行，结构调整出现积极变化，发展质量不断提高，民生事业持续改善，实现了经济社会持续稳定发展。

一、综合

年末全国大陆总人口为136 782万人，比上年末增加710万人，其中城镇常住人口为74 916万人，占总人口比重为54.77%。全年出生人口1687万人，出生率为12.37‰；死亡人口977万人，死亡率为7.16‰；自然增长率为5.21‰。全国人户分离的人口[2]为2.98亿人，其中流动人口[3]为2.53亿人。（见表2-1）

表2-1　2014年年末人口数及其构成

指　标	年末数（万人）	比重（%）
全国总人口	136 782	100.0
其中：城镇	74 916	54.77
乡村	61 866	45.23
其中：男性	70 079	51.2
女性	66 703	48.8
其中：0-15岁（含不满16周岁）[4]	23 957	17.5
16-59岁（含不满60周岁）	91 583	67.0
60周岁及以上	21 242	15.5
其中：65周岁及以上	13 755	10.1

国民经济稳定增长。初步核算，全年国内生产总值[5]636 463亿元，比上年增长7.4%。其中，第一产业增加值58 332亿元，增长4.1%；第二产业增加值271 392亿元，增长7.3%；第三产业增加值306 739亿元，增长8.1%。第一产业增加值占国内生产总值的比重为9.2%，第二产业增加值比重为42.6%，第三产业增加值比重为48.2%。（见图2-1）

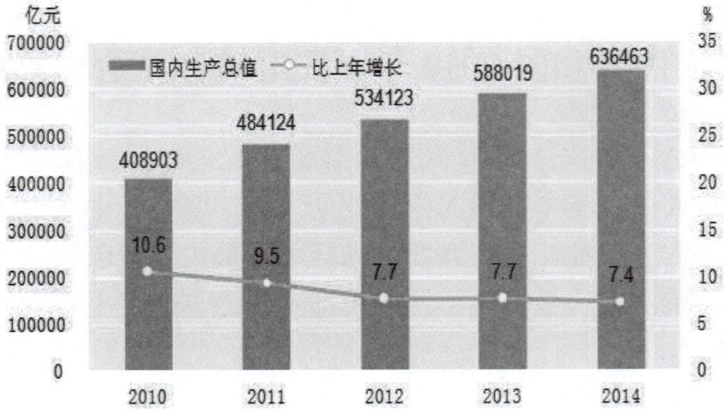

图 2-1　2010 ～ 2014 年国内生产总值及其增长速度

就业继续增加。年末全国就业人员 77 253 万人，其中城镇就业人员 39 310 万人。全年城镇新增就业 1 322 万人。年末城镇登记失业率为 4.09%。全国农民工 [6] 总量为 27 395 万人，比上年增长 1.9%。其中，外出农民工 16 821 万人，增长 1.3%；本地农民工 10 574 万人，增长 2.8%。（见图 2-2）

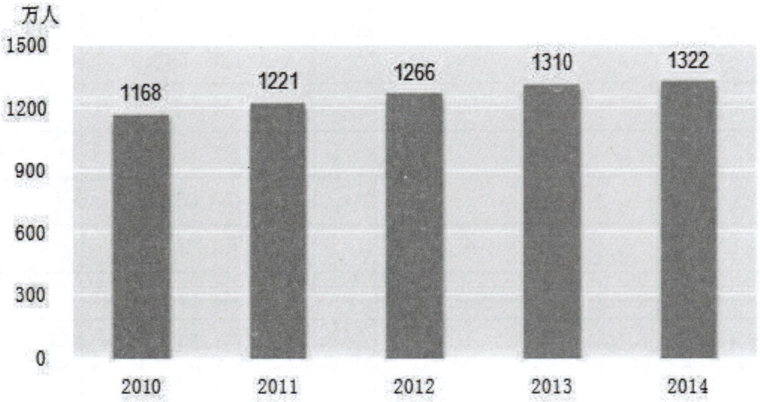

图 2-2　2010 ～ 2014 年城镇新增就业人数

劳动生产率稳步提高。全年国家全员劳动生产率 [7] 为 72 313 元 / 人，比上年提高 7.0%。（见图 2-3）

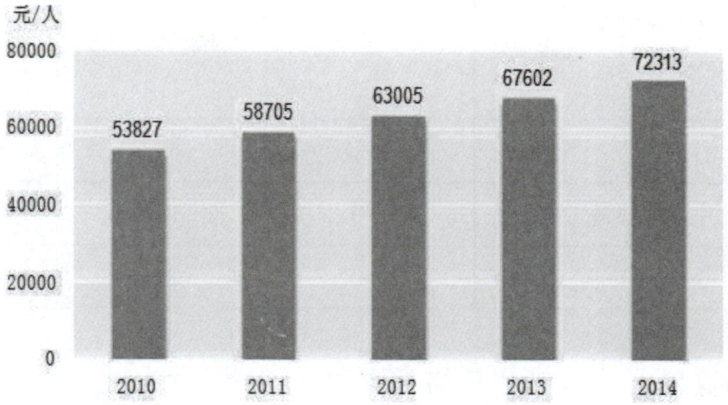

图 2-3　2010 ～ 2014 年全员劳动生产率

价格水平涨幅较低。全年居民消费价格比上年上涨 2.0%，其中食品价格上涨 3.1%。固定资产投资价格上涨 0.5%。工业生产者出厂价格下降 1.9%。工业生产者购进价格下降 2.2%。农产品生产者价格[8]下降 0.2%。（见图 2-4，表 2-2）

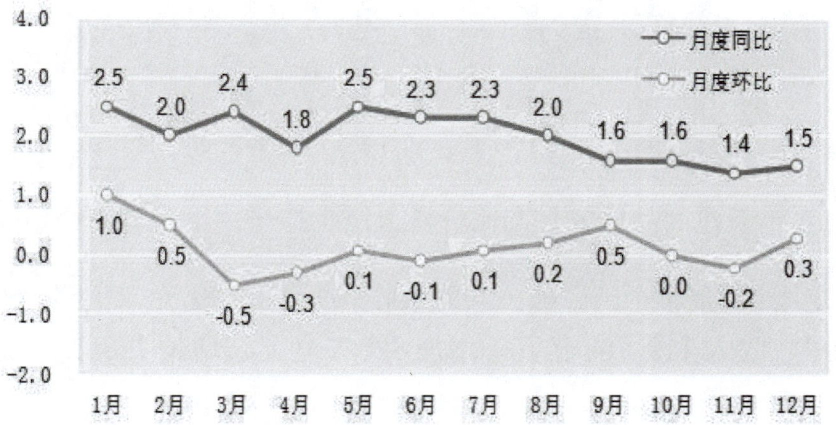

图 2-4　2014 年居民消费价格月度涨跌幅度

表 2-2　2014 年居民消费价格比上年涨跌幅度　　单位：%

指　　标	全　国		
		城　市	农　村
居民消费价格	2.0	2.1	1.8
其中：食　品	3.1	3.3	2.6
烟酒及用品	-0.6	-0.7	-0.5
衣　着	2.4	2.4	2.4

家庭设备用品及维修服务	1.2	1.2	1.2
医疗保健和个人用品	1.3	1.2	1.5
交通和通信	-0.1	-0.2	0.0
娱乐教育文化用品及服务	1.9	1.9	1.7
居 住[9]	2.0	2.1	1.9

70 个大中城市新建商品住宅销售价格月同比上涨城市个数上半年各月均为 69 个，下半年月同比上涨城市个数逐月减少， 12 月份为 2 个，月同比价格下降城市个数增加至 68 个。(见图 2-5)

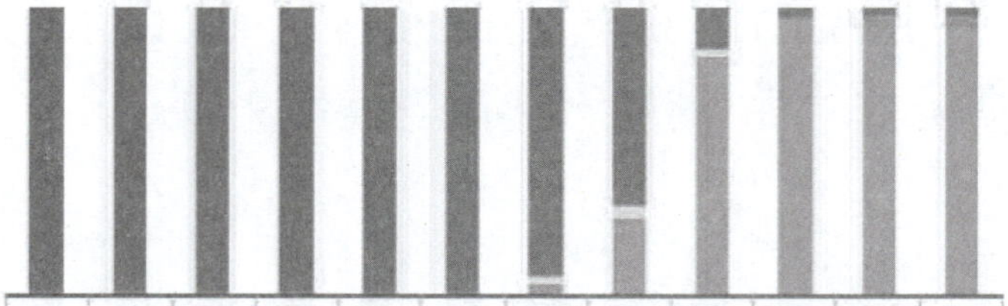

	1月	2月	3月	4月	5月	6月	7月	8月	9月	10月	11月	12月
上涨	69	69	69	69	69	69	65	48	10	3	2	2
持平	0	0	0	0	0	0	2	3	2	0	0	0
下降	1	1	1	1	1	1	3	19	58	67	68	68

图 2-5 2014 年新建商品住宅月同比价格上涨、持平、下降城市个数变化情况

财政收入稳定增长。全年全国一般公共财政收入 140 350 亿元，比上年增加 11 140 亿元，增长 8.6%，其中税收收入 119 158 亿元，增加 8 627 亿元，增长 7.8%。(见图 2-6)

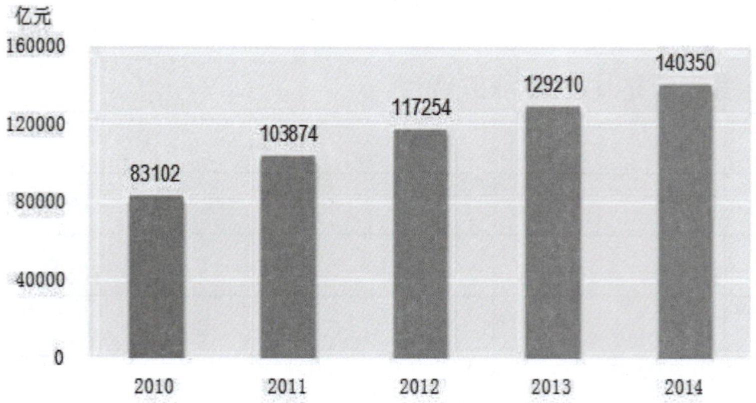

注：图中 2010 年至 2013 年数据为全国一般公共财政收入决算数，2014 年为执行数。

图 2-6 2010 ～ 2014 年全国一般公共财政收入

外汇储备略有增加。年末国家外汇储备 38 430 亿美元，比上年末增加 217 亿美元。全年人民币平均汇率为 1 美元兑 6.1428 元人民币，比上年升值 0.8%。（见图 2-7）

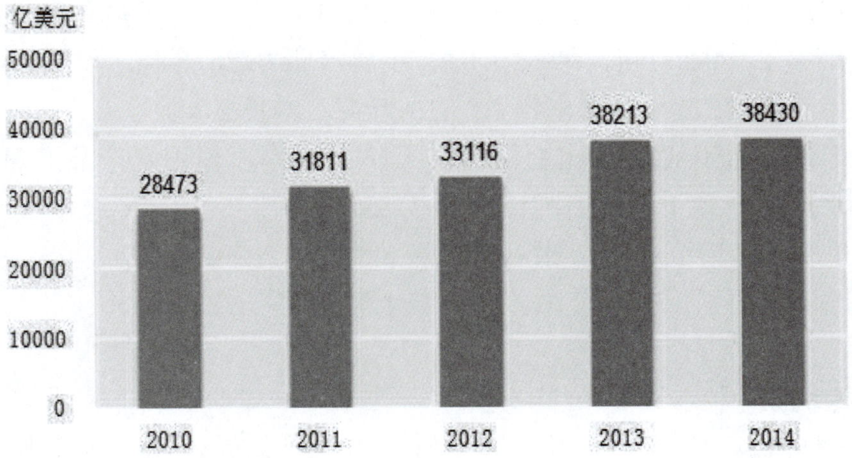

图 2-7　2010 ～ 2014 年年末国家外汇储备

二、农业

全年粮食种植面积 11 274 万公顷，比上年增加 78 万公顷。棉花种植面积 422 万公顷，减少 13 万公顷。油料种植面积 1 408 万公顷，增加 6 万公顷。糖料种植面积 191 万公顷，减少 9 万公顷。

粮食再获丰收。全年粮食产量 60 710 万吨，比上年增加 516 万吨，增产 0.9%。其中，夏粮产量 13 660 万吨，增产 3.6%；早稻产量 3 401 万吨，减产 0.4%；秋粮产量 43 649 万吨，增产 0.1%。全年谷物产量 55 727 万吨，比上年增产 0.8%。其中，稻谷产量 20 643 万吨，增产 1.4%；小麦产量 12 617 万吨，增产 3.5%；玉米产量 21 567 万吨，减产 1.3%。（见图 2-8）

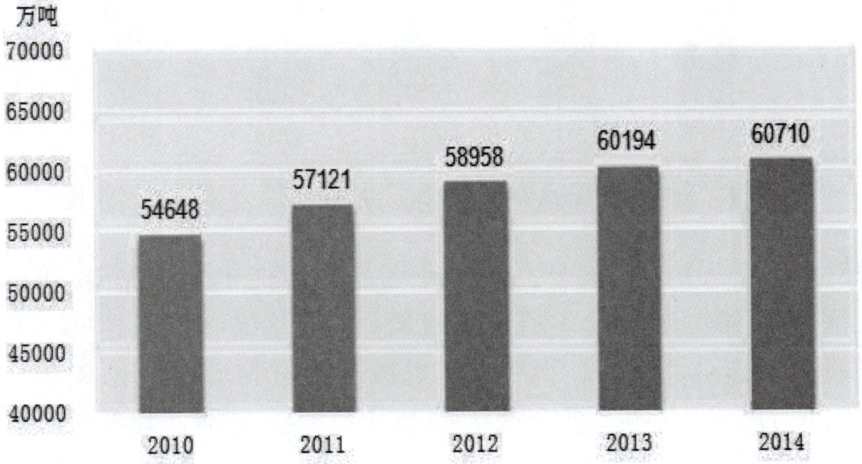

图 2-8　2010 ～ 2014 年粮食产量

全年棉花产量616万吨，比上年减产2.2%。油料产量3 517万吨，与上年持平。糖料产量13 403万吨，减产2.5%。茶叶产量209万吨，增产8.7%。

全年肉类总产量8 707万吨，比上年增长2.0%。其中，猪肉产量5 671万吨，增长3.2%；牛肉产量689万吨，增长2.4%；羊肉产量428万吨，增长4.9%；禽肉产量1 751万吨，下降2.7%。禽蛋产量2 894万吨，增长0.6%。牛奶产量3725万吨，增长5.5%。年末生猪存栏46 583万头，下降1.7%；生猪出栏73 510万头，增长2.7%。

全年水产品产量6 450万吨，比上年增长4.5%。其中，养殖水产品产量4 762万吨，增长4.9%；捕捞水产品产量1 688万吨，增长3.5%。

全年木材产量8 178万立方米，比上年下降3.1%。

全年新增耕地灌溉面积132万公顷，新增节水灌溉面积223万公顷。

三、工业和建筑业

工业生产平稳增长。全年全部工业增加值227 991亿元，比上年增长7.0%。规模以上工业增加值增长8.3%。在规模以上工业中，分经济类型看，国有及国有控股企业增长4.9%；集体企业增长1.7%，股份制企业增长9.7%，外商及港澳台商投资企业增长6.3%；私营企业增长10.2%。分门类看，采矿业增长4.5%，制造业增长9.4%，电力、热力、燃气及水生产和供应业增长3.2%。（见图2-9）

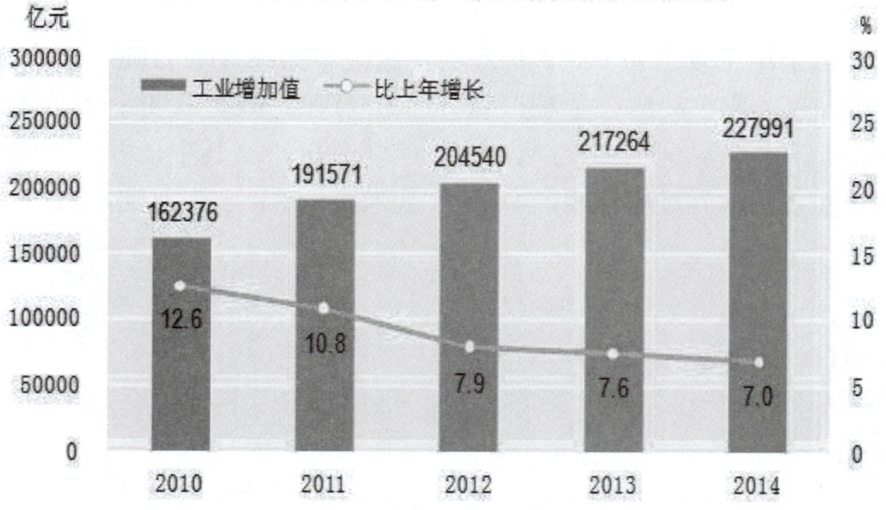

图2-9 2010～2014年全部工业增长值及其增长速度

全年规模以上工业中，农副食品加工业增加值比上年增长7.7%，纺织业增长6.7%，通用设备制造业增长9.1%，专用设备制造业增长6.9%，汽车制造业增长11.8%，计算机、通信和其他电子设备制造业增长12.2%，电气机械和器材制造业增长9.4%。六大高耗能行业增加值比上年增长7.5%。其中，非金属矿物制品业增长9.3%，化学原料和化学制品制造业增长10.3%，有色金属冶炼和压延加工业增长12.4%，黑色金属冶炼和压延加工业增长6.2%，电力、热力生产和供应业增长2.2%，石油加工、炼焦和核燃料加工业增长5.4%。高技术制造业[10]增加值比上年增长 12.3%，占规模以上工业增加值的比重为 10.6%。装备制造业[11]增加值增长 10.5%，占规模以上工业增加值的比重为 30.4%。

表 2-3　2014 年主要工业产品产量及其增长速度[12]

产品名称	单　位	产　量	比上年增长（%）
纱	万吨	3 379.2	5.6
布	亿米	893.7	-0.4
化学纤维	万吨	4 389.8	5.5
成品糖	万吨	1 642.7	3.1
卷　烟	亿支	26 098.5	1.9
彩色电视机	万台	14 128.9	10.9
其中：液晶电视机	万台	13 865.9	13.3
家用电冰箱	万台	87 96.1	-5.0
房间空气调节器	万台	14 463.3	10.7
一次能源生产总量	亿吨标准煤	36.0	0.5
原　煤	亿吨	38.7	-2.5
原　油	万吨	2 1142.9	0.7
天然气[13]	亿立方米	1 301.6	7.7
发电量	亿千瓦小时	56 495.8	4.0
其中：火电	亿千瓦小时	42 337.3	-0.3
水电	亿千瓦小时	10 643.4	15.7
核电	亿千瓦小时	1 325.4	18.8
粗　钢	万吨	82 269.8	1.2
钢　材[14]	万吨	112 557.2	4.0
十种有色金属	万吨	4 380.1	7.4
其中：精炼铜（电解铜）	万吨	764.4	15.0
原铝（电解铝）	万吨	2 435.8	10.3
氧化铝	万吨	4 777.3	7.3
水　泥	亿吨	24.8	2.3
硫　酸（折 100%）	万吨	8 846.3	8.5

纯 碱	万吨	2 514.2	3.4
烧 碱（折 100%）	万吨	3 059.0	4.5
乙 烯	万吨	1 696.7	6.1
化 肥（折 100%）	万吨	6 887.2	-2.0
发电机组（发电设备）	万千瓦	15 053.0	6.0
汽 车	万辆	2 372.5	7.3
其中：基本型乘用车（轿车）	万辆	1248.3	3.1
大中型拖拉机	万台	64.4	-3.3
集成电路	亿块	1 015.5	12.4
程控交换机	万线	3 123.1	15.7
移动通信手持机	万台	162 719.8	6.8
微型计算机设备	万台	35 079.6	-0.8

年末全国发电装机容量 136 019 万千瓦，比上年末增长 8.7%。其中[15]，火电装机容量 91 569 万千瓦，增长 5.9%；水电装机容量 30183 万千瓦，增长 7.9%；核电装机容量 1 988 万千瓦，增长 36.1%；并网风电装机容量 9581 万千瓦，增长 25.6%；并网太阳能发电装机容量 2 652 万千瓦，增长 67.0%。

全年规模以上工业企业实现利润 64 715 亿元，比上年增长 3.3%，其中国有及国有控股企业 14 007 亿元，下降 5.7%；集体企业 538 亿元，增长 0.4%，股份制企业 42 963 亿元，增长 1.6%，外商及港澳台商投资企业 15 972 亿元，增长 9.5%；私营企业 22 323 亿元，增长 4.9%。

全年全社会建筑业增加值 44 725 亿元，比上年增长 8.9%。全国具有资质等级的总承包和专业承包建筑业企业实现利润 6 913 亿元，增长 13.7%，其中国有及国有控股企业 1 639 亿元，增长 11.7%。（见图 2-10）

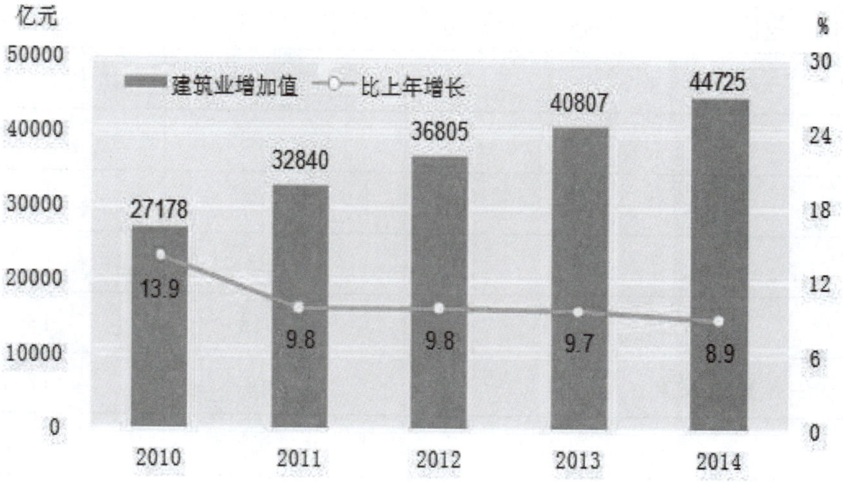

图 2-10　2010 ～ 2014 年建筑业增长值及其增长速度

四、固定资产投资

固定资产投资增速放缓。全年全社会固定资产投资 512 761 亿元，比上年增长 15. 3%[16]，扣除价格因素，实际增长 14. 7%。其中，固定资产投资（不含农户）502 005 亿元，增长 15. 7%，农户投资 10 756 亿元，增长 2. 0%。东部地区投资[17]206 454 亿元，比上年增长 15. 4%；中部地区投资 124 112 亿元，增长 17. 6%；西部地区投资 129 171 亿元，增长 17. 2%；东北地区投资 46 096 亿元，增长 2. 7%。（见图 2-11）

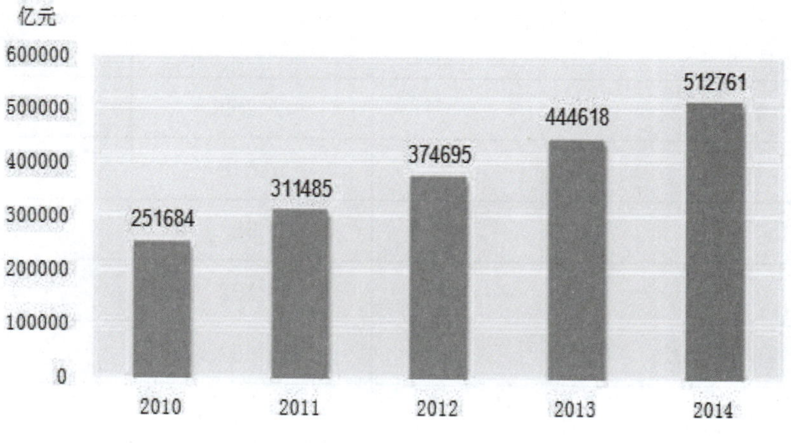

图 2-11　2010 ～ 2014 年全社会固定资产投资

在固定资产投资（不含农户）中，第一产业投资 11 983 亿元，比上年增长 33. 9%；第二产业投资 208 107 亿元，增长 13. 2%；第三产业投资 281 915 亿元，增长 16. 8%。民间固定资产投资[18]321 576 亿元，增长 18. 1%，占固定资产投资（不含农户）的比重为 64. 1%。（见表 2-4、表 2-5）

表 2-4 2014 年分行业固定资产投资（不含农户）及其增长速度

行业	投资额（亿元）	比上年增长（%）
总计	502 005	15.7
农、林、牧、渔业	14 697	31.3
采矿业	14 681	0.7
制造业	166 918	13.5
电力、热力、燃气及水生产和供应业	22 916	17.1
建筑业	4 450	27.2
批发和零售业	15 669	25.7
交通运输、仓储和邮政业	42 984	18.6
住宿和餐饮业	6 237	4.2
信息传输、软件和信息技术服务业	4 187	38.6
金融业	1 360	10.5
房地产业 [19]	123 690	11.1
租赁和商务服务业	7 970	36.2
科学研究和技术服务业	4 205	34.7
水利、环境和公共设施管理业	46 274	23.6
居民服务、修理和其他服务业	2 262	14.2
教育	6 678	24.0
卫生和社会工作	3 983	27.6
文化、体育和娱乐业	6 192	18.9
公共管理、社会保障和社会组织	6 652	13.6

表 2-5 2014 年固定资产投资新增主要生产与运营能力

指标	单位	绝对数
新增 220 千伏及以上变电设备	万千伏安	22 394
新建铁路投产里程	公里	8 427
其中：高速铁路 [20]	公里	5 491
增、新建铁路复线投产里程	公里	7 892
电气化铁路投产里程	公里	8 653

新建公路里程	公里	65 260
其中：高速公路	公里	7 394
港口万吨级码头泊位新增吞吐能力	万吨	43 553
新增民用运输机场	个	9
新增光缆线路长度	万公里	301

全年房地产开发投资 95 036 亿元，比上年增长 10.5%。其中，住宅投资 64 352 亿元，增长 9.2%；办公楼投资 5 641 亿元，增长 21.3%；商业营业用房投资 14 346 亿元，增长 20.1%。

全年全国城镇保障性安居工程基本建成住房 511 万套，新开工 740 万套。（见表 2-6）

表 2-6　2014 年房地产开发和销售主要指标完成情况及其增长速度

指　　标	单 位	绝对数	比上年增长（%）
投资额	亿元	95 036	10.5
其中：住宅	亿元	64 352	9.2
其中：90 平方米及以下	亿元	20 335	4.6
房屋施工面积	万平方米	726 482	9.2
其中：住宅	万平方米	515 096	5.9
房屋新开工面积	万平方米	179 592	-10.7
其中：住宅	万平方米	124 877	-14.4
房屋竣工面积	万平方米	107 459	5.9
其中：住宅	万平方米	80 868	2.7
商品房销售面积	万平方米	120 649	-7.6
其中：住宅	万平方米	105 182	-9.1
本年到位资金	亿元	121 991	-0.1
其中：国内贷款	亿元	21 243	8.0
其中：个人按揭贷款	亿元	13 665	-2.6

五、国内贸易

市场销售稳定增长。全年社会消费品零售总额[21]262 394 亿元，比上年增长 12.0%，扣除价格因素，实际增长 10.9%。按经营地统计，城镇消费品零售额 226 368 亿元，增长 11.8%；乡村消费品零售额 36 027 亿元，增长 12.9%。按消费类型统计，商品零售额 234 534 亿元，增长 12.2%；餐饮收入额 27 860 亿元，增长 9.7%。（见图 2-12）

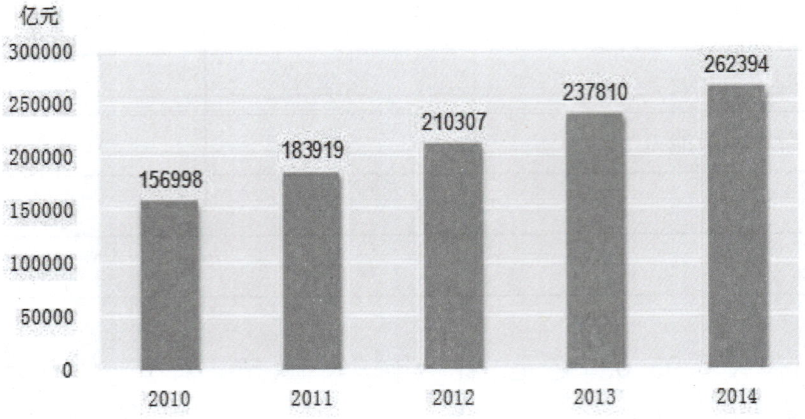

图 2-12 2010 ～ 2014 年社会消费品零售总额

在限额以上企业商品零售额中，粮油、食品、饮料、烟酒类零售额比上年增长 11.1%，服装、鞋帽、针纺织品类增长 10.9%，化妆品类增长 10.0%，金银珠宝类与上年持平，日用品类增长 11.6%，家用电器和音像器材类增长 9.1%，中西药品类增长 15.0%，文化办公用品类增长 11.6%，家具类增长 13.9%，通讯器材类增长 32.7%，石油及制品类增长 6.6%，建筑及装潢材料类增长 13.9%，汽车类增长 7.7%。

全年网上零售额[22]27 898 亿元，比上年增长 49.7%，其中限额以上单位网上零售额 4 400 亿元，增长 56.2%。

六、对外经济[23]

全年货物进出口总额 264 334 亿元，比上年增长 2.3%。其中，出口 143 912 亿元，增长 4.9%；进口 120 423 亿元，下降 0.6%。进出口差额（出口减进口）23 489 亿元，比上年增加 7 395 亿元。（见图 2-13，表 2-7、表 2-8、表 2-9、表 2-10）

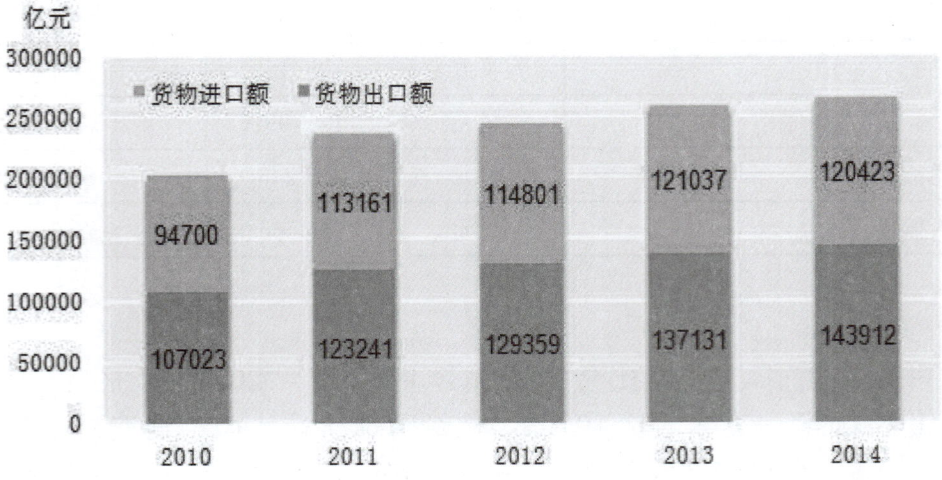

图 2-13 2010 ～ 2014 年货物进出口总额

表 2-7　2014 年货物进出口总额及其增长速度

指　　标	金额（亿元）	比上年增长（%）
货物进出口总额	264 334	2.3
货物出口额	143 912	4.9
其中：一般贸易	73 944	9.6
加工贸易	54 320	1.8
其中：机电产品	80 527	2.6
高新技术产品	40 570	-1.0
货物进口额	120 423	-0.6
其中：一般贸易	68 162	-1.0
加工贸易	32 211	4.5
其中：机电产品	52 509	0.7
高新技术产品	33 876	-2.2
进出口差额（出口减进口）	23 489	—

表 2-8　2014 年主要商品出口数量、金额及其增长速度

商品名称	单位	数量	比上年增长（%）	金额（亿元）	比上年增长（%）
煤（包括褐煤）	万吨	574	-23.5	43	-35.5
钢材	万吨	9 378	50.5	4 350	31.6
纺织纱线、织物及制品	—	—	—	6 888	3.8
服装及衣着附件	—	—	—	11 445	4.2
鞋类	—	—	—	3 455	9.7
家具及其零件	—	—	—	3 195	-0.7
自动数据处理设备及其部件	万台	191 836	2.6	11 159	-1.3
手持或车载无线电话	万台	131 199	10.6	7 085	20.2
集装箱	万个	302	12.1	553	13.0
液晶显示板	万个	245 080	-25.0	1 952	-12.4
汽车	万辆	90	-2.8	770	3.5

表 2-9 2014 年主要商品进口数量、金额及其增长速度

商品名称	数量（万吨）	比上年增长（%）	金额（亿元）	比上年增长（%）
谷物及谷物粉	1 951	33.8	382	20.7
大豆	7 140	12.7	2 474	5.0
食用植物油	650	-19.7	364	-27.3
铁矿砂及其精矿	93 251	13.8	5 748	-12.8
氧化铝	528	37.7	118	35.5
煤（包括褐煤）	29 122	-10.9	1 366	-24.4
原油	30 838	9.5	14 017	2.8
成品油	3 000	-24.2	1 439	-27.7
初级形状的塑料	2 535	3.0	3 167	4.0
纸浆	1 796	6.6	741	4.9
钢材	1 443	2.5	1 101	4.0
未锻轧铜及铜材	483	7.4	2 188	0.8

表 2-10 2014 年对主要国家和地区货物进出口额及其增长速度

国家和地区	出口额（亿元）	比上年增长（%）	进口额（亿元）	比上年增长（%）
欧盟	22 787	8.3	15 031	9.7
美国	24 328	6.4	9 764	3.1
东盟	16 712	10.3	12 794	3.3
中国香港	22 307	-6.6	792	-21.5
日本	9 187	-1.4	10 027	-0.5
韩国	6 162	8.9	11 677	2.8
中国台湾	2 843	12.7	9 337	-3.9
俄罗斯	3 297	7.2	2 555	3.7
印度	3 331	10.7	1 005	-4.6

全年服务进出口[24]总额6 043亿美元，比上年增长12.6%。其中，服务出口2 222亿美元，增长 7.6%；服务进口 3 821 亿美元，增长 15.8%。服务进出口逆差 1 599 亿美元。

全年非金融领域新设立外商直接投资企业 23 778 家，比上年增长 4.4%。实际使用外商直接投资金额 7 364 亿元，按美元计价为 1 196 亿美元，增长 1.7%。（见表 2-11）

表 2-11　2014 年非金融领域外商直接投资及其增长速度

行　　业	企业数（家）	比上年增长(%)	实际使用金额（亿美元）	比上年增长(%)
总　　计	23 778	4.4	1 195.6	1.7
其中：农、林、牧、渔业	719	-5.0	15.2	-15.4
制造业	5 178	-20.4	399.4	-12.3
电力、燃气及水生产和供应业	208	4.0	22.0	-9.3
交通运输、仓储和邮政业	376	-6.2	44.6	5.7
信息传输、计算机服务和软件业	981	23.2	27.6	-4.4
批发和零售业	7 978	8.6	94.6	-17.8
房地产业	446	-15.9	346.3	20.2
租赁和商务服务业	3 963	18.0	124.9	20.5
居民服务和其他服务业	181	9.0	7.2	9.3

全年非金融领域对外直接投资额 6 321 亿元，按美元计价为 1 029 亿美元，比上年增长 14.1%。（见表 2-12）

表 2-12　2014 年非金融领域对外直接投资额及其增长速度

行　　业	对外直接投资金额（亿美元）	比上年增长（%）
总　　计	1 028.9	14.1
其中：农、林、牧、渔业	17.4	19.2
采矿业	193.3	-4.1
制造业	69.6	-19.8
电力、热力、燃气及水生产和供应业	18.4	36.3
建筑业	70.2	7.5
批发和零售业	172.7	26.3
交通运输、仓储和邮政业	29.3	17.2
信息传输、软件和信息技术服务业	17.0	100.0
房地产业	30.9	45.8
租赁和商务服务业	372.5	26.5

全年对外承包工程业务完成营业额 8 748 亿元，按美元计价为 1 424 亿美元，比上年

增长 3.8%。对外劳务合作派出各类劳务人员 56.2 万人，增长 6.6%。

七、交通、邮电和旅游

交通运输平稳增长。全年货物运输总量 439 亿吨，比上年增长 7.1%。货物运输周转量 184 619 亿吨公里，增长 9.9%。全年规模以上港口完成货物吞吐量 111.6 亿吨，比上年增长 4.8%，其中外贸货物吞吐量 35.2 亿吨，增长 5.9%。规模以上港口集装箱吞吐量 20 093 万标准箱，增长 6.1%。（见表 2-13）

表 2-13　2014 年各种运输方式完成货物运输量及其增长速度

指　　标	单　　位	绝对数	比上年增长（%）
货物运输总量	亿　吨	439.1	7.1
铁路	亿　吨	38.1	-3.9
公路	亿　吨	334.3	8.7
水运	亿　吨	59.6	6.4
民航	万　吨	593.3	5.7
管道	亿　吨	6.9	5.2
货物运输周转量	亿吨公里	184 619.2	9.9
铁路	亿吨公里	27 530.2	-5.6
公路	亿吨公里	61 139.1	9.7
水运	亿吨公里	91 881.1	15.7
民航	亿吨公里	186.1	9.3
管道	亿吨公里	3 882.7	10.9

全年旅客运输总量 221 亿人次，比上年增长 3.9%。旅客运输周转量 29 994 亿人公里，增长 8.8%。（见表 2-14）

表 2-14　2014 年各种运输方式完成旅客运输量及其增长速度

指　　标	单　　位	绝对数	比上年增长（%）
旅客运输总量	亿人次	220.7	3.9
铁路	亿人次	23.6	11.9
公路	亿人次	190.5	2.8
水运	亿人次	2.6	12.3
民航	亿人次	3.9	10.6
旅客运输周转量	亿人公里	29 994.2	8.8
铁路	亿人公里	11 604.8	9.5

公路	亿人公里	11 981.7	6.5
水运	亿人公里	74.4	8.9
民航	亿人公里	6 333.3	12.0

年末全国民用汽车保有量达到15 447万辆（包括三轮汽车和低速货车972万辆），比上年末增长12.4%，其中私人汽车保有量12 584万辆，增长15.5%。民用轿车保有量8 307万辆，增长16.6%，其中私人轿车7 590万辆，增长18.4%。

邮电业务快速增长。全年完成邮电业务总量[25]21 846亿元，比上年增长19.0%。其中，邮政业务总量3 696亿元，增长35.6%；电信业务总量18 150亿元，增长16.1%。邮政业全年完成邮政函件业务56.1亿件，包裹业务0.6亿件，快递业务量139.6亿件；快递业务收入2 045亿元。电信业全年新增移动电话交换机容量[26]7 980万户，达到204 537万户。年末全国电话用户总数达到153 552万户，其中固定电话用户24 943万户，移动电话用户128 609万户。固定电话普及率下降至18.3部/百人，移动电话普及率上升至94.5部/百人。固定互联网宽带接入用户[27]20 048万户，比上年增加1 157万户；移动宽带用户[28]58 254万户，增加18 093万户。互联网上网人数6.49亿人，增加3 117万人，其中手机上网人数[29]5.57亿人，增加5672万人。互联网普及率达到47.9%。（见图2-14）

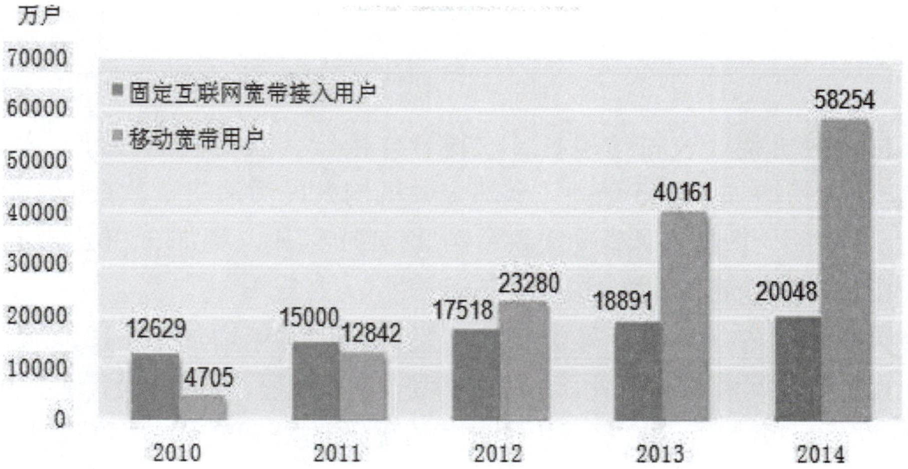

图2-14　2010～2014年 年末固定互联网宽带接入用户和移动宽带用户数

全年国内游客36.1亿人次，比上年增长10.7%，国内旅游收入30 312亿元，增长15.4%。入境游客12 849万人次，下降0.5%。其中，外国人2636万人次，增长0.3%；香港、澳门和台湾同胞10 213万人次，下降0.6%。在入境游客中，过夜游客5 562万人次，与上年基本持平。国际旅游外汇收入569亿美元，增长10.2%。国内居民出境11 659万人次，增长18.7%，其中因私出境11 003万人次，增长19.6%。

八、金融

金融市场运行总体平稳。年末广义货币供应量（M2）余额为122.8万亿元，比上年末增长12.2%；狭义货币供应量（M1）余额为34.8万亿元，增长3.2%；流通中货币（M0）余额为6.0万亿元，增长2.9%。

全年社会融资规模[30]为16.5万亿元，按可比口径计算，比上年少8 598亿元。年末全部金融机构本外币各项存款余额117.4万亿元，比年初增加10.2万亿元，其中人民币各项存款余额113.9万亿元，增加9.5万亿元。全部金融机构本外币各项贷款余额86.8万亿元，增加10.2万亿元，其中人民币各项贷款余额81.7万亿元，增加9.8万亿元。（见表2-15）

表2-15 2014年年末全部金融机构本外币存贷款余额及其增长速度

指　　标	年末数（亿元）	比上年末增长（%）
各项存款余额	1 173 735	9.6
其中：住户存款	506 890	8.9
其中：人民币	502 504	8.9
非金融企业存款	400 420	5.4
各项贷款余额	867 868	13.3
其中：境内短期贷款	336 371	7.9
境内中长期贷款	471 818	15.0

年末主要农村金融机构（农村信用社、农村合作银行、农村商业银行）人民币贷款余额105 742亿元，比年初增加14105亿元。全部金融机构人民币消费贷款余额153 660亿元，增加23 938亿元。其中，个人短期消费贷款余额32 491亿元，增加5 902亿元；个人中长期消费贷款余额121 169亿元，增加18 037亿元。

全年上市公司通过境内市场累计筹资8 397亿元，比上年增加1 512亿元。其中，首次公开发行A股125只，筹资669亿元；A股再筹资（包括配股、公开增发、非公开增发[31]、认股权证）4 165亿元，增加1 362亿元；上市公司通过发行可转债、可分离债、公司债、中小企业私募债筹资3 563亿元，减少519亿元。全年公开发行创业板股票51只，筹资159亿元。

全年发行公司信用类债券[32]5.15万亿元，比上年增加1.48万亿元。

全年保险公司原保险保费收入[33]20 235亿元，比上年增长17.5%。其中，寿险业务原保险保费收入10 902亿元，健康险和意外伤害险业务原保险保费收入2 130亿元，财产险业务原保险保费收入7 203亿元。支付各类赔款及给付7 216亿元。其中，寿险业务给付2 728亿元，健康险和意外伤害险赔款及给付700亿元，财产险业务赔款3 788亿元。

九、人民生活和社会保障

城乡居民收入继续增加。全年全国居民人均可支配收入2 0167元，比上年增长

10.1%，扣除价格因素，实际增长8.0%。按常住地分，城镇居民人均可支配收入[34]28 844元，比上年增长9.0%，扣除价格因素，实际增长6.8%；城镇居民人均可支配收入中位数[35]为26 635元，增长10.3%。农村居民人均可支配收入10 489元，比上年增长11.2%，扣除价格因素，实际增长9.2%；农村居民人均可支配收入中位数为9 497元，增长12.7%。全年农村居民人均纯收入为9 892元。全国居民人均消费支出14 491元，比上年增长9.6%，扣除价格因素，实际增长7.5%。按常住地分，城镇居民人均消费支出19 968元，增长8.0%，扣除价格因素，实际增长5.8%；农村居民人均消费支出8383元，增长12.0%，扣除价格因素，实际增长10.0%。（见图2-15）

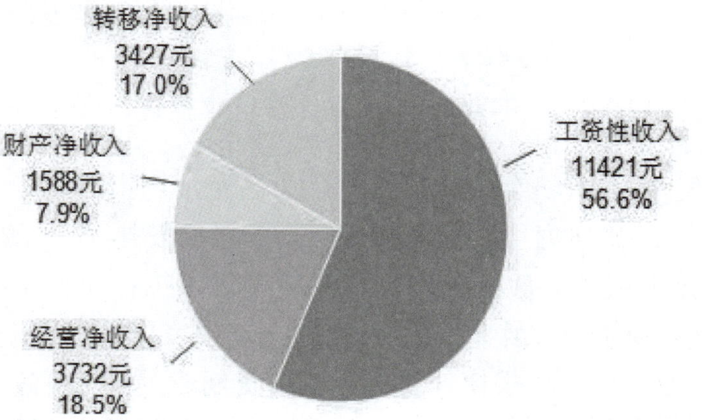

图2-15 2014年按收入来源分的全国居民人均可支配收入及占比

社会保障建设取得新进展。年末全国参加城镇职工基本养老保险人数34 115万人，比上年末增加1 897万人。参加城乡居民基本养老保险人数50 107万人，增加357万人。参加基本医疗保险人数59 774万人，增加2 702万人。其中，参加职工基本医疗保险人数28 325万人，增加882万人；参加居民基本医疗保险人数31 449万人，增加1 820万人。参加失业保险人数17 043万人，增加626万人。年末全国领取失业保险金人数207万人。参加工伤保险人数20 621万人，增加703万人，其中参加工伤保险的农民工7 362万人，增加98万人。参加生育保险人数17 035万人，增加643万人。按照年人均收入2 300元（2010年不变价）的农村扶贫标准计算，2014年农村贫困人口为7 017万人，比上年减少1 232万人。

十、教育、科学技术和文化体育

教育科技和文化体育事业较快发展。全年研究生招生62.1万人，在学研究生184.8万人，毕业生53.6万人。普通本专科招生721.4万人，在校生2 547.7万人，毕业生659.4万人。中等职业教育[36]招生628.9万人，在校生1 802.9万人，毕业生633.0万人。普通高中招生796.6万人，在校生2 400.5万人，毕业生799.6万人。初中招生1 447.8万人，在校生4 384.6万人，毕业生1 413.5万人。普通小学招生1 658.4万人，在校生9 451.1万人，毕业生1 476.6万人。特殊教育招生7.1万人，在校生39.5万人，毕业生4.9万人。幼儿

园在园幼儿 4 050.7 万人。（见图 2-16）

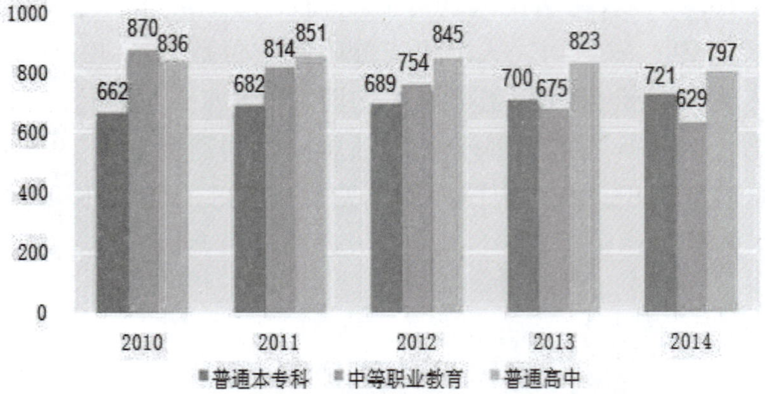

图 2-16 2010 ～ 2014 年普通本科、中等职业教育、普通高中招生人数

全年研究与试验发展（R&D）经费支出 13 312 亿元，比上年增长 12.4%，与国内生产总值之比为 2.09%，其中基础研究经费 626 亿元。全年国家安排了 3 997 项科技支撑计划课题，2 129 项“863”计划课题。截至年底，累计建设国家工程研究中心 132 个，国家工程实验室 154 个，国家认定企业技术中心 1 098 家。全年国家新兴产业创投计划[37]累计支持设立 213 家创业投资企业，资金总规模 574 亿元，投资创业企业 739 家。全年受理境内外专利申请 236.1 万件，授予专利权 130.3 万件。截至年底，有效专利 464.3 万件。全年共签订技术合同 29.7 万项，技术合同成交金额 8 577 亿元，比上年增长 14.8%。（见图 2-17，表 2-16）

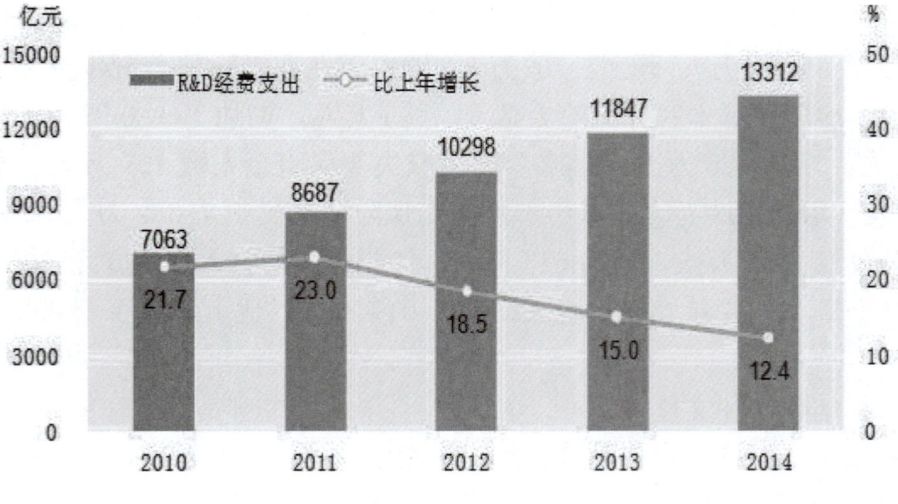

图 2-17 2010 ～ 2014 年研究与试验发展（R&D）经费支出

表 2-16 2014 年专利申请受理、授权和有效专利情况

指 标	专利数（万件）	比上年增长（%）

专利申请受理数	236.1	-0.7
其中：境内专利申请受理数	218.6	-1.0
其中：发明专利申请受理数	92.8	12.5
其中：境内发明专利	79.0	13.9
专利申请授权数	130.3	-0.8
其中：境内专利授权	119.2	-1.5
其中：发明专利授权	23.3	12.3
其中：境内发明专利	15.8	14.1
年末有效专利数	464.3	10.7
其中：境内有效专利	391.8	11.1
其中：有效发明专利	119.6	15.7
其中：境内有效发明专利	66.3	21.7

全年成功发射卫星16次。探月工程三期再入返回试验圆满完成。高分二号卫星成功发射。

年末全国共有产品检测实验室27 051个，其中国家检测中心597个。全国现有产品质量、体系认证机构183个，已累计完成对118 354个企业的产品认证。全国共有法定计量技术机构4 056个，全年强制检定计量器具6 162万台（件）。全年制定、修订国家标准1 530项，其中新制定1 067项。全国共有地震台站1 687个，区域地震台网32个。全国共有海洋观测站79个。测绘地理信息部门公开出版地图1 678种。

年末全国文化系统共有艺术表演团体2 008个，博物馆2 760个。全国共有公共图书馆3 110个，总流通[38]52 252万人次；文化馆3 311个。有线电视用户2.31亿户，有线数字电视用户1.87亿户。年末广播节目综合人口覆盖率为98.0%，电视节目综合人口覆盖率为98.6%。全年生产电视剧429部15 983集，电视动画片138 496分钟。全年生产故事影片618部，科教、纪录、动画和特种影片[39]140部。出版各类报纸465亿份，各类期刊32亿册，图书84亿册（张），人均图书拥有量[40]6.12册（张）。年末全国共有档案馆4 246个，已开放各类档案12 835万卷（件）。

根据第六次全国体育场地普查结果[41]，全国共有体育场地169.5万个，场地面积[42]19.9亿平方米。全年我国运动员在22个运动大项中获得98个世界冠军，共创10项世界纪录。全年我国残疾人运动员在19项国际赛事中获得122个世界冠军。

十一、卫生和社会服务

卫生和社会服务事业不断改善。年末全国共有医疗卫生机构982 443个，其中医院25 865个，乡镇卫生院36 899个，社区卫生服务中心（站）34 264个，诊所（卫生所、医务室）188 415个，村卫生室 646 044 个，疾病预防控制中心 3 491 个，卫生监督所（中心）2 975 个。卫生技术人员 739 万人，其中执业医师和执业助理医师 282 万人，注册护士 292 万人。医疗卫生机构床位 652 万张，其中医院 484 万张，乡镇卫生院 117 万张。（见图 2-18）

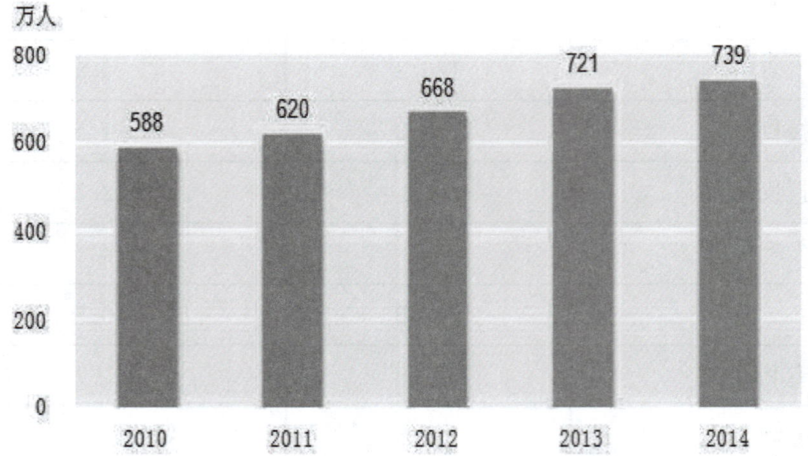

图 2-18　2010 ～ 2014 年卫生技术人员人数

年末全国各类提供住宿的社会服务机构[43]3.8 万个，其中养老服务机构 3.4 万个。社会服务床位[44]586.5 万张，其中养老床位 551.4 万张。收留抚养和救助各类人员 304.6 万人，其中养老人员 288.7 万人。年末共有社区服务中心 2.2 万个，社区服务站 11.4 万个。年末全国共有 1 880.2 万人享受城市居民最低生活保障，5 209.0 万人享受农村居民最低生活保障，农村五保供养[45]529.5 万人。全年资助 1 310.9 万城市困难群众参加医疗保险，资助 4 118.9 万农村困难群众参加新型农村合作医疗。

十二、资源、环境和安全生产

全年全国国有建设用地供应总量[46]61 万公顷，比上年下降 16.5%。其中，工矿仓储用地 15 万公顷，下降 29.9%；房地产用地[47]15 万公顷，下降 25.5%；基础设施等其他用地 31 万公顷，下降 1.9%。

全年水资源总量 28 370 亿立方米。全年平均降水量 648 毫米。年末全国监测的 609 座大型水库蓄水总量 3 663 亿立方米，比上年末蓄水量增加 7.0%。全年总用水量 6 220 亿立方米，比上年增长 0.6%。其中，生活用水增长 2.7%，工业用水增长 1.0%，农业用水增长 0.1%，生态补水增长 0.6%。万元国内生产总值用水量[48]112 立方米，比上年下降 6.3%。万元工业增加值用水量 64 立方米，下降 5.6%。人均用水量 456 立方米，比上年增长 0.1%。

全年完成造林面积 603 万公顷，其中人工造林 427 万公顷。林业重点工程完成造林面积 200 万公顷，占全部造林面积的 33.2%。截至年底，自然保护区达到 2 729 个，其中国家级自然保护区 428 个。新增水土流失治理面积 5.4 万平方公里，新增实施水土流失地区封育保护面积 2.0 万平方公里。

全年平均气温为 10.1℃，共有 5 个台风登陆。

初步核算，全年能源消费总量42.6亿吨标准煤，比上年增长2.2%。煤炭消费量下降2.9%，原油消费量增长5.9%，天然气消费量增长8.6%，电力消费量增长3.8%。煤炭消费量占能源消费总量的66.0%，水电、风电、核电、天然气等清洁能源消费量占能源消费总量的16.9%。全国万元国内生产总值能耗下降4.8%。工业企业吨粗铜综合能耗同比下降3.76%，吨钢综合能耗下降1.65%，单位烧碱综合能耗下降2.33%，吨水泥综合能耗下降1.12%，每千瓦时火力发电标准煤耗下降0.67%。

十大流域[49]的702个水质监测断面中，Ⅰ～Ⅲ类水质断面比例占71.2%，劣Ⅴ类水质断面比例占9.0%。十大流域水质总体为轻度污染，水质保持稳定。

近岸海域301个海水水质监测点中，达到国家一、二类海水水质标准的监测点占66.8%，三类海水占7.0%，四类、劣四类海水占26.2%。

在按照《环境空气质量标准》（GB3095-2012）监测的161个城市中，城市空气质量达标的城市占9.9%，未达标的城市占90.1%。

在监测的319个城市中，城市区域声环境质量好的城市占1.3%，较好的占70.8%，一般的占27.3%，较差的占0.6%。

年末城市污水处理厂日处理能力达到12 896万立方米，比上年末增长3.5%，城市污水处理率达到90.2%，提高0.8个百分点。城市集中供热面积59.1亿平方米，增长3.3%。城市建成区绿地率达到35.9%，提高0.2个百分点。

全年农作物受灾面积2 489万公顷，其中绝收309万公顷。全年因洪涝和地质灾害造成直接经济损失1 030亿元，因旱灾造成直接经济损失836亿元，因低温冷冻和雪灾造成直接经济损失129亿元，因海洋灾害造成直接经济损失136亿元。全年大陆地区共发生5级以上地震30次，成灾10次，造成直接经济损失356亿元。全年共发生森林火灾3 703起，森林火灾受害森林面积1.9万公顷。

全年各类生产安全事故共死亡68 061人。亿元国内生产总值生产安全事故死亡人数为0.107人，比上年下降13.7%；工矿商贸企业就业人员10万人生产安全事故死亡人数为1.328人，下降12.9%；道路交通事故万车死亡人数为2.22人，下降5.1%；煤矿百万吨死亡人数为0.255人，下降11.5%。

注释：

[1] 本公报中数据均为初步统计数。各项统计数据均未包括香港特别行政区、澳门特别行政区和台湾省。部分数据因四舍五入的原因，存在着与分项合计不等的情况。

[2] 人户分离的人口是指居住地与户口登记地所在的乡镇街道不一致且离开户口登记地半年以上的人口。

[3] 流动人口是指人户分离人口中扣除市辖区内人户分离的人口。市辖区内人户分离的人口是指一个直辖市或地级市所辖区内和区与区之间，居住地和户口登记地不在同一乡镇街道的人口。

[4]2014年年末，0-14岁（含不满15周岁）人口为22 558万人，15-59岁（含不满60周岁）人口为92 982万人。

[5] 国内生产总值、各产业增加值绝对数按现价计算，增长速度按不变价格计算；根据第三次

全国经济普查结果和国家统计局2012年制定的《三次产业划分规定》对相关数据进行了修订。

[6] 年度农民工数量包括年内在本乡镇以外从业6个月以上的外出农民工和在本乡镇内从事非农产业6个月以上的本地农民工两部分。

[7] 国家全员劳动生产率为国内生产总值（以2010年不变价格计算）与全部就业人员的比率。

[8] 农产品生产者价格是指农产品生产者直接出售其产品时的价格。

[9] 居住类价格包括建房及装修材料、住房租金、自有住房和水电燃料等价格。

[10] 高技术制造业包括医药制造业，航空、航天器及设备制造业，电子及通信设备制造业，计算机及办公设备制造业，医疗仪器设备及仪器仪表制造业，信息化学品制造业。

[11] 装备制造业包括金属制品业，通用设备制造业，专用设备制造业，汽车制造业，铁路、船舶、航空航天和其他运输设备制造业，电气机械和器材制造业，计算机、通信和其他电子设备制造业，仪器仪表制造业，金属制品、机械和设备修理业。

[12] 根据第三次全国经济普查结果对相关数据进行了修订，其中2013年原煤产量由36.8亿吨修订为39.7亿吨。

[13] 天然气包括气田天然气、油田天然气（分为油田气层气、油田伴生溶解气）和煤田天然气（也称煤层气）。

[14] 钢材产量数据中含企业之间重复加工钢材约33 400万吨。

[15] 少量发电装机容量（如地热等）文中未列出。

[16] 根据第三次全国经济普查结果，对2013年全社会固定资产投资数据进行了修订。

[17 固定资产投资按东部、中部、西部和东北地区计算的合计数据小于全国数据，是因为有部分跨地区的投资未计算在地区数据中。其中，东部地区是指北京、天津、河北、上海、江苏、浙江、福建、山东、广东和海南10省（市）；中部地区是指山西、安徽、江西、河南、湖北和湖南6省；西部地区是指内蒙古、广西、重庆、四川、贵州、云南、西藏、陕西、甘肃、青海、宁夏和新疆12省（区、市）；东北地区是指辽宁、吉林和黑龙江3省。

[18] 民间固定资产投资是指具有集体、私营、个人性质的内资企事业单位以及由其控股（包括绝对控股和相对控股）的企业单位建造或购置固定资产的投资。

[19] 房地产业投资除房地产开发投资外，还包括建设单位自建房屋以及物业管理、中介服务和其他房地产投资。

[20] 高速铁路是指最高营运速度达到200公里/小时及以上的铁路。

[21]2014年社会消费品零售总额及相关数据均为快报数。

[22] 网上零售额是指通过公共网络交易平台（包括自建网站和第三方平台）实现的商品和服务零售额。其中，网上零售额包括的服务类商品，以及少部分用于生产经营用或被转卖的商品不统计在社会消费品零售总额中。

[23] 根据有关规定，货物贸易改用人民币计价。服务贸易、利用外资、对外投资和对外承包工程由于技术原因仍主要沿用美元计价。

[24] 服务进出口按照《国际收支手册（第六版）》标准统计，不含政府服务，增速按可比口径计算。

[25] 邮电业务总量按2010年不变价格计算。

[26] 移动电话交换机容量是指移动电话交换机根据一定话务模型和交换机处理能力计算出来的最大同时服务用户的数量。

[27] 固定互联网宽带接入用户是指报告期末在电信企业登记注册，通过 xDSL、FTTx+LAN、FTTH/O 以及其他宽带接入方式和普通专线接入公众互联网的用户。

[28] 移动宽带用户是指报告期末在计费系统拥有使用信息，占用 3G 或 4G 网络资源的在网用户。

[29] 手机上网人数是指过去半年通过手机接入并使用互联网的 6 周岁及以上中国居民数量。

[30] 社会融资规模是指一定时期内实体经济从金融体系获得的资金总额，是增量概念。

[31] 非公开增发又叫定向增发，不含资产认购部分。

[32] 公司信用类债券包括非金融企业债务融资工具、企业债券以及公司债、可转债等。

[33] 原保险保费收入是指保险企业确认的原保险合同保费收入。

[34] 按一体化住户调查改革前的城镇住户调查老口径推算，全年全国城镇居民人均可支配收入为 29381 元。

[35] 人均收入中位数是指将所有调查户按人均收入水平从低到高（或从高到低）顺序排列，处于最中间位置调查户的人均收入。

[36] 中等职业教育包括普通中专、成人中专、职业高中和技工学校，其中技工学校数据为 2013 年数据。

[37] 国家新兴产业创投计划是指中央财政专项资金通过与地方政府资金、社会资本共同发起设立创业投资企业，或以股权投资模式直接投资创业企业等方式，培育和促进新兴产业发展的活动。

[38] 总流通人次是指本年度内到图书馆场馆接受图书馆服务的总人次，包括借阅书刊、咨询问题以及参加各类读者活动等。

[39] 特种影片是指那些采用与常规影院放映在技术、设备、节目方面不同的电影展示方式，如巨幕电影、立体电影、立体特效（4D）电影、动感电影、球幕电影等。

[40] 人均图书拥有量是指在一年内全国平均每人能拥有的当年出版图书册数。

[41] 数据为截至 2013 年底。

[42] 场地面积是指可供训练、比赛、健身活动的场地有效面积，场地除包括比赛规定的尺寸外，还包括必要的安全区、缓冲区和无障碍地带。

[43 根据第三次全国经济普查，对提供住宿的社会服务机构、社区服务中心进行归类清理，2014 年相应数据有所调整。

[44] 社会服务床位数除收养性机构外，还包括救助类机构、社区类机构以及军休所、军供站等机构的床位。

[45] 农村五保供养是指老年、残疾和未满 16 周岁的村民，无劳动能力、无生活来源又无法定赡养、抚养、扶养义务人，或者其法定赡养、抚养、扶养义务人无赡养、抚养、扶养能力的村民，在吃、穿、住、医、葬方面得到的生活照顾和物质帮助。

[46] 国有建设用地供应总量是指报告期内市、县人民政府根据年度土地供应计划依法以出让、划拨、租赁等方式将土地使用权提供给单位或个人使用的国有建设用地总量。

[47] 房地产用地是指商服用地和住宅用地的总和。

[48] 万元国内生产总值 b 用水量、万元工业增加值用水量和万元国内生产总值能耗按 2010 年

不变价格计算。

[49] 十大流域包括长江、黄河、珠江、松花江、淮河、海河、辽河、浙闽片河流、西北诸河和西南诸河。

第三章　2014年上海市国民经济和社会发展统计公报

2014年，在党中央、国务院和中共上海市委、上海市人民政府的坚强领导下，全市全面贯彻党的十八大和十八届三中、四中全会及中央经济工作会议精神，坚持稳中求进、改革创新，积极应对外部环境严峻复杂和自身经济下行压力加大等挑战，全面落实国家稳增长、促改革、调结构、惠民生、防风险各项政策措施，全力推进创新驱动发展、经济转型升级各项重点工作，国民经济保持平稳增长，经济发展质量和效益进一步提高，各项社会事业全面发展，人民生活继续提高。

一、综合

全年实现上海市生产总值（GDP）23 560.94亿元，按可比价格计算，比上年增长7.0%（见图3-1）。其中，第一产业增加值124.26亿元，增长0.1%；第二产业增加值8 164.79亿元，增长4.3%；第三产业增加值15 271.89亿元，增长8.8%。第三产业增加值占上海市生产总值的比重达到64.8%，比上年提高1.6个百分点。按常住人口计算的上海市人均生产总值为9.73万元。

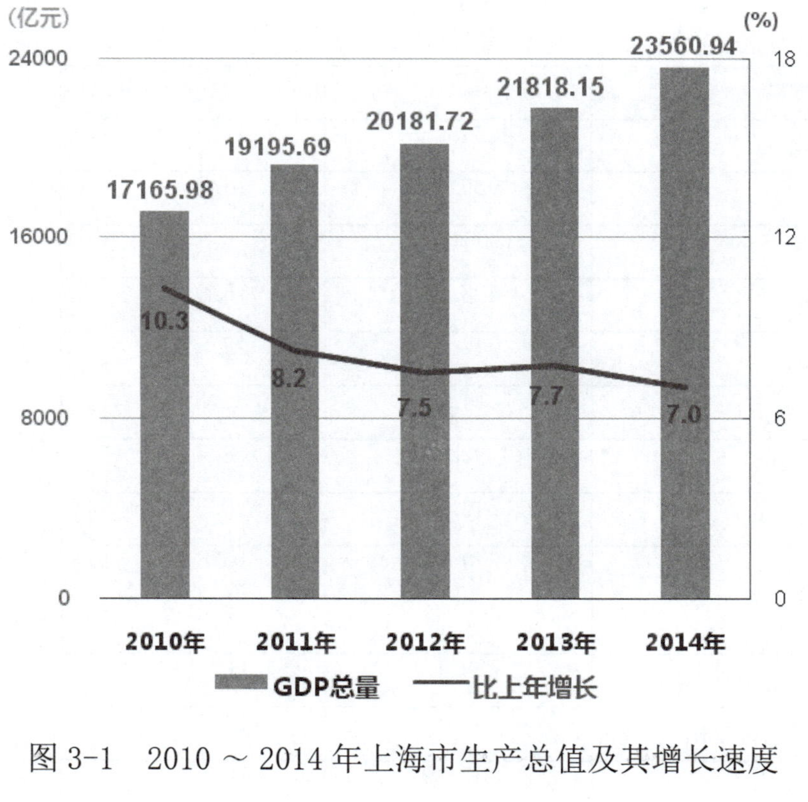

图3-1　2010～2014年上海市生产总值及其增长速度

在上海市生产总值中，公有制经济增加值11 391.42亿元，比上年增长6%；非公有制经济增加值12 169.52亿元，增长7.9%，其中，私营及个体经济增加值5796.06亿元，增长7.9%。非公有制经济增加值占上海市生产总值的比重由上年的51.3%提高到51.7%。

全年战略性新兴产业增加值3 453.23亿元，比上年增长7.4%，占上海市生产总值的比重为14.7%。其中，制造业增加值1 613.23亿元，增长6.3%；服务业增加值1 840.00亿元，增长8.5%（见表3-1）。

表3-1 2014年战略性新兴产业增加值及其增长速度

指 标	绝对值（亿元）	比上年增长（%）
战略性新兴产业增加值	3 453.23	7.4
制造业	1 613.23	6.3
服务业	1 840.00	8.5

全年经工商登记新设立各类市场主体27.46万户，比上年增长36%。其中，内资企业（不含私营企业）6 403户，增长62.4%；外商投资企业7 626户，增长16.1%；私营企业21.08万户，增长48.7%；个体工商户4.86万户，增长1.2%。

全年一般公共预算收入4 585.55亿元，比上年增长11.6%。一般公共预算支出4923.44亿元，增长8.7%（见表3-2）。

表3-2 2014年一般公共预算收支及其增长速度

指 标	绝对值（亿元）	比上年增长（%）
一般公共预算收入	4 585.55	11.6
# 增值税	969.14	14.2
营业税	1 001.92	4.1
个人所得税	408.61	15.0
企业所得税	942.46	12.5
契 税	214.33	-0.3
一般公共预算支出	4 923.44	8.7
# 一般公共服务支出	248.84	0.9
公共安全支出	250.91	10.8
教育支出	695.53	2.4
社会保障和就业支出	498.13	6.4
医疗卫生与计划生育支出	264.75	15.9
城乡社区支出	801.39	12.4

全年完成全社会固定资产投资总额6 016.43亿元，比上年增长6.5%。其中，第三产业投资占全社会固定资产投资总额的比重为80.6%；非国有经济投资占全社会固定资产投资总

额的比重为70.1%（见表3-3）。

表3-3 2014年全社会固定资产投资及其增长速度

指 标	绝对值（亿元）	比上年增长（%）
全社会固定资产投资总额	6 016.43	6.5
按经济类型分		
国有经济	1 796.22	-6.8
非国有经济	4 220.21	13.4
#私营经济	1 219.43	13.9
股份制经济	1 812.77	13.2
外商及港澳台投资经济	1 103.04	23.3
按产业分		
第一产业	11.86	-35.7
第二产业	1 157.27	-6.8
#工 业	1 156.44	-6.5
第三产业	4 847.30	10.5
#批发和零售业	31.86	-38.7
交通运输、仓储和邮政业	459.24	-8.0
房地产业	3 224.10	13.7

以上年价格为100，全年居民消费价格指数为102.7，其中，食品类价格指数为103.2（见表3-4）；固定资产投资价格指数为100.5；工业生产者出厂价格指数为98.9，工业生产者购进价格指数为95.9；新建住宅销售价格指数为105.9，其中，商品住宅价格指数为107.0。

表3-4 2014年居民消费价格指数

指 标	指 数（以上年价格为100）
居民消费价格指数	102.7
食 品	103.2
烟 酒	101.0
衣 着	103.7
家庭设备用品及维修服务	101.8
医疗保健和个人用品	100.4
交通和通信	100.1

娱乐教育文化用品及服务	101.8
居 住	104.6

二、农 业

全年全市实现农业总产值 322.07 亿元，与上年持平。其中，种植业 171.04 亿元，增长 0.5%；林业 8.94 亿元，下降 15.1%；牧业 70.03 亿元，增长 0.3%；渔业 60.5 亿元，增长 1.3%；农林牧渔服务业 11.56 亿元，下降 3.7%。上海域外市属农场实现农业总产值 21.45 亿元，增长 17.4%。

全年全市粮食播种面积 164.86 千公顷，比上年下降 2.1%；粮食产量 112.89 万吨，下降 1.1%；牛奶产量 27.05 万吨，增长 2.0%（见表 3-5）。

表 3-5 2014 年全市及域外主要农副产品产量

产品名称	单 位	全市产量	比上年增长（%）	域外产量	比上年增长（%）
粮 食	万吨	112.89	-1.1	19.01	1.4
蔬 菜	万吨	377.86	-1.9	—	—
生猪出栏	万头	243.13	0.5	54.79	31.5
牛 奶	万吨	27.05	2.0	7.40	12.8
家禽出栏	万羽	2 166.02	-18.0	2.80	-76.2
水产品	万吨	30.04	10.7	3.06	11.4

至年末，全市有 1 489 家企业、7 202 个产品获得农产品质量认证。其中，绿色食品生产企业 171 家，绿色食品 248 个；无公害农产品生产企业 1 310 家，无公害农产品 6 928 个。

至年末，全市累计建成标准化畜禽养殖场 300 家，标准化水产养殖场 247 家；累计建成设施粮田面积 86.53 千公顷，市级蔬菜标准园 128 家，面积 3.37 千公顷。至年末，全市有农业产业化龙头企业 386 家，农民专业合作社 3192 家，经农业主管部门认定的粮食家庭农场 2787 个。

三、工业和建筑业

全年实现工业增加值 7 362.84 亿元，比上年增长 4.3%。全年完成工业总产值 34 071.19 亿元，增长 1.6%，其中，规模以上工业总产值 32 237.19 亿元，增长 1.6%。在规模以上工业总产值中，国有控股企业 12 094.57 亿元，增长 2.3%。

全年节能环保、新一代信息技术、生物医药、高端装备、新能源、新材料和新能源汽车等战略性新兴产业制造业完成工业总产值 8 113.34 亿元，比上年增长 5.5%。

全年六个重点行业完成工业总产值 21 626.85 亿元，比上年增长 1.4%，占全市规模以上工业总产值的比重为 67.1%（见表 3-6）。

表 3-6 2014 年六个重点行业工业总产值及其增长速度

指 标	绝对值（亿元）	比上年增长（%）
六个重点行业工业总产值	21 626.85	1.4
电子信息产品制造业	6 252.34	-2.3
汽车制造业	5 319.03	10.5
石油化工及精细化工制造业	3 785.03	-6.8
精品钢材制造业	1 447.19	-2.7
成套设备制造业	3 949.76	6.0
生物医药制造业	873.51	4.2

全年规模以上工业产品销售率达到 99.5%。全年乳制品产量 53.72 万吨，比上年增长 9.8%；汽车产量 247.45 万辆，增长 9.1%；集成电路产量 223.33 亿块，增长 13.3%（见表 3-7）。

表 3-7 2014 年主要工业产品产量及其增长速度

产品名称	单 位	产 量	比上年增长（%）
乳制品	万吨	53.72	9.8
精制食用植物油	万吨	109.85	3.7
原油加工量	万吨	2 239.37	-14.2
钢 材	万吨	2 309.14	-1.9
汽 车	万辆	247.45	9.1
电力电缆	万千米	176.79	1.7
移动通信手持机（手机）	万台	5 484.75	11.1
集成电路	亿块	223.33	13.3
发电机组（发电设备）	万千瓦	3 632.46	18.4

全年规模以上工业企业实现利润总额 2 661.13 亿元，比上年增长 10.4%；实现税金总额 1 857.89 亿元，增长 2.8%。规模以上工业企业亏损面为 21.2%。

全年实现建筑业总产值 5 499.94 亿元，比上年增长 7.8%；房屋建筑施工面积 34 994.68 万平方米，增长 20.1%；竣工面积 7 580.77 万平方米，增长 20.8%。建筑企业按总产值计算的全员劳动生产率 41.6 万元 / 人，比上年下降 0.3%。

四、批发和零售业

全年实现批发和零售业增加值 3 809.31 亿元，比上年增长 6.9%。

全年实现商品销售总额 7.41 万亿元，比上年增长 11.4%。其中，批发销售额 6.62 万亿元，增长 11.7%。

全年实现社会消费品零售总额 8 718.65 亿元，比上年增长 8.7%（见表 3-8），其中，无店铺零售额 957.9 亿元，增长 21.7%。

表 3-8 2014 年社会消费品零售总额及其增长速度

指 标	绝对值（亿元）	比上年增长（%）
社会消费品零售总额	8 718.65	8.7
#批发零售贸易业	7 881.45	9.1
住宿餐饮业	837.20	5.7
#国 有	549.81	7.2
私 营	2 037.84	7.1
股份有限公司	698.59	3.3
港澳台商投资	1 286.10	7.1
外商投资	1 628.38	17.6
#吃的商品	1 935.71	5.3
穿的商品	1 230.51	14.4
用的商品	4 882.57	9.6
烧的商品	669.86	2.9

至年末，全市购物中心数达 150 家，其中，建筑面积 10 万平方米以上的购物中心 63 家。全年购物中心实现营业收入 1 099.47 亿元，比上年增长 14%。

五、交通、邮电和旅游

全年实现交通运输、仓储和邮政业增加值 1 044.46 亿元，比上年增长 9.4%。

全年各种运输方式完成货物运输量 90 340.88 万吨，比上年下降 1.3%。旅客发送量 17 560.06 万人次，增长 10.2%（见表 3-9）。

表 3-9 2014 年货物运输量与旅客发送量及其增长速度

指 标	单 位	绝对值	比上年增长（%）
货物运输量	万吨	90 340.88	-1.3
铁 路	万吨	548.96	-20.9
水 运	万吨	46 582.53	-0.2
公 路	万吨	42 848.00	-2.2
机 场	万吨	361.39	7.4
旅客发送量	万人次	17 560.06	10.2

铁　路	万人次	9 194.19	15.3
港　口	万人次	90.26	32.5
公　路	万人次	3 754.15	0.9
机　场	万人次	4 521.46	8.3

全年上海港口货物吞吐量达到75 528.89万吨，比上年下降2.6%；集装箱吞吐量3 528.53万国际标准箱，增长5%。集装箱水水中转比例为45.8%，比上年提高0.4个百分点；国际中转比例为7.1%，提高0.1个百分点。上海浦东、虹桥两大国际机场全年共起降航班65.54万架次，增长6.6%；进出港旅客达到8 965.9万人次，增长8.3%。其中，国内航线进出港旅客6 073.57万人次，增长7%；国际及地区航线进出港旅客2 892.33万人次，增长11%。

全年上海港接待邮轮靠泊269艘次，其中，以上海为母港的邮轮240艘次。邮轮旅客吞吐量121.52万人次，比上年增长60.6%。

轨道交通13号线和16号线部分区段建成通车。至年末，全市轨道交通运营线路达到14条，运营线路长度达到548.44公里（均不含磁浮线路）。全年优化调整公交线路290条，其中新辟73条。至年末，公交专用道路达到161.8公里。公交运营车辆1.62万辆，运营出租车5.07万辆。全年市内公共交通客运量65.85亿人次，比上年增长3.6%。其中，轨道交通客运量28.27亿人次，增长12.8%；公共汽电车客运量26.65亿人次，下降1.7%。日均公交优惠换乘和老年人免费乘车分别达到256.4万人次和73.4万人次。

至年末，全市拥有各类民用汽车255.19万辆，比上年增长8.5%。其中，私人汽车183.43万辆，增长12.3%。

全年完成邮政业务总量310.53亿元，比上年增长20%；电信业务总量597.75亿元，增长12%。邮政业全年完成邮政函件业务110 282.49万件、包裹业务408.69万件、快递业务量128 366.11万件；快递业务收入361.31亿元。年末固定电话用户840.18万户，其中，住宅电话484.17万户。移动电话用户3 292.74万户，比上年末增加92.8万户。固定电话用户普及率34.79部/百人，移动电话用户普及率136.34部/百人。

全年实现旅游产业增加值1 449.33亿元，比上年增长1.5%。

至年末，全市已有星级宾馆255家，旅行社1 357家，A级旅游景区（点）89个，红色旅游基地34个（见表3-10）。

表3-10 2014年旅游设施情况

指　标	单位	绝对值
星级宾馆	家	255
# 五星级	家	66
四星级	家	69
旅行社	家	1357
# 经营出境旅游业务的旅行社	家	90

A 级旅游景区（点）	个	89
#5A 级景区（点）	个	3
4A 级景区（点）	个	46
红色旅游基地	个	34
# 全国红色旅游基地	个	9
旅游咨询服务中心	个	46
旅游集散中心站点	个	5

全年接待国际旅游入境者 791.3 万人次，比上年增长 4.5%(见图 3-2)。其中，入境外国人 611.14 万人次，增长 2.3%；港、澳、台同胞 180.16 万人次，增长 12.7%。在国际旅游入境者中，过夜旅游者 639.62 万人次，增长 4.2%。全年接待国内旅游者 26 818.11 万人次，增长 3.2%，其中，外省市来沪旅游者 13 040.91 万人次，增长 14.7%。全年入境旅游外汇收入 57.05 亿美元，增长 6.8%；国内旅游收入 2 950.13 亿元，下降 0.6%。

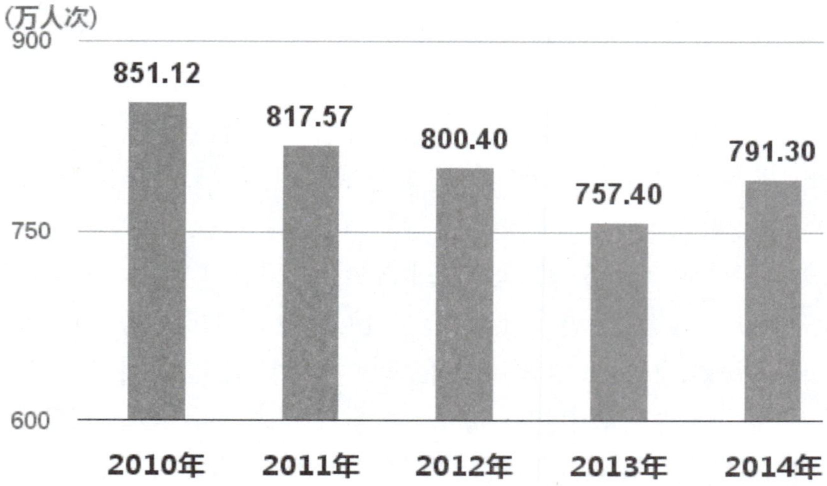

图 3-2 2013 ～ 2014 年国际旅游入境人数

六、金融和保险

全年实现金融业增加值 3 268.43 亿元，比上年增长 14%。

全年新增各类金融单位 96 家。其中，货币金融服务单位 37 家；资本市场服务单位 40 家。至年末，全市各类金融单位达到 1 336 家。其中，货币金融服务单位 601 家；资本市场服务单位 292 家；保险业单位 363 家。至年末，在沪经营性外资金融单位达到 216 家，外资金融机构代表处 190 家。

至年末，全市中外资金融机构本外币各项存款余额 73 882.45 亿元，比年初增加 4 612.96 亿元；贷款余额 47 915.81 亿元，比年初增加 3 424.23 亿元（见表 3-11）。

表 3-11　2014 年中外资金融机构本外币存贷款情况

指　标	绝对值（亿元）	比年初增减额（亿元）
各项存款余额	73 882.45	4 612.96
# 单位存款	44 149.12	2 597.06
个人存款	24 057.05	959.70
各项贷款余额	47 915.81	3 424.23
# 短期贷款	13 412.75	-413.54
中长期贷款	28 451.63	2 568.66
# 人民币个人消费贷款	8 753.46	920.84
# 个人住房贷款	6 258.86	575.60
汽车消费贷款	1524.11	245.85

全年通过上海证券市场股票筹资 3 962.59 亿元，比上年增长 57.5%；发行公司债 2 955.2 亿元，比上年下降 5.6%。至年末，上海证券市场上市证券 3 758 只，比上年增加 972 只，其中股票 1 039 只，增加 42 只。

全年金融市场（包括外汇市场）交易总额达到 786.66 万亿元，比上年增长 23.2%。上海证券交易所各类有价证券总成交金额 128.15 万亿元，增长 48.1%，其中，股票成交金额 37.72 万亿元，增长 63.8%。上海期货交易所总成交金额 126.47 万亿元，增长 4.7%。中国金融期货交易所总成交金额 164.02 万亿元，增长 16.3%。银行间市场总成交金额 361.51 万亿元，增长 27.0%。上海黄金交易所总成交金额 6.51 万亿元，增长 24.7%。

全年原保险保费收入 986.75 亿元，比上年增长 20.1%。其中，财产险公司原保险保费收入 320.36 亿元，增长 12.3%；人身险公司原保险保费收入 666.39 亿元，增长 24.3%。全年保险赔付支出 378.66 亿元，增长 25.4%。其中，财产险赔款支出 177.24 亿元，增长 9.2%；寿险给付 158.41 亿元，增长 53.6%；健康险赔款给付 37.51 亿元，增长 17.9%；意外险赔款支出 5.5 亿元，增长 18.8%。

七、对外经济

全年上海关区货物进出口总额 8 634.55 亿美元，比上年增长 6.3%。其中，进口 3 402.43 亿美元，增长 8.6%；出口 5 232.12 亿美元，增长 4.8%。

全年上海市货物进出口总额 4 666.22 亿美元，比上年增长 5.6%。其中，进口 2 563.45 亿美元，增长 7.9%；出口 2 102.77 亿美元，增长 3.0%（见表 3-12）。按市场分，对欧盟进口 648.92 亿美元，增长 16.9%；出口 388.80 亿美元，增长 7.2%；对美国进口 265.53 亿美元，增长 16.0%；出口 498.45 亿美元，下降 1.6%；对日本进口 311.75 亿美元，增长 3.3%；出口 233.13 亿美元，下降 6.4%（见表 3-13）。

表 3-12 2014 年上海市货物进出口总额及其增长速度

指 标	绝对值（亿美元）	比上年增长（%）
上海市货物进出口总额	4 666.22	5.6
上海市货物进口总额	2 563.45	7.9
# 国有企业	382.27	-7.2
外商投资企业	1 687.41	10.8
私营企业	380.11	8.3
# 一般贸易	1 321.48	10.2
加工贸易	370.19	6.3
# 机电产品	1 391.06	8.4
# 高新技术产品	819.23	3.4
上海市货物出口总额	2 102.77	3.0
# 国有企业	279.17	-6.0
外商投资企业	1 415.62	3.5
私营企业	389.63	7.8
# 一般贸易	879.73	7.6
加工贸易	919.88	-2.5
# 机电产品	1 456.08	1.5
# 高新技术产品	890.63	0.4

表 3-13 2014 年上海对主要国家和地区货物进、出口总额及其增长速度

国家和地区	出口额（亿美元）	比上年增长（%）	进口额（亿美元）	比上年增长（%）
美 国	498.45	-1.6	265.53	16.0
欧 盟	388.80	7.2	648.92	16.9
日 本	233.13	-6.4	311.75	3.3
东 盟	234.17	9.4	303.80	-6.6
中国香港	184.65	10.1	7.90	8.9
中 东	79.51	5.3	43.75	-0.5
韩 国	71.62	15.3	190.84	7.9
中国台湾	66.82	15.4	164.75	1.5
俄罗斯	30.17	0.9	19.46	22.3

全年上海市服务进出口总额（按国际收支统计口径，下同）1 753.9 亿美元，比上年增长 9.7%。其中，出口 494.3 亿美元，增长 5.7%；进口 1 259.6 亿美元，增长 11.3%。

全年新设外商直接投资合同项目4 697项，比上年增长25.6%；合同金额316.09亿美元，增长26.8%；实际到位金额181.66亿美元，增长8.3%。全年第三产业实际到位金额163.85亿美元，增长20.8%，占全市实际利用外资的比重达到90.2%。至年末，在上海投资的国家和地区达159个。年内新增跨国公司地区总部45家，其中亚太区总部15家；投资性公司14家；外资研发中心15家。至年末，在上海落户的跨国公司地区总部达到490家，投资性公司297家，外资研发中心381家。

全年新批对外投资项目594项，比上年增长71.2%；投资总额122.9亿美元，增长1.9倍。签订对外承包工程合同金额108.9亿美元，增长0.7%；实际完成营业额74亿美元，下降8.3%；派出人员8 532人次，增长96.7%。对外劳务合作派出人员18 163人次，增长32.6%。至年末，上海对外承包工程和劳务合作涉及的国家和地区达178个。

全年举办各类展览会项目769个，总展出面积1 279.2万平方米。其中，国际展览会项目258个，展出面积930.2万平方米；国内展览会项目511个，展出面积349万平方米。

八、中国（上海）自由贸易试验区建设

中国（上海）自由贸易试验区建设取得重要阶段性成果。以负面清单管理为核心的投资管理制度基本建立。修订出台2014版负面清单，将外商投资准入特别管理措施由2013版的190条减少到139条。深化商事登记制度改革。全年区内新增注册企业11 440户。其中，内资企业9 383户，注册资本3 329亿元；外商投资企业2 057户，合同外资118亿美元（见表3-14）。集聚总部经济企业258家，其中亚太营运商22家。年内全面实施第一批服务业六大领域23项开放措施。

以贸易便利化为重点的贸易监管制度有效运行。创新“一线放开、二线安全高效管住”的监管制度，海关、检验检疫、海事等部门推出60多项创新举措，进口平均通关时间比区外减少41.3%，出口平均通关时间比区外减少36.8%。启动实施国际贸易“单一窗口”管理制度，新一轮对外开放措施全面落实。

以资本项目可兑换和金融服务业开放为目标的金融创新制度有序推进。自由贸易账户、扩大人民币跨境使用和深化外汇管理改革等试点稳步实施。已通过分账核算系统验收的10家银行共开立了9741个自由贸易账户；自贸试验区跨境人民币结算总额3226亿元，其中，跨境人民币境外借款业务累计金额197.28亿元，跨境双向人民币资金池业务收支总额783亿元。

以政府职能转变为核心的事中事后监管制度初步形成。区内27项制度创新成果已先后在全国或部分地区复制推广。

表3-14　2014年中国（上海）自由贸易试验区主要经济指标及其增长速度

指　标	单位	绝对值	比上年增长（%）
经营总收入	亿元	16 000.00	11.0
商品销售额	亿元	13 800.00	11.5

航运物流服务收入	亿元	1 180.00	15.0
工业总产值	亿元	572.70	-10.1
税务部门税收	亿元	576.40	13.4
合同外资	亿美元	118.00	5.2 倍
新增注册企业数	家	11 440	1.6 倍
内资企业注册资本	亿元	3 329.00	2.9 倍

九、城市基础设施和房地产

全年完成城市基础设施建设投资 1 057.25 亿元，比上年增长 1.3%。其中，交通运输邮电通信投资 510.42 亿元；市政建设投资 379.81 亿元；公用事业投资 32.80 亿元（见表 3-15）。东风西沙水源地、浦东国际机场第四跑道等顺利竣工。

表 3-15　2014 年城市基础设施投资及其增长速度

指 标	绝对值（亿元）	比上年增长（%）
城市基础设施投资	1 057.25	1.3
电力建设	134.22	21.6
交通运输	422.48	-7.9
邮电通信	87.93	-4.1
公用事业	32.80	-31.0
市政建设	379.81	13.4

全市自来水日供水能力 1 137 万立方米，比上年增长 1.2%。全年全市用电量 1 369.03 亿千瓦时，下降 3%（见表 3-16）。至年末，全市家庭人工煤气用户 13.8 万户，家庭液化气用户 330.6 万户，家庭天然气用户 614 万户。

表 3-16　2014 年公用事业主要指标及其增长速度

指 标	单 位	绝对值	比上年增长 (%)
自来水日供水能力	万立方米	1 137.00	1.2
自来水售水总量	亿立方米	24.82	-0.4
# 工业用水	亿立方米	5.16	-1.4
用电量	亿千瓦时	1 369.03	-3.0
# 城乡居民生活用电	亿千瓦时	173.89	-15.2
煤气销售总量	亿立方米	3.00	-44.4
液化气销售总量	万 吨	41.80	5.3
天然气销售总量	亿立方米	66.20	0.6

全年完成房地产开发投资3 206.48亿元，比上年增长13.7%。其中，住宅投资1 724.65亿元，增长6.8%；办公楼投资534.77亿元，增长41.8%；商业营业用房投资457.92亿元，增长23.8%。商品房施工面积14 690.18万平方米，增长8.7%。竣工面积2 313.29万平方米，增长2.6%。商品房销售面积2 084.66万平方米，下降12.5%，其中，商品住宅销售面积1 780.91万平方米，下降11.7%。全年商品房销售额3 499.53亿元，下降10.5%，其中，商品住宅销售额2 923.44亿元，下降10.4%。全年存量房买卖登记面积1 586.14万平方米，下降38.4%。

十、城市信息化

全年实现信息产业增加值2 460.11亿元，比上年增长9.6%。

至年末，全市光纤到户覆盖总量达840万户，比上年末增加40万户，实际使用用户达到425万户，新增65万户。下一代广播电视网（NGB）覆盖600万户家庭，比上年末增加100万户。第四代移动通信技术（4G）基本覆盖中心城区和郊区主要城镇中心区域。年末，第三代移动通信技术（3G）和4G用户总数达到1 664.15万户，比上年增加560.88万户。互联网上网人数1 716万人，互联网上网人数普及率为71.1%。城市公共区域WLAN接入热点累计达2.3万处。互联网宽带接入用户672.31万户，比上年末增加46.16万户。各类互联网数据中心（IDC）机架数总量达3.8万个，比上年末增加8 000个。IPTV用户数达200万户，增加5万户。数字电视用户数达604万户，增加150万户。

全年完成电子商务交易额13 549亿元，比上年增长28.3%。其中，B2B交易额10 645亿元，增长23.3%，占电子商务交易额的78.6%；网络购物交易额2 904亿元，增长50.6%，占21.4%。口岸税费电子支付系统入网企业累计55 000家，全年电子单证传输量为22 900万张，实现电子支付金额12 830亿元，增长12%。全年推广电子账单44万份。发送法人数字证书“一证通”139.32万张；中国上海门户网站首页浏览量3 242.4万次，总页面浏览量72 429.7万次。社会公共服务领域信息化建设不断深化（见表3-17）

表3-17　2014年社会公共服务领域信息化指标及其增长速度

指　标	单　位	绝对值	比上年增长（%）
“市民信箱”累计注册用户	万人	452.40	5.6
“付费通”业务平台交易量	万笔	20 000.00	25.0
“付费通”业务平台交易额	亿元	110.00	10.0

至年末，数字证书累计发放516.7万张，其中，年内发放证书116.5万张。年内市公共信用信息服务平台正式开通运行。至年末，市公共信用信息服务平台已有包含行政机关、司法机关、公用事业单位在内的97家信息源单位，归集信息事项3 297个，可提供查询的数据约3亿条，基本覆盖全市常住人口及138万企业法人、事业法人和社会组织法人。

十一、教育和科学技术

2014 学年，全市共有普通高等学校（含独立学院）68 所，普通中等学校 857 所，普通小学 757 所，特殊教育学校 29 所。普通高等学校、普通小学毕业生数均有所下降，普通中等学校毕业生数有所增长（见表 3-18）。全市共有 48 家机构培养研究生，全年招收研究生 4.39 万人，在校研究生 13.36 万人，毕业研究生 3.66 万人。九年义务教育入学率保持在 99.9% 以上，高中阶段新生入学率达 96.9%。

表 3-18 2014 年各级各类学校学生情况及其增长速度

类 别	在校学生数（万人）	比上年增长(%)	毕业学生数（万人）	比上年增长(%)
普通高等学校	50.66	0.4	13.24	-1.0
普通中等学校	69.66	-4.1	19.20	2.3
普通中学	58.42	-1.6	14.32	-2.5
高 中	15.74	0.4	5.10	-3.2
初 中	42.68	-2.3	9.22	-2.0
中等专业学校	7.74	-16.1	3.55	28.6
职业学校	2.71	-16.4	1.04	2.0
技工学校	0.79	-2.5	0.29	-3.3
普通小学	80.30	1.3	13.12	-2.5
特殊教育学校	0.46	-2.1	0.08	持平

至年末，全市共有民办普通高校 20 所，在校学生 9.22 万人；民办普通中学 107 所，在校学生 7.44 万人；民办小学 174 所，在校学生 15.6 万人。全市共有成人中高等学历教育学校 35 所，成人职业技术培训机构 691 所，老年教育机构 291 所。全市共有校外教育机构 23 所。其中，少年宫（含青少年活动中心）17 所；少年科技站 5 所；少年之家 1 所。

全年用于研究与试验发展（R&D）经费支出 831 亿元，相当于上海市生产总值的比例为 3.60%（见图 3-3）。

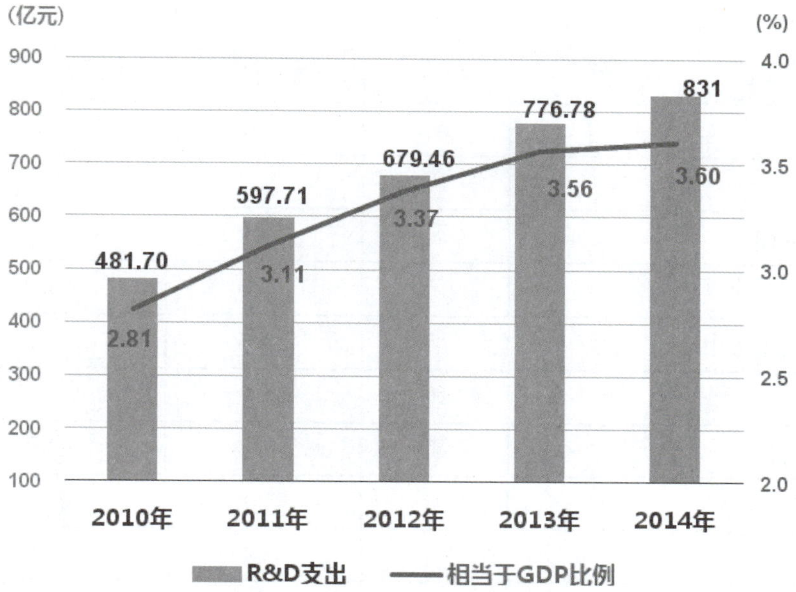

图 3-3 2010 ～ 2014 年 R&D 经费支出及其相当于上海市生产总值的比例

全年受理专利申请 81 664 件，比上年下降 5.5%，其中，受理发明专利申请 39 133 件，下降 0.1%。全年专利授权量为 50 488 件，增长 3.7%，其中，发明专利授权量为 11 614 件，增长 9.1%。全市国家级创新型企业 15 家，国家级创新型试点企业 19 家，市级创新型企业 500 家。科技小巨人企业和小巨人培育企业共 1 225 家，高新技术企业 5 433 家，技术先进型服务企业 252 家。年内全市认定和复审高新技术企业 2 552 家。年内认定高新技术成果转化项目 643 项，其中，电子信息、生物医药、新材料等重点领域项目占 86.5%。至年末，共认定高新技术成果转化项目 9 897 项。全年经认定登记的各类技术交易合同 25 238 件，比上年下降 4%；合同金额 667.99 亿元，增长 7.6%。

十二、文化和卫生

年内成功举办第三十一届“上海之春”国际音乐节、第十六届中国上海国际艺术节等重大文化活动。全年市民参与文化活动人数达到 3 100 万人次。实施公共文化服务人员“三年万人培训计划”，年内培训 4 050 人次。至年末，全市有市、区（县）级文化馆、群众艺术馆 26 个，艺术表演团体 180 个，市、区（县）级公共图书馆 25 个，档案馆 44 个，博物馆 120 个。全市共有公共广播节目 21 套，公共电视节目 25 套。有线电视用户 687.48 万户，有线数字电视用户 564.73 万户。全年生产电视剧 49 部，共 1774 集；动画电视 4386 分钟。全年共出版报纸 12.01 亿份、各类期刊 1.45 亿册、图书 3.26 亿册。摄制完成 36 部故事片。

至年末，全市共有医疗卫生机构 4 987 所，专业卫生技术人员 16.40 万人（见表 3-19）。全年全市医疗机构共完成诊疗人数 2.51 亿人次。全市婴儿死亡率为 4.83‰，孕产妇死亡率为 6.74/10 万。

表 3-19 2014 年卫生机构基本情况及其增长速度

指 标	单 位	绝对值	比上年增长（%）
医疗卫生机构数	所	4987	1.2
医 院	所	332	1.2
基层医疗卫生机构	所	4492	1.2
#门诊部	所	610	6.3
社区卫生服务中心	所	305	1.3
村卫生室	所	1310	-2.4
专业公共卫生机构	所	116	持平
#疾病预防控制中心	所	20	持平
卫生监督所	所	18	持平
其他医疗卫生机构	所	47	2.2
专业卫生技术人员数	万人	16.40	4.9
#执业（助理）医师	万人	6.13	5.5
#医院执业医师	万人	3.69	6.6
注册护士	万人	7.19	5.9

十三、人口和就业

至年末，全市常住人口总数为 2 425.68 万人。其中，户籍常住人口 1 429.26 万人；外来常住人口 996.42 万人。全年常住人口出生 20.2 万人，出生率为 8.35‰；死亡 12.61 万人，死亡率为 5.21‰；常住人口自然增长率为 3.14‰。全年户籍常住人口出生 11.9 万人，出生率为 8.34‰；死亡 11.8 万人，死亡率为 8.27‰；户籍常住人口自然增长率为 0.07‰。

全市户籍人口平均期望寿命达到 82.29 岁。其中，男性 80.04 岁，女性 84.59 岁。

全年新增就业岗位 59.96 万个（见图 3-4），其中，农村富余劳动力实现非农就业 10.78 万个。全年新安置就业困难人员 16 296 人，新消除零就业家庭 231 户。全年帮助成功创业人数 11 014 人，帮助 6754 名长期失业青年实现就业。高技能人才占技能劳动者比例达到 29%。累计有 626 人和 442 人分别入选中央和上海“千人计划”。全年共完成职业培训 53.40 万人，其中，农民工 24.64 万人。至年末，全市城镇登记失业人员 25.63 万人，城镇登记失业率为 4.2%。

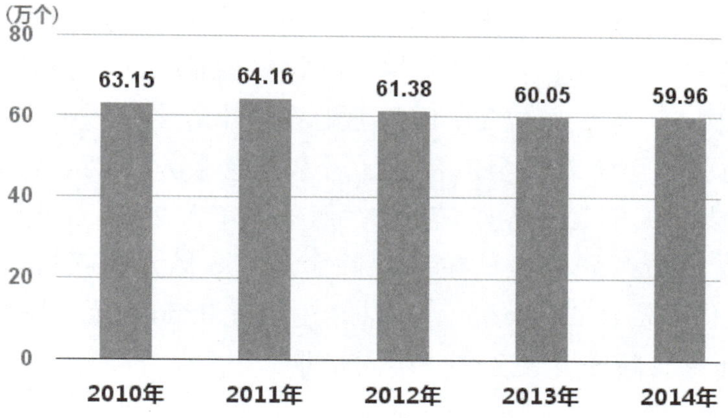

图 3-4　2010 ～ 2014 年新增就业岗位情况

十四、人民生活和社会保障

据抽样调查，全年城市居民家庭人均可支配收入 47 710 元，比上年增长 8.8%，扣除价格因素，实际增长 5.9%；农村居民家庭人均可支配收入 21 192 元，比上年增长 10.3%，扣除价格因素，实际增长 7.4%。城市居民家庭人均消费支出 30 520 元，比上年增长 8.4%；农村居民家庭人均生活消费支出 15 291 元，比上年增长 13.9%。

全年新开工建设保障房和实施旧住房改造 13.9 万套，基本建成 11.3 万套。拆除中心城区成片二级旧里以下房屋 63.9 万平方米。至年末，城镇居民人均住房建筑面积 35.1 平方米，折合人均住房居住面积 17.8 平方米（见图 3-5）。居民住宅成套率达到 96.6%。

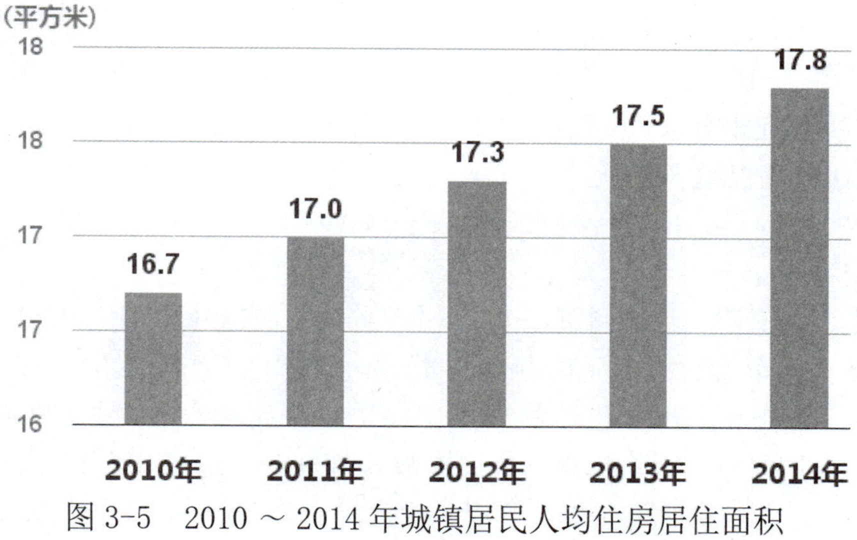

图 3-5　2010 ～ 2014 年城镇居民人均住房居住面积

至年末，全市共有 1 373.37 万人（包括离退休人员）参加城镇职工基本养老保险，有 78.3 万人参加城乡居民基本养老保险。城镇最低生活保障标准从上年的每人每月 640 元提高到 710 元，农村最低生活保障标准从每人每年 6 000 元提高到 7 440 元。月最低工资标准从 1 620 元提高到 1 820 元，小时最低工资标准从 14 元提高到 17 元。

至年末，全市共有 1 353.57 万人（包括离退休人员）参加城镇职工基本医疗保险，城镇居民基本医疗保险参保人数（含普通高等院校学生）达257.66万人。

至年末，全市民政部门共有各类提供住宿的收养性社会服务机构667个，床位11.87万张，其中，养老机构660家，床位11.49万张。在全市养老机构中，由社会投资开办的有334家，床位5.66万张。至年末，全市有社区居家养老服务社224家，社区老年人日间服务中心381家，社区老年人助餐服务点576个，服务老年人29.4万人。

全年各级政府支出城镇居民最低生活保障金13.56亿元、农村居民最低生活保障金1.49亿元、农村五保供养资金0.14亿元、粮油帮困资金0.56亿元、医疗救助金1.58亿元。年内新办福利企业14家，新安置322名残疾人就业。

十五、环境保护

全年全社会用于环境保护的资金投入699.89亿元，相当于上海市生产总值的比例为3.0%。

全年环境空气质量优良率（AQI）为77%，比上年提高11个百分点。二氧化硫年日均值18微克/立方米，比上年下降25%；二氧化氮年日均值45微克/立方米，下降6.3%；可吸入颗粒物（PM10）年日均值71微克/立方米，下降13.4%；一氧化碳年日均值0.77毫克/立方米，下降9.4%；细颗粒物（PM2.5）年日均值52微克/立方米；臭氧日最大8小时滑动平均值达标率92.9%。全市平均区域降尘量5.4吨/平方公里·月，比上年下降6.9%。

年末，城市污水处理厂日处理能力达786.55万立方米，比上年末增长0.2%；城市污水处理率达到89%，比上年提高1.3个百分点。全年清运生活垃圾742.6万吨，生活垃圾无害化处理率达到95%，比上年提高1个百分点；年内新增636个垃圾分类收集处置试点场所，实现生活垃圾分类居住区覆盖家庭280万户。

全年新建绿地1 105公顷，其中，公共绿地552公顷。至年末，建成区绿化覆盖率达到38.4%。全年新增造林面积899公顷，其中人工造林899公顷。至年末，自然保护区达到4个，其中国家级自然保护区2个。

十六、安全生产

全年共发生道路交通、工矿商贸、火灾、铁路交通、农业机械生产安全事故7 364起，造成死亡1 186人，分别比上年下降38%和3.1%。其中，工矿商贸生产安全事故283起，造成死亡225人，分别比上年上升7.2%和下降4.7%；道路交通事故1 172起，造成死亡902人，分别比上年下降41.7%和1.3%；火灾事故5 899起，造成死亡59人；铁路交通事故5起，未发生人员死亡；农业机械事故5起，比上年下降73.7%，未发生人员死亡。全年亿元生产总值生产安全事故死亡人数为0.050人。

上海市统计局

国家统计局上海调查总队

2015年2月28日

说明：

1. 本公报数据为初步统计数。

2. 上海市生产总值、各产业增加值和总产值绝对数按当年价格计算，增长速度按可比价格计算。2014 年上海市生产总值数据执行国家统计局 2012 年制定的《三次产业划分规定》。

3. 战略性新兴产业制造业增加值和总产值均为规模以上口径。

4. 域外市属农场是指上海光明食品（集团）有限公司所属的外地农场，其产量和产值不包括在上海市总量中。

5. 电信业务总量按 2010 年不变价格计算。

6. 旅游产业和信息产业的增加值是依据若干行业的有关资料进行跨行业核算的，不能将其与上海市生产总值中其他行业的增加值进行简单加总，否则会造成重复计算。

7. 学年是指教育年度，即从本年的 9 月 1 日（学年初）至第二年的 8 月 31 日（学年末）。

8. 环境空气质量优良率（AQI）是国家发布的新环境空气质量评价标准。AQI 监测体系包括二氧化硫、二氧化氮、可吸入颗粒物 (PM10)、细颗粒物 (PM2.5)、一氧化碳和臭氧六项污染物指标。

第二篇

环境

ALMANAC OF
SHANGHAI REAL ESTATE

第四章 政策制度环境

第一节 上海房地产市场政策制度环境构成

房地产政策制度是经济关系在房地产领域的投射的产物，或者说是房地产经济关系外在体现和反映。按照房地产行业的行为内容及结构，可将房地产政策制度分为土地政策制度、金融政策制度、开发政策制度、拆迁与租赁政策制度、交易政策制度、物业管理政策制度等六部分。

2014年以来，我国经济逐渐趋缓，进入新常态，房地产市场持续走弱，商品房量价均呈现同比下降，开发投资增速持续放缓。在此背景下，国家宏观政策以稳为主，更关注民生保障和长效机制顶层设计，“双向调控、分类指导”由此成为房地产调控的主基调。2014年两会，李克强总理在政府工作报告和答记者问中多次强调，未来应根据不同人群的需求，不同城市的情况，分类施策、分城施策。之后，住建部不止一次重申了双向调控、分类指导的调控基调，并且表示始终坚持保护消费需求、遏制投资需求的原则。

“双向调控、分类指导”主基调的指引下，6月，呼和浩特市率先公开发文取消楼市限购，并得到默认，受此影响，下半年全国楼市限购松绑呈现多米诺效应，由局部调整转向全面放开，二三线城市限购政策已基本瓦解，而作为一线城市的上海，则不止一次申明楼市调控不放松。但是，新政超预期放宽限贷，加快了上海调整普通住宅标准的步伐，促进改善市场需求升温；而商业贷款利率下调则为房地产行业再次带来利好，助推上海楼市行情高涨，年终翘尾。

一、土地政策制度

土地政策制度一般是指：中央或地方政府、行政机构，为调整土地关系（包括人地关系与人与人之间的利益关系），实现土地的合理利用及其所代表的社会阶级集团的经济利益而制定的行为准则。

2014年土地政策仍然延续以往保发展、保红线、保权益的方向。国土资源部发布了《关于强化管控落实最严格耕地保护制度的通知》、《节约集约利用土地规定》和《推进土地节约集约利用的指导意见》等政策性文件，进一步强化了最严格的耕地保护制度和节约集约用地制度；按照四部委联合下发的《关于开展市县“多规合一”试点工作的通知》，部署开展了市县“多规合一”试点工作。同时，还部署开展了城市开发边界划定试点和土地利用总体规划调整完善工作；《不动产登记暂行条例》正式颁布，将于2015年3月1日起施行，农房被纳入不动产统一登记范畴；适时调整房地产调控政策，限购、限贷等行政调控手段逐步退出，更加注重完善住房、土地、财税、金融等各方面政策，着手建立促进房地产市场长期稳定健康发展的长效机制；进一步加大取消和下放行政审批事项力度，推进法制建设，颁布了《国土资源行政处罚办法》，不断提高国土资源管理依法行政和科学化水平；积极稳妥推进农村土地制度改革试点方案设计研究工作，进一步细化完善养老用地、铁路用地等方面差别化的土地政策。

全国性主要土地政策文件见表 4-1。

表 4-1 2014 年国家土地方面的主要政策制度

土地政策制度	颁布日期	颁布机构
不动产登记暂行条例	2014 ～ 11 ～ 24	国务院
推进土地节约集约利用的指导意见	2014 ～ 09 ～ 12	国土资源部
节约集约利用土地规定	2014 ～ 05 ～ 22	国土资源部
国土资源行政处罚办法	2014 ～ 05 ～ 07	国土资源部
关于做好 2014 年村庄规划、镇规划和县域村镇体系规划试点工作的通知	2014 ～ 03 ～ 28	住房和城乡建设部
关于强化管控落实最严格耕地保护制度的通知	2014 ～ 02 ～ 13	国土资源部

上海市最近五年来相关的土地政策制度根据时间顺序可归纳为表 4-2。

表 4-2 上海市现行的主要土地政策制度

土地政策制度	颁布日期	颁布机构
上海市房屋立面改造工程规划管理规定	2014 ～ 12 ～ 17	上海市规划和国土资源管理局
上海市征收集体土地房屋补偿评估管理规定	2014 ～ 05 ～ 05	上海市规划和国土资源管理局
上海市征地房屋补偿争议协调和处理试行办法	2013 ～ 11 ～ 09	上海市规划和国土资源管理局
关于做好本市集体土地所有权日常登记工作的意见	2013 ～ 11 ～ 06	上海市规划和国土资源管理局
上海市土地违法案件查处现场勘测工作规定	2013 ～ 07 ～ 16	上海市规划和国土资源管理局
关于下达 2013 年土地利用计划的通知	2013 ～ 05 ～ 21	上海市规划和国土资源管理局
上海市征地房屋补偿争议协调和处理试行办法	2012 ～ 09 ～ 28	上海市规划和国土资源管理局
上海市农村集体土地所有权总登记实施细则	2012 ～ 09 ～ 25	上海市规划和国土资源管理局
上海市市级土地整治项目和资金管理暂行办法	2012 ～ 06 ～ 01	上海市规划和国土资源管理局
上海市征收集体土地房屋补偿评估技术规范	2012 ～ 05 ～ 10	上海市规划和国土资源管理局
上海市征收集体土地房屋补偿评估管理暂行规定	2012 ～ 05 ～ 10	上海市规划和国土资源管理局
上海市征收集体土地房屋补偿实施单位及工作人员管理试行办法	2012 ～ 05 ～ 10	上海市规划和国土资源管理局
上海市征收集体土地房屋补偿暂行规定	2011 ～ 11 ～ 04	上海市人民政府
上海市国有土地上房屋征收与补偿实施细则	2011 ～ 10 ～ 19	上海市人民政府
上海市设施农用地管理办法（试行）	2011 ～ 04 ～ 28	上海市规划和国土资源管理局
农村集体建设用地流转试点操作规范（试行）	2010 ～ 08 ～ 24	上海市规划和国土资源管理局

关于完善我市农民建房管理 切实维护农民权益的通知	2010～08～24	上海市规划和国土资源管理局
关于明确土地评估相关工作要求的通知	2010～08～21	上海市规划和国土资源管理局
关于转让花园住宅和非居住用房补交土地使用权出让金有关问题的通知	2010～04～27	上海市规划和国土资源管理局、上海市住房保障和房屋管理局
关于开展农村集体建设用地流转试点工作的若干意见	2010～01～27	上海市人民政府办公厅

二、房地产税费政策

房地产税费政策是调节房地产各经济利益主体经济利益的主要手段，主要包括房地产各阶段需要发生的各种税收及费用。

2014年，国家层面上的房地产政策继续以完善、细化、稳定为主要宗旨，注重住房保障，棚户改造等长效机制来保障人民住房需求，多地通过契税减免，财政补贴鼓励自住型需求。一些地方调整普通住宅标准普惠刚需，普通住宅与契税标准、购房优惠等政策密切相关，多地调整普通住宅标准，有助于降低购房者的资金成本，利好自住型需求（见表4-3）。

表4-3 2014年国家房地产税费方面的主要政策制度

房地产税费政策制度	颁布日期	颁布机构
关于房地产开发企业成本对象管理问题的公告	2014～06～16	国家税务总局
关于企业范围内荒山 林地 湖泊等占地城镇土地使用税有关政策的通知	2014～01～20	国家税务总局
关于纳税人开发回迁安置用房有关营业税问题的公告	2014～01～08	国家税务总局

2014年，普通住房标准重新调整，单套建筑面积在140平方米以下，实际成交价格低于同级别土地上住房平均交易价格1.44倍以下都认定为普通住房。上海市最近五年来相关的房地产税费政策制度根据时间顺序可归纳为表4-4。

表4-4 上海市现行的有关房地产税费政策方面的相关政策制度

房地产税费政策制度	颁布日期	颁布机构
关于调整本市普通住房标准的通知	2014～11～13	上海市住房保障和房屋管理局、上海市财政局、上海市地方税务局
于本市农产品批发市场及农贸市场免征房产税和城镇土地使用税备案事项的通知	2013～05～24	上海市地方税务局

关于《上海市人民政府关于印发〈上海市开展对部分个人住房征收房产税试点的暂行办法〉的通知》继续有效的通知	2012 ～ 12 ～ 26	上海市人民政府
上海市人民政府关于印发《上海市开展对部分个人住房征收房产税试点的暂行办法》的通知	2011 ～ 01 ～ 27	上海市人民政府
上海市地方税务局关于本市个人住房房产税征收管理有关事项的公告	2011 ～ 01 ～ 30	上海市地方税务局
关于调整住宅开发项目土地增值税预征办法的公告	2010 ～ 10 ～ 12	上海市地方税务局
关于转发《 国家税务总局关于加强土地增值税征管工作的通知》的通知	2010 ～ 07 ～ 02	上海市地方税务局
关于转发《财政部 国家税务总局关于房产税城镇土地使用税有关问题的通知》的通知	2010 ～ 01 ～ 20	上海市财政局 上海市地方税务局
关于土地增值税清算管理有关问题的通知	2010 ～ 01 ～ 05	上海市地方税务局

三、开发政策制度

房地产开发是相当复杂的管理过程，涉及规划、计划、建筑等方面的各种管理政策制度。

2014 年，中央对房地产市场的调控，延续上年的“双向调控、分类指导”，注重顶层设计，权力下方。3 月，《国家新型城镇化规划（2014 ～ 2020）》出台，提出五大方面的制度改革完善城镇化发展体制机制；11 月，国务院印发《关于调整城市规模划分标准的通知》，新标准增设了超大城市，细分小城市和大城市，提高人口规模上下限，并将统计口径界定为城区常住人口。新标准的出台有利于鼓励重点发展中小城市，优化发展大城市和特大城市。

表 4-5　2014 年国家房地产开发方面的主要政策制度

房地产开发政策制度	颁布日期	颁布机构
国家新型城镇化规划（2014—2020 年）	2014 ～ 03 ～ 16	国务院
关于继续做好房地产市场调控工作的通知	2013 ～ 02 ～ 26	国务院办公厅
关于开展国家智慧城市试点工作的通知	2012 ～ 11 ～ 22	住房和城乡建设部办公厅
关于严格执行土地使用标准大力促进节约集约用地的通知	2012 ～ 09 ～ 06	国土资源部
关于做好 2012 年房地产用地管理和调控重点工作的通知	2012 ～ 02 ～ 15	国土资源部
关于进一步加强住房公积金监管工作的通知	2012 ～ 02 ～ 06	住房和城乡建设部

最近 5 年来上海市相关的房地产开发政策制度根据时间顺序可归纳为表 4-6。

表 4-6 上海市现行的有关房地产开发方面的相关政策制度

房地产开发政策制度	颁布时间	颁布机构
海市人民政府关于《上海市人民政府关于印发〈上海市开展对部分个人住房征收房产税试点的暂行办法〉的通知》继续有效的通知	2014 ～ 12 ～ 11	上海市人民政府
关于调整本市普通住房标准的通知	2014 ～ 11 ～ 13	上海市住房保障和房屋管理局 、上海市规划和国土资源管理局、上海市财政局、上海市地方税务局
上海市人民政府办公厅印发关于本市贯彻《国务院办公厅关于继续做好房地产市场调控工作的通知》实施意见的通知	2013 ～ 03 ～ 30	上海市人民政府办公厅
上海市人民政府办公厅关于进一步严格执行房地产市场各项调控政策的通知	2012 ～ 07 ～ 26	上海市人民政府办公厅
上海市人民政府办公厅关于进一步严格执行房地产市场调控政策完善本市住房保障体系的通知	2012 ～ 02 ～ 27	上海市人民政府办公厅
上海市人民政府办公厅关于公布本市 2012 年度新建住房价格控制目标的通知	2011 ～ 03 ～ 24	上海市人民政府办公厅
市政府批转关于进一步加强本市房地产市场调控加快推进住房保障工作若干意见的通知	2010 ～ 10 ～ 07	上海市住房保障和房屋管理局、上海市城乡建设和交通委员会、上海市规划和国土资源管理局、上海市财政局、上海市地方税务局

四、拆迁与租赁政策制度

拆迁与租赁政策制度主要涉及房屋拆迁的管理、租赁管理、廉租房相关政策。

2014 年全国性拆迁与租赁方面政策没有新的制度安排。上海市最近五年来相关的拆迁与租赁政策制度根据时间顺序可归纳为表 4-7。

表 4-7 上海市现行的有关房屋拆迁与租赁的相关政策制度

拆迁与租赁政策制度	颁布时间	颁布机构
于房管系统集中开展打非治违专项行动的通知	2014 ～ 08 ～ 22	上海市住房保障和房屋管理局
关于做好市筹公共租赁住房换租工作的通知	2013 ～ 12 ～ 20	上海市住房保障和房屋管理局
上海市人民政府关于调整和完善本市廉租住房政策标准的通知	2013 ～ 04 ～ 08	上海市住房保障和房屋管理局

关于做好涉及市政建设项目“先拆迁腾地，后处理纠纷”裁决后遗留矛盾有关工作的通知	2012～12～28	上海市住房保障和房屋管理局
上海市国有土地上房屋征收与补偿实施细则	2011～10～19	上海市人民政府
上海市人民政府关于调整本市廉租住房申请条件和配租标准的通知	2011～08～09	上海市人民政府
上海市动迁安置房管理办法	2011～07～29	上海市人民政府
关于旧住房综合改造在建工程安全消防大检查工作情况的通报	2010～11～30	上海市住房保障和房屋管理局
关于房屋拆迁补偿安置结果公开的实施意见	2010～06～12	上海市住房保障和房屋管理局
上海市城市房屋拆迁单位管理实施办法	2010～06～12	上海市住房保障和房屋管理局
上海市住房保障和房屋管理局防汛防台专项应急预案	2010～02～21	上海市住房保障和房屋管理局

五、交易政策制度

房地产交易政策制度主要以下两个部分：房地产登记制度与政策及房地产销售管理政策制度。

表 4-9　2014 年国家房地产交易方面的主要政策制度

房地产交易政策制度	颁布日期	颁布机构
不动产登记暂行条例	2014～11～24	中华人民共和国国务院
关于印发《商品房买卖合同示范文本》的通知	2014～04～09	中华人民共和国住房和城乡建设部 中华人民共和国国家工商行政管理总局
住房城乡建设部关于进一步规范房地产估价机构管理工作的通知	2013～10～24	中华人民共和国住房和城乡建设部
住房和城乡建设部关于修改《房地产估价机构管理办法》的决定	2013～10～16	中华人民共和国住房和城乡建设部
国务院办公厅关于继续做好房地产市场调控工作的通知	2013～02～26	国务院办公厅
关于境内外资银行申请 2012 年度中长期外债规模有关问题的通知	2012～01～21	国家发展改革委办公厅

上海市最近 5 年来相关的房地产交易政策制度根据时间顺序可归纳为表 4-10。

表 4-10 上海市最近五年颁布的有关房地产交易的相关政策制度

房地产交易政策制度	颁布时间	颁布者
关于调整本市普通住房标准的通知	2014～11～13	上海市住房保障和房屋管理局 上海市规划和国土资源管理局 上海市财政局 上海市地方税务局
关于严格执行住房限购措施有关问题的通知	2013～11～08	上海市住房保障和房屋管理局
关于加强商品住房项目附属会所交易和使用管理的通知	2012～12～26	上海市住房保障和房屋管理局
关于对本市房地产估价机构进行检查的通知	2012～10～26	上海市住房保障和房屋管理局
关于开展住房限售政策等执行情况检查的通知	2012～09～06	上海市住房保障和房屋管理局
关于进一步严格执行房地产市场各项调控政策的通知	2012～07～26	上海市人民政府办公厅
关于执行住房限售政策中查验社会保险缴纳证明材料问题的通知	2012～07～05	上海市住房保障和房屋管理局
关于进一步严格执行房地产市场调控政策完善本市住房保障体系的通知	2012～02～27	上海市人民政府办公厅
关于调整本市普通住房标准的通知	2012～02～13	上海市住房保障和房屋管理局、上海市规划和国土资源管理局、上海市财政局、上海市地方税务局
关于加强本市商品住房销售行为监管严格执行住房限售政策等有关问题的通知	2011～07～20	上海市住房保障和房屋管理局
关于本市贯彻执行住房限售等政策有关问题的通知	2011～02～17	上海市住房保障和房屋管理局
关于执行本市及外省市居民家庭只能在本市新购一套商品住房有关问题的补充通知	2011～01～06	上海市住房保障和房屋管理局
关于进一步加强本市房地产市场监管规范商品住房预销售行为的通知	2010～09～02	上海市住房保障和房屋管理局

六、物业管理政策制度

物业管理政策制度是指为规范物业管理活动，维护业主和物业服务企业的合法权益，改善人民群众的生活和工作环境而制定的相关政策制度。

上海市最近五年来相关的物业管理政策制度根据时间顺序可归纳为表 4-11。

表 4-11　上海市近五年颁布的有关物业管理的相关政策制度

物业管理政策制度	颁布日期	颁布机构
关于调整公有住宅售后小区物业服务收费标准的通知	2014～12～26	上海市住房保障和房屋管理局 上海市物价局
关于调整公有住宅售后小区物业服务收费标准的通知	2013～11～22	上海市住房保障和房屋管理局 上海市物价局
上海市物业管理招标代理机构管理规则	2012～07～24	上海市住房保障和房屋管
上海市物业管理招投标管理办法	2012～07～24	上海市住房保障和房屋管
上海市物业服务企业和项目经理信用信息评价试行标准	2012～07～24	上海市住房保障和房屋管
上海市物业服务企业和项目经理信用信息管理办法	2012～07～24	上海市住房保障和房屋管
关于调整公有住宅售后物业服务费收费标准的通知	2012～07～31	上海市住房保障和房屋管理局、 上海市物价局
上海市住宅物业保修金管理暂行办法	2011～11～22	上海市人民政府办公厅
加强本市住宅小区业主大会、业主委员会建设的若干规定	2011～10～28	上海市住房保障和房屋管理局
上海市住宅物业管理规定	2010～12～23	上海市人民代表大会常务委员会

七、 住房保障政策制度

住房保障政策，是指有关社会保障性质的住房相关政策制度，保障性住房主要包括两限商品住房、经济适用住房、政策性租赁住房以及廉租房等方面。

2014 年国家住房保障工作，注重抓制度建设，信息透明。强化住房保障公平分配，落实项目建设，配套建设。推进公共租赁住房和廉租住房并轨运行，探索公有产权住房的发展。

表 4-12　国家住房保障方面的主要政策制度

住房保障政策制度	颁布日期	颁布机构
关于《城镇住房保障条例（征求意见稿）》公开征求意见的通知	2014～03～28	国务院法制办公室
关于公共租赁住房和廉租住房并轨运行的通知	2013～12～02	住房和城乡建设部、财政部、国家发展和改革委员会

住房城乡建设部关于做好 2013 年城镇保障性安居工程工作的通知	2013～04～03	住房城乡建设部
关于加快推进棚户区（危旧房）改造的通知	2012～12～12	住房和城乡建设部、国家发展和改革委员会、财政部、农业部、国家林业局、国务院侨务办公室、中华全国总工会
关于印发《住房保障档案管理办法》的通知	2012～11～06	住房城乡建设部
关于鼓励民间资本参与保障性安居工程建设有关问题的通知	2012～06～20	住房和城乡建设部、国家发展和改革委员会、财政部、国土资源部、中国人民银行、国家税务总局、中国银行业监督管理委员会
公共租赁住房管理办法	2012～05～28	住房和城乡建设部
关于做好 2012 年住房保障信息公开工作的通知	2012～05～28	住房和城乡建设部办公厅
关于做好 2012 年城镇保障性安居工程工作的通知	2012～03～14	住房和城乡建设部

上海市相关的住房保障政策制度根据时间顺序可归纳为表 4-13。

表 4-13 上海市近五年颁布的有关住房保障的相关政策制度

住房保障政策制度	颁布时间	颁布者
关于调整本市普通住房标准的通知	2014～11～13	上海市住房保障和房屋管理局 上海市规划和国土资源管理局 上海市财政局 上海市地方税务局
于做好市筹公共租赁住房换租工作的通知	2013～12～20	上海市住房保障和房屋管理局
关于本市廉租住房和公共租赁住房统筹建设、并轨运行、分类使用的实施意见	2013～07～12	上海市住房保障和房屋管理局、 上海市发展和改革委员会、 上海市城乡建设和交通委员会、 上海市国有资产监督管理委员会、 上海市财政局
关于对部分共有产权保障住房（经济适用住房）申请对象调整住房面积核算方式的意见	2013～04～09	上海市住房保障和房屋管理局
关于调整和完善本市廉租住房政策标准的通知	2013～04～08	上海市人民政府

关于加强共有产权保障住房（经济适用住房）申请审核、严肃查处隐瞒虚报行为的通知	2012～08～03	上海市住房保障和房屋管理局、上海市民政局
上海市廉租住房保障家庭复核管理试行办法	2012～07～02	上海市住房保障和房屋管理局
上海市廉租住房实物配租实施细则（试行）	2012～06～20	上海市住房保障和房屋管理局
上海市廉租住房申请审核实施细则	2012～06～19	上海市住房保障和房屋管理局、上海市民政局
上海市廉租住房申请对象住房面积核查办法	2012～06～12	上海市住房保障和房屋管理局
关于保障性住房房源管理的若干规定（试行）	2012～06～01	上海市住房保障和房屋管理局、上海市发展和改革委员会、上海市城乡建设和交通委员会、上海市规划和国土资源管理局、上海市财政局
上海市廉租住房实物配租申请条件和配租标准	2012～02～15	上海市住房保障和房屋管理局
上海市 2012 年共有产权保障房（经济适用住房）准入标准和供应标准	2012～02～07	上海市住房保障和房屋管理局、上海市发展和改革委员会、上海市城乡建设和交通委员会、上海市民政局
上海市经济适用住房价格管理试行办法	2011～03～01	上海市发展和改革委员会、上海市住房保障和房屋管理局
上海市人民政府办公厅关于切实推进本市公共租赁住房工作的通知	2010～09～26	上海市人民政府办公厅
关于推进本市公有住房出售工作有关问题的通知	2010～07～23	市住房保障和房屋管理局
关于免收经济适用住房城市基础设施配套费的通知	2010～07～06	上海市住房保障和房屋管理局
关于购买经济适用住房适用税费贷款政策的通知	2010～07～05	上海市住房保障和房屋管理局、上海市财政局、上海市地方税务局、上海市发展改革委员会、中国人民银行上海分行、中国银行业监督管理委员会上海监管局、上海市公积金管理中心

八、　金融政策制度

房地产金融政策制度是指为调节房地产市场健康发展，降低金融风险，中央或地方政府所采取的包括银行信贷、信托、证券、债券、保险等政策制度。

2014 年，房地产金融政策制度为进一步改进对保障性安居工程建设的金融服务，继续支持居民家庭合理的住房消费，促进房地产市场持续健康发展。

表 4-14 2014 年国家房地产金融方面的主要政策制度

房地产金融政策制度	颁布日期	颁布机构
于贯彻落实住房公积金基础数据标准的通知	2014 ～ 12 ～ 09	住房和城乡建设部办公厅
关于发展住房公积金个人住房贷款业务的通知	2014 ～ 10 ～ 09	住房和城乡建设部 财政部 人民银行
中国银行业监督管理委员会关于进一步做好住房金融服务工作的通知	2014 ～ 09 ～ 29	人民银行 银监会
关于调整住房公积金存贷款利率的通知	2012 ～ 06 ～ 08	住房和城乡建设部
关于进一步加强住房公积金监管工作的通知	2012 ～ 02 ～ 06	住房和城乡建设部

表 4-15 上海市近年颁布的有关房地产金融的政策制度

房地产金融政策制度	颁布日期	颁布机构
《上海市低收入经济困难职工家庭提取住房公积金支付物业服务费实施办法》操作细则	2014 ～ 09 ～ 22	上海市公积金管理中心
《上海市提取住房公积金支付房屋租赁费用实施办法》操作细则	2014 ～ 09 ～ 22	上海市公积金管理中心
上海市住房公积金账户封存管理办法实施细则	2014 ～ 04 ～ 22	上海市公积金管理中心
上海市住房公积金信息公开办法（试行）	2014 ～ 04 ～ 18	上海市住房公积金管理委员会
关于开展全市住房公积金缴存情况执法检查的通知	2013 ～ 04 ～ 15	上海市住房公积金管理委员会
关于 2012 年度上海市调整住房公积金缴存基数和月缴存额上下限的通知	2012 ～ 06 ～ 13	上海市住房公积金管理委员会
关于调整本市住房公积金存贷款利率的通知	2012 ～ 06 ～ 08	上海市公积金管理中心
关于调整购买第二套住房公积金个人贷款首付比例的通知	2011 ～ 02 ～ 01	上海市公积金管理中心
关于印发《上海市降低住房公积金缴存比例或缓缴住房公积金审批办法》的通知	2010 ～ 01 ～ 21	上海市公积金管理中心

第二节　上海房地产市场法律环境构成

根据宪法规定，省、自治区、直辖市的人民代表大会及其常务委员会，在不同宪法、法律、行政法规相抵触的前提下，可以制定地方性法规，报全国人民代表大会常务委员会和国务院备案。地方性法规是地方人民代表大会及其常务委员会制定和发布的规范性文件。地方性法规只能在本地方范围内有效，其法律效力低于宪法、法律和行政法规。

行政法规是指最高国家行政机关国务院根据宪法和法律制定的有关行政管理活动的规范性文件。国务院所属的各部委在各部门权限内，发布具有规范性的规章，指示和命令等，属于广义的行政管理法规，其地位低于国务院的行政法规和其他规范性文件，但高于地方性法规。

对与房地产有关的法律和行政法规的归纳如下。

一、国家法规

房地产相关的国家法规按时间顺序可归纳为表 4-16。

表 4-16　近些年来有关房地产市场的国家法规

时间	名称
2014 ～ 11 ～ 24	不动产登记暂行条例
2013 ～ 02 ～ 26	关于继续做好房地产市场调控工作的通知
2012 ～ 11 ～ 28	中华人民共和国土地管理法修正案（草案）
2011 ～ 01 ～ 21	国有土地上房屋征收与补偿条例
2010 ～ 12 ～ 25	中华人民共和国水土保持法

二、部门法规及其他相关法规

（一）住房和城乡建设部

根据第十一届全国人民代表大会第一次会议批准的国务院机构改革方案和《国务院关于机构设置的通知》（国发 [2008]11 号），设立住房和城乡建设部，为国务院组成部门。将原建设部的职责划入住房和城乡建设部。

1．住房和城乡建设部的主要职责

住房和城乡建设部的职责主要包括：

（1）承担保障城镇低收入家庭住房的责任。拟订住房保障相关政策并指导实施。拟订廉租住房规划及政策，会同有关部门做好中央有关廉租住房资金安排，监督地方组织实施。编制住房保障发展规划和年度计划并监督实施。

（2）承担推进住房制度改革的责任。拟订适合国情的住房政策，指导住房建设和住房制度改革，拟订全国住房建设规划并指导实施，研究提出住房和城乡建设重大问题的政策建议。

（3）承担规范住房和城乡建设管理秩序的责任。起草住房和城乡建设的法律法规草案，制定部门规章。依法组织编制和实施城乡规划，拟订城乡规划的政策和规章制度，会同有关部门组织编制全国城镇体系规划，负责国务院交办的城市总体规划、省域城镇体系规划的审查报批和监督实施，参与土地利用总体规划纲要的审查，拟订住房和城乡建设的科技发展规划和经济政策。

（4）承担建立科学规范的工程建设标准体系的责任。组织制定工程建设实施阶段的国家标准，制定和发布工程建设全国统一定额和行业标准，拟订建设项目可行性研究评价方法、经济参数、建设标准和工程造价的管理制度，拟订公共服务设施（不含通信设施）建设标准并监督执行，指导监督各类工程建设标准定额的实施和工程造价计价，组织发布工程造价信息。

（5）承担规范房地产市场秩序、监督管理房地产市场的责任。会同或配合有关部门组织拟订房地产市场监管政策并监督执行，指导城镇土地使用权有偿转让和开发利用工作，提出房地产业的行业发展规划和产业政策，制定房地产开发、房屋权属管理、房屋租赁、房屋面积管理、房地产估价与经纪管理、物业管理、房屋征收拆迁的规章制度并监督执行。

（6）监督管理建筑市场、规范市场各方主体行为。指导全国建筑活动，组织实施房屋和市政工程项目招投标活动的监督执法，拟订勘察设计、施工、建设监理的法规和规章并监督和指导实施，拟订工程建设、建筑业、勘察设计的行业发展战略、中长期规划、改革方案、产业政策、规章制度并监督执行，拟订规范建筑市场各方主体行为的规章制度并监督执行，组织协调建筑企业参与国际工程承包、建筑劳务合作。

（7）研究拟订城市建设的政策、规划并指导实施，指导城市市政公用设施建设、安全和应急管理，拟订全国风景名胜区的发展规划、政策并指导实施，负责国家级风景名胜区的审查报批和监督管理，组织审核世界自然遗产的申报，会同文物等有关主管部门审核世界自然与文化双重遗产的申报，会同文物主管部门负责历史文化名城（镇、村）的保护和监督管理工作。

（8）承担规范村镇建设、指导全国村镇建设的责任。拟订村庄和小城镇建设政策并指导实施，指导村镇规划编制、农村住房建设和安全及危房改造，指导小城镇和村庄人居生态环境的改善工作，指导全国重点镇的建设。

（9）承担建筑工程质量安全监管的责任。拟订建筑工程质量、建筑安全生产和竣工验收备案的政策、规章制度并监督执行，组织或参与工程重大质量、安全事故的调查处理，拟订建筑业、工程勘察设计咨询业的技术政策并指导实施。

（10）承担推进建筑节能、城镇减排的责任。会同有关部门拟订建筑节能的政策、规划并监督实施，组织实施重大建筑节能项目，推进城镇减排。

（11）负责住房公积金监督管理，确保公积金的有效使用和安全。会同有关部门拟订住房公积金政策、发展规划并组织实施，制定住房公积金缴存、使用、管理和监督制度，监督全国住房公积金和其他住房资金的管理、使用和安全，管理住房公积金信息系统。

（12）开展住房和城乡建设方面的国际交流与合作。

（13）承办国务院交办的其他事项。

2．住房和城乡建设部颁发的与房地产相关的法规（见表 4-17）

表 4-17　住房和城乡建设部（包括原建设部）近年来颁发的与房地产相关的法规

时间	名称
2014～04～09	关于印发《商品房买卖合同示范文本》的通知
2013～12～02	关于公共租赁住房和廉租住房并轨运行的通知
2012～07～19	关于进一步严格房地产用地管理巩固房地产市场调控成果的紧急通知
2011～01～20	房地产经纪管理办法
2010～12～01	商品房屋租赁管理办法

（二）国土资源部

1．国土资源部的职责

根据第十一届全国人民代表大会第一次会议批准的国务院机构改革方案和《国务院关于机构设置的通知》（国发〔2008〕11 号），设立国土资源部，为国务院组成部门。

承担保护与合理利用土地资源、矿产资源、海洋资源等自然资源的责任。承担规范国土资源管理秩序的责任。承担优化配置国土资源的责任。负责规范国土资源权属管理。承担全国耕地保护的责任，确保规划确定的耕地保有量和基本农田面积不减少。承担及时准确提供全国土地利用各种数据的责任。承担节约集约利用土地资源的责任。承担规范国土资源市场秩序的责任。负责矿产资源开发的管理。负责管理地质勘查行业和矿产资源储量。承担地质环境保护的责任。承担地质灾害预防和治理的责任。依法征收资源收益，规范、监督资金使用，拟订土地、矿产资源参与经济调控的政策措施。推进国土资源科技进步。开展对外合作与交流。承办国务院交办的其他事项。　。

2．国土资源部近年颁布的与房地产相关的法规（见表 4-18）

表 4-18　国土资源部颁发的与房地产相关的法规

时间	名称
2014～05～07	国土资源行政处罚办法
2012～12～27	土地复垦条例实施办法
2012～06～01	闲置土地处置办法
2011～12～21	闲置土地处置办法（修订草案）
2011～06～03	国有土地上房屋征收评估办法

（三）财政部

1．财政部的主要职责

财政部是中华人民共和国国务院的组成部门，是国家主管财政收支、财税政策、国有资本金基础工作的宏观调控部门．其在房地产方面的调控职责有：

（1）拟订财税发展战略、规划、政策和改革方案并组织实施，分析预测宏观经济形势，参与制定各项宏观经济政策，提出运用财税政策实施宏观调控和综合平衡社会财力的建议，拟订中央与地方、国家与企业的分配政策，完善鼓励公益事业发展的财税政策。

（2）起草财政、财务、会计管理的法律、行政法规草案，制定部门规章，组织涉外财政、债务等的国际谈判并草签有关协议、协定。

（3）承担中央各项财政收支管理的责任。负责编制年度中央预决算草案并组织执行。受国务院委托，向全国人民代表大会报告中央、地方预算及其执行情况，向全国人大常委会报告决算。组织制订经费开支标准、定额，负责审核批复部门（单位）的年度预决算。完善转移支付制度。

（4）负责政府非税收入管理，负责政府性基金管理，按规定管理行政事业性收费。管理财政票据。制定彩票管理政策和有关办法，管理彩票市场，按规定管理彩票资金。

（5）组织制定国库管理制度、国库集中收付制度，指导和监督中央国库业务，按规定开展国库现金管理工作。负责制定政府采购制度并监督管理。

（6）负责组织起草税收法律、行政法规草案及实施细则和税收政策调整方案，参加涉外税收谈判，签订涉外税收协议、协定草案，制定国际税收协议和协定范本，研究提出关税和进口税收政策，拟订关税谈判方案，参加有关关税谈判，研究提出征收特别关税的建议，承担国务院关税税则委员会的具体工作。

（7）负责制定行政事业单位国有资产管理规章制度，按规定管理行政事业单位国有资产，制定需要全国统一规定的开支标准和支出政策，负责财政预算内行政机构、事业单位和社会团体的非贸易外汇和财政预算内的国际收支管理。

（8）负责审核和汇总编制全国国有资本经营预决算草案，制定国有资本经营预算的制度和办法，收取中央本级企业国有资本收益，制定并组织实施企业财务制度，按规定管理金融类企业国有资产，参与拟订企业国有资产管理相关制度，按规定管理资产评估工作。

（9）负责办理和监督中央财政的经济发展支出、中央政府性投资项目的财政拨款，参与拟订中央建设投资的有关政策，制定基本建设财务制度，负责有关政策性补贴和专项储备资金财政管理工作。负责农业综合开发管理工作。

（10）会同有关部门管理中央财政社会保障和就业及医疗卫生支出，会同有关部门拟订社会保障资金（基金）的财务管理制度，编制中央社会保障预决算草案。

（11）拟订和执行政府国内债务管理的制度和政策，编制国债余额限额计划，依法制定地方政府性债务管理制度和办法，防范财政风险。负责统一管理政府外债，制定基本管理制度。代表我国政府参加有关的国际财经组织，开展财税领域的国际交流与合作。

（12）负责管理全国的会计工作，监督和规范会计行为，制定并组织实施国家统一的会计制度，指导和监督注册会计师和会计师事务所的业务，指导和管理社会审计。

（13）监督检查财税法规、政策的执行情况，反映财政收支管理中的重大问题，负责管理财政监察专员办事处。

（14）承办国务院交办的其它事项。

2．财政部颁发的与房地产相关的法规（见表4-19）

表4-19　财政部颁发的与房地产相关的法规

时间	名称
2014～10～17	城镇保障性安居工程贷款贴息办法
2013～12～02	关于棚户区改造有关税收政策的通知
2012～09～03	关于农产品批发市场农贸市场房产税城镇土地使用税政策的通知
2011～05～04	关于进一步推进公共建筑节能工作的通知
2011～04～26	关于购房人办理退房有关契税问题的通知

（四）国家税务总局

1．国家税务总局的职责

国家税务总局的主要职责主要包括：

（1）具体起草税收法律法规草案及实施细则并提出税收政策建议，与财政部共同上报和下发，制订贯彻落实的措施。负责对税收法律法规执行过程中的征管和一般性税政问题进行解释，事后向财政部备案。

（2）承担组织实施中央税、共享税及法律法规规定的基金（费）的征收管理责任，力争税款应收尽收。

（3）参与研究宏观经济政策、中央与地方的税权划分并提出完善分税制的建议，研究税负总水平并提出运用税收手段进行宏观调控的建议。

（4）负责组织实施税收征收管理体制改革，起草税收征收管理法律法规草案并制定实施细则，制定和监督执行税收业务、征收管理的规章制度，监督检查税收法律法规、政策的贯彻执行，指导和监督地方税务工作。

（5）负责规划和组织实施纳税服务体系建设，制定纳税服务管理制度，规范纳税服务行为，制定和监督执行纳税人权益保障制度，保护纳税人合法权益，履行提供便捷、优质、高效纳税服务的义务，组织实施税收宣传，拟订注册税务师管理政策并监督实施。

（6）组织实施对纳税人进行分类管理和专业化服务，组织实施对大型企业的纳税服务和税源管理。

（7）负责编报税收收入中长期规划和年度计划，开展税源调查，加强税收收入的分析预测，组织办理税收减免等具体事项。

（8）负责制定税收管理信息化制度，拟订税收管理信息化建设中长期规划，组织实施金税工程建设。

（9）开展税收领域的国际交流与合作，参加国家（地区）间税收关系谈判，草签和执行有关的协议、协定。

（10）办理进出口商品的税收及出口退税业务。

（11）对全国国税系统实行垂直管理，协同省级人民政府对省级地方税务局实行双重领导，对省级地方税务局局长任免提出意见。

（12）承办国务院交办的其他事项。

2．国家税务总局颁发的与房地产相关的法规（见表 4-20）

表 4-20 国家税务总局颁发的与房地产相关的法规

时 间	名 称
2014～08～11	关于促进公共租赁住房发展有关税收优惠政策的通知
2014～06～16	关于房地产开发企业成本对象管理问题的公告
2013～08～02	关于房改房用地未办理土地使用权过户期间城镇土地使用税政策的通知
2013～06～20	关于进一步做好土地增值税征管工作的通知
2012～01～20	于物流企业大宗商品仓储设施用地城镇土地使用税政策的通知
2011～08～30	关于房屋 土地权属由夫妻一方所有变更为夫妻双方共有契税政策的通知
2011～08～17	关于纳税人转让土地使用权或者销售不动产同时一并销售附着于土地或者不动产上的固定资产有关税收问题的公告
2011～04～26	关于购房人办理退房有关契税问题的通知
2011～01～27	关于调整个人住房转让营业税政策的通知
2010～12～24	关于房地产开发企业注销前有关企业所得税处理问题的公告
2010～09～29	关于调整房地产交易环节契税 个人所得税优惠政策的通知
2010～09～27	关于支持公共租赁住房建设和运营有关税收优惠政策的通知
2010～05～25	关于加强土地增值税征管工作的通知
2010～03～09	关于首次购买普通住房有关契税政策的通知

（五）中国人民银行

1．中国人民银行的职责

（1）拟订金融业改革和发展战略规划，承担综合研究并协调解决金融运行中的重大问题、促进金融业协调健康发展的责任，参与评估重大金融并购活动对国家金融安全的影响并提出政策建议，促进金融业有序开放。

（2）起草有关法律和行政法规草案，完善有关金融机构运行规则，发布与履行职责有关的命令和规章。

（3）依法制定和执行货币政策；制定和实施宏观信贷指导政策。

（4）完善金融宏观调控体系，负责防范、化解系统性金融风险，维护国家金融稳定与安全。

（5）负责制定和实施人民币汇率政策，不断完善汇率形成机制，维护国际收支平衡，实施外汇管理，负责对国际金融市场的跟踪监测和风险预警，监测和管理跨境资本流动，持有、管理和经营国家外汇储备和黄金储备。

（6）监督管理银行间同业拆借市场、银行间债券市场、银行间票据市场、银行间外汇市场和黄金市场及上述市场的有关衍生产品交易。

（7）负责会同金融监管部门制定金融控股公司的监管规则和交叉性金融业务的标准、规范，负责金融控股公司和交叉性金融工具的监测。

（8）承担最后贷款人的责任，负责对因化解金融风险而使用中央银行资金机构的行为进行检查监督。

（9）制定和组织实施金融业综合统计制度，负责数据汇总和宏观经济分析与预测，统一编制全国金融统计数据、报表，并按国家有关规定予以公布。

（10）组织制定金融业信息化发展规划，负责金融标准化的组织管理协调工作，指导金融业信息安全工作。

（11）发行人民币，管理人民币流通。

（12）制定全国支付体系发展规划，统筹协调全国支付体系建设，会同有关部门制定支付结算规则，负责全国支付、清算系统的正常运行。

（13）经理国库。

（14）承担全国反洗钱工作的组织协调和监督管理的责任，负责涉嫌洗钱及恐怖活动的资金监测。

（15）管理征信业，推动建立社会信用体系。

（16）从事与中国人民银行业务有关的国际金融活动。

（17）按照有关规定从事金融业务活动。

（18）承办国务院交办的其他事项。

2．中国人民银行颁发的与房地产相关的法规（见表 4-21）

表 4-21　中国人民银行颁发的与房地产相关的法规

时间	名称
2008～12～08	廉租住房建设贷款管理办法
2004～09～02	商业银行房地产贷款风险管理指引
2002～04～01	中国农业银行住房按揭贷款流程
2002～04～01	中国农业银行个人住房抵押贷款流程
2002～04～01	中国农业银行个人营业用房贷款流程
2002～04～01	中国农业银行公积金贷款流程
2001～02～01	中国人民银行行政复议办法
2001～02～09	中国人民银行行政处罚程序规定
2000～03～30	中国建设银行个人住房贷款办法

第五章 经济社会环境

第一节 经济增长

一、上海市总体经济状况

2014 年，上海市全年实现生产总值（GDP）23 560.94 亿元，按可比价格计算，比上年增长 7.0%。其中，第一产业增加值 124.26 亿元，增长 0.1%；第二产业增加值 8 164.79 亿元，增长 4.3%；第三产业增加值 15 271.89 亿元，增长 8.8%。第三产业增加值占上海市生产总值的比重达到 64.8%，比上年提高 1.6 个百分点。（见表 5-1）

表 5-1 2013 ～ 2014 年上海市经济状况表

指标	2013	2014	2014 年比 2013 年增长（%）
上海市生产总值（亿元）	21 602.12	23 560.94	7.0
第一产业增加值	129.28	124.26	-0.1
第二产业增加值	8027.77	8 164.79	4.2
第三产业增加值	13445.07	15 271.89	8.8
全社会固定资产投资总额（亿元）	5 647.79	6 016.43	6.5
地方财政收入（亿元）	4 109.51	4 585.55	11.6
工业总产值 （亿元）	33 899.38	34 071.19	1.6
外贸进出口总额（亿美元）	4 413.98	8 634.55	5.7
社会消费品零售总额（亿元）	8 019.05	9 303.49	8.7

二、上海社会经济主要指标占全国比重 （见表 5-2）

表 5-2 2014 年上海社会经济主要指标占全国比重

指 标	全 国	上 海	上海占全国比重（%）
生产总值（亿元）	636 138.70	23 560.94	3.7
第一产业增加值	58 336.10	124.26	0.2
第二产业增加值	271 764.50	8 164.79	3.0
第三产业增加值	306 038.20	15 271.89	5.0
港口货物吞吐量（亿吨）	111.60	7.55	6.8
全社会固定资产投资总额（亿元）	512 761.00	6 016.43	1.2

社会消费品零售总额（亿元）	262 394.10	9 303.49	3.5
外商直接投资实际到位金额（亿美元）	1 195.62	181.66	15.2

三、上海市生产总值增长情况（见表 5-3）

表 5-3　主要年份上海市生产总值比上年增长（按三次产业分）

指标	2013	2014	2014 年比 2013 年增长（%）
上海市生产总值	21 602.12	23 560.94	7.0
第一产业	129.28	124.26	0.1
第二产业	8 027.77	8 164.79	4.2
工　业	7 236.69	7 362.84	4.3
建筑业	791.08	831.86	4.0
第三产业	13 445.07	15 275.73	8.8
交通运输、仓储和邮政业	935.06	1 044.46	9.4
信息传输、计算机服务和软件业	1 086.06	1 211.83	12.5
批发和零售业	3 533.10	3 647.33	6.3
住宿和餐饮业	311.81	359.28	1.6
金融业	2 823.81	3 400.41	14.7
房地产业	1 427.05	1 530.96	3.2

四、吸收外资

2014 年在利用外资基数较大、经济总量增速有所回调的新常态下，上海利用外资规模再创历史新高，合同外资首次突破 300 亿美元，达到 316.09 亿美元，同比增长 26.8%，位居全国前列。实际吸收外资 181.66 亿美元，同比增长 8.3%，连续 15 年保持增长。

第二节　居民收入与消费水平结构

城乡居民收入水平继续提高，且增长率较高。据 2014 年上海市抽样调查，城市居民家庭人均年可支配收入 47 710 元，比上年增长 8.8%。全年城市居民人均消费支出 30 520 元，比上年增长 8.4%；农村居民人均消费支出 21 192 元，比增长 10.3。

一、从业人员收入　（见表 5-4）

表 5-4 2014 年上海市各行业职工工资总额 单位：亿元

行 业	合 计	国有单位	集体单位	港澳台及外商投资单位	其他单位
全 市	65 417	99 279	49 223	99 537	47 928
按产业分					
第一产业	36 431	57 680	30 062	48 862	35 476
第二产业	53 804	89 524	47 181	72 876	42 793
第三产业	73 101	100 011	50 382	131 420	51 270
按行业分					
农、林、牧、渔业	37 067	60 739	33 715	48 620	35 911
采矿业	119 024				119 024
制造业	54 853	64 297	42 238	72 405	40 951
电力、热力、燃气及水的生产和供应业	135 221	164 667	64 194	122 046	116 281
建筑业	46 155	73 455	66 361	108 815	44 507
批发和零售业	58 211	60 281	29 851	116 240	33 641
交通运输、仓储和邮政业	70 106	90 111	22 135	87 127	60 479
住宿和餐饮业	39 456	54 658	32 306	49 080	35 081
信息传输、软件和信息技术服务业	102 881	82 367	39 123	176 916	71 357
金融业	186 445	185 167	37 438	228 094	178 283
房地产业	52 658	57 956	35 109	79 971	48 164
租赁和商务服务业	61 939	40 741	49 291	197 233	33 058
科学研究和技术服务业	99 295	126 415	76 834	194 191	69 945
水利、环境和公共设施管理业	60 333	73 378	36 955	110 085	58 993
居民服务、修理和其他服务业	29 603	46 491	33 316	54 191	25 474
教 育	87 118	99 074	69 918	101 283	51 546
卫生和社会工作	105 570	127 579	81 299	178 313	54 542
文化、体育和娱乐业	64 716	83 985	47 527	72 088	52 809
公共管理、社会保障和社会组织	96 571	104 300	62 338	0	75 088
全 市	65 417	99 279	49 223	99 537	47 928
按产业分					
第一产业	36 431	57 680	30 062	48 862	35 476
第二产业	53 804	89 524	47 181	72 876	42 793

第三产业	73 101	100 011	50 382	131 420	51 270
按行业分					
农、林、牧、渔业	37 067	60 739	33 715	48 620	35 911
采矿业	119 024				119 024
制造业	54 853	64 297	42 238	72 405	40 951
电力、热力、燃气及水的生产和供应业	135 221	164 667	64 194	122 046	116 281
建筑业	46 155	73 455	66 361	108 815	44 507
批发和零售业	58 211	60 281	29 851	116 240	33 641
交通运输、仓储和邮政业	70 106	90 111	22 135	87 127	60 479

二、城市居民家庭生活基本情况（见表 5-5）

表 5-5　上海城市居民家庭生活基本情况表

项目	年份	
	2013	2014
调查户数（户）	1 000	1000
平均每户家庭人口（人）	2.7	2.7
平均每一就业者负担人数　（人）	1.81	1.83
平均每人可支配收入（元）	43 851	47 710
平均每人消费支出（元）	28 155	30 520
可支配收入比上年增长（%）（按当年价格）	9.1	8.8
恩格尔系数	34.9	35.0

三、城市居民家庭收入与支出情况（见表 5-6）

表 5-6　城市居民家庭收入与支出情况（2014，按收入水平分组）

指　标	总平均	低收入户	中低收入户	中等收入户	中高收入户	高收入户
调查户数　（户）	1 000	200	200	200	200	200
平均每户就业面　（%）	54.7	48.6	48.2	52.9	59.4	65.3
平均每一就业者负担人数　（人）	1.83	2.06	2.07	1.89	1.68	1.53
可支配收入　（元）	47 710	24 317	34 120	40 799	52 089	93 901

消费支出 （元）	30 520	17 879	20 881	27 974	35 904	53 734
平均消费倾向 （%）	64.0	73.5	61.2	68.6	68.9	57.2

四、城市居民家庭消费支出及其构成（见表 5-7）

表 5-7 2013-2014 年上海城市居民家庭消费支出及其构成 单位：元

	2013	2013（%）	2014	2014（%）
消费支出	28 155	100	30520	100
食品	9 823	34.9	10677	35
衣着	2 032	7.2	2038	6.7
家庭设备用品及服务	2 848	10.1	3031	9.9
医疗保健	1 706	6.1	1779	5.8
交通和通信	1 350	4.8	1449	4.7
教育文化娱乐服务	4 736	16.8	4885	16
居住	4 122	14.6	4931	16.2
其他商品和服务	1 538	5.5	1730	5.7

五、农村居民家庭生活基本情况（见表 5-8）

表 5-8 上海农村居民家庭生活基本情况

项目	2013	2014
调查户数（户）	1200	1200
平均每人可支配收入（元）	19 208	21 192
平均每人生活消费总支出（元）	13 425	15 291
平均每人年底居住房屋面积（平方米）	58.48	58.92

六、居民消费水平（见表 5-9）

表 5-9 2014 年上海城乡居民人均消费支出

居民消费支出（元 / 人）	2013 年	2014 年
农村居民	13 425	15 291
城镇居民	28 155	30 520

第三节　固定资产投资

一、固定资产投资概况

2014年全年完成全社会固定资产投资总额6 016.43亿元，比上年增长6.5%。从产业投向看，第一产业投资与2014年相比大幅减少35.7%；第二产业投资与2013年相比下降6.8%；第三产业投资与2013年相比增加10.5。从投资主体看，国有经济、集体经济与2013年相比继续减少；股份制经济及港澳台投资与2013年相比增长较大，外商经济首次出现负增长。（见表5-10）

表5-10　2014上海市固定资产投资概况

指标	2014（亿元）	2014比2013增（%）	占全社会固定资产投资总（%）
从产业投向看			
第一产业	11.86	-35.7	0.2
第二产业	1 157.27	-6.8	19.2
第三产业	4 847.30	10.5	80.6
#房地产业	3 125.18	10.2	51.9
从投资主体看			
国有经济	1 796.22	-6.8	29.9
非国有经济	4 220.21	13.4	70.19
集体经济	55.07	-46.4	0.99
私营经济	1 219.43	13.9	20.3
联营经济	6.11	-56.3	0.1
股份制经济	1 812.77	13.2	30.1
外商经济	465.14	-22.8	7.7
港澳台经济	637.90	118.5	10.6
其他经济	23.79	-36.9	0.4

二、固定资产投资构成

2014年上海市固定资产投资结构发生新变化。全社会固定资产投资总额比上年增加368.64亿元。房地产施工面积继续上升，增长比率为4.8%，其中住宅施工面积增长4.7%，竣工面积同时减少了0.6%。（见表5-11）

表 5-11 2014 年上海市固定资产投资的构成情况 单位：亿元

指标	2013 年	2014 年	2014 年比 2013 年增加（%）
投资总额	5 647.79	6 016.43	6.5
按隶属关系分			
中央项目	553.26	538.44	-2.7
地方项目	5 094.53	5 477.99	7.5
按构成分			
建筑安装工程	3 440.47	3 713.25	7.9
设备、工具、器具购置	787.55	624.83	-20.7
其他费用	1 419.77	1 678.35	18.2
按建设性质分			
# 新 建	1 739.51	1 913.30	10
扩 建	310.61	303.63	-2
改 建	428.57	335.59	-21.7
单纯购置	324.92	220.62	-32.1
按产业分			
第一产业	18.45	11.86	-35.7
第二产业	1 242.02	1 157.27	-6.8
第三产业	4 387.32	4 847.30	10.5
按经济类型分			
国有经济	1 926.89	1 796.22	-6.8
非国有经济	3 720.90	4 220.21	13.4
集体经济	102.81	55.07	-46.4
私营经济	1 070.65	1 219.43	13.9
联营经济	13.99	6.11	-56.3
股份制经济	1 601.33	1 812.77	13.2
港澳台经济	291.96	465.14	59.3
外商经济	602.50	637.90	5.9
其他经济	37.66	23.79	-36.8
新增固定资产	2 664.81	2 739.79	2.8
固定资产交付使用率（%）	47.20	45.50	-3.6
房屋建筑面积（万平方米）			
施工面积	17 180.27	18 010.06	4.8

# 住 宅	8 188.56	8 573.04	4.7
竣工面积	2 698.35	2 682.42	-0.6
# 住 宅	1 439.20	1 549.64	7.7

注：按建设性质分中不包括房地产开发投资和农户投资。

第四节 人口总量与结构

至2014年年末，全市户籍人口1 438.69万人。全年户籍出生人口12.41万人，出生率8.64‰；死亡人口11.95万人，死亡率8.32‰；人口自然增长率为0.32‰。至2014年末，全市年末常住人口2 425.68万人，其中外来人口996.42万人，常住人口密度为3 826人/平方公里。

一、人口主要构成情况（见表5-12）

表5-12 2014年上海市户籍人口主要构成情况

指 标	年末数（万人）	比重（%）
全市总人口	1 438.69	100.0
其中：非农	1 299.50	90.3
农业	139.19	09.7
其中：男性	714.71	49.7
女性	723.99	50.3
其中：0-17岁	158.48	11.0
18-34岁	301.30	20.9
35-59岁	564.93	39.3
60岁及以上	413.98	28.8

二、家庭户规模及户籍人口期望寿命

2014年，全市共有家庭户532.55万户，持较慢增长趋势。平均每个家庭的人口为2.7人，户籍人口期望寿命82.29岁，男性为80.04岁，女性为84.59岁，总体呈下降趋势。

三、在校学生数（见表5-13）

表5-13 2014年上海市在校学生数 单位：万人

指 标	2013	2014	2014年比2013年增加（%）

普通高等学校	50.48	50.66	0.36
普通中等学校	72.63	69.67	-4.08
其中：中等专业学校	9.23	7.74	-16.14
普通中学	59.35	58.42	-1.57
职业学校	3.24	2.72	-16.05
技工学校	0.81	0.79	-2.47
普通小学	79.25	80.30	1.32
特殊教育学校	0.47	0.46	-2.13

四、人口迁移 （见表 5-14）

表 5-14 2014 年上海市户籍人口迁移情况

年份	迁入		迁出		机械增长	
	人口（万人）	迁入率（‰）	人口（万人）	迁出率（‰）	人口（万人）	增长率（‰）
2013	12.12	8.48	6.06	4.24	6.06	4.24
2014	11.55	8.05	5.78	4.02	5.77	4.03

五、各区县人口数和人口密度（见表 5-15）

表 5-15 2014 年上海各区县人口数和人口密度

地区	土地面积（平方公里）	年末常住人口（万人）	其中 外来人口	人口密度（人 / 平方公里）
全市	6 340.50	2 425.68	996.42	3 826
浦东新区	1 210.41	545.12	235.65	4 504
黄浦区	20.46	68.20	18.08	33 333
徐汇区	54.76	110.97	28.55	20 265
长宁区	38.30	69.86	17.41	18 240
静安区	7.62	24.86	5.89	32 625
普陀区	54.83	129.61	34.75	23 639
闸北区	29.26	84.85	21.03	28 999
虹口区	23.48	83.82	18.22	35 698
杨浦区	60.73	132.37	26.75	21 796
闵行区	370.75	253.95	128.60	6 850

宝山区	270.99	202.40	85.56	7 469
嘉定区	464.20	156.62	91.40	3 374
金山区	586.05	79.71	26.96	1 360
松江区	605.64	175.59	109.08	2 899
青浦区	670.14	120.83	72.49	1 803
奉贤区	687.39	116.76	60.81	1 699
崇明县	1 185.49	70.16	15.19	592

第五节　建筑业主要指标

一、建筑业宏观情况（见表 5-16、表 5-17）

表 5-16　2014 年上海建筑业宏观主要指标

类　别	企业数（个）	年末从业人员（万人）	竣工产值（亿元）	总产值（亿元）	其　中		房屋建筑面积（万平方米）	
					# 建筑工程	# 安装工程	施工面积	竣工面积
总　计	3 184	77.65	2 849.73	5 499.94	4 681.15	714.68	34 994.68	7 580.77
按登记注册类型分								
内　资	3 052	75.84	2 751.00	5 285.93	4 517.41	670.43	34 845.49	7 529.31
# 国　有	31	0.65	53.21	68.68	30.48	35.43	14.52	4.01
集　体	31	0.79	15.61	21.62	16.38	5.00	94.71	50.48
股份合作	15	0.21	5.43	6.15	3.85	2.26		
联　营	6	0.05	1.28	4.10	3.92	0.07	14.70	
有限责任公司	626	25.48	1 489.82	3 085.71	2 761.13	271.55	21 769.17	3 830.11
股份有限公司	64	4.24	342.39	514.76	397.51	114.71	4 867.50	1 162.93
私　营	2 277	44.43	843.24	1 583.61	1 304.15	240.13	8 084.89	2 481.77
港澳台商投资	72	0.98	24.02	90.45	66.37	24.06	8.80	
外商投资	60	0.83	74.71	123.56	97.36	20.18	140.39	51.46
按行业分								
房屋建筑业	968	49.45	1 897.67	3 135.14	2 898.09	187.75	34 004.57	7 317.79
土木工程建筑业	618	11.44	511.24	1 356.78	1 168.00	162.32	781.40	172.30
建筑安装业	754	8.30	232.73	470.22	117.68	331.71	120.54	54.15

建筑装饰和其他建筑业	844	8.46	208.09	537.80	497.38	32.90	88.16	36.53
按资质标准分								
施工总承包	1 489	62.06	2 444.56	4 588.40	4 023.70	488.92	34 733.60	7 506.01
专业承包	1 695	15.58	405.17	911.54	657.45	225.76	261.08	74.75

表 5-17　上海建筑业主要指标（2005 ～ 2014）

年　份	年末从业人员（万人）	总产值（亿元）	房屋竣工面积（万平方米）	平均每个职工房屋竣工面积（平方米 / 人）	全员劳动生产率（按总产值计算）（元 / 人）
2005	72.23	1 889.25	5 648.85	78.21	182 299
2006	73.44	2 285.38	6 506.41	88.59	208 368
2007	69.33	2 524.18	6 090.22	87.84	228 710
2008	80.79	3 245.77	5 723.90	70.85	293 520
2009	88.88	3 830.53	5 719.93	64.36	312 360
2010	96.09	4 300.19	6 217.15	64.70	344 720
2011	96.86	4 586.28	5 984.74	61.79	359 232
2012	88.08	4 843.44	6 476.07	73.52	451 564
2013	81.54	5 102.84	6 274.25	76.95	417 313
2014	77.65	5 499.94	7 580.77	97.63	416 002

二、建筑业区县情况（见表 5-18）

表 5-18　2014 年上海各区、县建筑业主要指标

地　区	企业数（个）	年末从业人员（万人）	总产值（亿元）	房屋施工面积（万平方米）	房屋竣工面积（万平方米）	其　中 # 住宅房屋
总　计	3 184	77.65	5 499.94	34 994.68	7 580.77	3 906.20
浦东新区	595	17.23	1 292.42	12 627.52	1 947.10	999.28
黄浦区	168	2.96	233.94	479.74	52.73	20.60
徐汇区	227	5.46	502.40	803.58	239.31	175.42
长宁区	148	4.64	227.11	2 350.04	584.32	333.54
静安区	82	1.48	53.98	92.60	13.91	7.02
普陀区	250	6.38	355.24	2 772.73	806.49	537.43
闸北区	121	4.45	433.82	1 133.50	360.24	240.38
虹口区	162	3.53	470.31	2 951.16	677.85	327.88

杨浦区	244	5.36	252.20	764.90	202.20	134.98
闵行区	171	5.14	310.85	3 629.07	506.98	356.13
宝山区	243	6.73	693.42	3 442.67	866.34	267.14
嘉定区	172	2.68	134.63	989.28	278.38	183.03
金山区	135	2.65	111.83	224.42	79.68	4.45
松江区	137	2.92	163.25	1 148.02	479.81	90.98
青浦区	78	1.59	93.46	664.80	206.39	124.59
奉贤区	192	3.74	144.67	872.69	245.72	98.34
崇明县	59	0.69	26.40	47.95	33.32	5.03

三、建筑业签订合同、承包工程完成情况（见表5-19、表5-20）

表5-19　2014年上海建筑业签订合同情况　　　　单位：亿元

类别	签订的合同额	上年结转合同额	本年新签合同额
总　计	15 843.24	7 505.62	8 337.62
按经济类型分			
内　资	15 428.75	7 323.63	8 105.12
#国　有	151.94	56.67	95.28
集　体	30.04	7.37	22.66
股份合作	7.20	2.32	4.88
联　营	13.31	2.29	11.02
有限责任公司	9 888.09	4 684.36	5 203.73
股份有限公司	2 366.98	1 318.66	1 048.32
私　营	2 971.18	1 251.96	1 719.22
港澳台商投资	108.96	36.79	72.18
外商投资	305.53	145.20	160.33
按隶属关系分			
#中央属	6 560.63	3 040.12	3 520.51
市　属	3 648.58	1 902.43	1 746.15
区（县）属	775.06	352.66	422.40
按资质等级分			
#特　级	7 477.41	3 789.40	3 688.01
一　级	5 927.65	2 700.66	3 226.98

二　级	1 676.53	735.23	941.30
三　级	701.30	234.77	466.53
按行业类别分			
房屋建筑业	10 180.13	4 979.58	5 200.55
土木工程建筑业	4 095.23	1 997.52	2 097.72
建筑安装业	719.52	199.95	519.56
建筑装饰和其他建筑业	848.36	328.57	519.80
按资质标准分			
施工总承包	14 517.38	7 037.32	7 480.06
专业承包	1 325.86	468.30	857.56

表 5-20　2014 年上海建筑业承包工程完成情况　　单位：亿元

类　别	直接从建设单承揽工程完成产值	自行完成施工产值	分包出去工程的产值	从建设单位外承揽工程完成产值
总　计	5 799.26	4 946.78	852.48	553.16
按经济类型分				
内　资	5 562.61	4 773.67	788.94	512.26
#国　有	75.97	59.90	16.07	8.78
集　体	20.79	20.49	0.30	1.13
股份合作	5.65	5.65		0.51
联　营	3.92	3.82	0.10	0.28
有限责任公司	3 216.62	2 875.8	340.86	209.95
股份有限公司	745.48	378.84	366.6	135.92
私　营	1 492.88	1 427.92	64.96	155.7
港澳台商投资	83.24	73.80	9.44	16.65
外商投资	153.41	99.32	54.09	24.25
按隶属关系分				
#中 央 属	1 828.13	1 722.06	106.07	50.01
市　属	1 294.70	777.29	517.41	182.67
区（县）属	366.24	329.12	37.13	48.70
按资质等级分				
#特　级	1 937.78	1 456.02	481.76	142.18
一　级	2 412.09	2 177.11	234.97	259.94
二　级	977.30	886.68	90.62	83.56
三　级	451.17	406.86	44.30	66.59

按行业类别分				
房屋建筑业	3 481.36	2 821.20	660.16	313.93
土木工程建筑业	1 405.36	1 265.97	139.39	90.82
建筑安装业	452.05	409.53	42.52	60.70
建筑装饰和其他建筑业	460.49	450.09	10.40	87.71
按资质标准分				
施工总承包	5 029.43	4 197.54	831.89	390.86
专业承包	769.83	749.25	20.58	162.29

第六节　金融业主要指标

一、个人贷款总额（见表 5-21）

表 5-21　个人消费贷款及公积金贷款年末余额（2012 ～ 2014）　单位：亿元

指 标	2012	2013	2014
金融机构人民币个人消费贷款余额	6 341.38	7 700.47	8 753.46
# 个人住房贷款	4 925.98	5 686.28	6 258.86
汽车消费贷款	822.05	1 278.30	1 524.11
个人住房贷款占金融机构人民币个人消费贷款额比重（%）	77.7	73.8	71.5
公积金贷款余额	1 420.50	1 788.31	2 012.00

二、中资金融机构人民币贷款年末余额（见表 5-22）

表 5-22　中资金融机构人民币贷款年末余额（2014）　单位：亿元

指 标	2014	比 2014 年初增加
各项贷款余额	40 375.78	3 209.90
境内贷款	40 226.87	3 211.94
# 短期贷款	9 622.38	− 196.87
# 个人贷款及透支	1 050.13	11.32
单位普通贷款及透支	7 455.73	− 226.76
贸易融资	1 112.73	29.83
中长期贷款	26 016.62	2 376.91
# 个人贷款	8 425.49	864.23
单位普通贷款	13 149.83	934.36

贸易融资	212.24	30.25
融资租赁	2 441.78	329.12
票据融资	2 094.90	694.54
境外贷款	148.91	-2.04

三、主要年份主要要素市场交易情况和资金拆借情况（见表 5-23）

表 5-23 主要金融市场成交概况（2012～2014） 单位：亿元

指 标	2012	2013	2014
上海证券交易所	547 535.22	865 098.34	1 281 497.98
上海期货交易所	891 953.72	1 208 335.46	1 264 706.51
中国金融期货交易所	758 406.78	1 410 066.21	1 640 169.72
全国银行间货币与债券市场	2 636 302.88	2 847 442.95	3 615 067.75
上海黄金交易所	35 297.25	52 242.22	65 139.91

注：本表数据除上海期货交易所和上海黄金交易所成交额按双向计算外，其他成交额数据均按单向计算。

第六章　土地市场

第一节　上海市城市总体规划

一、自然条件

上海地处太平洋西岸，亚洲大陆东沿，长江三角洲前缘，东濒东海，南临杭州湾，西接江苏、浙江两省，北界长江入海口，长江与东海在此交汇。全市辖17区1县，区域总面积为8 239平方公里，其中陆域面积6 787平方公里。

上海属北亚热带季风性气候，四季分明，日照充分，雨量充沛。年平均气温17.5℃，日照时数1 534.7小时，无霜期294天，年降水量约1 512.8毫米。

上海属江南古陆的东北延伸地带，为冲积形成的三角洲平原，土壤肥沃，平均海拔高度为4米左右，地势低平坦荡，河湖水网纵横。

二、土地利用现状

根据2005年土地利用变更调查，全市土地利用现状为：

（一）农用地。农用地面积380 200公顷（570万亩），占土地总面积的46.15%。其中耕地面积273 100公顷（410万亩），占33.15%；园地11 100公顷（17万亩），占1.35%；林地面积为20 700公顷（31万亩），占2.51%；无牧草地；其他农用地面积75 300公顷（113万亩），占9.14%。

（二）建设用地。建设用地面积240 100公顷，占土地总面积的29.14%。其中城乡建设用地217 000公顷，占90.38%；交通、水利基础设施用地21 300公顷，占8.87%；其他建设用地18公顷，占0.75%。其中城镇工矿用地161 200公顷，以2005年城镇人口1 584万计算，人均城镇工矿用地102平方米。

（三）未利用地现状。未利用地面积203 600公顷，占土地总面积的24.71%。其中河湖水面155 800公顷，占18.91%；苇地滩涂42 200公顷，占5.12%。

三、土地利用的重点任务

以“保护资源、保障发展、引领布局”为目标，强化土地利用综合调控作用，落实最严格的土地管理制度，深化土地节约集约利用，形成切实保护耕地资源、有效保障各类用地需求、引领城市空间发展布局的土地利用规划格局。

（一）严格保护耕地特别是基本农田。按照落实最严格的耕地保护制度要求，立足于保证城市粮食安全和生态体系，以建设促保护，确保耕地和基本农田数量，提高耕地和基本农田质量。

（二）有力培育城市发展战略地区。适应上海城市新一轮空间发展趋势，继续提升中心城区功能，重点培育浦东、虹桥等战略地区，通过规划引导和土地调控的双重手段，以土地供应的硬约束引导土地利用结构和布局优化，促进形成具有世界城市地位的都市空间结构。

（三）综合推进土地节约集约利用。按照建设资源节约型社会的要求，以供给引导需求，综合运用经济、行政等手段，促进节约集约利用土地，推动产业结构优化升级和经济发展方式转变。

（四）切实维护城市生态安全格局。按照建设环境友好型社会的目标，优先重视并切实维护上海城市的生态安全格局，统筹安排城市生活、生态和生产用地，实现土地资源永续利用。

四、土地利用主要调控指标

落实《全国土地利用总体规划纲要（2006 ～ 2020 年）》要求，切实保护耕地特别是基本农田，因地制宜推动土地综合整治，严格控制各项建设用地规模，不断提高节约集约用地水平，确保各项用地调控目标实现。

（一）耕地保有量。至 2020 年全市耕地保有量保持在 249 300 公顷（374 万亩）以上，近期至 2010 年耕地保有量保持在 258 000 公顷（387 万亩）以上。

（二）基本农田保护面积。规划期内全市基本农田保护面积不低于 218 700 公顷（328 万亩），并且质量有所提高。

（三）城乡建设用地规模。至 2020 年全市城乡建设用地规模控制在 260 000 公顷以内，近期至 2010 年城乡建设用地规模控制在 230 000 公顷以内。

（四）新增建设占用耕地规模。至 2020 年全市新增建设占用耕地控制在 45 200 公顷（67.8 万亩）以内，近期至 2010 年新增建设占用耕地控制在 16 000 公顷（24 万亩）以内。

（五）整理复垦开发补充耕地义务量。至 2020 年全市整理复垦开发补充耕地义务量 45 200 公顷（67.8 万亩），近期至 2010 年整理复垦开发补充耕地义务量 16 000 公顷（24 万亩）。

（六）人均城镇工矿用地面积。至 2020 年全市人均城镇工矿用地控制在 110 平方米 / 人以内，近期至 2010 年人均城镇工矿用地控制在 106 平方米 / 人以内。

五、土地利用总体布局

落实国家发展战略，贯彻上海城市总体规划确定的基本原则、指导思想和发展方向，深化市域“1966”（1 个中心城、9 个新城、60 个左右新市镇、600 个左右中心村）城乡规划体系，优化和提升市域“多轴、多层、多核”空间布局体系和中心城区“多心、开敞”布局结构，科学、有序引导城市化和城市郊区化的发展趋势，形成适应上海现代化国际大都市区发展的“多中心、轴线切线组合和多层次的城乡生态安全网络”的总体空间布局结构。

（一）多中心格局

中心城区，提升和强化上海中心城区的（国际）高端服务、资源配置、生活品质和文化创源功能，发展成为国际经济、金融、贸易、航运中心功能的核心载体。

城市东翼，充分发挥浦东综合配套改革的带动效应，抓住南汇整体并入浦东新区的契机，发展具有较强综合性的集临海产业、空港、海港、铁路和主题公园为一体的东翼综合性组合新城群。

城市西翼，依托虹桥商务区建设，整合提升紧邻江浙两省、具有较高区位优势和高度市场活力的嘉青松虹地区，形成具有较强综合性的、面向长三角地区的西翼组合新城群。

中心城的（国际）高端服务、资源配置和文化创源功能、东翼新城群的国际门户和全球先进的临海制造业基地、西翼新城群的长三角资本、信息、服务交流和创新能力紧密联系、有序分工、互为补充。引导建立东翼、西翼反磁力中心，形成新的空间发展引擎，改变单中心发展格局，构筑与具有国际影响力、竞争力的世界城市相匹配的多中心土地利用格局。

（二）东西主轴和双切线组合

继续提升和展伸上海城市发展的东西主轴。东西主轴西自淀山湖、青西生态保护区、虹桥商务区，中间贯穿虹桥经济技术开发区、中心城区浦西地区、外滩和黄浦江两岸功能区、陆家嘴金融贸易区、张江高科技园区，东至浦东空港枢纽、大型民用客机总装基地、临港（芦潮港）新城和洋山深水港，是集中体现上海现代化、国际化的功能主轴和联系西翼组合新城群、中心城区、东翼组合新城群的空间链接。

培育发展东部的临海切线和西部的长三角切线。东部临海切线，进一步向北向南延伸，北至沪崇苏沿海通道、南迄杭州湾北岸地区，是培育上海临海战略产业、发挥亚太国际门户的主要城镇和产业发展走廊。西部长三角切线，承继沪宁、沪杭两大传统发展轴线，以西翼新城群为核心，积极服务长三角地区、服务长江流域、服务全国。双切线格局将有力提升上海面向世界、服务全国两个功能扇面的服务能力和水平。

（三）多层次的城乡生态安全网络

综合运用城市公园、郊野公园、生态隔离林带、基本农田集中区、城市水源地保护、滩涂湿地、江河湖海水域等生态空间保护的各种手段，构造市域“环、廊、区、源”的多层次生态空间网络，发挥生态锚固功能，维护生态底线，防止建设用地的无序蔓延，抢救性保护生态安全。

继续强化中心城区外环绿带的生态保护和空间维护作用，同时构筑 “上海绕城高速北线（原A30）—沈海高速（原嘉金高速）—黄浦江大治河—滨江临海”市域绿环。沿中心城区外环绿带、市域绿环向外指状延伸，构建嘉宝、青松等8条放射形市域生态走廊，连接环外20片大型生态保育区，并依托长江口岛群、淀山湖水源地、杭州湾海湾休闲地带和东海海域湿地，形成市域北、西、南、东四大生态源地，形成城市融合自然的“双环八廊二十区四大源地”的生态开敞空间体系。

六、城乡区域土地利用

（一）中心城区土地利用

1. 区域范围。指外环线以内区域以及宝山、嘉定、闵行等部分区域。

2. 功能定位。上海面向世界的服务经济主导区域和上海国际经济、金融、贸易、航运中心功能的核心载体。

3. 土地利用调控。进一步提升与现代化国际大都市相匹配的面向世界的综合服务功能，着力调整优化土地利用结构和布局，进一步增加城市公共绿地、增加公共空间，切实转变土地利用方式。

保障中国2010年上海世博会建设用地需求。开展传统工业集中地区综合整治，进一步加大存量土地的二次开发和综合利用力度；加快发展现代服务业，优化配置高新技术产业及无污染、高附加值的都市型工业用地；积极推动地下空间有序利用，提高土地集约节约利用水平。

（二）中心城区周边地区土地利用

1. 区域范围。指中心城区外围城市化相对集中的区域。

2. 功能定位。承载中心城区功能完善、能级提升、生态间隔保护功能的重要区域。

3. 土地利用调控。推进建设用地空间整合，加大土地集约利用力度，促进功能转换升级。

推动虹桥商务区和协调区建设，促进零星分散工业用地和农民宅基地的归并集中，加强市政基础设施整合力度，改善地区环境。

根据农业布局和农业资源特点，建设旅游农业基地，构建城市绿色屏障。发挥郊野公园和基本农田的生态功能，有效隔离集中建设区域，提高区域环境质量。

（三）浦东拓展地区土地利用

1. 区域范围。指中心城区及中心城区周边地区以外的浦东新区、奉贤区瓦洪公路以东区域。

2. 功能定位。形成上海东翼城市发展核心，承载对外开放门户职能和沿海先进制造业基地职能。

3. 土地利用调控。统筹安排新增建设用地，推动临海城镇产业一体化发展，加快国际航运中心建设。

保障临港新城、大型民用客机总装基地、主题公园、港口、内河航道等项目的建设发展要求，有序增加临空、临港、物流等现代服务业和先进制造业用地。推进轨道交通及区域交通网络建设，合理安排基础设施用地。

保护农用地和生态用地，发展都市现代农业。建设沿海防护林带，合理开发滩涂资源。

（四）嘉青松虹地区土地利用

1. 区域范围。指中心城区及中心城区周边地区以外的嘉定区、松江区、青浦区等区域。

2. 功能定位。形成上海西翼城市发展核心，以虹桥商务区为依托，强化对长三角地区的服务职能和创新引领职能。

3. 土地利用调控。统筹安排新增建设用地，保障城镇用地需求。积极调整土地利用结构，以嘉定、松江、青浦新城为重点，加快面向长江三角洲的区域商务中心建设。

促进产业集约发展，优化产业布局，归并零星工业用地，促进工业向园区集中，提高工业用地产出率；探索实施城镇建设用地增加与农村建设用地减少相挂钩试点；保障长江三角洲重大基础设施一体化建设用地。

促进基本农田集中连片，建设黄浦江上游农业区。保护水源地及水源涵养林。

（五）杭州湾北岸地区土地利用

1. 区域范围。指金山区、奉贤区瓦洪公路以西区域。

2. 功能定位。上海滨海休闲地带和临海生态开敞源地，也是港口作业区及石化、装备等临海产业带的组成部分。

3. 土地利用调控。严格控制建设用地总量，有效推进生态保护，落实土地用途管制。

以基本农田为“生态锚固”手段，保持生态走廊和生态保育区的生态用地格局。加强滩涂资源保护和适度开发利用。建设沿海防护林带和防污染隔离带。

强化城镇用地集聚发展，保障面向国际、面向海洋的新型产业发展需求。适度归并农村居民点，推进土地整理复垦。优先安排基础设施用地。

（六）长江口三岛地区土地利用

1. 区域范围。指崇明县，含崇明岛、长兴岛及横沙岛。

2. 功能定位。上海重要的生态涵养区和可持续发展的重要战略空间。

3. 土地利用调控。加快推进崇明生态岛建设，保护优质耕地和基本农田，大力推进高效生态农业建设。推动青草沙水源地建设。加强滩涂资源保护和适度开发利用，保护崇明长江三角洲国家地质公园和自然保护区。

保障船舶工业基地，配置清洁型和资源节约型的工业用地。

七、区县土地利用调控目标土地利用

各区（县）要以本规划确定的功能定位、土地利用调控目标为指导，以各区（县）分解规划控制指标为依据，严格保护耕地特别是基本农田，严格控制建设用地规模，有效调控土地供应节奏，控制生产用地，保障生活用地，提高生态用地比例，提高土地节约集约利用水平。各项约束性指标层层分解，不得突破，预期性指标通过采取措施，力争实现。

（一）浦东新区。至2020年，全区耕地保有量35 200公顷（52.7万亩），基本农田保护面积29 240公顷（43.86万亩），建设用地总规模76 000公顷。

（二）宝山区。至2020年，全区耕地保有量4 300公顷（6.44万亩），基本农田保护面积2 000公顷（3万亩），建设用地总规模23 100公顷。

（三）闵行区。至2020年，全区耕地保有量4 600公顷（6.90万亩），基本农田保护面积3 130公顷（4.7万亩），建设用地总规模27 400公顷。

（四）嘉定区。至2020年，全区耕地保有量13 300公顷（20.02万亩），基本农田保护面积11 670公顷（17.5万亩），建设用地总规模25 200公顷。

（五）金山区。至2020年，全区耕地保有量31 600公顷（47.43万亩），基本农田保护面积27 330公顷（41万亩），建设用地总规模20 000公顷。

（六）松江区。至2020年，全区耕地保有量20 500公顷（30.71万亩），基本农田保护面积19 730公顷（29.6万亩），建设用地总规模25 100公顷。

（七）青浦区。至2020年，全区耕地保有量29 200公顷（43.74万亩），基本农田保护面积25 520公顷（38.28万亩），建设用地总规模20 800公顷。

（八）奉贤区。至2020年，全区耕地保有量32 700公顷（48.98万亩），基本农田保护面积31430公顷（47.15万亩），建设用地总规模23000公顷。

（九）崇明县。至2020年，全县耕地保有量78000公顷（117.04万亩），基本农田保护面积73 300公顷（110万亩），建设用地总规模25 600公顷。

表 6-1 土地利用主要调控指标表

指标		2005 年	2010 年	2020 年	指标属性
总量指标（单位：公顷）					
农用地	耕地保有量	273 100（410 万亩）	258 000（387 万亩）	249 300（374 万亩）	约束性
	基本农田面积	214 800（322 万亩）	218 700（328 万亩）	218 700（328 万亩）	约束性
	园地面积	11 100	13 000	15 000	预期性
	林地面积	20 700	22 000	27 200	预期性
	牧草地面积	0	0	0	预期性
建设用地	建设用地总模	240 100	259 000	298 100	预期性
	城乡建设用地规模	217 000	230 000	260 000	约束性
	城镇工矿用地规模	161 200	183 000	220 000	预期性
增量指标（单位：公顷）					
新增建设用地总量		——	26 000	86 900	预期性
新增建设占用农用地规模		——	21 300（32 万亩）	65 000（97.5 万亩）	预期性
新增建设占用耕地规模		——	16 000（24 万亩）	45 200（67.8 万亩）	约束性
整理复垦开发补充耕地义务量		——	16 000（24 万亩）	45 200（67.8 万亩）	约束性
效率指标（单位：平方米）					
人均城镇工矿用地		102	106	110	约束性

表 6-2 土地利用结构调整表　　单位：公顷

地类		2005 年	2010 年	2020 年
农用地	耕地	273 100（410 万亩）	258 000（387 万亩）	249 300（374 万亩）
	园地	11 100（17 万亩）	13 000（20 万亩）	15 000（23 万亩）
	林地	20 700（31 万亩）	22 000（33 万亩）	27 200（41 万亩）
	牧草地	0	0	0
	其他农用地	75 300（113 万亩）	91 800（138 万亩）	96 000（144 万亩）
	小计	380 200（570 万亩）	384 800（577 万亩）	387 500（581 万亩）

建设用地	城乡建设用地	城镇工矿用地	161 200	183 000	220 000
		农村居民点用地	55 800	47 000	40 000
		小计	217 000	230 000	260 000
	交通、水利及其他用地	交通、水利基础设施用地	21 300	26 500	34 600
		其他建设用地	1 800	2 500	3 500
		小计	23 100	29 000	38 100
	小计		240 100	2 590	2 981
未利用地			203 600	180 100	138 300
合计			823 900	823 900	823 900

表 6-3 各区县建设用地指标表

单位：公顷，平方米

名称	2005 年建设用地总规模	2010 年各项建设用地规模				2020 年各项建设用地规模			
		建设用地总规模	城乡用地规模	城镇工矿用地规模	人均城镇工矿用地	建设用地总规模	城乡用地规模	城镇工矿用地规模	人均城镇工矿用地
国家下达	240 100	259 000	230 000	183 000	106	298 100	260 000	220 000	110
机动量	——	——	——	——	——	3 000	——	——	——
中心九城区	28 900	28 900	28 900	28 900	48	28 900	28 900	28 900	52
浦东新区	58 800	64 500	56 900	44 500	139	76 000	67 300	58 000	141
宝山区	21 900	22 200	19 400	14 700	123	23 100	21 300	20 000	127
闵行区	23 700	25 200	22 000	16 900	129	27 400	25 400	24 200	137
嘉定区	20 600	22 300	19 500	14 800	130	25 200	21 600	19 000	134
金山区	14 600	16 000	13 900	10 600	134	20 000	17 300	13 600	123
松江区	24 100	24 600	21 500	16 400	142	25 100	21 000	17 800	133
青浦区	14 800	16 300	14 000	10 600	132	20 800	17 100	13 500	111
奉贤区	15 700	17 900	15 500	11 700	152	23 000	18 600	13 000	130
崇明县	17 000	21 100	18 400	13 900	152	25 600	21 600	12 000	120

注：表中长兴岛、横沙岛的 2005 年现状建设用地面积仍计入宝山区。

第二节 土地收费

表 6-4 土地依法收费项目、标准和依据

序号	收费项目名称		收费标准	设立依据	
	一级项目	二级项目	收费标准	批准文号	文件依据
1	土地使用权出让金		招标，拍卖挂牌或协议确定	2001 年市政府第 101 号令	《土地管理法》
2	外商投资企业土地使用费		每亩 0.50 ～ 170 元	沪府发 [95]38 号	沪府发 [95]38 号
3	土地收益金		见文件	沪房地资金 [2003]339号	沪府发 [1999]44 号
4	耕地开垦费		37.5 元 / 平方米	沪价商 [2001]53 号 沪财预 [2001]122 号	《土地管理法》
5	土地复垦费		破坏耕地的，15 元 / 平方米；破坏非耕农用地的，7.5 元 / 平方米	沪价商 [2001]53 号 沪财预 [2001]122 号	《土地管理法》
6	土地闲置费		见文件	沪价商 [2001]53 号 沪财预 [2001]122 号	《土地管理法》
7	土地、青苗补偿费	1、土地补偿费	见文件	沪发改价商 [2008]11 号	《土地管理法》
8		2、青苗补偿费	见文件	沪价商 [2006]9 号	《土地管理法》
9	城镇个人使用国有土地地租		0.015 － 0.06 元 / 平方米	沪价涉 [92]188 号	

第三节 上海市基准地价

一、上海市基准地价土地级别（基准日 2010 年 1 月 1 日）

土地级别范围说明：根据不同用途土地价格分布的情况，居住、商业、办公分为 10 个级别，工业分为 9 个级别。以上级别范围及下述级别范围说明均不含滩涂。

（一）居住用地：上海市居住用地共分为 10 级，外环以内以 1 ～ 6 级为主，外环以外以7～10级为主。总体上以人民广场为中心，越接近市中心级别越高、越远离市中心级别越低。位于外环以内的西南区域土地级别相对较高、位于外环以外除崇明外的北部区域土地级别高

于南部区域。局部规划重点发展的区域呈岛状分布，级别高于周边区域，如外环以内的世纪公园、联洋、碧云、古北、北外滩、天山、田林等区域，外环以外的各郊区县中心城镇、规划新城区等区域。

具体定级范围说明如下：

1 级： 黄浦江以西：北京西路—万航渡路—华山路—延安西路—江苏路—华山路—广元西路—恭城路—虹桥路—文定路—南丹路—南丹东路—宛平路—建国西路—襄阳南路—永嘉路—瑞金二路—复兴中路—西藏南路—西藏中路—北京西路；北外滩：秦皇岛路—杨树浦路—东大名路—大名路—黄浦江—秦皇岛路；黄浦滨江：中山东路、中山东一路、中山南路：苏州河—南浦大桥；徐汇滨江：黄浦江—沪杭铁路新日支线—宛平南路—龙华港—黄浦江；黄浦江以东：黄浦江—张家浜—浦明路—浦电路—浦城路—陆家嘴环路—黄浦江

2 级：黄浦江以西：黄浦江—秦皇岛路—杨树浦路—大连路—周家嘴路—海宁路—河南北路—苏州河—长寿路—武宁路—苏州河—中山西路（内环）—延安西路—虹许路（中环）—古羊路—宋园路—吴中路—中山西路（内环）—延安西路（延安路高架）—虹许路（中环）—古羊路—宋园路—吴中路—中山西路（内环）—中山南二路（内环）—宛平南路—龙华港—黄浦江所围范围内 1 级以外的其他地区；黄浦江以东：黄浦江—陆家嘴环路—浦城路—浦电路—浦明路—张家浜—黄浦江—塘桥新路—浦建路—东方路—浦电路—灵山路—民生路—黄浦江；联洋：杨高中路—民生路—锦绣路—芳甸路—花木路—罗山路（内环）—杨高中路；世纪公园：花木路—锦绣路—梅花路—白杨路—龙阳路—芳甸路—花木路

3 级：内环内除杨浦区，1 ～ 2 以外的其他区域 黄浦江以西：杨浦滨江：杨树浦路—秦皇岛路—黄浦江—宁国路（内环）—杨树浦路； 天山：苏州河—双流路—天山路一古北路—延安西路—中山西路（内环）—苏州河； 田林龙华世博滨江：吴中路—桂林路—桂林南路—沪杭铁路—龙吴路—上中路（中环）—黄浦江—龙华港—宛平南路—中山南二路（内环）—中山西路（内环）—吴中路；新江湾城：军工路—杨浦区西部行政边界（逸仙路）—政立路—淞沪路—闸殷路—军工路；黄浦江以东：世博会场址规划区；碧云：杨高中路—罗山路（内环）—锦绣东路—金桥路（中环）—杨高中路

4 级：政立路—逸仙路高架—坟水东路—粤秀路—彭江路—共和新路—灵石路—岚皋路—石泉路—中宁路—武宁路—大渡河路—苏州河—北虹路—天山西路—环西一大道（外环）—吴中路—莲花路—沪闵路—虹梅路（中环）—上中西路（中环）—上中路（中环）—龙吴路—黄浦江—耀华路—浦东南路—高科西路—张江路（中环）—金桥路（中环）—黎平路（中环）—军工路（中环）—翔殷路（中环）—国和路—政立路，所围范围内 1 ～ 3 级以外的其他地区

5 级：黄浦江—杨浦区北部行政边界—逸仙路高架—场中路—共和新路—汶水路（中环）—真北路（中环）—沪宁铁路—祁连山南路—普陀区西部行政边界—苏州河—环西一大道（外环）—环南二大道（外环）—黄浦江—中环—华夏西路（中环）—华夏中路（中环）—张江路（中环）—高科中路—申江路—唐陆公路—东陆公路—杨高北路—赵家沟—黄浦江，所围范围内 1 ～ 4 级以外的其他区域

6 级：外环内 1 ～ 5 级以外的其他区域；普陀区、长宁区、徐汇区 1 ～ 5 级以外的其他

区域；　嘉定区：真新新村街道外环外区域；宝山区：友谊路街道、吴淞街道规划建设区；闵行区：闵行边界－北横泾－沪青平公路－中春路－春申塘－闵行区边界－环南大道（外环）－环西大道（外环）－闵行边界

7级：黄浦江以西，闵行区：华漕镇、颛桥镇、马桥镇、吴泾镇、江川街道规划建设区，宝山区：顾村镇、杨行镇、大场镇规划建设区，嘉定区：江桥镇、南翔镇规划建设区，松江区：九亭镇、新桥镇规划建设区，青浦区：徐泾镇规划建设区；黄浦江以东，浦东新区：高桥镇、高东镇规划建设区内6级以外的其他区域；A30以西1～6级以外的其他区域；浦东新区（原南汇区）：周浦康桥镇规划建设区；闵行区：浦江镇沈杜公路以北区域

8级：黄浦江以西，宝山区：月浦镇、罗店镇规划建设区，嘉定区：新成路街道、菊园新区、嘉定镇街道、安亭镇、马陆镇、嘉定工业区规划建设区，松江区：岳阳街道、永丰街道、方松街道、中山街道，佘山镇、泗泾镇、洞泾镇、车墩镇、小昆山镇规划建设区，青浦区：朱家角镇、赵巷镇、盈浦街道、夏阳街道、香花桥街道规划建设区，金山区：朱泾镇建成区（健康路－亭枫公路－仙业路－临源街）、金山新城建成区（龙翔路－东平北路－东平南路－临桂路－卫零路－隆平路－卫一路－大堤路－荡浦路－海滨路－沪杭公路－亭卫南路－亭卫公路－龙翔路）、枫泾镇建成区、枫泾新镇区；　黄浦江以东，闵行区：浦江镇沈杜公路以南区域，浦东新区（原南汇区）：惠南镇规划建设区、临港新城中心区，奉贤区：南桥镇规划建设区（奉浦大道－沪杭公路－沪金高速－上海绕城高速－奉浦大道）

9级：上海市（不含金山区、崇明县）1～8级以外的其他区域，金山区：金山新城中心城区未建成区、亭林老镇区、亭林大型居住社区、张堰镇建成区，崇明县：城桥镇规划建设区

10级：上海市1～9级以外的其他区域

（二）商业用地：上海市商业用地共分为10级，外环以内以1～6级为主，外环以外以7～10级为主。总体上以人民广场为中心，越接近市中心级别越高、越远离市中心级别越低。结合上海市商业发展的特点，在商业用地的1级、2级以及其他环状级别内的带状、岛状分布的区域，多为发展较好的商业街和商圈，土地级别高于周边区域。

具体定级范围说明如下：

1级：黄浦江以西，外滩：中山东一路：延安东路－苏州河，南京东（西）路：中山东一路－乌鲁木齐北路，西藏中路：南京东路－福州路，淮海东（中）路：西藏南路－襄阳北路，新天地：淮海路－马当路－自忠路－黄陂南路－淮海路，徐家汇：虹桥路肇家浜路：恭城路－－天平路；华山路：广元路－－虹桥路；天钥桥路：肇家浜路－－南丹路；漕溪路：虹桥路－－南丹路

2级：黄浦江以西，四川北路：苏州河－东江湾路，福州路：河南中路－西藏中路，金陵东路：中山东二路－西藏南路，衡山路：乌鲁木齐北路－宛平南路，豫园：人民路－河南南路－方浜中路－人民路，　静安寺：北京西路一乌鲁木齐北路－华山路一延安中路－常德路－北京西路，　中山公园：汇川路－凯旋路－长宁路－汇川路　长宁路：定西路－汇川路，虹桥：仙霞路－古北路－延安西路－仙霞路；　黄浦江以东，陆家嘴：黄浦江－东昌路一浦东南路－黄浦江，　新上海城：商城路－浦东南路一张杨路－崂山东路，张杨路：崂山东路

一浦东南路

3级：黄浦江以西，周家嘴路一海宁路一河南北路一天目东路一共和新路一沪宁铁路一苏州河一中山西路（内环）一天山路一古北路一仙霞路一延安西路一中山西路（内环）一卢湾区边界一黄浦江一秦皇岛路一杨树浦路一大连路一周家嘴路，所围范围内1～2级以外的其他地区，虹桥：天山路一古北路一仙霞路一延安西路一中山西路（内环）一天山路，古北：延安西路一虹许路（中环）一古羊路一宋园路一吴中路一中山西路（内环）一延安西路，五角场：政立路一国定路一国定东路一国和路一政立路，大宁商务区：大宁路一万荣路一延长中路一共和新路一大宁路，虹口足球场：大连西路一中山北一路（内环）一花园路一四川北路一四达路一欧阳路一大连西路；黄浦江以东，黄浦江一塘桥新路一浦建路一东方路一浦电路一源深路一张杨路一东方路一黄浦江，联洋：杨高中路一民生路一锦绣路一罗山路（内环）一杨高中路

4级：内环内1～3级以外的其他区域。黄浦江以西，江湾：殷高路一淞沪路西侧规划道路（江湾一五角场城市副中心西边界）一三门路一国定路一政立路一国京路一殷高路，曹杨：梅岭北路一杨柳青路一梅岭南路一梅岭北路，天山：苏州河一双流路一天山路一中山西路（内环）一苏州河，仙霞路：古北路一北虹路（中环），金汇路：吴中路一红松路，田林路：桂林路一虹漕路，田林龙华世博：吴中路一桂林路一钦州南路一钦州路一龙华港一黄浦江一外马路一中山南路一中山南一路（内环）一中山南二路（内环）一中山西路（内环）一吴中路；黄浦江以东。碧云：杨高中路一罗山路（内环）一锦绣东路一金桥路（中环）一杨高中路，张江：碧波路一高科中路一科苑路一碧波路，龙汇路：莲溪路一沪南路，世博会场址规划区

5级：中环内1～4级以外的其他区域。黄浦江以西。五角场辐射区：国和路一政立路一国权北路一三门路一逸仙路一邯郸路一翔殷路（中环）一包头路一国和路，大柏树：纪念路一广纪路一纹水东路一逸仙路一纪念路，曹安梅川：曹安路一真光路一梅川路一真北路（中环）一曹安路，梅川路：真光路一万镇路，南方商城：古美西路一万源路一沪闵路一古方路一古美西路，彭浦：保德路一三泉路一闻喜路一阳曲路一保德路，新泾金汇：天山西路一环西一大道（外环）一吴中路一虹许路（中环）一北虹路（中环）一天山西路，虹桥商务功能核心区：扬虹路一华翔路一建虹路一申贵路一甬虹路一申虹路一锡虹路一申贵路一扬虹

6级：外环内1～5级以外的其他区域。黄浦江以西。普陀区、长宁区、徐汇区1～5级以外的其他区域，宝山区：友谊路街道、吴淞街道规划建设区，闵行区：虹桥商务区（北翟路一华翔路一沪青平公路一环西大道（外环）一北翟路），沪青平公路一中春路一春申塘一闵行区边界一环南大道（外环）一环西大道（外环）一沪青平公路；黄浦江以东。浦东新区，川沙：川杨河一唐陆公路一栏学路一城丰路一妙境路一川环南路一浦东运河一川杨河

7级：闵行区：华漕镇、七宝镇、莘庄镇、梅龙镇规划建设区内除6级以外的其他区域，颛桥镇、吴泾镇、江川路街道规划建设区；浦江镇规划建设区内沈杜公路以北的区域，宝山区：杨行镇、顾村镇、大场镇规划建设区内6级以外的其他区域，嘉定区：南翔镇规划建设区；真新新村街道、江桥镇规划建设区内6级以外的其他区域，青浦区：徐泾镇规划建设区，松江区：九亭镇、新桥镇规划建设区，浦东新区：高桥镇、高东镇规划建设区内6级以外的其他区域；A30以西1～6级以外的其他区域，浦东新区（原南汇区）：康桥镇规划

建设区内除 6 级以外的区域；周浦镇规划建设区

8 级：闵行区：1 ～ 7 级以外的其他区域，宝山区：月浦镇、罗店镇规划建设区，嘉定区：新成路街道、菊园新区、嘉定镇街道，马陆镇、安亭镇、嘉定工业区规划建设区，青浦区：夏阳街道、盈浦街道、香花桥街道规划建设区，松江区：岳阳街道、永丰街道、方松街道、中山街道、泗泾镇、洞泾镇、车墩镇、佘山镇、小昆山镇规划建设区，金山区：朱泾镇建成区（健康路－亭枫公路－仙业路－临源街）、金山新城建成区（龙翔路－东平北路－东平南路－临桂路－卫零路－隆平路－卫一路－大堤路－荔浦路－海滨路－沪杭公路－亭卫南路－亭卫公路－龙翔路）、枫泾镇建成区、枫泾新镇区，奉贤区：南桥镇规划建设区（奉浦大道－沪杭公路－沪金高速－上海绕城高速－奉浦大道），浦东新区（原南汇区）：惠南镇规划建设区、临港新城中心区及洋山保税港

9 级：，上海市（不含金山区、崇明县）1 ～ 8 级以外的其他区域。金山区：金山新城中心城区未建成区、亭林老镇区、亭林大型居住社区、张堰镇建成区，崇明县：城桥镇规划建设区

10 级：上海市 1 ～ 9 级以外的其他区域

（三）办公用地：上海市办公用地共分为 10 级，外环以内以 1 ～ 6 级为主，外环以外以 7 ～ 10 级为主。总体上以人民广场为中心，越接近市中心级别越高、越远离市中心级别越低。位于外环以内的西南区域土地级别较高、位于外环以外除崇明外的北部区域土地级别高于南部区域。局部规划重点发展的区域呈岛状分布，土地级别高于周边区域，如外环以内的大宁、长风、张江、五角场、金桥等区域，外环以外的各郊区县中心城镇等区域。

具体定级范围说明如下：

1 级：黄浦江以西：黄浦江－苏州河－河南中路－天津路－贵州路－牛庄路－凤阳路－石门二路－奉贤路－南阳路－铜仁路－愚园东路－愚园路－愚园支路－乌鲁木齐北路－延安西路－延安中路－威海路－成都北路－重庆中路－长乐路－襄阳北路－襄阳南路－南昌路－兴业路－淡水路－复兴中路－西藏南路－方浜西路－人民路－云南南路－云南中路－九江路－河南中路－河南南路－人民路－兴东路－豆市街－白渡路－中山南路－王家码头路－外仓桥街－南仓街－陆家浜路－黄浦江。徐家汇：广元路－广元西路－乐山路－虹桥路－文定路－南丹路－南丹东路－天钥桥路－肇家浜路－天平路－广元路，北外滩：秦皇岛路－杨树浦路－东大名路－大名路－黄浦江－秦皇岛路，黄浦江以东：黄浦江－东昌路－浦东南路－栖霞路－南泉北路－乳山路－东方路－黄浦江

2 级：黄浦江以西。苏州河－安远路－长寿路－万航渡路－苏州河－中山西路（内环）－天山路－古北路－虹桥路－伊犁路－延安西路－中山西路（内环）－虹桥路－恭城路－广元西路－广元路－天平路－肇家浜路－徐家汇路－陆家浜路－黄浦江－苏州河，所围范围内 1 级以外的其他地区，北外滩：东长治路－长治路－大名路－－东大名路－公平路－东长治路；黄浦江以东。黄浦江－浦东南路－东昌路－黄浦江－塘桥新路－浦建路－东方路－浦电路－民生路－黄浦江

3 级：黄浦江以西。内环线内除杨浦，1 ～ 2 级以外的其他区域， 杨浦滨江：杨树浦路－秦皇岛路－黄浦江－宁国路（内环）－杨树浦路，五角场：政立路－国定路－国定东路

一国和路一政立路；黄浦江以东。黄浦江一民生路一浦东大道一罗山路（内环）一黄浦江，浦电路一东方路一浦建路一锦绣路一民生路一浦电路，塘桥新路一黄浦江一龙阳路（内环）一浦东南路一塘桥新路

4 级：黄浦江以西。殷高路一淞沪路西侧规划道路（江湾一五角场城市副中心西边界）一三门路一国定路一政立路一逸仙路高架一汶水东路一水电路一广中路一广中西路一志丹路一光新路一真如港一岚皋路一石泉路一中宁路一武宁路一桃浦一虬江一杨柳青路一枣阳路一金沙江路一真北路（中环）一苏州河一芙蓉江路一天山路一水城路一水城南路一延安西路（延安路高架）一虹许路（中环）一古羊路一宋园路一桂林路一钦州南路一钦州路一龙华港一黄浦江一宁国路（内环）一黄兴路（内环）一国定东路一国和路一政立路一国京路一殷高路，所围范围内 1 ～ 3 级以外的其他区域；黄浦江以东。内环内 1 ～ 3 级以外的其他区域，世博会场址规划区，碧云张江：杨高中路一罗山路（内环）一高科中路一张江路一金桥路一杨高中路。

5 级：中环内 1 ～ 4 级以外的其他区域。黄浦江以西。新泾：天山西路一环西一大道（外环）一延安西路一北虹路（中环）一天山西路，虹桥商务区：北翟路一华翔路一沪青平公路一环西大道（外环）一北翟路，大柏树：场中路一广粤路一汶水东路一逸仙路一场中路，新江湾城：军工路一杨浦区西部行政边界（逸仙路）一政立路一淞沪路一闸殷路一军工路；黄浦江以东。外高桥保税区：海高公路一杨高北路一五洲大道一高川河一海高公路，金桥出口加工区：金海路一杨高中路一金桥路（中环）一川桥路一唐陆公路一东陆公路一金海路，张江集成电路产业区：龙东大道一张江路（中环）一高科中路一环东二大道（外环）一龙东大道。

6 级：外环内 1 ～ 5 级以外的其他区域。黄浦江以西。普陀区、长宁区、徐汇区 1 ～ 4 级以外的其他区域，宝山区：友谊路街道、吴淞街道规划建设区，闵行区：虹桥交通枢纽（北翟路一华翔路一沪青平高速公路一环西大道（外环）一北翟路），莘庄（沪杭高速公路一中春路一沪杭铁路一 A4 一沪杭高速公路）

7 级：闵行区：华漕镇、七宝镇、莘庄镇、梅龙镇规划建设区内 6 级以外的其他区域；颛桥镇、吴泾镇、江川路街道规划建设区；浦江镇规划建设区内沈杜公路以北的区域，宝山区：杨行镇、顾村镇、大场镇规划建设区内除 6 级以外的区域，嘉定区：南翔镇规划建设区；真新新村街道、江桥镇规划建设区内 6 级以外的其他区域，青浦区：徐泾镇规划建设区，松江区：九亭镇、新桥镇规划建设区，浦东新区：高桥镇、高东镇规划建设区内 6 级以外的其他区域；A30 以西 1 ～ 6 级以外的其他区域，浦东新区（原南汇区）：康桥镇规划建设区内 6 级以外的其他区域；周浦镇规划建设区。

8 级：闵行区：1 ～ 7 级以外的其他区域，宝山区：月浦镇规划建设区，嘉定区：新成路街道、菊园新区、嘉定镇街道，马陆镇、安亭镇、嘉定工业区规划建设区，青浦区：夏阳街道、盈浦街道、香花桥街道规划建设区，松江区：岳阳街道、永丰街道、方松街道、中山街道、泗泾镇、洞泾镇、车墩镇、佘山镇、小昆山镇规划建设区，金山区：朱泾镇建成区（健康路一亭枫公路一仙业路一临源街）、金山新城建成区（龙翔路一东平北路一东平南路一临桂路一卫零路一隆平路一卫一路一大堤路一荔浦路一海滨路一沪杭公路一亭卫南路一亭卫

公路一龙翔路）、枫泾镇建成区、枫泾新镇区，奉贤区：南桥镇规划建设区（奉浦大道一沪杭公路一沪金高速一上海绕城高速一奉浦大道），浦东新区（原南汇区）：惠南镇规划建设区、临港新城中心区及洋山保税港

9 级：上海市（不含金山区、崇明县）1 ～ 8 级以外的其他区域。金山区：金山新城中心城区未建成区、亭林老镇区、亭林大型居住社区、张堰镇建成区，崇明县：城桥镇规划建设区。

10 级：上海市 1 ～ 9 级以外的其他区域

（四）工业用地：上海市工业用地共分为 9 级，外环以内以 1 ～ 5 级为主，外环以外以 6 ～ 9 级为主。总体上以人民广场为中心，越接近市中心级别越高、越远离市中心级别越低。在级别划分时，充分考虑了上海市内各工业园区的分布情况及土地开发程度。

具体定级范围说明如下：

1 级：黄浦江以西：黄浦江－苏州河－石门二路－北京西路－乌鲁木齐北路－乌鲁木齐中路－复兴中路－复兴东路－黄浦江，北外滩：黄浦江－溧阳路－大名路－长治路－苏州河－黄浦江；黄浦江以东：黄浦江－张杨路－东方路－黄浦江

2 级：黄浦江以西：内环内除杨浦，1 级以外的其他区域，虹桥经济技术开发区，黄浦江以东：黄浦江－东方路－张杨路－黄浦江－塘桥新路－浦建路－东方路－峨山路－杨高南路－源深路－浦东大道－民生路－黄浦江

3 级：黄浦江以西：杨浦内环内区域，中环内除杨浦，1 ～ 2 级以外的其他区域，五角场、市北工业区：政立路－场中路－沪太路－汶水路（中环）－邯郸路（中环）－国定路－国定东路－国和路－政立路，漕河泾经济技术开发区（超出中环的部分）；黄浦江以东：内环内 1 ～ 2 级以外的其他区域，世博会场址规划区

4 级：中环内 1 ～ 3 级以外的其他区域，张江高科技园区（超出中环的部分）

5 级：外环内的 1 ～ 4 级以外的其他区域（浦东新区（原南汇区）、嘉定区行政范围内的区域除外），普陀区、长宁区、徐汇区 1 ～ 4 级以外的其他区域，宝山区：友谊路街道、吴淞街道规划建设区，虹桥商务区（北翟路－华翔路－沪青平公路－环西大道（外环）－北翟路）、上海紫竹高新技术产业园区、上海闵行经济技术开发区闵行园区、上海浦东空港工业园区机场分园、上海浦东空港工业园区川沙分园、上海外高桥保税区（超出外环的部分）

6 级：闵行区、浦东新区 1 ～ 5 级以外的其他区域，浦东新区（原南汇区）：洋山保税港区、上海周浦都市型工业园

7 级：宝山区：月浦镇、杨行镇、顾村镇、大场镇规划建设区、上海宝山工业园区（宝山城市园北区块、罗店园、嘉定徐行园东区块、嘉定徐行园西区块）、宝山钢铁集团公司；嘉定区：新成路街道、真新新村街道、菊园新区、嘉定镇街道，马陆镇、南翔镇、安亭镇、江桥镇、嘉定工业区规划建设区；青浦区：夏阳街道、盈浦街道、徐泾镇规划建设区、上海西郊经济开发区（华新绿色园区块 1-5），上海青浦工业园区（区块 1-5）； 松江区：岳阳街道、永丰街道、方松街道、中山街道，九亭镇、新桥镇、泗泾镇、洞泾镇、车墩镇、佘山镇、小昆山镇规划建设区；金山区：上海石油化工股份有限公司、上海化学工业园区；奉贤区：南桥镇规划建设区；浦东新区（原南汇区）：惠南镇、周浦镇、康桥镇规划建设区、临港新城

中心区、上海浦东空港工业园区祝桥分园

8级：上海市（不含崇明县）1～7级以外的其他区域；崇明县：城桥镇规划建设区、长兴岛、上海崇明工业园区

9级：上海市1～8级以外的其他区域

二、上海市基准地价表

表6-5 上海市基准地价表（楼面地价）（基准日2013年1月1日）

用途	住宅		商业		办公		研发总部		工业	
级别	价格	设定容积率	价格	设定容积率	价格	设定容积率	价格	设定容积率	价格	设定容积率
1	25 840	2.5	34 060	4.0	22 850	4.0	—	—	6 500	2.0
2	18 890	2.5	27 090	4.0	17 040	4.0	—	—	4 350	2.0
3	15 220	2.0	19 670	2.0	12 910	4.0	—	—	2 740	1.6
4	12 750	2.0	15 270	2.0	10 990	3.5	—	—	1 450	1.6
5	10 730	2.0	11 130	1.8	7 350	3.5	—	—	990	1.6
6	8 200	1.8	8 120	1.8	5 780	3.5	1 550	2.0	860	1.2
7	6 160	1.8	5 770	1.6	4 230	2.5	920	2.0	615	1.0
8	4 370	1.4	4 400	1.6	3 090	2.5	675	2.0	450	1.0
9	2 810	1.4	2 910	1.2	2 070	2.0	450	2.0	300	1.0
10	2 090	1.2	2 230	1.2	1 370	2.0	—	—	—	—

注：本市基准地价成果为分用途各级别国有建设用地在一定设定条件下的土地使用权平均价格。内涵包括：

1. 基准日为2013年1月1日；

2. 使用年限为对应用途的法定最高出让年限；

3. 开发强度为各用途各级别的设定容积率；

4. 住宅、商业、办公用地开发程度为“七通一平”，指宗地外通路、供电、通讯、通上水、通下水、通污水、通燃气及宗地内场地平整；研发总部类和工业用地开发程度为“五通一平”，指宗地外通路、供电、通讯、通上水、通下水及宗地内场地平整。

三、上海市基准地价容积率修正系数

基准地价一般根据平均的土地利用程度来确定其容积率。当宗地的容积率水平与基准地价所设定的不一致时，就需进行容积率修正。目前工业用地容积率对地价的影响较小，工业用地原则上不设容积率修正。对居住、商业和办公用地的修正系数表（见表6-6,6-7,6-8）（本系数是对楼面地价的修正）。

表6-6 上海市基准地价容积率修正系数表（居住用地）

居住容积率	1～2级	3～5级	6～7级	8～9级	10级	居住容积率	1～2级	3～5级	6～7级	8～9级	10级
1.0	1.195	1.166	1.142	1.079	1.000	3.6	0.947	0.924	0.905	0.855	0.792
1.1	1.170	1.141	1.119	1.056	0.979	3.7	0.943	0.920	0.902	0.851	0.789
1.2	1.148	1.120	1.098	1.036	0.961	3.8	0.938	0.915	0.897	0.847	0.785
1.3	1.127	1.100	1.077	1.017	0.943	3.9	0.933	0.910	0.892	0.842	0.781
1.4	1.108	1.081	1.059	1.000	0.927	4.0	0.928	0.905	0.887	0.838	0.777
1.5	1.090	1.063	1.042	0.984	0.912	4.1	0.924	0.901	0.883	0.834	0.773
1.6	1.074	1.048	1.027	0.969	0.899	4.2	0.919	0.897	0.879	0.829	0.769
1.7	1.059	1.033	1.012	0.956	0.886	4.3	0.914	0.892	0.874	0.825	0.765
1.8	1.046	1.020	1.000	0.944	0.875	4.4	0.909	0.887	0.869	0.820	0.761
1.9	1.035	1.010	0.989	0.934	0.866	4.5	0.904	0.882	0.864	0.816	0.756
2.0	1.025	1.000	0.980	0.925	0.858	4.6	0.900	0.878	0.860	0.812	0.753
2.1	1.017	0.992	0.972	0.918	0.851	4.7	0.895	0.873	0.856	0.808	0.749
2.2	1.010	0.985	0.966	0.912	0.845	4.8	0.890	0.868	0.851	0.803	0.745
2.3	1.005	0.980	0.961	0.907	0.841	4.9	0.885	0.863	0.846	0.799	0.741
2.4	1.002	0.978	0.958	0.904	0.838	5.0	0.881	0.860	0.842	0.795	0.737
2.5	1.000	0.976	0.956	0.903	0.837	5.1	0.876	0.855	0.837	0.791	0.733
2.6	0.995	0.971	0.951	0.898	0.833	5.2	0.871	0.850	0.833	0.786	0.729
2.7	0.990	0.966	0.946	0.894	0.828	5.3	0.866	0.845	0.828	0.782	0.725
2.8	0.986	0.962	0.943	0.890	0.825	5.4	0.861	0.840	0.823	0.777	0.721
2.9	0.981	0.957	0.938	0.885	0.821	5.5	0.857	0.836	0.819	0.773	0.717
3.0	0.976	0.952	0.933	0.881	0.817	5.6	0.852	0.831	0.815	0.769	0.713
3.1	0.971	0.947	0.928	0.876	0.813	5.7	0.847	0.826	0.810	0.764	0.709
3.2	0.967	0.943	0.924	0.873	0.809	5.8	0.842	0.821	0.805	0.760	0.705
3.3	0.962	0.939	0.920	0.868	0.805	5.9	0.837	0.817	0.800	0.755	0.700
3.4	0.957	0.934	0.915	0.864	0.801	6.0	0.833	0.813	0.796	0.752	0.697
3.5	0.952	0.929	0.910	0.859	0.797						

表6-7 上海市基准地价容积率修正系数表（商业用地）

商业容积率	1～2级	3～4级	5～6级	7～8级	9～12级	商业容积率	1～2级	3～4级	5～6级	7～8级	9～12级
1.0	2.190	1.472	1.359	1.257	1.078	3.6	1.042	0.700	0.646	0.598	0.512
1.1	2.110	1.418	1.309	1.211	1.038	3.7	1.031	0.693	0.640	0.592	0.507
1.2	2.033	1.366	1.261	1.167	1.000	3.8	1.021	0.686	0.633	0.586	0.502
1.3	1.957	1.315	1.214	1.123	0.963	3.9	1.010	0.679	0.627	0.580	0.497
1.4	1.882	1.265	1.168	1.080	0.926	4.0	1.000	0.672	0.620	0.574	0.492
1.5	1.811	1.217	1.124	1.039	0.891	4.1	0.991	0.666	0.615	0.569	0.488
1.6	1.743	1.171	1.081	1.000	0.857	4.2	0.981	0.659	0.608	0.563	0.482
1.7	1.676	1.126	1.040	0.962	0.824	4.3	0.970	0.652	0.602	0.557	0.477
1.8	1.612	1.083	1.000	0.925	0.793	4.4	0.961	0.646	0.596	0.552	0.473
1.9	1.549	1.041	0.961	0.889	0.762	4.5	0.951	0.639	0.590	0.546	0.468
2.0	1.488	1.000	0.923	0.854	0.732	4.6	0.942	0.633	0.584	0.541	0.463
2.1	1.430	0.961	0.887	0.821	0.704	4.7	0.933	0.627	0.579	0.535	0.459

2.2	1.374	0.923	0.852	0.788	0.676	4.8	0.923	0.620	0.572	0.529	0.454
2.3	1.327	0.892	0.824	0.762	0.653	4.9	0.914	0.614	0.568	0.524	0.449
2.4	1.284	0.863	0.797	0.737	0.632	5.0	0.905	0.608	0.561	0.519	0.445
2.5	1.246	0.837	0.773	0.715	0.613	5.1	0.896	0.602	0.556	0.514	0.441
2.6	1.210	0.813	0.751	0.694	0.595	5.2	0.887	0.596	0.550	0.509	0.436
2.7	1.176	0.790	0.729	0.675	0.578	5.3	0.878	0.590	0.545	0.504	0.432
2.8	1.146	0.770	0.711	0.658	0.564	5.4	0.869	0.584	0.539	0.499	0.428
2.9	1.118	0.751	0.693	0.641	0.550	5.5	0.860	0.578	0.534	0.494	0.423
3.0	1.106	0.743	0.686	0.635	0.544	5.6	0.853	0.573	0.529	0.489	0.419
3.1	1.095	0.736	0.680	0.629	0.539	5.7	0.844	0.567	0.524	0.484	0.415
3.2	1.085	0.729	0.673	0.623	0.534	5.8	0.835	0.561	0.518	0.479	0.411
3.3	1.073	0.721	0.666	0.616	0.528	5.9	0.827	0.556	0.513	0.475	0.407
3.4	1.063	0.714	0.659	0.610	0.523	6.0	0.818	0.550	0.508	0.470	0.403
3.5	1.052	0.707	0.653	0.604	0.518						

表 6-8 上海市基准地价容积率修正系数表（办公用地）

办公容积率	1～3级	4～6级	7～8级	9～10级	办公容积率	1～3级	4～6级	7～8级	9～10级
1.0	1.386	1.325	1.194	1.025	3.6	1.036	0.990	0.892	0.766
1.1	1.369	1.309	1.179	1.013	3.7	1. 027	0.982	0.885	0.760
1.2	1.352	1.293	1.165	1.000	3.8	1.017	0.972	0.876	0.752
1.3	1.336	1.277	1.151	0.988	3.9	1.008	0.964	0.868	0.746
1.4	1.320	1.262	1.137	0.976	4.0	1.000	0.956	0.861	0.740
1.5	1.304	1.247	1.123	0.964	4.1	0.988	0.945	0.851	0.731
1.6	1.288	1.231	1.109	0.953	4.2	0.976	0.933	0.841	0.722
1.7	1.273	1.217	1.096	0.942	4.3	0.964	0.922	0.830	0.713
1.8	1.258	1.203	1.084	0.930	4.4	0.951	0.911	0.821	0.705
1.9	1.243	1.188	1.071	0.919	4.5	0.941	0.900	0.811	0.696
2.0	1.229	1.175	1.059	0.909	4.6	0.930	0.889	0.801	0.688
2.1	1.214	1.161	1.046	0.898	4.7	0.919	0.879	0.792	0.680
2.2	1.200	1.147	1.034	0.888	4.8	0.908	0.868	0.782	0.672
2.3	1.187	1.135	1.022	0.878	4.9	0.897	0.858	0.773	0.663
2.4	1.174	1.122	1.011	0.868	5.0	0.886	0.847	0.763	0.655
2.5	1.161	1.110	1.000	0.859	5.1	0.876	0.837	0.755	0.648
2.6	1.148	1.098	0.989	0.849	5.2	0.865	0.827	0.745	0.640
2.7	1.135	1.085	0.978	0.839	5.3	0.855	0.817	0.736	0.632
2.8	1.123	1.074	0.967	0.831	5.4	0.844	0.807	0.727	0.624
2.9	1.111	1.062	0.957	0.822	5.5	0.834	0.797	0.718	0.617
3.0	1.100	1.052	0.947	0.814	5.6	0.824	0.788	0.710	0.609
3.1	1.089	1.041	0.938	0.805	5.7	0.814	0.778	0.701	0.602
3.2	1.078	1.031	0.929	0.797	5.8	0.805	0.770	0.693	0.595
3.3	1.067	1.020	0.919	0.789	5.9	0.795	0.760	0.685	0.588
3.4	1.056	1.010	0.910	0.781	6.0	0.785	0.750	0.676	0.581
3.5	1.046	1.000	0.901	0.774					

说明：1. 容积率低于 1.0 时按容积率为 1.0 对应的地面价计算；

2. 容积率高于 6.0 时按容积率为 6.0 对应的楼面价计算；

3. 当宗地容积率介于上述所列的容积率之间时，可用直线插值法确定其对应的修正系数。

第四节 土地交易

2014 年，上海土地新增供应 489 宗，合计建设用地面积为 1 856.03 公顷，同比下降 21.42%。土地市场出让总金额达 1 664.7 亿元，较 2013 年下滑 21.8%，总成交金额创下招拍挂以来上海土地市场出让金总额第二高，仅次于去年的 2 129.7 亿元。其中商品住宅性质用地成交 1 244.7 亿元，商业用地成交 311.2 亿元，保障房用地成交 108.8 亿元。

2014 年上海土地市场共计成交土地（剔除工业用地）201 幅，较去年下滑 27.7%。其中，商品住宅用地（含普通商品房、商住办混合）土地成交 90 幅，商业用地（商业、办公及餐饮等）成交 75 幅，另外保障房用地（动迁安置房）成交 36 幅。

出让面积方面，2014 年上海土地市场总成交面积 851.3 万平方米，较 2013 年下滑 31.3%，其中，商品住宅性质用地成交 501.2 万平方米，商业用地成交 164.4 万平方米，保障房用地出让 185.7 万平方米。

一、2014 年土地供应分析

2014 年上海土地市场共计成交土地（剔除工业用地）201 幅，较去年下滑 27.7%。 其中，商品住宅用地（含普通商品房、商住办混合）土地成交 90 幅，商业用地（商业、办公及 餐饮等）成交 75 幅，另外保障房用地（动迁安置房）成交 36 幅。 （见图 6-1）

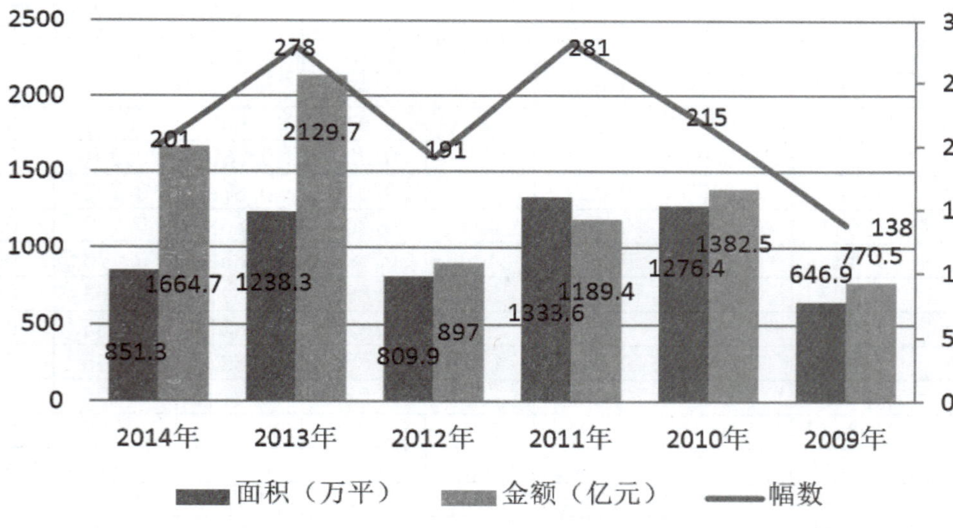

图 6-1 2009~2014 年上海市土地市场出让面积与金额走势

从月度情况看，受政策影响，土地供应量与成交量的波动较大。4 月 3 日，上海市出台了新版国有建设用地（工业用地产业项目类）使用权出让合同，其中规定，新增工业用地产业用地类项目 7 月 1 日起施行 20 年弹性年期制度，不再执行之前的 50 年期标准，在此之后工业用地为获得 50 年期的土地使用权，赶在 7 月 1 日前由市或区（县）人民政府批准出让

方案，再陆续挂牌，尤其在 11 月挂牌工业用地 138 宗，在全年中占比近一半。（见图 6-2，表 6-9）

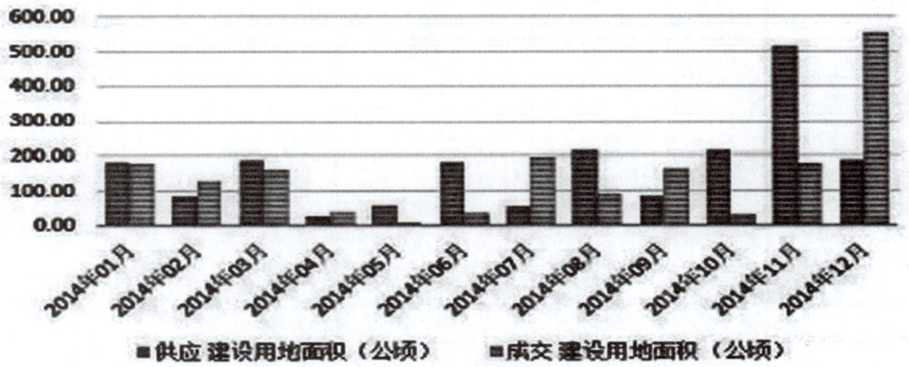

图 6-2　2014 年上海市土地市场每月供求情况

表 6-9　2014 年土地使用权出让情况

指 标	出让地块（幅）	出让面积（万平方米）
总　计	462	1 712.14
商业服务	60	231.27
住　宅	124	588.26
工矿仓储	278	892.61

资料来源：上海统计年鉴

二、2014 年土地成交分析

2014 年，在土地市场整体成交量及成交金额双双下滑的形势下，浦东新区土地出让面积达 187.4 万平方米，位列各区县之首。松江、青浦分别出让 153.9 万平方米和 133.7 万平方米，浦东松江及青浦三个区的土地出让总面积占全市总量的 55%。

出让金额方面，浦东全年卖地 394 亿元，同样位列各区之首。黄浦区凭借董家渡超级地王的成功出让，以 254.3 亿元的总出让金额位列第二。青浦及松江以 213.9 亿元及 164.7 亿元次之。

青浦区表现强势，该区土地市场自 2013 年开始升温，2014 年总出让面积较去年上涨 12.5%，而总出让金额却比去年增长 60%。未来几年内，青浦有望成为上海住宅成交最活跃的板块之一。（见表 6-10）

表 6-10 2014 年各区县土地成交情况

区县	出让幅数（幅）	出让面积（万平）	出让金额(亿元)
浦东	53	187.4	394
黄浦	2	13.4	254.3
青浦	20	133.7	213.9
松江	30	153.9	164.7
闸北	5	19.1	122.6
宝山	15	70.7	112.5
嘉定	12	70.3	86.5
杨浦	6	9	73.3
徐汇	6	7.7	36.6
崇明	13	57.4	35.3
闵行	14	24.4	34.3
虹口	2	9.2	32.9
普陀	2	6.2	29
奉贤	8	30.9	24.2
金山	10	51	22.3
长宁	2	5.9	18.2
静安	1	1.2	10

2014 年上海土地出让金合计为 1 766.79 亿元，同比下降 21.90%，平均溢价率为 24.45%。（见图 6-3，表 6-11、表 6-12、表 6-13、表 6-14、表 6-15）

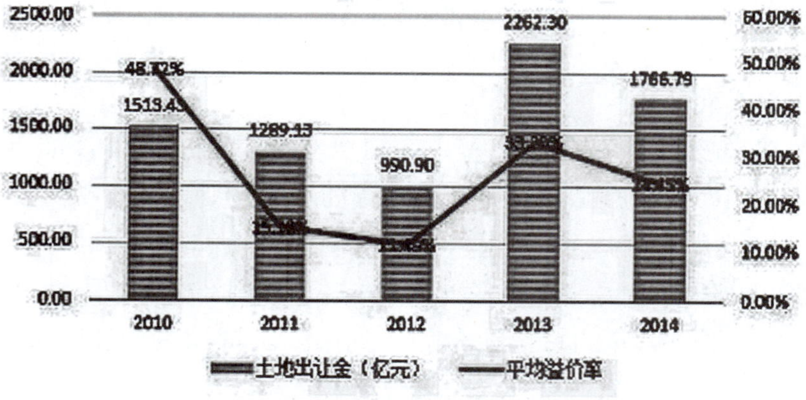

图 6-3 2010 ～ 2014 年上海市土地市场成交金额及溢价走势

表 6-11 2014 年土地成交总价前十名

地块名	容积率	出让面积（平）	土地性质	起始价格(万元)	成交总价(万元)	拿地企业
黄浦区小东门街道616、735街坊地块	5.54	126740.1	商住办	2480000	2485000	上海外滩投资开发（集团）有限公司,上海佳渡置业有限公司,中国民生投资股份有限公司
闸北区大宁路街道325街坊地块	2.2	96429.3	普通商品房	477330	1010000	上海拓平置业有限公司,友昇置业有限公司(方兴地产)
浦东新区洋泾社区C000204单元1-03-05地块	2.6	87179.6	商住办	348840	417500	上海永磐实业有限公司(旭辉)
杨浦区平凉街道18街坊地块	2.5	33007.3	普通商品房	236827	324000	上海隆威投资有限公司(保利置业)
普陀区梅川社区W060901单元A2B-1、A2A-5（曹安市场、真西饭店）地块（招挂复合）	3.8	60335.3	商办	286800	286800	天安财产保险股份有限公司,显颖投资有限公司
虹口区江湾镇街道A01B-05号地块	2.83	72660.5	动迁安置房	283768	283768	彩虹湾置业（上海）有限公司
宝山区宝山新城顾村A单元08-07地块	1.5	129335.9	普通商品房	176540	268000	深圳联新投资管理有限公司,金地集团上海房地产发展有限公司,上海朗润房地产开发有限公司
嘉定区菊园新区刘家河以西、胜竹路以北地块	2.3	112282.9	普通商品房	180776	268000	北京金隅大成开发有限公司
青浦区徐泾镇诸光路西侧28-05、29-02、30-04、31-01、32-01地块	2.5	116554.4	商办、街巷	262248	262248	北京奥林匹克置业投资有限公司,上海润盛实业发展有限公司,北京坚沣行
宝山区杨行镇西城区南块16-01地块	2.5	90461	商住办	169600	261000	上海招商局置业有限公司

表 6-12 2014 年上海市土地市场楼板价前十名

地块名	容积率	出让面积（平）	土地性质	成交总价(万元)	拿地企业	楼板价(万元/平)
浦东新区黄浦江南延伸段前滩地区Z000801编制单元36-01地块	2	13965.3	普通商品房	186100	三湘地产	6.6629
浦东新区黄浦江南延伸段前滩地区Z000801编制单元32-01地块	2	12258.4	普通商品房	161400	格力地产	6.5832
黄浦区五里桥街道104街坊39/1宗地块	1.4	6885.2	普通商品房	57700	东方动力有限公司	5.9859
浦东新区黄浦江南延伸段前滩地区Z000801编制单元38-01地块	2.3	11695.3	普通商品房	145000	格力地产	5.3905
静安区南西社区111-09地块（轨道交通12号线南京西路站地块）（招挂复合）	1.6	11665.8	商办	100000	上海静安地铁投资有限公司、上海沪中房地产联合发展总公司	5.3575
闸北区大宁路街道325街坊地块	2.2	96429.3	普通商品房	1010000	上海拓平置业有限公司,友昇置业有限公司(方兴地产)	4.7609
杨浦区平凉社区03F5-01（平凉街道47街坊）地块	2.5	20527	普通商品房	210800	上海富利腾房地产开发有限公司(阳光城)	4.1078
杨浦区平凉街道18街坊地块	2.5	33007.3	普通商品房	324000	上海隆威投资有限公司（保利置业）	3.9264
普陀区真如副中心X102-03（富平路加油站）地块	0.42	2013.8	其他商服用地	3090	中海油星城销售上海有限公司	3.6534
黄浦区小东门街道616、735街坊地块	5.54	126740.1	商住办	2485000	上海外滩投资开发（集团）有限公司，上海佳渡置业有限公司，中国民生投资股份有限公司	3.5392

表 6-13 2014 年土地溢价率前十名

地块名	出让面积（平）	土地性质	起始价格(万元)	成交总价(万元)	拿地企业	溢价率
浦东新区黄浦江沿岸E14单元Z4-2地块地下商业空间及公共绿地综合改造工程	12796.3	瞻仰景观休闲用地	29000	100000	上海佳质资产管理有限公司	244.83%
临港泥城社区DE03-I-5地块	28188.3	商住	11792	38000	上海九辰置业有限公司	222.25%
临港泥城社区DE03-F-1地块	28875.8	商住	11132	35000	北京东亚里程投资有限公司	214.41%
宝山区N12-1001单元大场镇区域D-05地块	27966.8	办公楼	20975	52300	绿地地产集团有限公司	149.34%
青浦区香花桥街道E-04-06、E-04-23地块	115759.4	普通商品房，商办，文体用地	85083	210000	中国葛洲坝集团房地产开发有限公司	146.82%
浦东新区黄浦江南延伸段前滩地区Z000801编制单元32-01地块	12258.4	普通商品房	71099	161400	格力地产	127.01%
临港芦潮港社区C0102地块	47085.3	普通商品房	25596	56000	上海郎智置业有限公司（朗诗）	118.78%
浦东新区黄浦江南延伸段前滩地区Z000801编制单元36-01地块	13965.3	普通商品房	87060	186100	三湘地产	113.76%
浦东新区曹路基地B-1-2地块	14606.7	商业用地	9655	20600	昌吉市勃涛房地产开发有限公司	113.36%
闸北区大宁路街道325街坊地块	96429.3	普通商品房	477330	1010000	上海拓平置业有限公司,友昇置业有限公司(方兴地产)	11.59%

表 6-14 2014 年上海市经营性用地总成交面积变化 单位：万平方米

	总成交面积	住宅用地	商业用地	保障房用地
2014 年	851.3	501.2	164.4	185.7
2013 年	1 204.96	510.33	312.54	382.09
2012 年	802.38	304.01	206.02	292.35

表 6-15 2014 年上海市经营性用地总成交金额变化 单位：亿元

	总成交金额	住宅用地	商业用地	保障房用地
2014 年	1 664.7	1 244.7	311.2	108.8
2013 年	2 116.86	942.6	1 083.2	103.9
2012 年	875.78	393.27	356.67	125.83

第七章　房地产金融

第一节　房地产金融概述

一、房地产开发投资

2014 年，前三季度本市房地产市场经历了一轮调整，主要表现为开发投资增速回落和楼市销售量减少。但在四季度限贷放松、普通商品住房标准调整及贷款利率下降等多重因素影响下，楼市出现回暖走势。上海市全年完成房地产开发投资 3 206.48 亿元，比上年增长 13.7%。其中住宅投资开发额为 1 724.65 亿元，办公楼开发投资额为 534.77 亿元，商业营业用房开发投资额为 457.92 亿元。

二、房地产信贷利率

2014 年，面对复杂多变的国际环境和艰巨繁重的国内改革发展稳定任务，中国经济在全面深化改革和做好宏观调控的预调微调等基础上，实现了合理区间运行，经济结构出现积极变化，为金融市场的持续创新与规范发展提供了现实基础。

上海市货币信贷运行总体平稳，各项存贷款总量增长适度，信贷结构不断优化，较好地支持了本市实体经济发展。2014 年末，上海市本外币各项存款余额 73 882 亿元，同比增长 6.7%，增幅较年初下降 2 个百分点。全年新增存款 4613 亿元，同比少增 861.3 亿元；其中第 4 季度新增 1 561.3 亿元，同比多增 838.9 亿元。本外币各项贷款余额 4 7916 亿元，同比增长 8%，增速较年初微降 0.4 个百分点。全年新增贷款 3 424.2 亿元，同比多增 126.6 亿元；其中第 4 季度新增 943.1 亿元，同比多增 522.6 亿元。（见表 7-1、表 7-2）

表 7-1　金融机构人民币存款基准利率调整情况表（2004 ～ 2014）　　单位：年利率 %

调整时间	活期存款	定期存款					
		三个月	半年	一年	二年	三年	五年
2004.10.29	0.72	1.71	2.07	2.25	2.70	3.24	3.60
2006.08.19	0.72	1.80	2.25	2.52	3.06	3.69	4.14
2007.03.18	0.72	1.98	2.43	2.79	3.33	3.96	4.41
2007.05.19	0.72	2.07	2.61	3.06	3.69	4.41	4.95
2007.07.21	0.81	2.34	2.88	3.33	3.96	4.68	5.22
2007.08.22	0.81	2.61	3.15	3.60	4.23	4.95	5.49
2007.09.15	0.81	2.88	3.42	3.87	4.50	5.22	5.76
2007.12.21	0.72	3.33	3.78	4.14	4.68	5.40	5.85

2008.10.09	0.72	3.15	3.51	3.87	4.41	5.13	5.58
2008.10.30	0.72	2.88	3.24	3.60	4.14	4.77	5.13
2008.11.27	0.36	1.98	2.25	2.52	3.06	3.60	3.87
2008.12.23	0.36	1.71	1.98	2.25	2.79	3.33	3.60
2010.10.20	0.36	1.91	2.20	2.50	3.25	3.85	4.20
2010.12.26	0.36	2.25	2.50	2.75	3.55	4.15	4.55
2011.02.09	0.40	2.60	2.80	3.00	3.90	4.50	5.00
2011.04.06	0.50	2.85	3.05	3.25	4.15	4.75	5.25
2011.07.07	0.50	3.10	3.30	3.50	4.40	5.00	5.50
2012.06.08	0.40	2.85	3.05	3.25	4.10	4.65	5.10
2012.07.06	0.35	2.60	2.80	3.00	3.75	4.25	4.75
2014.11.22	0.35	2.35	2.55	2.75	3.35	4.00	——

注：资料来源于中国人民银行网。

表 7-2 金融机构人民币贷款基准利率的历年调整情况表 单位：年利率 %

调整时间	六个月以内（含六个月）	六个月至一年（含一年）	一至三年（含三年）	三至五年（含五年）	五年以上
2004.10.29	5.22	5.58	5.76	5.85	6.12
2006.04.28	5.40	5.85	6.03	6.12	6.39
2006.08.19	5.58	6.12	6.30	6.48	6.84
2007.03.18	5.67	6.39	6.57	6.75	7.11
2007.05.19	5.85	6.57	6.75	6.93	7.20
2007.07.21	6.03	6.84	7.02	7.20	7.38
2007.08.22	6.21	7.02	7.20	7.38	7.56
2007.09.15	6.48	7.29	7.47	7.65	7.83
2007.12.21	6.57	7.47	7.56	7.74	7.83
2008.09.16	6.21	7.20	7.29	7.56	7.74
2008.10.09	6.12	6.93	7.02	7.29	7.47
2008.10.30	6.03	6.66	6.75	7.02	7.20
2008.11.27	5.04	5.58	5.67	5.94	6.12
2008.12.23	4.86	5.31	5.40	5.76	5.94
2010.10.20	5.10	5.56	5.60	5.96	6.14
2010.12.26	5.35	5.81	5.85	6.22	6.40

2011.02.09	5.60	6.06	6.10	6.45	6.60
2011.04.06	5.85	6.31	6.40	6.65	6.80
2011.07.07	6.10	6.56	6.65	6.90	7.05
2012.06.08	5.85	6.31	6.40	6.65	6.80
2012.07.06	5.60	6.00	6.15	6.40	6.55
2014.11.22	5.60		5.60		6.15

注：资料来源于中国人民银行网。

三、房地产信贷情况

2014年，上海市货币信贷运行总体平稳，各项存贷款总量增长适度，信贷结构不断优化，较好地支持了本市实体经济发展。

全市新增房地产开发贷款829.3亿元，同比多增431.1亿元。其中，土地储备开发贷款增加211.4亿元，同比多增111亿元；保障房开发贷款和商用房开发贷款分别增加153.7亿元和275.4亿元，同比分别多增65亿元和119.2亿元。

个人住房贷款增量触底反弹。2014年，全市新增本外币个人消费贷款940.9亿元，同比少增400.8亿元，按贷款用途分，本外币个人住房贷款增加597.6亿元，同比少增192.1亿元。第四季度商业银行个人住房贷款发放节奏有所加快，贷款增量止跌回升，其中12月份全市新增本外币个人住房贷款70.2亿元，环比和同比分别多增35.2亿元和20.3亿元。当年全市新增本外币个人汽车消费贷款245.9亿元，同比少增211.9亿元，其中12月份增加58.8亿元，同比多增50.1亿元。

四、2014年房地产金融运行特点

2014年，房地产开发投资增速、商品房销售面积及销售额增速呈现连续下降趋势，商品房待售面积存量明显增加，大中城市住宅销售价格呈现大面积的下降趋势。房地产金融领域呈现新的特点：

（一）国内贷款在房地产开发企业资金来源中所占比例进一步压缩，外资和外商直接投资的绝对值和百分比也有一定程度的降低，房地产开发商从传统贷款和外资渠道获得资金的能力降低，通道缩窄。

（二）自筹资金成为房地产开发企业的主要资金来源之一。在大资管平台建立之后的各种资金通道，如房地产信托、券商资管、保险资管和基金子公司等在房地产融资来源中占到更大比重。房地产行业呈现更为广泛和深入的金融化特征。

（三）从各资产管理平台的总体资产量和投向房地产行业的资金规模综合比较，信托、基金子公司、券商资管是当前最主要的地产金融资管平台，房地产基金规模相比则呈缩减趋势。

截止到2014年底，中国房地产信托存量规模为1.39万亿元，在全部资金信托中的比重为10.96%；保险资管规模翻倍，截至2014年一季度末，保险机构投资不动产规模754.87

亿元。至2014年底，保险资金发起基础设施投资计划1.1万亿元；券商资管管理资产规模已达7.95万亿元；基金管理公司及其子公司专户业务规模5.88万亿元。

第二节 房地产融资渠道

一、房地产融资渠道概述

房地产企业融资渠道主要有两种：一是内部融资渠道。内部融资主要包括自有资金、预收的购房定金或购房款、企业职工内部集资等。二是外部融资渠道。外部融资又可分为债务性融资和权益性融资。其中债务性融资的渠道有：银行贷款、发行企业债券、融资租赁、债务性信托和资产证券化；权益性融资渠道有：合作开发、权益性信托、房地产产业投资基金、房地产企业上市、股权投资等。

当前上海房地产主要的融资渠道主要还是自有资金，商业银行贷款进一步压缩，信托、专业的房地产信托基金（REITS），以及境外的投资银行、基金、境外地产基金、境外直接投资机构等进入中国的房地产领域，房地产企业的融资渠道日渐拓宽，融资渠道也在慢慢实现多元化。多种融资渠道逐步打开，呈现多样化的趋势，这对未来中国房地产企业具有深远的影响。（见表7-3、表7-4）

表7-3 2011～2014年上海市房地产资金来源情况表 单位：亿元

指 标	2011年	2012年	2013年	2014年
资金来源合计	4 627.98	5 316.93	6 851.29	7 422.19
上年末结余资金	1 421.05	1 348.42	1 758.62	2 152.29
本年资金来源小计	3 206.93	3 968.51	5 092.67	5 269.90
国内贷款	741.18	975.78	1 292.36	1 638.84
利用外资	43.55	26.12	38.14	69.61
# 外商直接投资	41.01	26.12	37.32	67.73
自筹资金	1 192.87	1 385.96	1 569.91	1 560.83
其他资金	1 229.32	1 580.66	2 192.26	2 000.62

表7-4 2014年上海市房地产企业本到位资金情况

指 标	2013年资金（亿元）	2014年资金（亿元）	增长（%）	比重（%）
本年到位资金合计	5 092.67	5 269.90	3.5	100
国内贷款	1 292.36	1 638.84	26.8	31.1
利用外资	37.32	67.73	81.5	1.3

自筹投资	1 569.91	1 560.83	-0.6	29.6
其他资金	2 192.26	2 000.62	-8.7	38

数据来源：上海市统计局。

二、主要房地产融资渠道

（一）内部融资

上海房地产开发商内部融资中，自有资金、预收的购房定金是其资金的一个重要来源，而其中又以预售款最受重视，因为预售款的财务成本很低而监控条件极松。据统计，2014年，上海房地产投资资金来源合计 7 422.19 亿元，比 2013 年增长 8.3%。上年末结余资金 2 152.29 亿元，自筹资金 1 560.83 亿元，其他资金 2 000.62 亿元。

（二）外部融资

1. 国内银行贷款

除了自筹资金和预售款外，银行贷款是仍是房地产融资的另一个重要渠道。不过近年来，受国家宏观调控，2014 年上海房地产开发资金来源中，国内银行贷款为 1 638.84 亿元，在全部来源资金中占比 31.1%，较上一年度升幅较大。

2. 利用外资

近年来，随着国家房地产调控政策加大，房地产泡沫的预期，以及国内外经济危机的发展，上海房地产企业利用外资有所减少，2014 年，房地产市场区域稳定，利用外资大幅增加。2013 年上海市房地产企业利用外资 37.32 亿元，2014 年利用外资大涨至 67.73 亿元，较 2013 年大增 81.5%。

3. 其他融资

信托、股票等融资方式成为房地产融资的重要方式。2014 年上海其他类融资 2 000.62 亿元，在所有融资方式在占有较高比重，达 38%，不过与 2013 年相比略微下降 8.7 个百分点，整体趋于稳定态势。

第三节　住房公积金

一、住房公积金管理机构

上海市住房公积金管理委员会（以下简称“公积金管委会”）为市政府领导下的住房公积金管理的决策机构。主要职责为依据有关法律、法规和政策，制定和调整住房公积金的具体管理措施，并监督实施；拟订住房公积金的具体缴存比例；确定住房公积金的最高贷款额度；审批住房公积金归集、使用计划；审议住房公积金增值收益分配方案；审批住房公积金归 集、使用计划执行情况的报告等。

上海市公积金管理中心为直属市政府不以营利为目的的独立的事业单位，主要负责全市住房公积金的缴存、提取、使用以及保值增值和核算。

二、住房公积金缴存情况

2014年住房公积金和补充住房公积金缴存额为786.87亿元，同比增长15.10%。其中。至2013年底，住房公积金和补充住房公积金缴存总额5 215.59亿元，缴存余额2 452.08亿元，同比增长17.77%、16.08%。

2014年，住房公积金实缴单位21.01万家，较上年增加4.37万家，实缴职工662.84万人，较上年增加65.39万人；当年新开户缴交单位4.84万家，新开户缴交职工89.33万人。

三、住房公积金提取情况

2014年住房公积金提取合计447.18亿元，占当年缴存额的56.83%，比上年同期增加1.78个百分点，同比增长18.81%。其中，住房消费类提取343.28亿元，同比增长16.79%；退休等原因的销户提取103.90亿元，同比增长26.02%。截至2014年底，累计提取住房公积金2764亿元，同比增长19.31%，占累计归集额的56%。

四、住房公积金归集情况

2014年全市共归集住房公积金和补充公积金737.30亿元，同比增长14.91%。其中，住房公积金577.91亿元，占归集额的78%；补充公积金159.39亿元，占归集额的22%。截至2014年底，累计归集住房公积金和补充公积金4927亿元。

五、住房公积金贷款情况

（一）个人购房贷款

2014年发放住房公积金个贷金额472.20亿元，同比减少23.16%；发放户数12.15万户，同比减少23.43%。其中，发放共有产权保障房（经济适用住房）个贷41.68亿元，1.45万户。截至2014年底，住房公积金个贷余额2012.00亿元。

（二）支持保障性住房建设项目贷款

2014年发放住房公积金支持保障性住房建设项目贷款8.94亿元。截至2014年底，累计发放支持保障性住房建设项目贷款88.54亿元，占国家批准本市住房公积金支持保障性住房建设项目贷款计划的73.89%。

六、住房公积金财务情况

（一）业务收入

2014年，住房公积金业务收入共计113.14亿元，同比增长20.52%。其中，存款利息收入22.22亿元，委托贷款利息收入89.67亿元，其他收入1.25亿元。

（二）业务支出

2014年，住房公积金业务支出共计57.16亿元，同比增长 13.76%。其中，缴存职工账户利息支出50.85亿元，归集手续费用支出1.65亿元，委托贷款手续费支出3.90亿元，其他支出0.76亿元。

（三）增值收益

2014 年，住房公积金增值收益 55.98 亿元，同比增长 28.31%。增值收益率（增值收益与月均缴存余额的比率）2.45%，比上年同期增加 0.23 个百分点。

（四）增值收益分配

2014 年，鉴于个人住房贷款风险准备金拨备覆盖率远高于商业银行水平，经市住房公积金管委会第 45 次会议审议通过，当年住房公积金增值收益中不计提个人住房贷款风险准备金。根据《利用住房公积金发放保障性住房建设贷款财务管理办法》规定，应按年末项目贷款余额的 4% 计提贷款风险准备金，由于 2014 年末项目贷款余额减少，故以差额计提方式回拨项目贷款风险金 0.63 亿元。提取管理费用 0.87 亿元，提取城市廉租住房（公共租赁住房）建设补充资金 55.74 亿元。当年上交财政管理费用 0.87 亿元。

截至 2014 年底，贷款风险准备金余额 149.31 亿元；累计上缴财政城市廉租住房（公共租赁住房）建设补充资金 3.66 亿元（用于廉租对象的货币补贴），余额 147.55 亿元。

（五）管理费用支出

2014 年，管理费用支出 0.85 亿元。其中，人员经费 0.41 亿元，公用经费 0.09 亿元，信息系统建设、网点建设、提升服务手段等专项经费 0.35 亿元。总体而言，各项管理费用支出较低。

七、2014 年住房公积金运行特点

（一）缴存职工人数持续增长，归集额增速趋缓

截至 2014 年底，本市住房公积金缴存职工 602.96 万人，创历史新高。全年净增 55 万人，是近十年来年净增缴存职工人数的第二高位。2005 ～ 2014 年净增缴存职工人数见图 7-1。

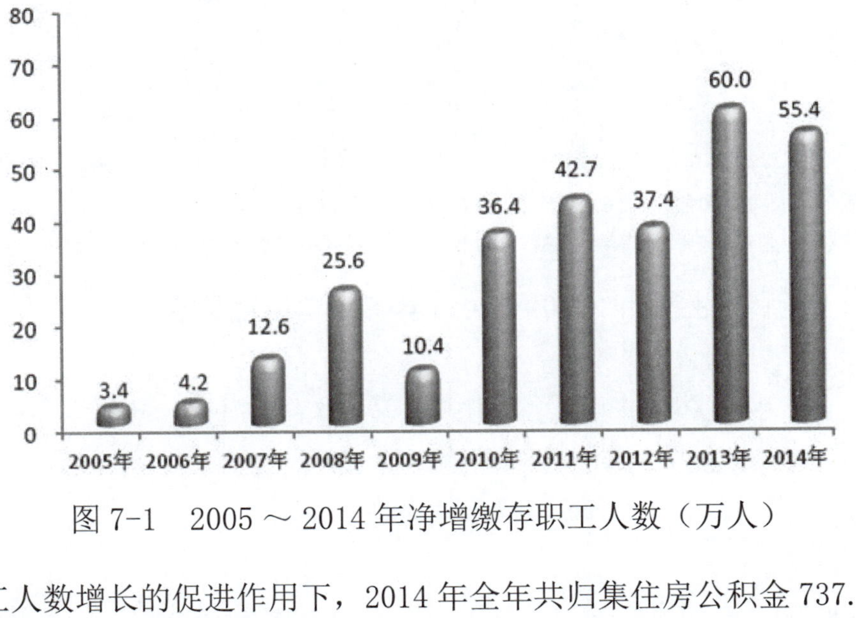

图 7-1　2005 ～ 2014 年净增缴存职工人数（万人）

在缴存职工人数增长的促进作用下，2014 年全年共归集住房公积金 737.30 亿元，同比增长 14.91%。近五年来，归集额每年保持规律性增长，同比增幅在 15% 至 20% 之间上下波动。受缴存职工人均月缴存额增长所限，2014 年归集额增速趋缓，接近五年来增长区间的下限。

影响职工人均月缴存额的主要因素：一是本市职工工资增幅放缓。随着经济运行进入“新常态”，本市职工工资增长趋缓。受此影响，2014 年底全市缴存职工人均月缴存额为 852 元，比去年同期增长 5.2%，低于上年度本市职工平均工资增长水平。二是缴存职工结构变化。随着离退休职工销户，新入职职工开户，缴存职工的群体发生了变化更替。2014 年全年新开户缴存职工 94.88 万人，占缴存职工人数的 16%，其人均月缴存额为 438 元，较全市平均水平低 414 元。

考虑到经济增长新常态和收入结构调整，公积金年度归集额增幅放缓也将成为一种新常态。

（二）新开户单位创历史新高，继续呈小型化趋势

2014 年市公积金中心采取多种方式积极扩大住房公积金制度覆盖面。一是在市工商局、地税局、人保局等相关部门的支持下，通过信息资源共享及时获取未开户、未缴存单位信息，明确扩覆对象。二是联合市总工会与归集银行，采取针对性宣传、执法检查等手段，推动单位开户和应缴尽缴，保障员工权益。三是近几年推出的提取使用新政策所涉及的住房消费内容更丰富，增强了住房公积金制度的吸引力，单位积极主动开户缴交公积金的意愿提升。2014 年全市新开户单位 5.96 万个，同比增长 46.2%。截至年底，本市住房公积金缴存单位 20.93 万个，同比增长 27.5%。新开户单位数、缴存单位数及相应增幅均创下 2010 年扩覆行动开展以来的新高。（见图 7-2、图 7-3）

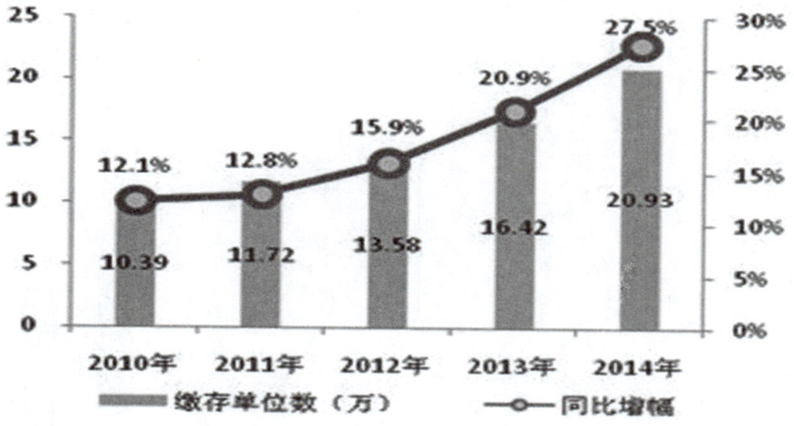

图 7-2 2010 ～ 2014 年缴存单位增长情况

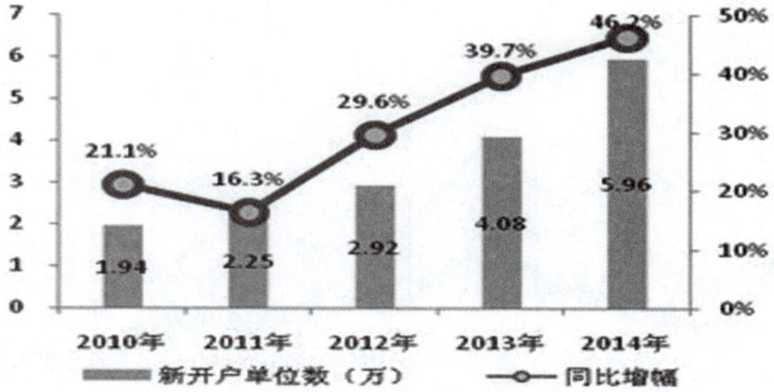

图 7-3　2010 ～ 2014 年新开户单位增长情况

进一步分析 2014 年新开户单位缴存人数规模发现：

1. 2014 年新开户单位的平均缴存人数为 7 人，较上年减少 3 人，比当年缴存单位的平均缴存人数少 21 人。

2. 2014 年新开户单位中缴存人数在 5 人以下的占比高达 73%，较上年增加了 2 个百分点，比存量缴存单位中 5 人以下单位占比高 27 个百分点。

可见，在社会经济结构优化调整以及民营企业迅速发展的背景下，新开户单位延续了小型化、微型化趋势，给本市公积金扩覆及保障服务的对象提示了方向。

（三）受房产交易量影响，公积金个贷发放规模回落，单笔贷款支持力度不减

2014 年，在房产供需关系和相关政策调节下，本市商品住宅交易量有所减少，受此影响，公积金个贷发放规模相应回落。全年共向 12.15 万户家庭发放 472.20 亿元，二者均同比减少 23%。2014 年公积金个贷的户均贷款额达 39 万元，继续走高。在贷款规模回落的情况下，单笔贷款对贷款家庭的支持力度不减。三季度末至 11 月份，国家连续调整住房贷款政策、下调人民币贷款基准利率，本市先后调整住房公积金差别化信贷政策和普通商品房标准后，公积金个贷 11、12 月的月均受理量比 1 ～ 10 月份的月均受理量增长了 82%，且新受理的户均贷款额提高至 45 万元。受此影响，12 月公积金个贷发放出现翘尾，发放金额为下半年月度最高峰，达 44.39 亿元。2013 ～ 2014 年公积金个贷月度发放金额见图 7-4。

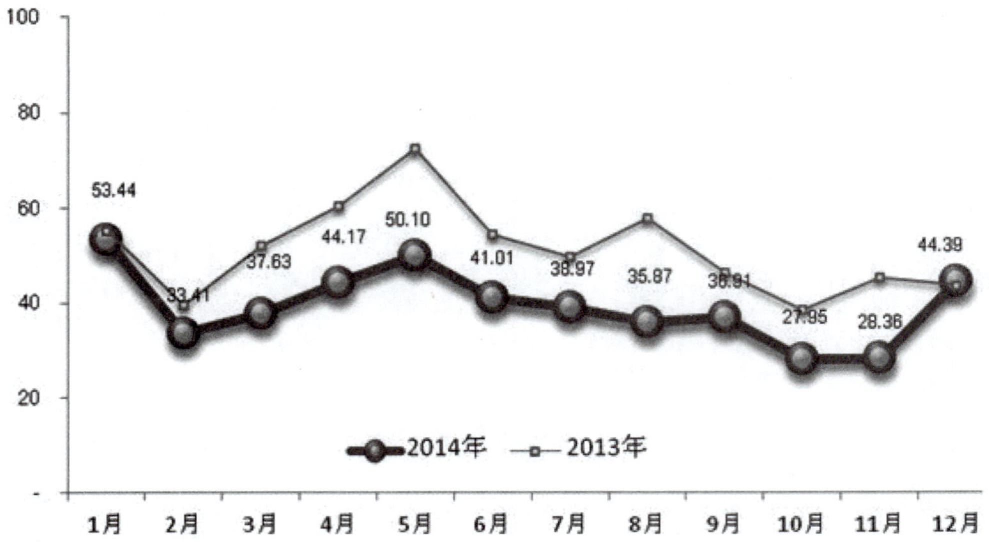

图 7-4 2013 ～ 2014 年公积金个贷月度发放金额（亿元）

数据分析显示，公积金个贷重点支持缴存职工家庭三类住房消费：一是支持缴存职工家庭购买首套住房。公积金个贷支持购买的首套住房比例为 89%，11 月份以后首套住房比例上升至 95%。二是支持缴存职工家庭购买中小户型住房。公积金个贷支持购买的住房面积 90 平方米以下的户数所占比例为 73%，90 ～ 140 平方米的占比为 22%，140 平方米以上的占比为 5%；三是支持缴存职工家庭购买价格较低的住房。公积金个贷支持购买的住房总价在 230 万元以下的户数所占比例为 84%，230 ～ 310 万元的占比为 7%，310 ～ 450 万元的占比为 5%，450 万元以上的占比为 4% 。体现了对中等及中低收入住房消费群体的支持。（见图 7-5）

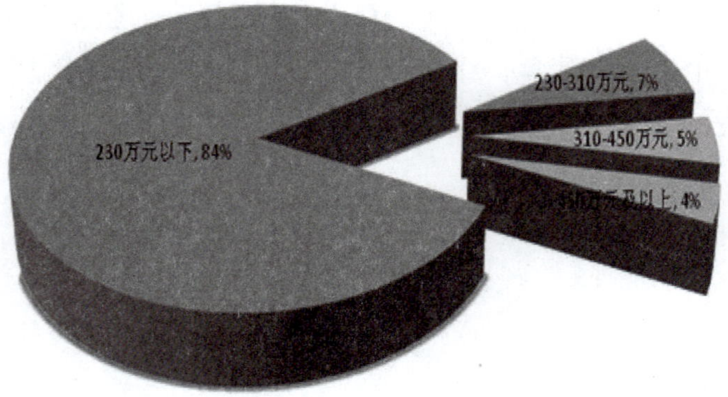

图 7-5 2014 年公积金个贷支持购买的住房总价分布情况

此外，公积金个贷还积极支持共有产权保障房申购家庭的住房消费。截至 2014 年底，市公积金中心累计发放共有产权保障房个贷 103.44 亿元，支持 3.84 万户家庭。因本市申请共有产权保障房标准放宽及申请受理流程优化，2014 年共有产权保障房个贷发放金额约

41.68 亿元，为共有产权保障房个贷发放以来的最高值，占当年个贷发放量的 8.8%。

（四）受央行降息等多重因素影响，增值收益继续稳步增长

2014 年本市住房公积金实现增值收益 55.98 亿元，继续稳步增长，同比增幅 28.31%。主要原因有：一是 2014 年 11 月央行下调公积金存贷款利率，带来利息收入阶段性增加。二是保障性住房项目贷款利息收入增加。2014 年发放项目贷款 8.94 亿元。截至年底，项目贷款余额 55.68 亿元。按五年期以上住房公积金个贷利率上浮 10% 计算的项目贷款利息收入 3.23 亿元，同比增加 15.36%。三是通过合理配置存款品种和比例增加存款利息收入。在利率市场化改革背景下，市公积金中心协调金融机构，积极争取形成利率上浮机制，根据央行的利率政策将公积金的存款利率由原来存款基准利率的 1.1 倍调整为 1.2 倍，并配置了兼具流动性和收益性的存款品种，同时将此配置比例增加到 80% 以上，从而增加了存款利息收入。

第三篇 行业

ALMANAC OF
SHANGHAI REAL ESTATE

第八章 房地产开发

第一节 房地产开发概述

在经历了2013年楼市交易繁荣、房价较快上涨后，2014年前三季度上海市房地产市场经历了一轮调整，主要表现为开发投资增速回落和楼市销售量减少。但在四季度限贷放松、普通商品住房标准调整及贷款利率下降等多重因素影响下，楼市出现回暖走势。2014年，上海市房地产开发投资3 206.48亿元，比上年增长13.7%，增速较上年回落4.7个百分点。从全年走势看，投资增速呈现前三季度个位数增长，四季度达到两位数（见图8- 1）。全年房地产开发投资占全社会固定资产投资比重上升，达53.3%，分别比2013年和2012年高出3.4个和8个百分点。具体来说，上海市的房地产开发行业相关情况如下：

一、开发投资

（一）固定资产投资

固定资产投资是国民经济再生产活动的一个重要部分。固定资产投资额是以货币形式表现的在一定时期内建造和购置固定资产的工作量以及与此有关的费用总称。它是反映固定资产投资规模、结构和发展速度的综合性指标。按照现行国家统计制度，全社会固定资产投资包括建设改造、房地产开发、城乡集体经济单位、城乡私人建房和其他经济单位投资。

上海市2014年全年完成全社会固定资产投资总额6 016.43亿元，比2012年的5 647.79亿元的总额增加6.5%。其中，第一产业投资11.86亿元，减少35.7%；第二产业投资1 157.27亿元，减少6.8%；第三产业投资4 847.30亿元，增加10.5%，其中住宅投资总额为1 730.81亿元，增长了6.4%。

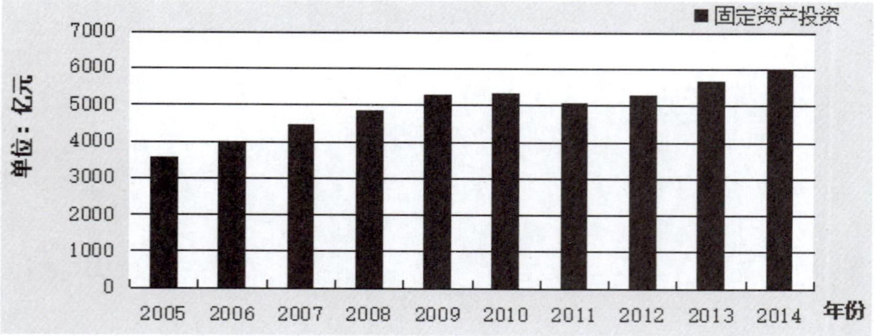

图8-1 2005～2014年上海市固定资产投资总额走势图（单位：亿元）

（二）房地产开发投资

房地产开发投资是指各种登记注册类型的房地产开发公司、商品房建设公司及其他房地产开发法人单位和附属于其他法人单位实际从事房地产开发或经营活动的单位统一开发的包括统代建、拆迁还建的住宅、厂房、仓库、饭店、宾馆、度假村、写字楼、办公楼等房屋建筑物和配套的服务设施，土地开发工程（如道路、给水、排水、供电、供热、通讯、平整场地等基础设施工程）的投资；不包括单纯的土地交易活动。

1. 房地产开发投资总额

2005～2014年，上海市房地产开发总额基本呈逐年上升趋势，固定资产投资在2011年有所回调，而房地产投资一路高歌。从2009年开始增长速度稍有加快，2013年较上年暴增18.4%，2014年有所放缓，但增幅仍然在两位数上方，达13.7%。

从固定资产总额和房地产开发总额曲线对比来看，2005年到2009年，房地产开发额占固定资产总额的比例趋于变小，基本建设、更新改造及其它投资等额度占比越来越大。但从2010年起，房地产开发总额占固定资产总额的比重变大，2012年达45.3%，2013年更是首次占比超过半数，达到50.2%，2014年继续上升，达53.3%这种发展值得忧虑。（见图8-2，表8-1）

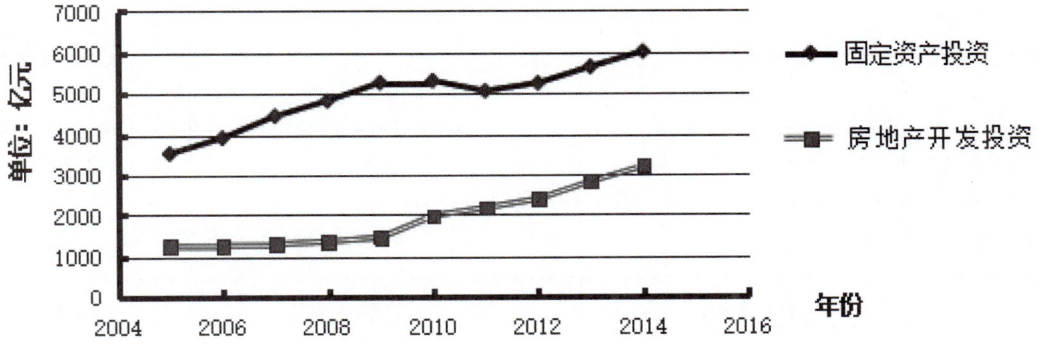

图8-2　2005～2014年上海市房地产开发投资总额趋势图（单位：亿元）

表8-1　2005～2014年房地产开发总额占全社会固定资产投资总额比率　单位：亿元

年份	固定资产投资总额	房地产开发总额	房地产开发总额占固定资产投资总额比率（%）
2005	3 542.55	1 246.86	35.2%
2006	3 925.09	1 275.59	32.5%
2007	4 458.61	1 307.53	29.3%
2008	4 829.45	1 366.87	28.3%
2009	5 273.33	1 464.18	27.8%
2010	5 317.67	1 980.68	37.2%
2011	5 067.09	2 170.31	42. 8%
2012	5 254.38	2 381.36	45. 3%

2013	5 647.79	2 835.09	50.2%
2014	6 016.43	3 206.48	53.3%

从投资结构看，土地购置费快速增长。2014 年，上海市房地产开发投资中建筑及安装工程投资 2076.59 亿元，比上年增长 9.8%，占全部房地产开发投资的 64.8%；土地购置费 873.61 亿元，增长 48.4%，成为拉动房地产开发投资增长的主要因素。

2. 房地产开发投资各月情况

2014 年，上海房地产开发投资较上年继续快速增长，全年投资 3 206.48 亿元，占固定资产投资 53.3%。（见表 8-2，图 8-3）

表 8-2 上海市 2014 年 1 ～ 12 月房地产开发投资额　　单位：亿元

月份	本月	比去年同月增长（%）	本月累计
2014 ～ 01	158.14	-11.2	158.14
2014 ～ 02	240.76	19.2	399.23
2014 ～ 03	229.36	17.6	628.59
2014 ～ 04	197.99	-6.9	826.58
2014 ～ 05	230.20	1.1	1 056.78
2014 ～ 06	281.23	11.0	1 338.01
2014 ～ 07	268.56	19.6	1 606.57
2014 ～ 08	268.47	3.4	1 875.03
2014 ～ 09	300.47	16.8	2 175.50
2014 ～ 10	322.87	19.8	2 498.37
2014 ～ 11	396.53	38.9	2 894.90
2014 ～ 12	311.57	22.5	3 206.48

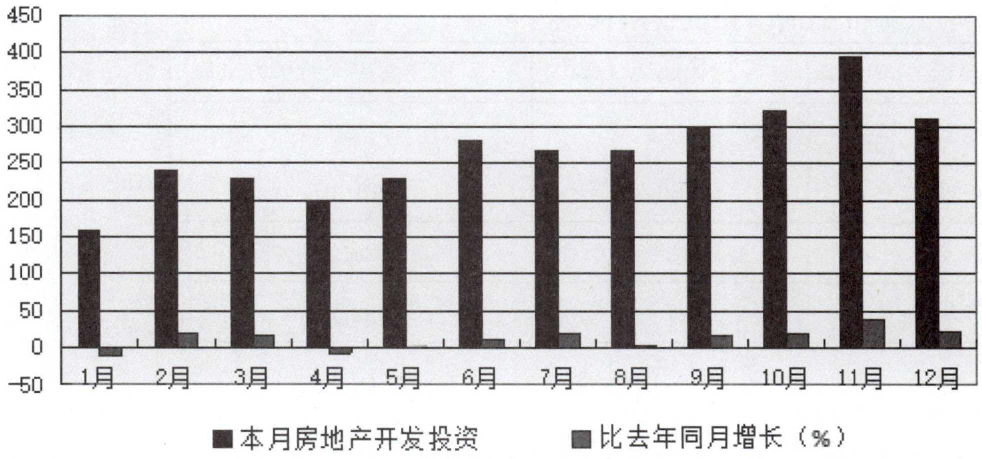

图 8-3　2014 年各月上海市房地产开发投资月度情况（单位：亿元）

其中，2014 年 1 ～ 12 月上海市住宅投资额月度情况如表 8-3 所示。

表 8-3　2014 年 1 ～ 12 月上海市住宅投资额　　单位：亿元

月份	本月投资额	比去年同月增长（%）	本月累计
2014 ～ 01	87.77	-18.4	87.77
2014 ～ 02	129.26	18.5	217.03
2014 ～ 03	129.36	23.6	346.39
2014 ～ 04	118.77	-6.6	465.17
2014 ～ 05	136.11	4.2	601.27
2014 ～ 06	152.67	4.2	753.95
2014 ～ 07	148.01	49.0	901.96
2014 ～ 08	144.87	7.0	1046.82
2014 ～ 09	180.08	19.9	1226.91
2014 ～ 10	150.91	-6.9	1377.81
2014 ～ 11	191.60	12.9	1569.41
2014 ～ 12	155.24	-5.4	1724.65

二、开发规模

（一）土地开发规模

2014 年全年，上海市出让土地共 462 幅，较上年减少 222 快；出让面积为 1 712.14 万平方米，较上年减少 503.66 万平方米。 其中，大项目投资增速较高。2014 年，上海市完成投资额 5 亿元以上的房地产开发项目有 162 个，比上年增加 33 个，共计投资 1573.46 亿元，增长 29%，高出全市房地产开发投资增速 15.3 个百分点。（见表 8-4）

表 8-4 2014 年上海市土地出让权使用情况

指 标	出让地块（幅）	出让面积（万平方米）
总 计	462	1 712.14
商业服务	60	231.27
住 宅	124	588.26
工矿仓储	278	892.61

（二）房地产开发规模

2014 年，上海市房地产开发施工面积为 18 010.06 万平方米，竣工 2 682.42 万平方米，建筑面积竣工率为 14.9%。从 2005 以来，房地产施工面积逐年上升，增长较为平稳；竣工面积总体先升后降的状况，在 2007 年达到最大值后，2008 以来大幅度减少，近年来保持在低位水平，通过数据来看，施工面积逐年增加，竣工面积保持在低位水平，基本可以判断，房地产企业多未来房地产市场的信息。住宅施工面积自 2005 年来相对比骄傲平稳，总体呈 V 型，2009 年由于是美国金融危机影响降到最低，或逐渐上升，几年表现为平稳态势；住宅竣工面积自 2008 年以来没有大的变化，住宅竣工率保持低位水平反映了开发商对未来住宅市场的信心。

表 8-5 2005 ～ 2014 年上海市房地产施工面积与竣工面积

年 份	施工面积（万平方米）	其 中	竣工面积（万平方米）	其 中	建筑面积竣工率 （%）	其 中
		# 住 宅		# 住 宅		# 住 宅
2005	14 477.85	8 267.24	4 873.82	2 819.35	33.7	34.1
2006	14 596.49	8 085.28	4 901.46	2 746.80	33.6	34.0
2007	14 979.37	7 789.91	5 068.46	2 843.62	33.8	36.5
2008	14 083.52	7 060.19	3 828.79	1 899.40	27.2	26.9
2009	13 553.64	6 581.16	2 970.92	1 522.07	21.9	23.1
2010	15 020.76	7 344.07	2 776.21	1 415.44	18.5	19.3
2011	16 553.86	8 423.11	2 913.78	1 568.83	17.6	18.6
2012	16 874.72	8 350.83	2 838.97	1 626.73	16.8	19.5
2013	17 180.27	8 188.56	2 698.35	1 439.20	15.7	17.6
2014	18 010.06	8 573.04	2 682.42	1 549.64	14.9	18.1

1．商品房新开工面积

2014 年上海住宅新开工面积 1、2 月相对上年同期下降 52.3 个百分点，3 ～ 12 月每月累积比上年同期有涨有降，全年同比增长 2.8%。月度具体新开工情况如表 8-6 所示。

表 8-6　2014 年各月上海市商品房新开工面积　　　　单位：万平方米

月　　份	本月累计	比去年同期增长（%）
2014 ～ 01 ～ 02	254.18	-52.3
2014 ～ 03	570.04	-8.4
2014 ～ 04	743.27	-5.2
2014 ～ 05	899.29	-14.0
2014 ～ 06	1115.40	-10.5
2014 ～ 07	1323.48	-4.7
2014 ～ 08	1479.13	-10.5
2014 ～ 09	1783.51	4.1
2014 ～ 10	2137.82	-12.2
2014 ～ 11	2580.40	6.9
2014 ～ 12	2782.02	2.8

2. 商品房施工面积

施工面积是指报告期内施工的全部房屋建筑面积。包括本期新开工的面积和上期开工跨入本期继续施工的房屋面积，以及上期已停建在本期恢复施工的房屋面积。本期竣工和本期施工后又停缓建的房屋，其建筑面积仍计入本期房屋施工面积中。

2014 年商品房施工面积较上年继续增长，全年月度累计施工面积都比上月有所增长。（见表 8-7、表 8-8）

表 8-7　2007 ～ 2014 年上海市商品房施工面积情况表　　　　单位：万平方米

指标	2007	2008	2009	2010	2011	2012	2013	2014
施工面积	10 766.72	10 390.67	9 961.60	11 295.03	12 983.32	13 249.97	13 516.58	14 690.18
住宅	7 642.79	6 872.10	6 550.73	7 313.85	8 386.26	8 315.68	8 125.74	8 525.85
# 别墅、高档公寓	1 492.75	1 337.61	1 302.04	1 584.11	1 682.51	1 425.77	1 448.75	1 575.97
办公楼	935.23	1 084.47	958.64	1 103.18	1 158.34	1 284.68	1 431.73	1 779.04

商业营业用房	1 131.86	1 222.53	1 112.33	1 292. 96	1 365.89	1 449.91	1 500.72	1 751.99
其他	1 056.84	1 211.57	1 339.90	1 585.04	2 072.83	2 199.69	2 458.39	2 633.30

表 8-8　2014 年各月上海市商品房施工面积　　　　单位：万平方米

月　份	本月累计	比去年同期增长（%）
2014～01～02	11239.17	5.7
2014～03	11761.98	7.2
2014～04	11909.99	3.7
2014～05	12163.39	2.9
2014～06	12561.50	3.9
2014～07	12821.20	4.7
2014～08	13089.47	3.7
2014～09	13426.55	4.6
2014～10	13867.86	6.6
2014～11	14398.35	7.1
2014～12	14690.18	8.7

3．商品房竣工面积

竣工面积是指在报告期内房屋建筑按照设计要求已经全部完工，达到住人和使用条件，经验收鉴定合格（或达到竣工验收标准），正式移交使用单位的各栋房屋建筑面积的总和。

2014 年上海市商品房全年竣工面积较上年略有增长，年初累计竣工面积较上年下降厉害，后逐月增加，至年底略增。（见表 8-9、表 8-10）

表 8-9　2007～2014 年上海市商品房竣工面积情况表　　　　单位：万平方米

指　标	2007	2008	2009	2010	2011	2012	2013	2014
房屋竣工面积	3 380.12	2 475.04	2 104.98	1 941.25	2 240.62	2 305.06	2 254.44	2 313.29
住宅	2 752.45	1 763.33	1 508.81	536.66	646.06	1 609.13	1 417.41	1 535.55
#别墅、高档公寓	406.39	234.45	205.00	178.27	199.44	275.91	236.40	180.10
办公楼	138.89	205.67	135.02	74.23	118.45	206.87	176.01	165.03
商业营业用房	256.46	221.56	201.05	87.13	137.63	177.65	253.45	208.36
其他	232.32	284.49	260.10	81.91	109.44	311.41	407.57	404.35
房屋竣工价值（亿元）	1 046.58	624.12	705.80	779.93	1011.57	1 060.07	1 052.76	1 058.42
住宅	829.59	405.83	441.11	536.66	646.06	692.63	610.71	644.47
#别墅、高档公寓	211.22	66.46	98.49	178.27	199.44	183.52	125.54	106.73

办公楼	62.97	76.15	81.70	74.23	118.45	135.49	127.12	133.96
商业营业用房	87.49	69.50	78.35	87.13	137.63	106.09	155.00	123.62
其他	66.53	72.64	104.64	81.91	109.44	125.87	159.93	156.37

表 8-10　2014 年各月上海市商品房竣工面积　　　　单位：万平方米

月　　份	本月累计	比去年同期增长（%）
2014～01～02	385.14	-38.6
2014～03	489.62	-36.0
2014～04	573.40	-34.8
2014～05	743.64	-24.3
2014～06	879.52	-17.9
2014～07	1089.35	-11.9
2014～08	1211.24	-10.0
2014～09	1328.33	-6.8
2014～10	1467.03	-4.8
2014～11	1757.04	2.5
2013～12	2313.29	2.6

第二节　房地产开发主体

2014 年，房地产投资主体中，非国有企业投资增长较快。上海市国有房地产企业投资 219.65 亿元，比上年下降 48.1%；非国有企业投资 2 986.83 亿元，增长 24.6%。在非国有企业投资中，股份制企业投资 1 504.16 亿元，增长 21.2%；私营企业投资 862.75 亿元，增长 27.1%；港澳台企业投资 408.02 亿元，增长 78.5%；外商企业投资 198.81 亿元，增长 22.3%。

从全国来看，国家继续实施房地产调控，全国房地产市场进入调整期。在成交萎缩、库存积压的低迷大环境下，上海的房地产企业密切关注外部政策经济形势变化对企业发展所带来的影响。他们积极转型，勇于探索，在做好传统地产业务的基础上，适时调整步伐，延伸主业，快速应变，尝试转型发展，总体来看优于全国企业的整体情况，不少深耕本地的企业取得了良好的业绩，后续发展也有较大的空间。

一、房地产开发企业的资质

上海住房保障和房屋管理局资料显示，2014 年上海共有 4 844 家房地产开发企业。其中，一级资质企业 24 家，二级资质企业 367 家，三级资质企业 462 家，四级资质企业 0 家，未定等级企业 4 235 家。资质企业较上年略有增加。（见表 8-11）

表 8-11 2014 年上海一级资质的房地产开发企业的名单

上海城建置业发展有限公司	天地源股份有限公司
上海陆家嘴金融贸易区开发股份有限公司	上海房地产经营（集团）有限公司
上海地产（集团）有限公司	上海鹏欣房地产开发有限公司
上海昌鑫（集团）有限公司	中华企业股份有限公司
农工商房地产（集团）股份有限公司	上海市浦东新区房地产（集团）有限公司
上海市漕河泾新兴技术开发区发展总公司	上海永业企业（集团）有限公司
上海瀛通（集团）有限公司	旭辉集团股份有限公司
上海景瑞地产（集团）股份有限公司	复地（集团）股份有限公司
上海顾村房地产开发（集团）有限公司	上海嘉定区房地产（集团）有限公司
上海华丽家族（集团）有限公司	上海万科房地产有限公司
华能房地产开发公司	上海建工房产有限公司
上海古北（集团）有限公司	大华（集团）有限公司

二、上海房地产开发企业 50 强

由上海市房地产协会研究发布的“2013 ～ 2014 年上海房地产开发企业 50 强研究”显示，入榜企业基本与上届入榜名单大体相同，有 8 家是新入榜的企业，有 35 家企业排名有所变化，其中 24 家名次上升，11 家名次下降，上升最快的企业名次提高了 26 位，下降最快的企业名次退后了 16 位，反映出较为强劲的竞争态势。而从排名靠前的企业与排名靠后的企业的差距上也能看出，排名首位的销售面积和销售金额是排名末位的 90 倍和 326 倍。随着竞争的不断加剧，企业之间的分化进一步凸显。（见表 8-12、表 8-13）

表 8-12 2013 ～ 2014 年上海房地产开发企业 50 强

绿地控股集团有限公司	上海市漕河泾新兴技术开发区发展总公司
复地（集团）股份有限公司	上海东渡丰汇投资发展有限公司
大华（集团）有限公司	上海中环投资开发（集团）有限公司
上海万科房地产有限公司	上海江海置业有限公司
上海中建东孚投资发展有限公司	华侨城（上海）置地有限公司
上海建工房产有限公司	上海万业企业股份有限公司
农工商房地产（集团）股份有限公司	上海永业企业（集团）有限公司
上海城投置地（集团）有限公司	上海顾村房地产开发（集团）有限公司
旭辉集团控股有限公司	上海安居房产开发有限责任公司
上海中星（集团）有限公司	上海金外滩（集团）发展有限公司
上海城建置业发展有限公司	上海西部企业集团有限公司
中华企业股份有限公司	上海东鼎投资集团有限公司

星河湾集团上海公司	上海月星环球家饰博览中心有限公司
中海发展（上海）有限公司	上海闵行置业发展有限公司
上海城开集团有限公司	上海静安地产集团有限公司
上海宝华企业集团有限公司	上海智富企业发展（集团）有限公司
上海三湘（集团）有限公司	上海达安企业股份有限公司
上海鹏欣（集团）有限公司	上海凯迪企业（集团）有限公司
上海绿洲投资控股集团有限公司	上海汇成房产经营有限公司
上海市浦东新区房地产（集团）有限公司	上海中建房产（集团）有限公司
上海铁路房地产开发经营有限公司	上海兆发房地产开发有限公司
上海中房置业股份有限公司	上海新湖房地产开发有限公司
上海新长宁（集团）有限公司	上海刚泰置业有限公司
景瑞地产集团有限公司	上海莘松房地产有限公司
嘉凯城集团上海有限公司	方兴置业（上海）有限公司

表 8-13　2013～2014 年上海房地产开发企业保障性住房建设 10 强

上海建工房产有限公司	上海中建东孚投资发展有限公司
上海城建置业发展有限公司	上海中环投资开发（集团）有限公司
农工商房地产（集团）股份有限公司	上海莘松房地产有限公司
上海城投置地（集团）有限公司	上海绿洲投资控股集团有限公司
上海永业企业（集团）有限公司	上海浦东新区房地产（集团）有限公司

（一）上海开发企业 50 强总体情况

1. 50 强企业销售业绩回升

2013 年受对出售自有住房“能核实房屋原值的，应严格按转让所得的 20% 计征个人所得税”的影响，购房需求提前集中释放，上海房地产市场销售量大幅回升，企业销售金额上升明显。2013 年 50 强企业总销售面积为 1 836 万平方米，总销售金额为 2 174 亿元。

2014 年，受央行放宽信贷、降准降息等货币政策，以及国内大部分城市放松限购的影响，自住性和改善性住房需求加快入市速度，商品房销售面积和销售金额都有所回升。2014 年 50 强企业总销售面积为 2 180 万平方米，总销售金额为 2 746 亿元。（见图 8-4、图 8-5）

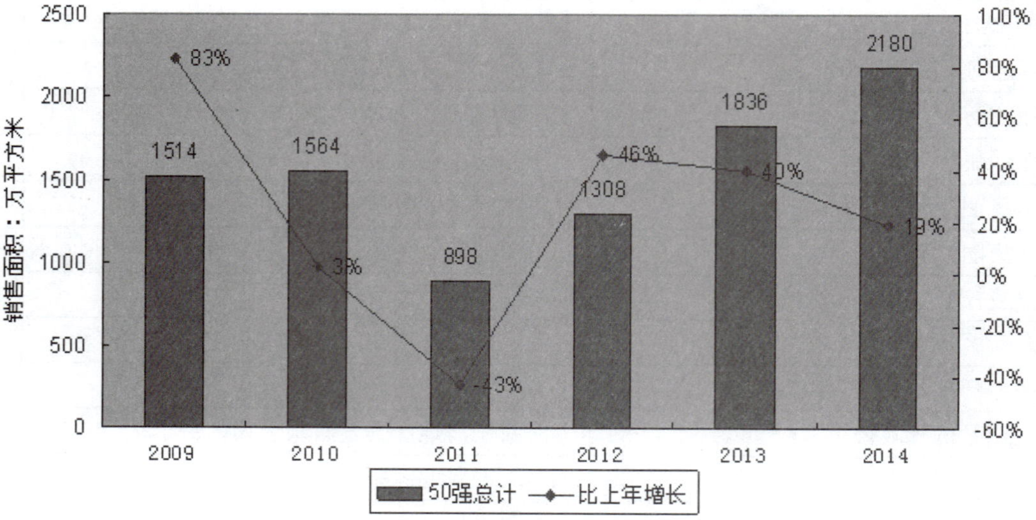

图 8-4 2009 ~ 2014 年上海房产开发企业 50 强销售面积

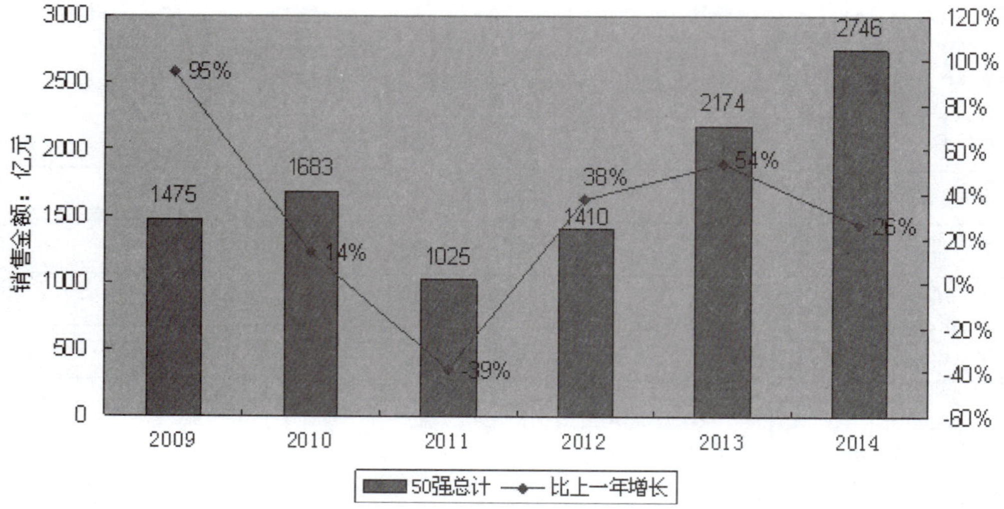

图 8-5 2009 ~ 2014 年上海房产开发企业 50 强销售金额

2. 50 强企业集中度进一步提高

近年来，上海房地产行业的集中度进一步提升。大型房企凭借其品牌、资金和销售渠道的优势，进一步拉开与中小房企在资金和成本等方面的差距，这使得大型企业在市场竞争中处于优势地位。同时，大部分中小企业在拿地、融资、销售等方面无力与大型企业竞争，纷纷转投其他领域发展。

从 2013~2014 年上海房地产开发企业 50 强榜单来看，入榜企业基本与上届入榜名单相同，除前两位企业排名没有变化外，其他企业名次均出现变化；有 9 家是新入榜的企业，其中上海中建东孚投资发展有限公司首次入榜便高居第五位，充分显示了央企强大的实力和竞争力。随着竞争的不断加剧，企业之间的差距进一步拉大。

房产行业集中度主要表现在销售面积和金额。2013 ~ 2014 年 50 强销售面积前 10 位和前 20 位占 50 强总销售面积的比重比 2011 ~ 2012 年有比较明显的增长；2013-2014 年 50

强销售金额前 10 位和前 20 位占 50 强总销售金额比重也比 2011 ～ 2012 年也有比较明显的增长。（见图 8-6、图 8-7）

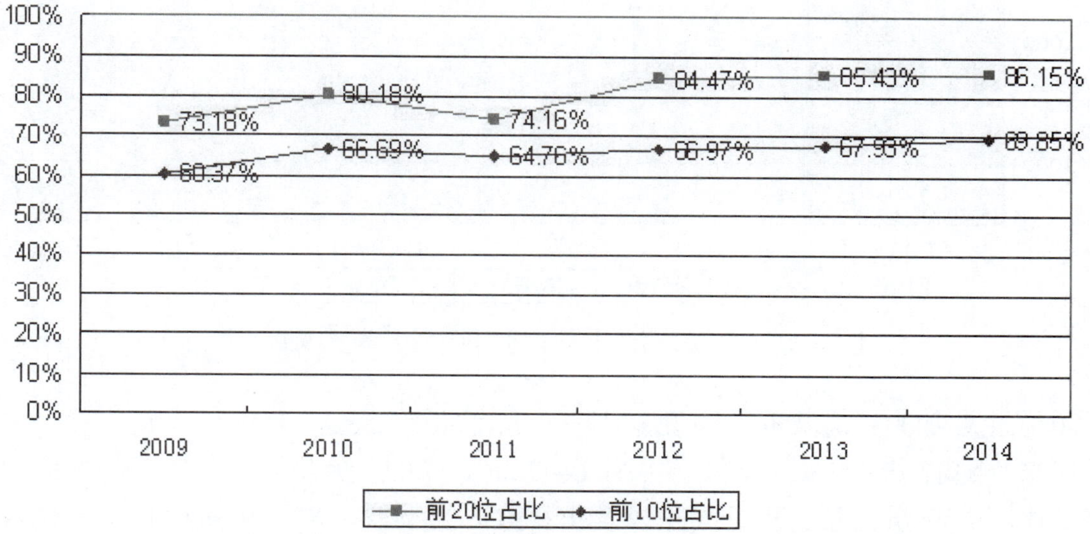

图 8-6　50 强前 10 位与前 20 位销售占比（销售面积）

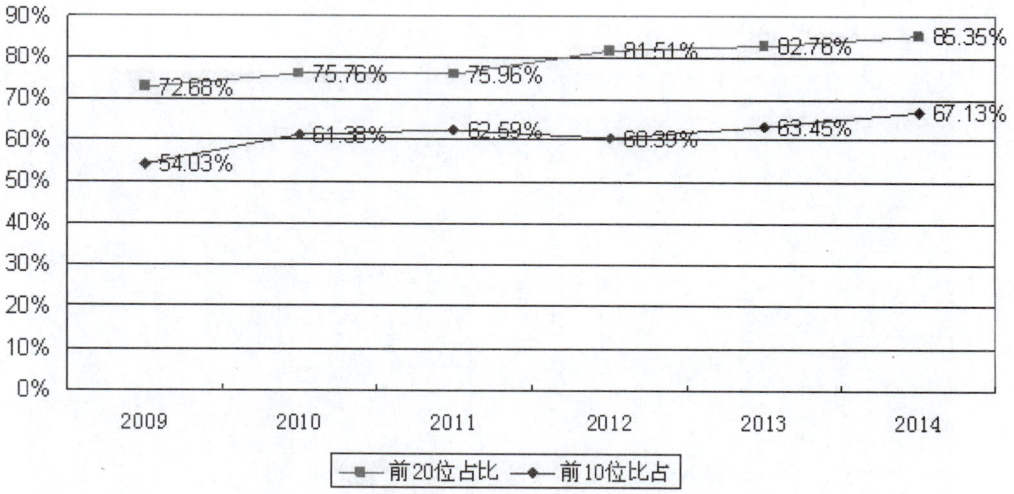

图 8-7　50 强前 10 位与前 20 位销售占比（销售金额）

3. 50 强企业开发后劲充足

2013 ～ 2014 年，在三四线城市房产销售不畅的情况下，大型品牌房企重回一线城市，加大了在上海等一线城市的拿地力度。2013 ～ 2014 年，50 强企业积极拿地，增加项目供应，使待开发土地面积、新开工面积、在建面积都呈增长态势。（见图 8-8）

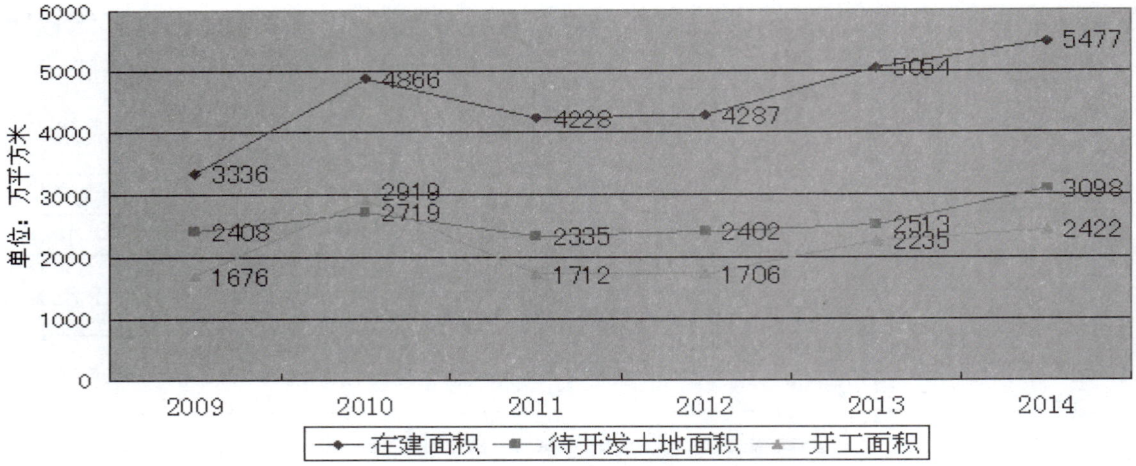

图 8-8 上海房产开发企业 50 强开发后劲分析

4. 50 强企业加大持有物业的力度

近年来，随着房地产行业转型发展步伐的加快，50 强企业加大了持有物业的数量。从 2013 ～ 2014 年 50 强企业出租总面积以及出租收入情况看，总出租面积和租金收入水平都有显著的提高。其中，出租总面积分别为 352 万平方米和 512 万平方米，租金收入分别为 30 亿元和 41 亿元，都比 2011 ～ 2012 年有较大幅度的增长。（见图 8-9）

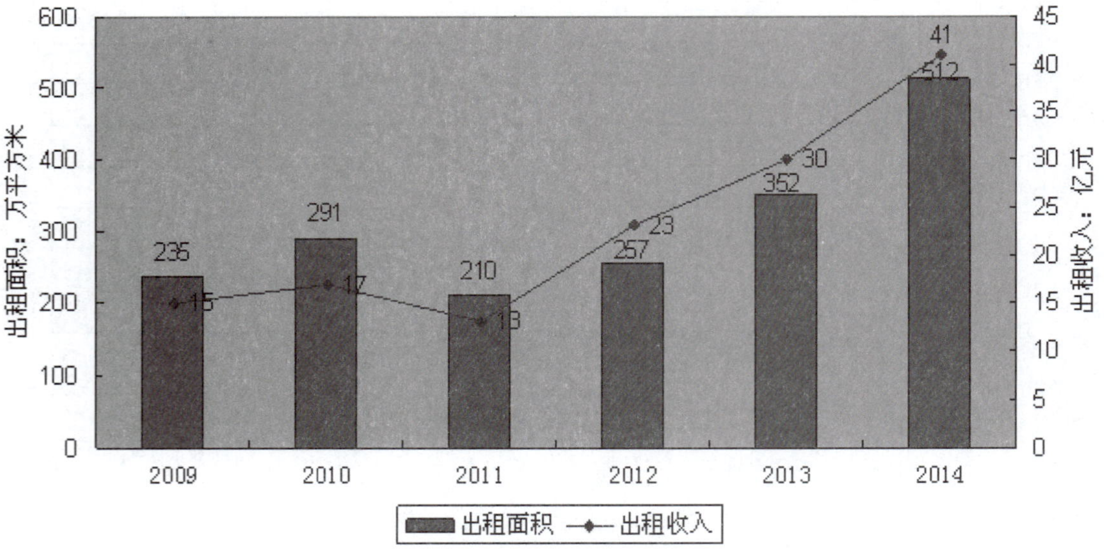

图 8-9 上海开发企业 50 强持有物业经营情况

5. 50 强企业积极参与保障性住房建设

“十二五”期间，上海加快保障性住房建设，占比上升。参与保障性住房建设既为房地产企业提供新的业绩增长点，又要求房地产企业做好资金等统筹安排，更体现了房地产企业履行社会责任的义务。上海本土国有房地产企业基本都是多年来积极参加保障性住房建设的企业。本年度上榜的 50 家企业中，有 17 家参与了 2013 ～ 2014 年的保障房建设。根据数据分析，2013 ～ 2014 年 50 强企业共计投入保障性住房建设资金 388.4 亿元，新开工面积

347 万平方米，新竣工面积 603 万平方米，共计投入使用的保障房面积为 1572 万平方米。

（二）上海房地产开发企业 50 强分项指标分析

1. 50 强企业经营业绩指标

2013 年，房地产市场跌宕起伏。1 月延续了 2012 年势头，成交可观；2 月进入传统的成交淡季；3 月受个人房产交易所得税调整，购房者恐慌性入市，成交量急剧攀升；之后市场情绪逐渐稳定，成交平稳；“金九银十”成交量放大；11 月“京七条”、“沪七条”、“深八条”、“穗六条”相继出台，市场重新回归平静。随着市场的跌宕起伏，50 强企业销售业绩也随之起起伏伏，但总体已经走出低谷，趋于稳定。2014 年，在限购限贷放松、降息降准和公积金调整等一系列利好政策的刺激下，一线城市房地产市场量价齐升。50 强企业采用了以价换量的策略，加快去化速度，降低库存量，业绩回升明显。销售业绩（按销售面积、销售金额得分之和排序）前 10 位的企业见表 8-14。

表 8-14　2013 ～ 2014 年上海开发企业 50 强销售业绩前十位

排序	企业名称
1	绿地控股集团有限公司
2	复地（集团）股份有限公司
3	上海中建东孚投资发展有限公司
4	上海万科房地产有限公司
5	大华（集团）有限公司
6	农工商房地产（集团）股份有限公司
7	旭辉集团控股有限公司
8	景瑞地产集团有限公司
9	中海发展（上海）有限公司
10	上海城投置地（集团）有限公司

在市场调整与整合的过程中，50 强企业的市场地位进一步巩固，从销售面积、销售金额的分布情况看，前 5 位企业的销售面积和销售金额分别占到了 50 强企业的 53.9% 和 42.3%。（见图 8-10）

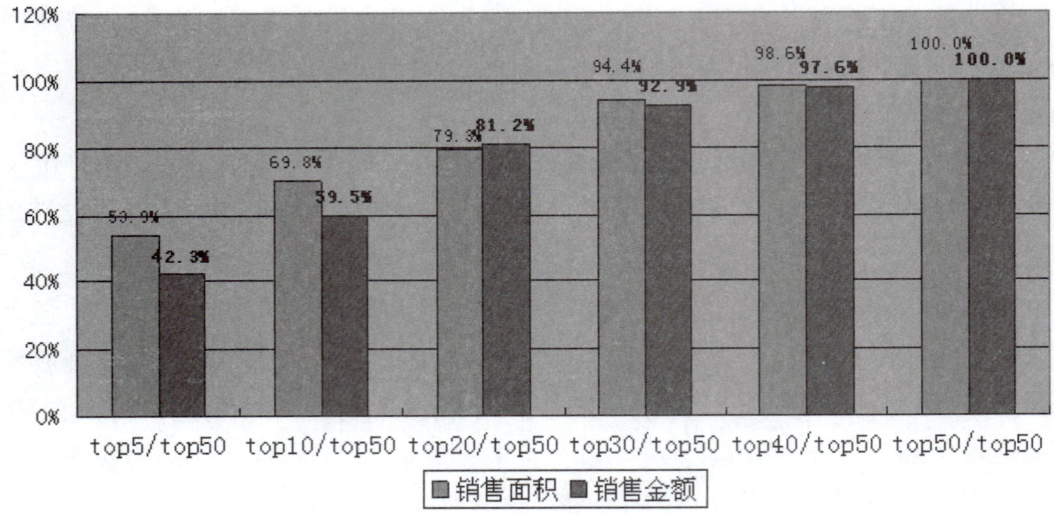

图 8-10 上海开发企业 50 强销售业绩累计百分比

在经营利润方面，绿地、大华、上海万科名列前三，中海、星河湾、旭辉、三湘进入前十。(见表 8-15，图 8-11)

表 8-15 2013 ～ 2014 年上海开发企业 50 强利润总额前十位

排序	企业名称
1	绿地控股集团有限公司
2	大华（集团）有限公司
3	上海万科房地产有限公司
4	复地（集团）股份有限公司
5	上海城投置地（集团）有限公司
6	中海发展（上海）有限公司
7	上海中星（集团）有限公司
8	星河湾集团上海公司
9	旭辉集团控股有限公司
10	上海三湘（集团）有限公司

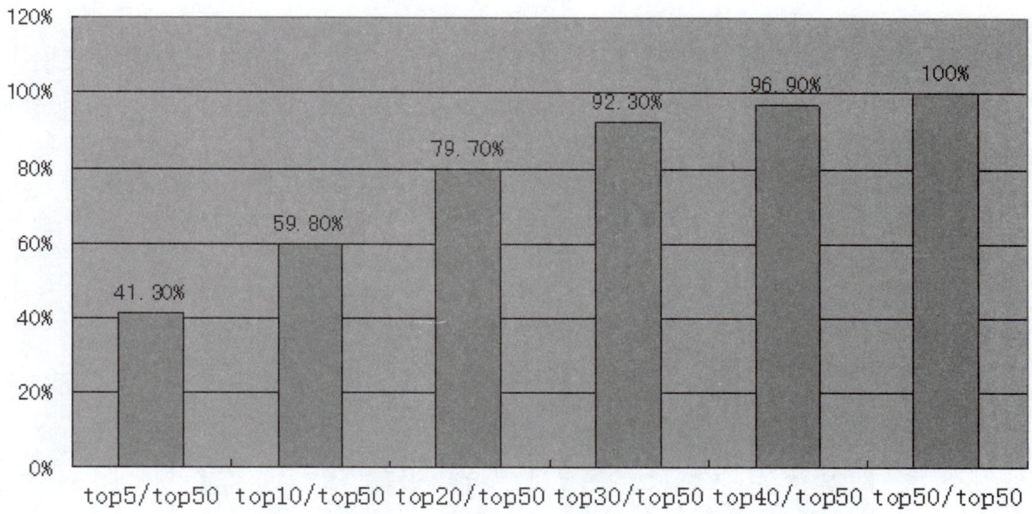

图 8-11　上海开发企业 50 强利润总额累计百分比

在行业集中度提高的同时，50 强内部强者恒强的态势越发显现。从上榜企业名单来看，前十位的企业排名相对稳定，其中一、二位的绿地（连续十二年排名首位）和复地排名没有变化外，其他 48 家企业的排名均有变化，其中降幅最大的企业排名退后了 13 位，而升幅最大的企业排名则提高了 12 位，凸现出竞争的激烈程度。如图 8-8 所示，排名前五位的企业利润总额占 50 强总利润总额的 41.3%。

2. 50 强企业开发后劲指标

2013 ～ 2014 年，50 强企业待开发土地面积分别为 2513 公顷和 3098 公顷、新开工面积分别为 2235 万平方米和 2422 万平方米、在建面积分别为 5054 万平方米和 5477 万平方米。开发后劲（按待开发土地面积、在建面积、新开工面积得分之和排序）前十位排名显示，绿地、中建东孚和农工商名列前三甲。（见表 8-16）

表 8-16　2013 ～ 2014 年上海开发企业 50 强开发后劲前十位

排序	企业名称
1	绿地控股集团有限公司
2	上海中建东孚投资发展有限公司
3	农工商房地产（集团）股份有限公司
4	大华（集团）有限公司
5	旭辉控股（集团）有限公司
6	上海城建置业发展有限公司
7	上海中星（集团）有限公司
8	上海建工房产有限公司
9	复地（集团）股份有限公司
10	中华企业股份有限公司

从2014年待开发土地面积、新开工面积、在建面积三个指标的分布情况来看，50强企业之间出现了明显分化，排名前十位的房企在各项指标中均占据大半份额，而排名靠后的企业开发后劲明显不足。（见图8-12）

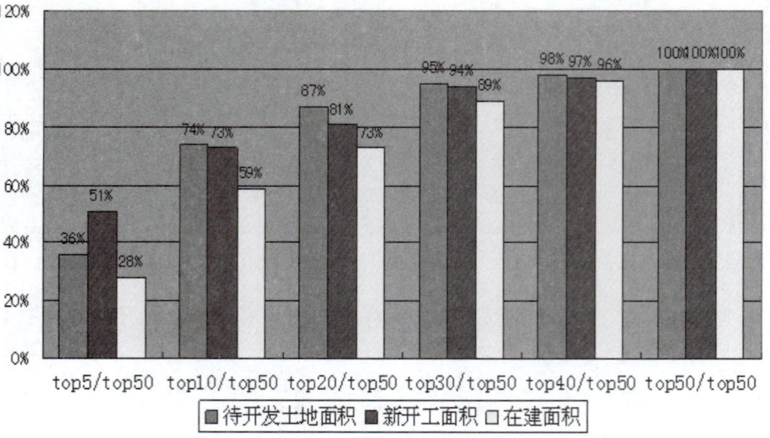

图8-12 上海开发企业50强待开发土地、新开工及在建面积累计百分比

3.50强企业经济实力指标

2013～2014年，50强企业的净资产（所有者权益合计）持续增长，其经济实力总体上保持上升的态势。从前十位排名来看，绿地、复地、大华凭借强大的资金实力和销售渠道占据前三甲。（见表8-17，图8-13）

表8-17 2013～2014年上海开发企业50强经济实力前十位

排序	企业名称
1	绿地控股集团有限公司
2	复地（集团）股份有限公司
3	大华（集团）有限公司
4	上海万科房地产有限公司
5	上海城开集团有限公司
6	上海城投置地（集团）有限公司
7	上海中星（集团）有限公司
8	中华企业股份有限公司
9	上海城建置业发展有限公司
10	上海市浦东新区房地产（集团）有限公司

说明：本表中各企业集团的净资产为集团本部公司的“所有者权益合计”与其在上海市和外地的各项目公司的“（所有者权益合计－注册资金）×股权比例”之和。

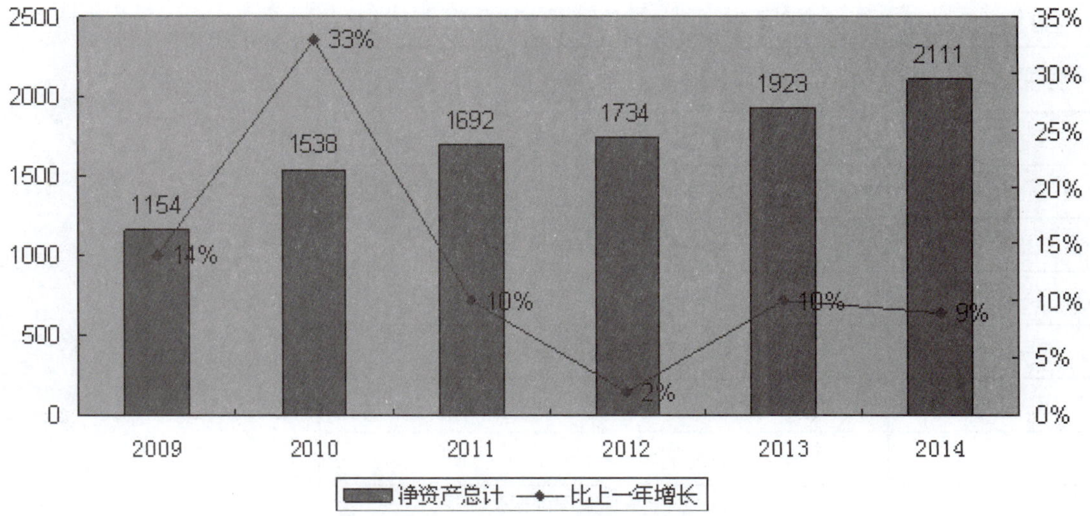

图 8-13 上海开发企业 50 强净资产规模变化趋势

从 50 强企业净资产分布情况看，排名前 5、10、20 位的企业，净资产规模占到 50 强企业总计的 46%、58% 和 76%。（见图 8-14）

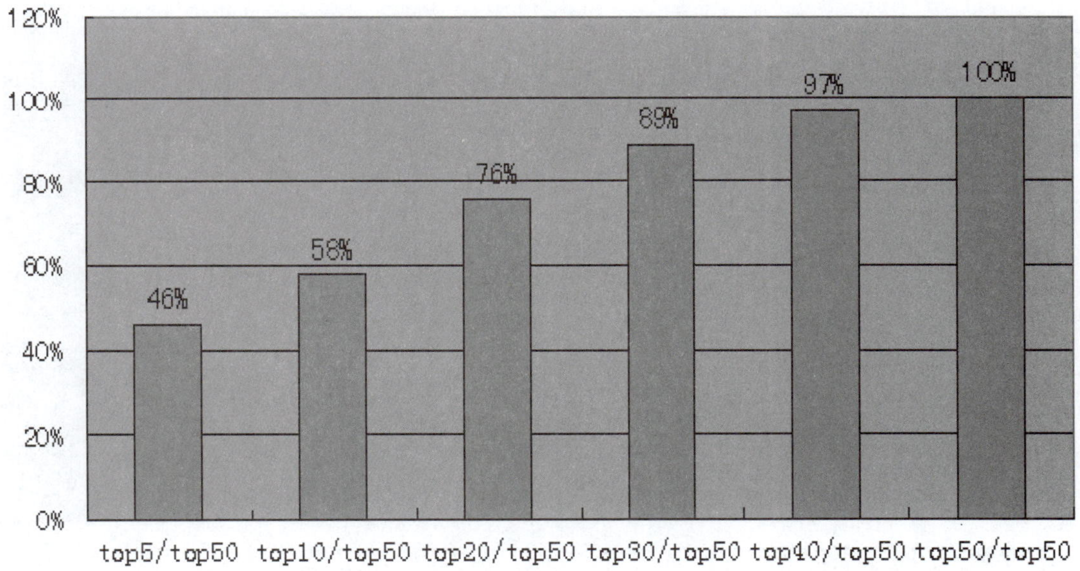

图 8-14 上海开发企业 50 强净资产规模累计百分比

4.50 强企业社会贡献指标

50 强企业社会贡献的指标包括房地产企业的营业税及附加、企业所得税、以及慈善、救助、社会公益等捐助。2013 ～ 2014 年， 50 强企业缴税（营业税及附加、企业所得税两项）总计 422 亿元，相比 2011 ～ 2012 年的 330 亿元大幅上升。前十位企业中，绿地、大华和复地占据前三甲。（见表 8-19，图 8-15）

表 8-19 2013 ～ 2014 年上海开发企业 50 强缴税额前十位

排序	企业名称
1	绿地控股集团有限公司
2	大华（集团）有限公司
3	复地（集团）股份有限公司
4	上海建工房产有限公司
5	上海万科房地产有限公司
6	星河湾集团上海公司
7	中海发展（上海）有限公司
8	旭辉集团控股有限公司
9	中华企业股份有限公司
10	上海城开（集团）有限公司

说明：本表中各企业集团缴税额为集团本部公司及其在上海市与外地的项目公司缴税额之和，各项目公司的缴税额按股权比例折算。

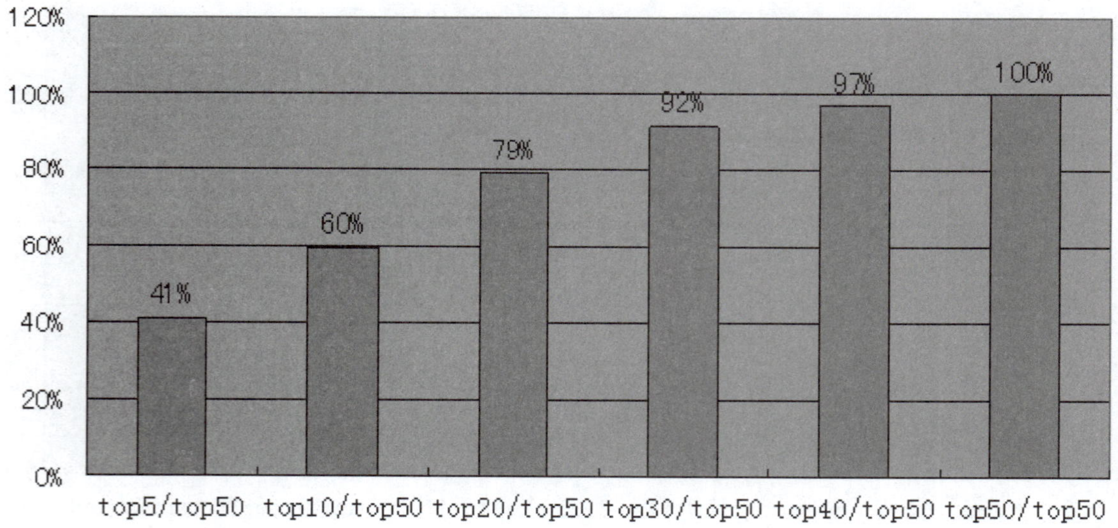

图 8-15 上海开发企业 50 强缴税额累计百分比

5. 50 强企业品牌管理指标

在行业面临深化调整的背景下，领先的品牌房企依然保持销售优势，取得不错的收益。通过对参研企业在房地产开发企业诚信承诺活动、优秀住宅评选、建设工程白玉兰奖、著名商标、银行资信等级、合同信用等级以及节能低碳建设方面的贡献等综合分析和评估研究，前十位名单如表 8-20。

表 8-20　2013 ～ 2014 年上海开发企业 50 强品牌管理前十位

排序	企业名称
1	绿地控股集团有限公司
2	上海万科房地产有限公司
3	复地（集团）股份有限公司
4	大华（集团）有限公司
5	农工商房地产（集团）股份有限公司
6	上海建工房产有限公司
7	中海发展（上海）有限公司
8	旭辉集团控股有限公司
9	上海城建置业发展有限公司
10	上海三湘（集团）有限公司

从得分分布情况来看，各区间段分布较为均匀，这说明上海 50 强企业在日常管理中均较重视品牌管理。无论是大型房企还是中小房企都注重通过建立良好的口碑来增强企业的综合竞争能力。

（三）上海房地产开发企业保障性住房建设 10 强

参与保障性住房建设，一直是上海房地产企业履行社会责任的重要体现。在本次 50 强企业研究中，继续了保障性住房建设 10 强的研究。

从上世纪 80 年代初开始，上海就通过住房解困和开展旧区改造工作，解决市民住房困难和改善市民居住水平。2000 年，上海在全国率先实施廉租住房制度，采取实物配租和租金配租的方式改善低收入住房困难家庭的居住条件。2009 年起，开展了经济适用房的试点工作，将保障范围从低收入家庭扩大至中低收入家庭。2010 年出台了公共租赁住房制度，将非户籍人口也纳入了保障范围。目前，上海基本形成了以廉租住房、共有产权保障住房（经济适用房）、公共租赁住房、动迁安置住房“四位一体”的保障性住房体系。上海本地一批房地产企业都以不同形式参与了保障性住房的建设。

近两年，上海保障性住房建设马不停蹄，成绩斐然。2013 年，上海新建筹措各类保障性住房和实施旧住房综合改造 11 万套、785 万平方米；基本建成 10.39 万套、797 万平方米；新增可供应量为 10.29 万套、约 783 万平方米；新增廉租住房租赁补贴家庭 0.6 万户；2014 年新建筹措各类保障性住房和实施旧住房综合改造 13.9 万套，基本建成 11.3 万套。

通过对参研开发企业的保障性住房建设情况分析，2013 ～ 2014 年保障性住房建设十强企业共计投入保障性住房建设资金 336 亿元，新开工面积 302 万平方米，新竣工面积 516 万平方米，共计投入使用的保障房面积为 1 390 万平方米。50 强企业的前十强在“开发投资、使用面积、新开工面积和竣工面积”各指标占总比例分别达到 86.59%、88.42%、87.03%、85.57%。这也显示了前十位企业对推动上海保障性住房建设的重要作用。（见表 8-21）

表 8-21 2013 ～ 2014 年上海房地产开发企业保障性住房建设十强

排序	企业名称
1	上海建工房产有限公司
2	上海城建置业发展有限公司
3	农工商房地产（集团）股份有限公司
4	上海城投置地（集团）有限公司
5	上海永业企业（集团）有限公司
6	上海中建东孚投资发展有限公司
7	上海中环投资开发（集团）有限公司
8	上海莘松房地产有限公司
9	上海绿洲投资控股集团有限公司
10	上海市浦东新区房地产（集团）有限公司

第九章 房地产营销

第一节 房地产营销概述

2014 年，上海市严格贯彻落实国家和市级各项房地产调控政策措施，采取差别化住房信贷、税收、住房限购、增加土地供应等综合措施，抑制投资和投机性购房需求，起到效果，前三季度上海市房地产市场经历了一轮调整，楼市销售量减少。但在四季度限贷放松、普通商品住房标准调整及贷款利率下降等多重因素影响下，楼市出现回暖走势。全年商品房共成交 2 084.66 万平方米，同比下降 12.5%；其中商品住宅（不含配套房）成交 1 780.91 万平方米，同比下降 11.7%。

一、商品房销售额

2014 年，上海市商品房销售额为 3 499.53 亿元，比较 2013 年减少 10.5%。其中，住宅销售额达到 2 923.44 亿元，办公楼销售额为 300.43 亿元，商业营业用房销售额为 226.44 亿元。商品房销受政策影响明显，结束了上年的火爆局面，主要指标较上年都有有所下降，其中住宅下降 10.84%。（见表 9-1）

表 9-1 上海市 2009 ～ 2014 年商品房销售额

指标	2009	2010	2011	2012	2013	2014
商品房销售额（亿元）	4 330.22	2 959.94	2 568.88	2 669.49	3 911.57	3 499.53
住宅	3 620.23	2 395.35	1 981.91	2 208.96	3 264.03	2 923.44
# 别墅、高档公寓	996.81	852.62	637.27	661.35	908.58	859.54
办公楼	438.43	307.67	371.81	234.62	380.85	300.43
商业营业用房	192.73	197.57	181.66	194.62	224.71	226.44
其他	78.84	59.34	33.49	31.29	41.98	49.22

从商品房销售额总体来看，2008 年受金融危机影响严重，有大幅额度降低，2009 年是报复性上扬。2010 年到 2011 年商品房销售额呈下降趋势，2012 年走出下降趋势，2013 年出现爆发式增长，各类指标接近 2009 年房地产市场，2014 年受政策调控影响，改变上升趋势。（见图 9-1）

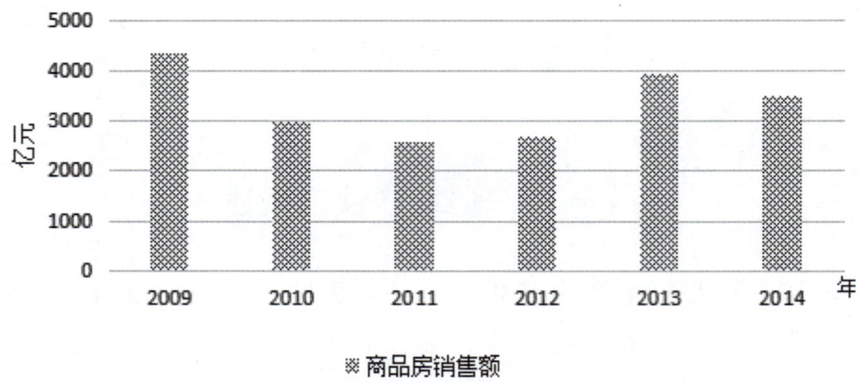

图 9-1　上海市 2009 ～ 2014 年商品房销售额

二、商品房销售面积

2014 年上海市商品房实际销售面积共有 2 084.66 万平方米，较 2013 年下降 12.5%。其中住宅销售面积 1 780.91 万平方米，办公楼销售面积 120.28 万平方米，商业营业用房 102.86 万平方米（见表 9-2）。

表 9-2　上海市 2009 ～ 2014 年商品房销售面积

指标	2009	2010	2011	2012	2013	2014
商品房销售面积（万平方米）	3 372.45	2 055.53	1 771.30	1 898.46	2 382.20	2 084.66
住　　宅	2 928.04	1 685.35	1 473.72	1 592.63	2 015.81	1 780.91
#别墅、高档公寓	450.42	341.71	237.32	234.56	314.20	257.24
办公楼	203.00	162.89	147.40	111.73	161.22	120.28
商业营业用房	126.49	125.56	95.57	120.01	116.47	102.86
其　　他	114.92	81.72	54.61	74.10	88.71	80.61

从销售面积总体走势来看，2009 年形成一个波峰，2010、2011 年又逐渐下降，2012 年有所回升，2013 年继续回升，2014 年开始下降。从分类市场来看，主要销售面积的发生均在住宅市场，住宅市场占比总销售面积的 85.4%，住宅销售走势与总体商品房保持一致。(见图 9-2)

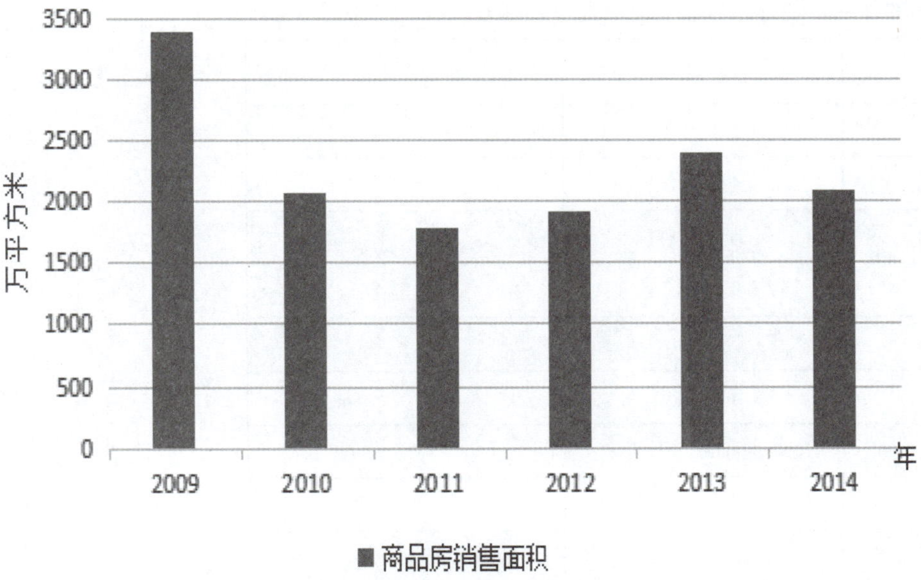

图 9-2　上海市 2009 ～ 2014 年商品房销售面积

从全年度来看，2014 年开年较上年同期略有增长，3 月份开始下降 ，全年销售不振，12 月份累计销售面积相比上年下降 12.5%。（见表 9-3）。

表 9-3　2014 年 1 ～ 12 月商品房累积销售面积　　　　单位：万平方米

月　　份	本月累计	比去年同期增长（%）
2014 ～ 01 ～ 02	287.17	2.9
2014 ～ 03	467.18	1.0
2014 ～ 04	602.27	-10.0
2014 ～ 05	707.49	-14.3
2014 ～ 06	900.90	-18.6
2014 ～ 07	1049.32	-16.6
2014 ～ 08	1166.96	-20.9
2014 ～ 09	1315.71	-19.8
2014 ～ 10	1486.66	-22.4
2014 ～ 11	1747.99	-18.8
2014 ～ 12	2084.66	-12.5

从商品住宅销售面积来看，趋势与整个商品房市场较为一致，到 2014 年年底，比去年同期累计下降 11.7%。（见表 9-4）。

表 9-4 2014 年 1 ～ 12 月商品住宅销售面积 单位：万平方米

月 份	本月累计	比去年同期增长（%）
2014 ～ 01 ～ 02	247.23	5.5
2014 ～ 03	418.50	6.1
2014 ～ 04	531.78	-7.4
2014 ～ 05	618.31	-12.4
2014 ～ 06	789.33	-17.1
2014 ～ 07	912.38	-15.8
2014 ～ 08	1010.39	-19.5
2014 ～ 09	1133.66	-19.2
2014 ～ 10	1274.64	-22.2
2014 ～ 11	1503.66	-18.6
2014 ～ 12	1780.91	-11.7

三、商品房销售价格

2014 年，上海市商品房平均销售价格为 16 787 元每平方米，较 2013 年上涨 2.2%。其中，住宅的平均售价为 16 415 元每平方米，比上年略增 1.4%，办公楼为 24 978 元每平方米，商业营业用房为 22 014 元每平方米（见表 9-5）。

表 9-5 上海市 2009 ～ 2014 年商品房平均销售价格 元 / 平方米

指标	2009	2010	2011	2012	2013	2014
商品房销售价格	12 840	14 400	14 503	14 061	16 420	16 787
住 宅	12 364	14 213	13 448	13 870	16 192	16 415
# 别墅、高档公寓	22 130.68	24 161	26 853	28 195	28 917	33 414
办公楼	21 597.54	18 888	25 225	20 999	23 623	24 978
商业营业用房	15 236.78	15 735	19 008	16 217	19 293	22 014
其 他	6 860.425	7 261	6 133	4 223	4 732	6 106

2014 年，上海市新建住宅平均销售价格 16 415 元 / 平方米。从区域分布看，全市新建住宅中，内环线以内区域销售 54.28 万平方米，占全市新建住宅的 3%；内外环线之间区域销售 304.81 万平方米，占 17.1%；外环线以外区域销售 1 421.82 万平方米，占 79.9%。全年各环线区域新建住宅平均销售价格分别为：内环线以内 53 629 元 / 平方米，内外环线之间 23 681 元 / 平方米，外环线以外 13 437 元 / 平方米。

从剔除共有产权房和动迁安置房等保障性住宅后的市场化新建住宅的区域分布看，内环线以内区域销售 52.38 万平方米，占全市市场化新建住宅的 6.3%；内外环线之间区域销售 148.66 万平方米，占 18%；外环线以外区域销售 625.69 万平方米，占 75.7%。全年各环线区域市场化新建住宅平均销售价格分别为：内环线以内 54 436 元 / 平方米，内外环线之间 40 345 元 / 平方米，外环线以外 20 487 元 / 平方米。

四、存量房交易

2014 年存量房市场交易前冷后热。卖方撤牌惜售、买方谨慎入市，买卖双方因市场环境低迷，不约而同选择了观望，前三季度存量房交易显得较为冷清，四季度成交出现回升。据市房地产交易中心统计，2014 年上海市存量房网签面积 1 719.3 万平方米，比上年下降 38.3%。其中，存量住宅 1 454.6 万平方米，下降 40.9%。从月度数据看，在四季度出台的各类楼市政策作用下，存量住宅网签月均成交量超 150 万平方米，但相比火爆的 2013 年上海市 2014 年存量房市场成交量还是出现了较大幅度的下降。（见表 9-6）

表 9-6 2005 ～ 2014 年存量房交易情况

年 份	成交套数（套）	成交面积（万平方米）	其 中		
			# 住 宅	办公楼	商业营业用房
2005	189 896	1 971.50	1 608.20	88.10	78.00
2006	184 194	1 706.81	1 375.22	67.35	46.53
2007	213 733	1 992.59	1 715.05	49.73	36.34
2008	142 224	1 413.41	1 107.17	40.61	42.04
2009	312 857	2 809.45	2 490.58	48.19	43.59
2010	202 511	1 966.86	1 522.21	68.31	70.61
2011	146 151	1 398.67	1 058.71	62.87	51.21
2012	157 585	1 446.77	1 136.17	57.34	46.71
2013	291 176	2 575.70	2 228.02	65.59	47.18
2014	177 083	1 586.14	1 324.18	52.61	40.90

五、出租市场情况

2014年，上海市商品房出租面积为1 142.46万平方米，继续减少，较2013年减少5.3%（见表 9-7）。

表 9-7 2009 ～ 2014 年商品房出租情况 万平方米

指标	2009	2010	2011	2012	2013	2014
商品房出租面积	1 222.91	1 262.47	1 305.47	1 355.20	1 206.37	1 142.46
住 宅	102.63	85.72	87.68	92.43	75.32	72.16

# 别墅、高档公寓	74.36	76.18	75.40	73.26	63.61	60.39
办公楼	425.55	516.18	578.23	643.83	558.19	502.65
商业营业用房	349.91	373.34	392.70	396.45	364.00	373.99
其 他	344.82	287.23	246.86	222.48	208.87	193.66

第二节 房地产营销主体

房地产市场可以分为一级市场、二级市场以及三级市场。不同的房地产市场具有不同的交易主体和营销主体。在一级市场中，政府是卖方，用地单位是买方；在二级市场中，最重要的交易是新上市商品房的交易，因此主要的营销主体是房地产开发商和代理商；在三级市场中，房地产中介起着信息交流、信用担保等促进交易完成的作用，是市场交易的重要环节，是市场的“催化剂”，因此，三级市场中的主要营销主体是中介公司。

从 1992 年首批 12 家房地产经纪机构获批成立以来，上海房地产经纪行业从无到有，从小到大，至今已有上万机构，近 10 万从业大军。20 余年来，上海房地产经纪行业已经成为房地产业的重要组成部分，在提高人们的居住水平和促进经济与社会发展等方面发挥了重要作用。

根据房地产经纪行业协会统计，2013 年底，上海有房地产经纪机构 12 609 家，其中有限责任公司（含分支机构）6 517 家，合伙公司和个人独资企业 6 092 家。就机构单体而言，2005 年时，最大的二手房经纪公司才几十家门店，而今已达 400 多家门店。最大的代理公司才 10 来个项目，如今有的已在全国几十个城市布局，操控几百个项目，甚至到美国上市。行业的集中度在提高，目前，在上海二手房市场通过经纪机构撮合成交的已高达 80% 以上。2013 年〞金桥奖〞房屋中介 20 强交易面积达 702.55 万平方米，占全市存量房交易总量的 28.6%。房地产代理机构已进入〞战国时代〞，上房销售、同策、策源、新聚仁已跻身全国销售 10 强。2013 年度〞金桥奖〞营销代理企业 20 强在全市销售面积 1 015.39 万平方米，与全市商品住宅销售总量 2 015.81 万平方米的 50.4%，外地销售面积达 3 444.03 万平方米，是这些企业在上海销售面积的 3.4 倍。

行业竞争越来越激烈，上海的房地产经纪行业正由传统服务业向现代服务业转变，网络和信息技术得道广泛应用。据经纪机构反映，上海市二手房业务通过网络渠道操作成交的比例已经达到 70%。电商模式，也已在新房销售和楼盘代理中广泛运用。五、六年前，搜房、安居客、新浪 、优房网等进入房地产经纪领域，开始同经纪机构合作，而经纪机构在这样的合作中，也尝到了便捷、高效的甜头。近年来，58 同城、房价网、Q 房网、房博士、057 找房、房多多、爱屋吉屋等网站又从全国各地 、某一细分领域进入房地产经纪行业。

网络和信息技术的快速发展，给房地产经纪机构带来了便捷和效率，但随着网络机构之间竞争的激烈和成本的提高，以及经纪机构对网络的依赖度的提升，网络平台使用费用不断上涨，于是经纪机构和网络平台的矛盾便激化了。在同业同盟与网络机构谈判化解矛盾的同时，一些规模较大、实力较强的经纪机构或入股网络结成战略联盟，或成立独立网站。

未来，房地产交易线上线下的有效衔接、经纪机构和网络平台的合作共赢、网络机构的竞争与合作都将是房地产经纪行业由传统服务业向现代服务业发展必须面对的问题。

一、房地产代理公司

房地产代理公司是指专门从事地产领域专业服务的咨询类公司，主要业务范围包括商品房屋的估价、营销、策划、销售等。

由上海房地产经纪行业协会主办的第十三届“金桥奖”评选活动中，上海房屋销售（集团）有限公司、同策房产咨询股份有限公司、上海策源置业顾问有限公司等20家企业代表获得“2013营销代理企业20强”。（见表9-8）

表9-8　2013营销代理企业20强

上海房屋销售（集团）有限公司	上海三湘房地产经纪有限公司
同策房产咨询股份有限公司	上海开启房地产投资咨询有限公司
上海策源置业顾问有限公司（策源地产）	上海锦和房地产经纪有限公司
上海聚泰房地产经纪有限公司（新聚仁机构）	上海嘉德伟业房地产经纪有限公司
戴德梁行房地产咨询（上海）有限公司	上海荒岛房产工作室有限公司
上海华燕置业发展有限公司	上海杰星房地产经纪有限公司
上海金丰易居房地产顾问有限公司	上海精稳房地产咨询有限公司
上海赢佳房地产经纪有限公司	上海新长宁房产销售有限公司
上海汉宇房地产策划营销有限公司	上海天地行房地产营销有限公司
上海新联康投资顾问有限公司	上海黑火房地产顾问有限公司

二、房地产中介公司

房地产中介公司是主要从事是二手房交易。由上海房地产经纪行业协会主办的第十三届“金桥奖”评选活动中，中原地产、21世纪不动产、德佑地产、汉宇地产、我爱我家、太平洋房屋等20家房地产中介企业获得本届金桥奖“2012房屋中介企业20强”。（见表9-9）

表9-9　2013房屋中介企业20强

上海德佑房地产经纪有限公司	上海明明房产经纪有限公司
上海亚业房地产经纪有限公司（21世纪不动产）	上海台庆房地产经纪有限公司
上海我爱我家房屋租赁置换有限公司	上海志远房地产经纪有限公司
上海中原物业顾问有限公司	上海信义房屋中介咨询有限公司

上海住商房地产经纪有限公司	上海仁丰房地产经纪有限公司
上海太平洋房屋服务有限公司	上海九间伴房地产经纪有限公司
上海汉宇房地产顾问有限公司	易居臣信房地产经纪（上海）有限公司
上海房屋置换股份有限公司	上海佳歆房地产投资顾问有限公司
上海宝原物业顾问有限公司	上海合富置业顾问有限公司
上海福美来房地产经纪有限公司	上海康开房产经纪有限公司

第十章 物业管理

第一节 物业管理概述

一、物业管理市场概况

（一）物业管理概况

2014年，上海市具有资质的物业服务企业约有3 510多家，其中一级资质企业108家，较上年减少1家；二级资质552家，较上年增长43家，三级资质（包括暂定）为3152家，较上年增加191家。

（二）上海物业行业发展的特点

近年来，我国物业管理行业无论是政策环境，还是市场环境，都发生了深刻变化。2014年12月，国家发展和改革委员会印发《关于放开部分服务价格意见的通知》，要求放开非保障性住房物业服务和住宅小区停车服务价格，表明行业在全面深化改革道路上更进一步，对行业逐步建立并完善市场引导机制、运作机制和监督机制具有重要意义。

1. 几年来房地产市场的持续发展，以及增量房、存量房、老旧住宅区都为物业管理行业提供了巨大的市场空间。

2. 物业服务用户趋于成熟，对物业服务尤其是优质物业服务的购买意愿显著增强，部分物业服务企业基于用户多元化、个性化需求产生的非主营业务收入已超过物业服务主营业务收入。

3. 资本、互联网、物业管理正发挥各自优势，线上线下资源的产业融合正成为趋势。“网上支付消费”和“社区020消费”成为未来物业巨大的服务消费市场。

4. 物业服务企业处在社会和社区的节点上，贴近社区的资源和用户，与社区基层组织、周边商业圈关联度高，在最后一公里乃至最后一百米内，成为社区资源的隐形掌握者。

5. 资本市场改革和完善持续推进，尤其是新三板的扩容、地方股权交易中心的建立，促进物业管理行业形成了快速发展的新格局。

（三）物业小区情况

1．居住物业小区概况

上海市共有住宅物业小区12 305个，较上年持平小区，2014年上海市新建“四高”优秀小区共152个，分别有浦东秀怡苑、静安南洋家园、金山锦绣尊邸、宝山金色宝坻、徐汇海珀府邸、中海瀛台等。上海市物业管理优秀住宅小区共评选出56家，各区分布数量情况如表10-1。

表10-1 上海市物业管理优秀住宅小区

闵行	4	奉贤	-

青浦	2	黄浦	1
静安	2	松江	9
徐汇	4	杨浦	1
嘉定	1	普陀	6
金山	-	闸北	4
宝山	7	虹口	2
浦东	9	崇明	1
长宁	1	卢湾	2

（四）行政管理体制

上海已逐渐形成三级行政管理体制：

上海市房屋土地资源管理局 → 19个区县房地局 → 155个房地办事处

本着“两级政府、三级管理、四级网络”的原则，将居住物业管理纳入社区综合管理范畴，并正在探索“区、街道、小区三级”协调、监督、考核的长效管理机制，由街道办事处（乡镇政府）定期组织召开有相关单位参加的居住物业管理联席会议，对居住物业管理中存在的综合问题，及时进行协调解决。

（五）房屋维修的专业化机构

上海现已建立了一个全市性的房屋维修监督中心和23个房屋应急维修中心，并要求他们在小区内的醒目处公开报修电话，急修，2小时到场，24小时处置；小修三天解决，中、大修项目可行采取应急措施，安排计划后予以解决。另外，落实必要力量，确保做到全年365天、每天24小时受理居民报修以确保全市人民的正常生活。

（六）商品住宅维修资金（见表10-2，图10-1）

表10-2 上海市商品住宅维修资金专户年度归集和划转统计表（2014年）

单位	当年归集金额（元）	当年划转金额（元）	当年新增归集金额（元）
浦东新区	816 003 075.30	553 297 209.18	242 593 197.40
奉贤区	118 683 550.97	135 267 780.19	-19 684 167.10
黄浦区	49 233 455.99	19 823 669.83	15 991 835.37
杨浦区	196 168 277.64	71 876 701.42	114 823 686.52
虹口区	52 446 633.87	55 566 211.03	-12 696 274.70
闸北区	50 755 021.90	64 084 258.51	-13 917 554.38
普陀区	139 052 581.10	111 388 478.41	16 183 611.67
静安区	33 382 440.10	703 452.26	16 889 225.97

长宁区	55 972 142.52	21 359 859.63	27 665 106.48
徐汇区	114 581 478.69	111 672 399.87	1 517 503.11
宝山区	287 924 859.02	321 737 676.14	-50 446 284.19
闵行区	423 385 260.04	302 720 519.92	77 127 460.18
嘉定区	456 274 482.14	93 550 859.36	309 173 708.22
金山区	115 083 793.75	80 242 226.77	34 841 566.98
青浦区	289 282 705.64	50 911 397.19	230 190 288.03
松江区	235 137 541.55	305 098 760.15	-100 798 762.90
崇明县	31 871 344.25	76 049 376.44	-44 178 032.19
合计	3 465 238 644.47	2 375 350 836.30	845 276 114.47

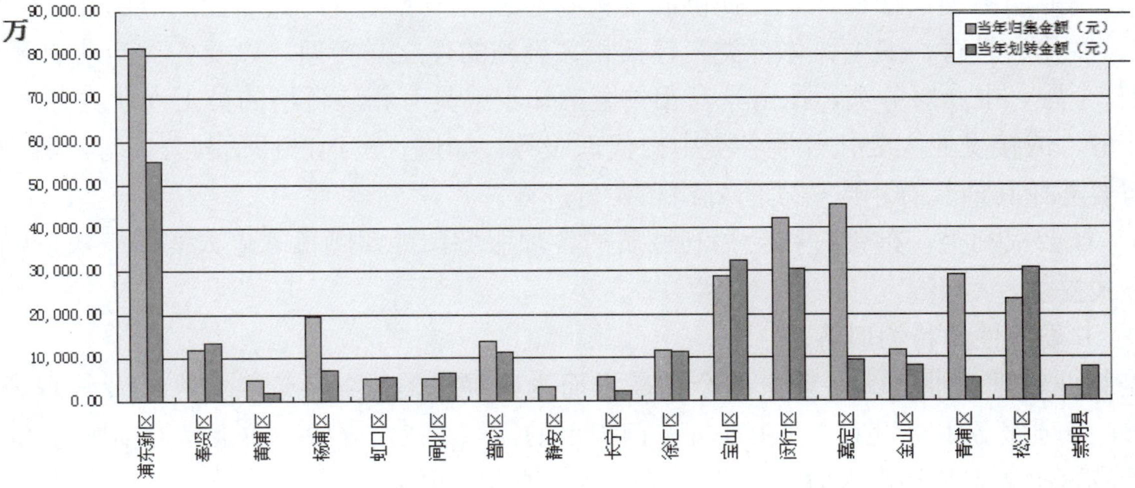

图 10-1 上海市 2014 年各区商品住宅维修资金专户年度归集和划转情况

二、物业管理基本服务内容

物业管理涉及的领域很广泛，其基本内容按服务的性质和提供的方式可分为以下三类：

（一）常规性的公共服务。

是物业管理企业向所有业主提供的最基本的公共性的管理和服务，目的是为了确保物业的完好与正常使用，保证物业管理区域内的秩序和环境。具体内容和要求应在物业管理合同中明确规定，物业管理企业有义务按时按质提供约定的服务，业主享受服务时也不需要事先进行约定。常规性公共服务一般包括以下内容：

1．房屋建筑主体的管理，包括房屋的日常养护和修缮。

2．房屋设备、设施的管理，包括卫生设备、电气工程设备和智能化技术设备的养护、管理和维修，以保持房屋及其配套设备设施的正常使用。

3．环境卫生管理服务，为净化物业环境、保持社区卫生进行的服务。

4．绿化管理服务，为了美化环境，使环境更舒适、健康进行的服务。

5．治安管理服务，为防盗、防破坏及人为突发事故而对物业进行的一系列管理。

6．消防管理服务，为保护业主人生、财产安全进行的防范性管理。

7．交通管理服务，对物业区域内车辆道路的管理，以保证交通顺畅和便利。

除以上所列公共服务外，物业管理企业还应为所管物业进行档案和资料的管理，以保障物业公司和业主的沟通，更好地掌握各类管理的状况。

（二）针对性的专项服务。

是物业管理企业为提高住用人的工作、生活条件和质量，为满足其中一些住户、群体和单位的特定需要而提供的各项服务。物业管理企业事先设定各种便民服务项目，并将服务内容、质量和收费标准公布，以便住用人需要时自行选择。专项服务是指上是一种代理服务，属于物业经营服务。专项服务涉及日常生活的方方面面，内容繁杂，一般有以下几大类：

1．日常生活类，包括衣食住行等各方面的家政、家务服务。

2．商业服务类，指物业企业提供的各种商业经营服务项目，如商业网点的开设管理。

3．文化、教育、卫生、体育类，包括相关设施的建立与管理，以及各类活动的展开。

4．金融、中介服务类，指由具有相关金融知识或具有相应资格的员工为业主办理保险、金融业务，或接受业主委托开展各类中介代理服务，如进行房地产评估与公证等。其中有些工作需要委托其他具有相应资质的机构和人员进行。

5．社会福利类，指带有社会福利性质的各项服务，如照顾孤寡老人等，一般以低偿或无偿方式提供。

（三）委托性的特约服务。

是物业管理企业为满足业主的个别需求而为其提供的服务，通常是在物业管理合同中未要求，专项服务中未设立，而由业主专门提出的需求。特约服务实质上是专项服务的补充，当有较多的业主有某种需求时，物业企业可将其纳入专项服务。

三、物业管理主要环节

物业管理是房地产开发的延续和发展，是一个完整、复杂的系统工程。为保证物业管理的有效运行，从规划设计到全面运作，每一个环节都紧密相连不可忽视。

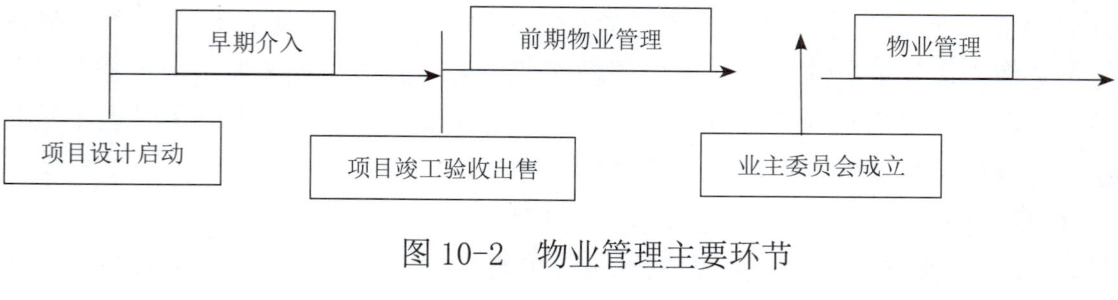

图 10-2　物业管理主要环节

见图 10-2 清楚地界定了物业管理的三大阶段，传统的物业管理仅只房屋出售业主入住后的物业管理，但随着物业管理的现代化发展，早期介入和前期物业管理的重要性越发显现。

以下是物业管理的 7 个具体环节，有的环节可能会跨越不同的阶段。

（一）物业管理的早期介入

物业管理企业在接管物业之前就参与介入房地产开发的规划设计、施工建设等各个阶段，从业主和物业管理运作的角度对物业的环境布局、功能规划、楼宇设计、材料选用、配套设施、施工质量、竣工验收等各方面提供意见，协助开发商把好关，以确保物业的设计和建造质量，为物业投入使用后的良好管理以及避免纠纷提供条件。

物业管理的早期介入在未确定物业管理企业之前由开发商主持，一旦确定了前期物业管理企业，则早期介入就进入了前期物业管理，由物业管理企业主持运作。

（二）选聘物业管理企业

首次选聘物业管理企业由房地产开发企业在预售房屋之前进行并完成。房地产开发企业应根据物业类型、功能等客观条件以及住用人的群体特征和需求等主观条件来规划物业消费水平，确定物业管理的档次和相应的管理服务标准，选聘具有相应资质的物业管理企业，并与之签订前期物业服务合同。选聘过程，一般通过招标形式，2012 年，共有 419 个项目的物业选聘通过公开招标形式。

（三）人员选聘与培训

签订前期物业服务合同后，物业管理企业即着手进行前期准备。首先应根据所管物业的规模和特点合理设置机构和各岗位。其次则需选聘专业的管理和技术人员，其中管理人员和一些特殊工种应取得相关执业资格证书，其他人员应由专业人员进行培训。

（四）制定规章制度

应依据有关法律、法规、政策和示范文本，结合所管物业的实际情况，制定一些必要、适用的规章制度，包括业主公约和其他管理文件如各项守则、管理规定、员工岗位职责及工作程序等。物业销售前，应由建设单位制定业主临时公约并向物业买受人明示。

（五）物业的接管验收

物业接管验收是关系到今后物业管理工作能否顺利进行的重要环节，包括新建物业的接管验收和原有物业的接管验收。开发商或业主委员会应向物业管理企业移交有关物业的所有资料，办理交接手续，完成后即标志着物业管理正式启动。物业管理企业应当在物业服务合同终止时将资料交给业主委员会。

（六）用户入住

大量的用户入住发生在物业交付使用的初期，物业管理企业需通过各种宣传手段使用户了解物业管理的有关规定，配合日后的管理工作。当房屋出售并交付使用的建筑面积达 50% 以上，或者首套房屋出售并交付使用已满两年的，应当召开首次业主大会会议，成立业主大会。

（七）建立档案资料

包括业主或住户的资料和物业的档案资料。物业档案资料是对前期建设开发成果的纪录，是以后实施物业管理时不可少的依据，也是更换物业管理企业时必须移交的资料。

（八）物业管理的正常运作

用户入住物业管理证实启动后，物业管理企业全面实施物业管理所做的各项工作，即物业的日常管理和维修养护，基本内容已在上文中介绍。

四、物业管理收费

根据上海市房屋土地资源管理局和上海市物价局发布的《上海市住宅物业服务分等收费暂行办法》，上海市从 2005 年 10 月 1 日起开始实行菜单式的物业管理收费模式。

《上海市住宅物业服务分等收费标准》将住宅物业服务项目分为综合管理服务、公共区域清洁卫生服务、公共区域秩序维护服务、公共区域绿化养护服务，以及共用部位、共用设施设备的日常运行、保养及维修服务五项，根据服务内容、服务要求和设施设备配置等情况，除第五项外均从低到高划分为一到五级，分别规定最高收费标准，第五项也按各项内容的不同标准划分为多个等级（见表 10-3）。

表 10-3 上海市住宅物业服务分等收费标准 元 / 平方米

项目	服务内容	分级最高标准				
		一级	二级	三级	四级	五级
综合管理	管理处设置 管理人员要求 服务时间 日常管理与服务	0.09	0.14	0.2	0.26	0.35
公共区域清洁卫生	楼内公共区域 楼外公共区域	0.07	0.11	0.15	0.21	0.28
公共区域秩序维护	人员要求 门岗 巡逻岗 技防设施和救助 车辆管理	0.1	0.16	0.27	0.4	0.5
公共区域绿化养护	草坪 树木 花坛花境	1.3	2	3	4.5	6.5
共用设施保养及维修	公共部位	0.04		0.07		0.1
	供水系统	多层 0.03；高层 0.06				0.06
	排水系统	0.04				
	公共照明	多层		0.03	0.06	0.08
		高层		0.05	0.08	0.1
	消防系统	0.015		0.03		
	避雷系统	0.015				
	弱电系统	多层 0.02；高层 0.01				0.08
	升降系统	0.4				
	水景（动力）	按实分摊				
	保险费用及其他	按实分摊				

注：第四项绿化养护等级收费标准的单位是每年每平方米绿地面积，分摊公式为：每月每平方米建筑面积绿化养护费用 = 收费标准 × 绿地面积 ÷ 可分摊建筑面积 ÷12

该收费标准对每一条服务内容均规定了非常详细、具有可操作性的标准，如楼梯扶手是每日擦一次还是隔日擦一次。各住宅物业管理区域可以按照自身需求，分别选择适合的服务项目标准并进行组合，相应的物业服务收费标准即为各物业服务项目收费标准的总和，采用包干式结算。各物业服务项目的收费标准原则上不超过规定的相应最高收费标准，因提供分等收费暂行办法中未涵盖的服务内容和设施设备而提高物业服务水平的，可适当提高收费标准，但需经区（县）价格主管部门确认备案。

业主大会成立前的物业服务收费，由建设单位根据物业特点和服务要求，选择服务项目、服务等级并拟定收费标准，并报物业所在地的区县价格主管部门确认，在确认的收费标准范围内进行物业管理招标或确定协议价格。业主大会成立后的物业服务收费，则由业主大会与物业管理企业根据实际情况“点单”，并按暂行办法规定协商具体的收费标准。

物业管理期间，业主应按时交纳物业服务费。前期物业服务费用，在前期物业服务合同生效之日至出售房屋交付之日的当月，由建设单位承担。出售房屋交付之日的次月至前期物业服务合同终止之日的当月发生的物业服务费用，由物业买受人按照房屋销售合同约定的前期物业服务收费标准承担；房屋销售合同未约定的，由建设单位承担。

物业服务收费一般以每月每平方米建筑面积为计价单位，经业主大会同意也可以每月每户为单位。物业管理企业应按规定实行明码标价，做到价目齐全、内容真实、标示醒目、字迹清晰，并可采取公示栏、公示牌、收费表、收费清单、收费手册、多媒体终端等方式在物业管理区域内进行公示。物业服务收费明码标价的内容包括：物业管理企业名称、服务内容、服务标准、计费方式、计费起始时间、收费项目、收费标准、监督举报电话等。

五、物业管理行业的发展概况

2004年上海制定《上海市住宅物业管理规定》，后根据《中华人民共和国物权法》、国务院《物业管理条例》和其他有关法律、行政法规以及结合上海实际情况，又对《上海市住宅物业管理规定》进行修订，并于2011年4月1日起施行。

（一）建立双重政府监督指导机制

建立住房保障局与乡镇、街道双重指导与监督机制。住房保障局指导与监督范围：业主大会、业委会（参与筹备、派代表、监管资料等业务指导）；物业公司、项目（小区）经理（发资质、资格证等）；维修基金（紧急状态审核、备案，代为组织等）；建筑物、构筑物，设施设备及场地（核定管理区域、招投标、保修金监管等）。乡镇、街道指导与监督范围：建立住宅小区综合管理工作制度；业主大会、业委会（组建、日常运作。接受报告，派代表任组长、代行职权、督促移交、备案等）。

（二）加强了物业服务企业资质管理

对一些社会反映差的企业实施关停并转，取消了326家物业服务企业资质，并以此为抓手，加大工作力度，推品牌战略，推规模化、集约化经营管理，让那些市场反映好、企业形象佳、顾客满意度高，专业化程度也比较高的企业，迅速扩大市场份额。

（三）建立全市物业服务热线

集中力量构建全市统一的“962121”物业服务和招投标平台，“962121”物业服务热线受理全市居民物业服务诉求，包括咨询、投诉、应急维修。热线按照受理、派单、处置、反馈、回访、统计 6 个环节业务流程，对政府管理、企业服务进行全过程监管。

（四）加强行政执法

对违法搭建、违规装修、改变房屋使用性质、群租等行为大力整治，做出行政处罚、责令限期改正。对附有违法建筑并结构相连的房屋在房地产登记部门予以注记，限制其产权抵押和转移登记。

（五）强化业主自我管理

一是加强业委会管理。根据《物权法》以及相关要求，修订了业主大会议事规则、相关管理规约示范文本，并在普陀、长宁、闸北区的 9 个住宅小区试点，进一步探索在街道办事处（乡镇人民政府）、房地部门共同指导下，由居民委员会牵头负责的业主大会组建、换届、运作模式。二是制定与《物权法》衔接的相关政策。推出了《关于贯彻实施中华人民共和国物权法，做好本市物业管理有关工作若干意见的通知》，就业主大会表决业主人数和面积的计算，建筑物及其附属设施的费用分摊、收益分配，以及《物权法》实施后业主大会议事规则、业主公约的修订予以了明确。

（六）加强维修资金管理

针对部分小区维修资金使用中存在的不规范现象，试点开展了维修资金使用审价、审核和审计，并开发了相应的信息系统功能，通过中介机构和运用信息手段帮助业主把好维修资金使用关。

第二节 物业管理主体

一、物业管理企业数量

物业管理企业是指对建成投入使用的房屋及其附属设备设施、相关场地实施专业化管理，并为业主和使用人提供全方位、多层次的有偿服务及创造良好的生活和工作环境，具有独立法人资格的经济实体。2014 年，上海市具有资质的物业服务企业约有 3 510 多家，其中一级资质企业 108 家，较上年减少 1 家；二级资质 552 家，较上年增长 43 家，三级资质（包括暂定）为 3 152 家，较上年增加 191 家。

2014 年，住房城乡建设部发布《关于 2014 年第三批物业服务企业一级资质审查结果的公告》，全国核准的物业服务一级资质企业 105 家，其中上海 8 家，分别是：上海申大物业有限公司，家利物业管理（上海）有限公司，上海海鸿福船物业管理有限公司，上海强生物业有限公司，上海锦日物业管理有限公司，上海车城物业管理有限公司，上海深长城物业管理有限公司，上海同进物业服务有限公司。

二、物业管理企业资质

（一）物业管理企业资质管理

根据建设部颁布的《物业管理企业资质管理办法》，凡在上海市行政区域内经工商局注册登记，有物业管理经营内容，并拟在上海市从事物业管理活动，具有独立法人资格的物业管理企业，应当自领取营业执照之日起30日内，向企业注册地的区县局申请物业管理资质。

企业申请一级资质的，由区（县）房地局负责受理，经初审合格的报市房地资源局，由市房地局审核后报送建设部，由建设部办法资质证书。企业申报二、三级资质的，由区（县）房地局负责受理、审核、核发资质证书。

新设立的物业管理企业，其资质等级按照最低等级核定，并设一年的暂定期。

一级资质物业管理企业可以承接各种物业管理项目。

二级资质物业管理企业可以承接30万平方米以下的住宅项目和8万平方米以下的非住宅项目的物业管理业务。

三级资质物业管理企业可以承接20万平方米以下住宅项目和5万平方米以下的非住宅项目的物业管理业务。

（二）物业管理企业资质评级标准

1. 一级资质：

（1）注册资本人民币500万元以上；

（2）物业管理专业人员以及工程、管理、经济等相关专业类的专职管理和技术人员不少于30人。其中，具有中级以上职称的人员不少于20人，工程、财务等业务负责人具有相应专业中级以上职称；

（3）物业管理专业人员按照国家有关规定取得职业资格证书；

（4）管理两种类型以上物业，并且管理各类物业的房屋建筑面积分别占下列相应计算基数的百分比之和不低于100%：

- 多层住宅200万平方米；
- 高层住宅100万平方米；
- 独立式住宅（别墅）15万平方米；
- 办公楼、工业厂房及其它物业50万平方米。

（5）建立并严格执行服务质量、服务收费等企业管理制度和标准，建立企业信用档案系统，有优良的经营管理业绩。

2. 二级资质：

（1）注册资本人民币300万元以上；

（2）物业管理专业人员以及工程、管理、经济等相关专业类的专职管理和技术人员不少于20人。其中，具有中级以上职称的人员不少于10人，工程、财务等业务负责人具有相应专业中级以上职称；

（3）物业管理专业人员按照国家有关规定取得职业资格证书；

（4）管理两种类型以上物业，并且管理各类物业的房屋建筑面积分别占下列相应计算基数的百分比之和不低于100%：

- 多层住宅100万平方米；
- 高层住宅50万平方米；
- 独立式住宅（别墅）8万平方米；

- 办公楼、工业厂房及其它物业 20 万平方米。

（5）建立并严格执行服务质量、服务收费等企业管理制度和标准，建立企业信用档案系统，有良好的经营管理业绩。

3. 三级资质：

（1）注册资本人民币 50 万元以上；

（2）物业管理专业人员以及工程、管理、经济等相关专业类的专职管理和技术人员不少于 10 人。其中，具有中级以上职称的人员不少于 5 人，工程、财务等业务负责人具有相应专业中级以上职称；

（3）物业管理专业人员按照国家有关规定取得职业资格证书

（4）有委托的物业管理项目；

（5）建立并严格执行服务质量、服务收费等企业管理制度和标准，建立企业信用档案系统。

（三）物业管理企业资质结构

据上海房屋土地管理局资料统计，上海市具有资质的物业服务企业约有 3 510 多家，其中一级资质企业 108 家，二级资质 552 家，三级资质（包括暂定）为 3152 家。

三、2014 年物业管理企业排名（见表 10-4、表 10-5、表 10-6）

表 10-4　2014 年度上海名牌物业企业

序号	企业名称	序号	企业名称
1	上海东湖物业管理有限公司	5	上海申能物业管理有限公司
2	上海明华物业管理有限公司	6	上海仁恒物业管理有限公司
3	上海紫泰物业管理有限公司	7	上海益中亘泰物业管理有限公司
4	狮城怡安（上海）物业管理有限公司	8	上海申勤物业管理有限公司

表 10-5　2014 上海市物业服务企业 30 强

序号	企业名称	序号	企业名称
1	上海万科物业管理有限公司	16	上海乐益物业有限公司
2	上海仁恒物业管理有限公司	17	上海东湖物业管理公司
3	上海达安物业管理有限公司	18	上海永业企业集团物业管理有限公司
4	上实物业管理（上海）有限公司	19	上海冠好佳物业管理服务有限公司
5	上海上置物业管理有限公司	20	上海复瑞物业管理有限公司
6	上海申能物业管理有限公司	21	上海广欣物业管理有限公司
7	上海复欣物业管理发展有限公司	22	上海威斯特物业经营有限公司
8	上海上房物业管理有限公司	23	上海金玉兰物业管理有限公司

9	上海新世纪房产服务有限公司	24	戴德梁行房地产咨询（上海）有限公司
10	中海物业管理（上海）有限公司	25	上海陆家嘴物业管理有限公司
11	仲量联行测量师事务所（上海）有限公司	26	上海新独院物业管理有限公司
12	上海文化物业管理有限公司	27	第一太平戴维斯物业顾问（上海）有限公司
13	狮城怡安（上海）物业管理有限公司	28	上海新桃源物业管理有限公司
14	上海科瑞物业管理发展有限公司	29	上海高力国际物业服务有限公司
15	上海中环陆家嘴物业管理有限公司	30	上海静安地产集团物业有限公司

表 10-6　2014 上海物业企业在全国物业企业综合实力 200 强排名

全国排名	企业名称
全国第 19 位	上海锐翔物业管理有限公司
全国第 20 位	上海东湖物业管理有限公司
全国第 24 位	上海保利物业酒店管理集团有限公司
全国第 27 位	上海文化银湾物业管理有限公司
全国第 35 位	上海科瑞物业管理发展有限公司
全国第 37 位	上海浦江物业有限公司
全国第 39 位	上海德律风物业有限公司
全国第 41 位	上海明华物业管理有限公司
全国第 42 位	上海上实物业管理有限公司
全国第 50 位	上海复瑞物业管理有限公司
全国第 52 位	上海复旦医院后勤服务有限公司
全国第 53 位	上海永绿置业有限公司
全国第 56 位	上海漕河泾开发区物业管理有限公司
全国第 56 位	上海复欣物业管理发展有限公司
全国第 58 位	上海永升物业管理有限公司
全国第 59 位	上海古北物业管理有限公司
全国第 61 位	上海高地物业管理有限公司
全国第 64 位	上海吉晨卫生后勤服务管理有限公司
全国第 65 位	上海中星集团申城物业管理有限公司
全国第 70 位	上海新世纪房产服务有限公司
全国第 70 位	上海益中恒泰物业管理有限公司
全国第 71 位	上海紫泰物业管理有限公司
全国第 72 位	上海延吉物业管理有限公司

全国第 76 位	上海百联物业管理有限公司
全国第 77 位	上海航天实业有限公司
全国第 79 位	上海中企物业管理有限公司
全国第 86 位	狮城怡安（上海）物业管理有限公司
全国第 88 位	上海联源物业发展有限公司
全国第 100 位	上海景瑞物业管理有限公司
全国第 190 位	上海安荣物业管理服务有限公司
全国 200 强入围	上海浦东房地产集团物业管理有限公司
全国 200 强入围	上海上勤物业管理有限公司
全国 200 强入围	上海富都物业管理有限公司
全国 200 强入围	上海申大物业有限公司
全国 200 强入围	上海高地物业管理有限公司
全国 200 强入围	上海威斯特物业经营有限公司

第四篇 类型

ALMANAC OF SHANGHAI REAL ESTATE

第十一章 住宅市场

第一节 住宅市场供给与需求

2014 年，上海住宅市场受政策影响，交易数据较上年有明显回落。上海搜房数据监控中心统计，上海楼市全年共计成交商品住宅 82 183 套，共计成交面积 975.18 万平方米，成交均价 27 165 元 / 平方米。全市 17 个区县中，大浦东以 192.20 万平方米的成交量居首，占据全市两成的成交量；嘉定签约 161.24 万平方米居次位，宝山、松江两区分别以 103.54 万平方米、100.94 万平方米的成交量居三、四位。

一、住宅供给情况

2014 年，上海市前三季度成交市场的低迷导致库存进一步加大，虽然年底成交呈现爆发式上扬，但高位的库存依然难以快速消化。全年新增供应面积为 1 241.5 万平方米，较 2013 年相比上涨 6.64%，比 2014 年成交面积多了 266.3 万平方米，市场整体表现出供大于求的态势。（见图 11-1）

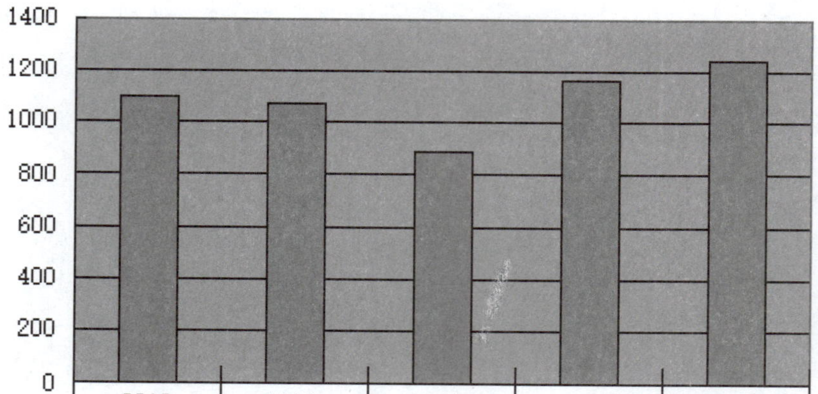

	2010	2011	2012	2013	2014
■供应面积（万平方米）	1097.81	1067.48	889.4	1161.2	1241.5

图 11-1 上海市 2010 ～ 2014 年新增商品住宅供应量走势

二、住宅成交情况

全年共计成交商品住宅 82 183 套，较去年大涨 22.02%，共计成交面积 975.18 万平方米，同比下降 24.0%，成交均价 27 165 元 / 平方米，与去年大幅提升达 12.35%，创近 4 年涨幅新高。从单月成交均价来看，12 月份的成交价格高达 30 016 元 / 平方米，刷新月度成交均价历史记录。（见图 11-2）

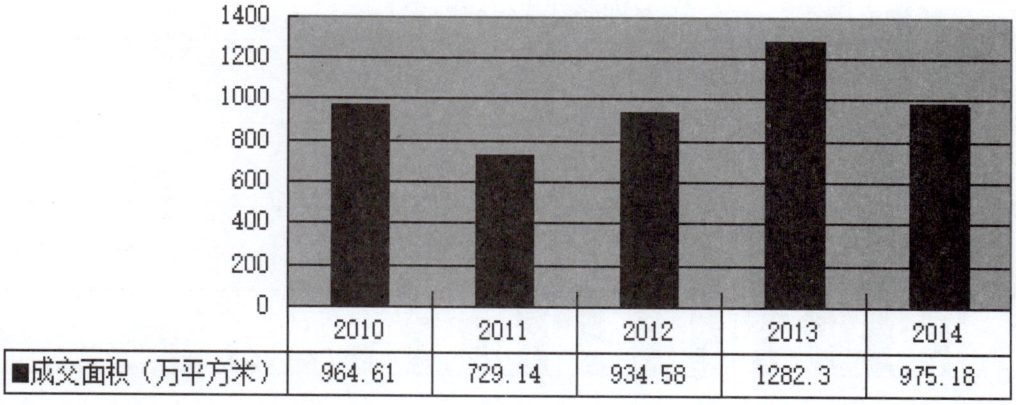

图 11-2　上海市 2010 ～ 2014 年商品住宅成交面积走势

月度来看，前三季度的成交走势不温不火，在缺少政策刺激的情况下，仅在 3 月迎来了成交首个高峰，月度成交量达 93.2 万平方米；全年成交量最低的月份为 2 月，成交量仅有 41.9 万平方米。值得关注的是传统的成交黄金季“金九”不金，成交量仅有 76.6 万平方米，为去年同期的 54.02%。在最后一个季度，上海商品住宅成交迎来爆发期，四季度成交量达 350.1 万平方米，占全年成交的 1/3，3 个月成交量均超过百万，12 月成交量高达 136.95 万平方米，成为年内月度成交量最高的月份，2014 年末翘尾收官。（见图 11-3）

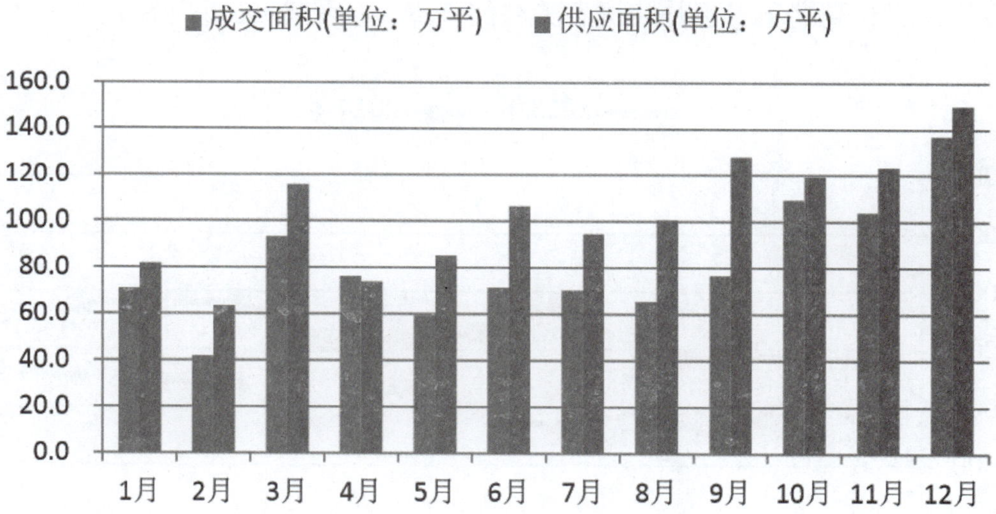

图 11-3　2014 年月度成交、供应走势图

从区域来看，全市 17 个区县中，大浦东以 192.20 万平方米的成交量居首，占据全市 2 成的成交量；嘉定签约 161.24 万平方米居次位，宝山、松江两区分别以 103.54 万平方米、100.94 万平方米的成交量居三、四位。（见图 11-4）

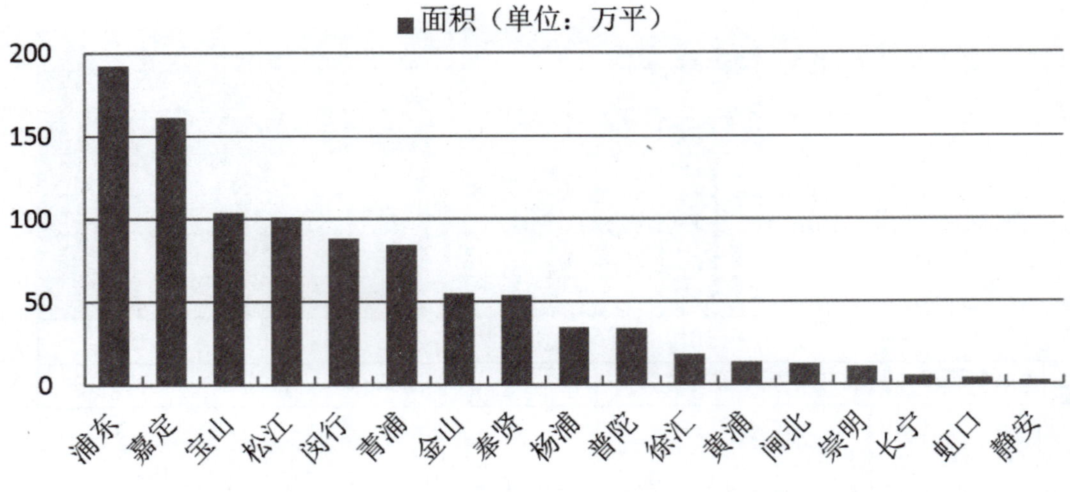

图 11-4　2014 年上海商品住宅各区县成交面积对比

第二节　住宅价格与租金

一、住宅成交价格

2014 年上海楼市商品住宅成交均价 27 165 元 / 平方米，与去年相比大幅上扬 12.35%，涨幅创近 4 年新高。较之往年，2014 年中高端项目成交比重加大，购房者不再一味追求低价，优质的改善型住房和高端项目也是购房者关注的重点。（见图 11-5、图 11-6）

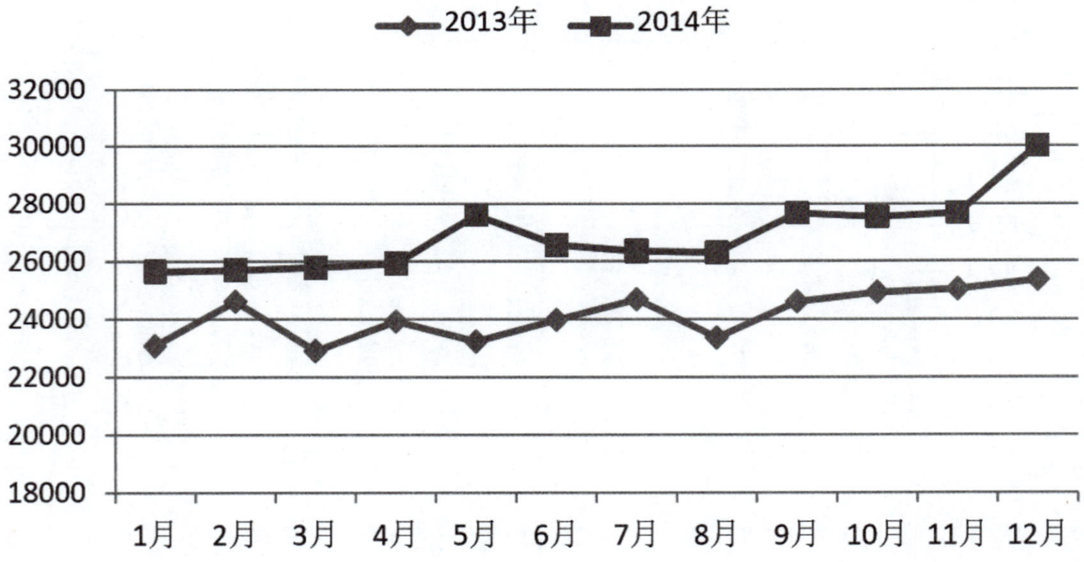

图 11-5　2013 ～ 2014 年上海商品住宅月度成交均价走势

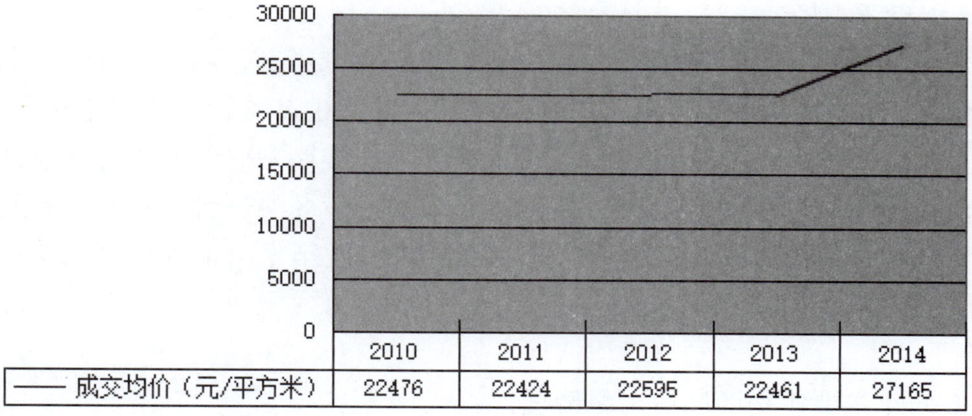

图 11-6　2010 ～ 2014 年上海商品住宅成交均价走势

从区域成交均价走势来看，全市 17 个区县相比 2013 年整体成交均价都出现上涨的态势。最大涨幅出现在浦东新区，2014 年成交均价 31　091 元 / 平方米，涨幅高达 21.64%。其次涨幅较大的是崇明，2014 年成交均价是 19　177 元 / 平方米，涨幅达 18.16%。涨幅最小的是青浦区，2014 年成交均价为 20　480 元 / 平方米，涨幅为 3.58%。

而从各区县 2014 年的成交均价来看，成交均价高于 3 万元 / 平方米的有 10 个，比 2013 年增加 2 个区域，其中浦东和闵行挤进了成交均价高于 3 万元 / 平方米的区域，另外八个分别是普陀、杨浦、徐汇、闸北、长宁、新黄浦区、虹口和静安，其中静安区成交均价最高，报于 79　357 元 / 平方米。值得注意的是，2014 年虹口和长宁 2 区的商品住宅成交均价跻身年成交均价 5 万元 / 平方米的行列。从整个 2014 年来看，沪在售商品住宅和新开盘楼盘报价幅度均上扬，其次在楼盘让利方面，2014 年全年优惠数量及优惠幅度减少，使得上海 17 区县房价均呈现正增长态势。（见图 11-7）

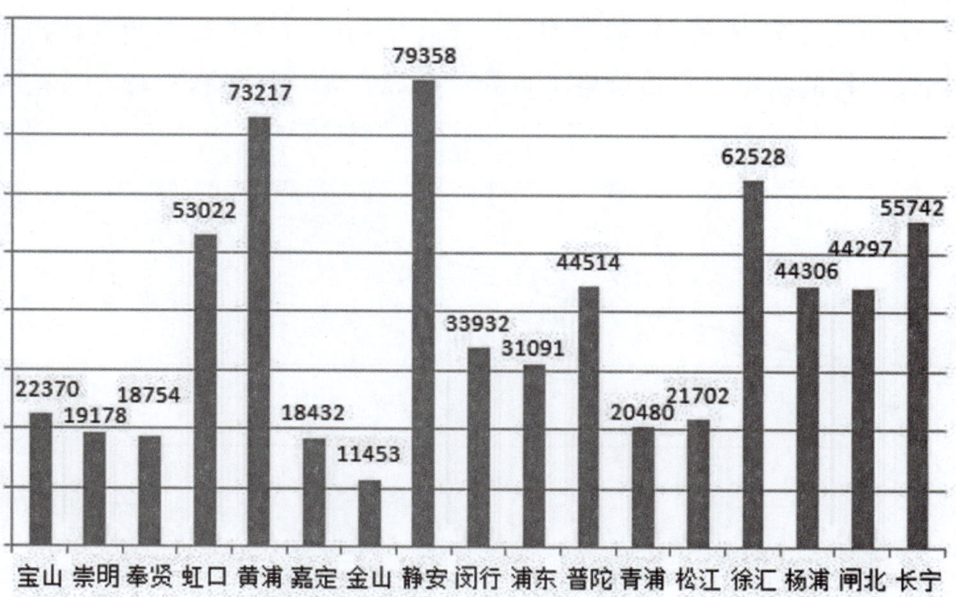

图 11-7　2014 年上海各区县商品住宅成交均价

二、住宅租赁市场

2014 年受经济大环境一般的影响，二手房成交热度不高，不少卖家以租代售，不少购房者也产生观望情绪转向租赁市场。在这样的背景下，2014 年上海二手房租赁价格的走势，同比去年上涨幅度较大，涨幅均值为 3.35%。全年租金走势只在第一季度出现小幅下滑，自 4 月起租金价格一路“高奏凯歌”在 12 月达到全年峰值 3 486 元 / 月·套；而全年最高涨幅则是出现在 2 月，同比 2013 年涨幅高达 7.81%。临近年末，市区部分二手房的业主更想趁着年前上调租金。（见表 11-1、表 11-2）

表 11-1　2014 年主要年份商品房出租情况

指　标	2000	2010	2013	2014
商品房出租面积 （万平方米）	358.38	1 262.47	1 206.37	1 142.46
住　宅	59.29	85.72	75.32	72.16
# 别墅、高档公寓	37.43	76.18	63.61	60.39
办公楼	156.15	516.18	558.19	502.65
商业营业用房	62.04	373.34	364.00	373.99
其　他	80.91	287.23	208.87	193.66

表 11-2　上海商品住宅租赁价格指数 (2007 ～ 2014，以 2000 年价格为 100)

类　别	2007	2008	2009	2010	2011	2012	2013	2014
商品住宅	123.9	129.2	129.6	135.9	145.0	153.4	161.4	166.8

2014 上半年由于受各大商业银行“停贷”，沪上学区房政策从严等影响，二手住宅买卖市场遇冷，导致许多小业主转售为租。二手住宅租赁市场算没有收到楼市不景气所影响，一直处于比较平稳的状态，租赁价格一直处于 3 300 元 / 月·套左右。（见图 11-8）

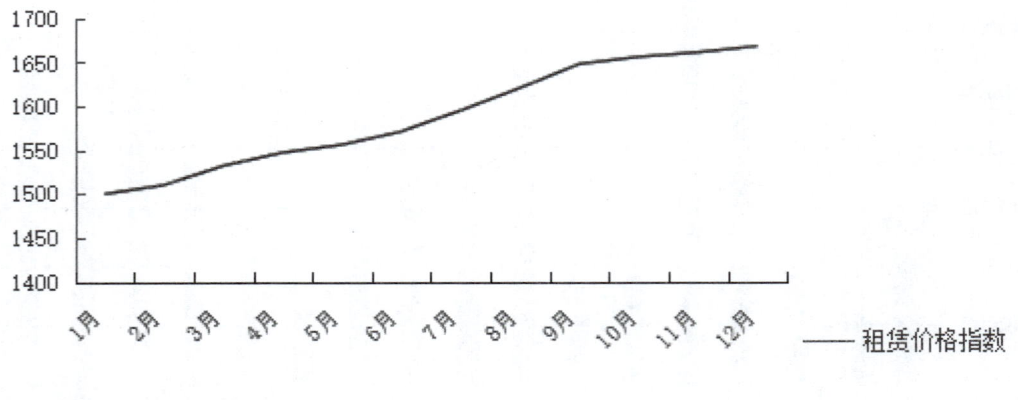

数据来源：上海房屋租赁指数办公室

图 11-8　2014 年上海租赁价格走势图

第三节　二手住宅市场

2014 年全年，上海二手房市场一直处于低迷的状态中，卖方撤牌惜售、买方谨慎入市，买卖双方因市场环境低迷，不约而同选择了观望，前三季度存量房交易显得较为冷清，除了 3 月成交量较高之外，其余几个月成交量均较低，年末受到利好政策的影响，出现翘尾，四季度成交出现回升。住宅二手房销售总建筑面积 1 461.15 万平方米，环比下降 35.49%，二手房总成交 180 538 套，环比下降 33.34%。本年度二手房销售量仅略高于 2012 年时的水平。（见图 11-9，表 11-3、图 11-10）

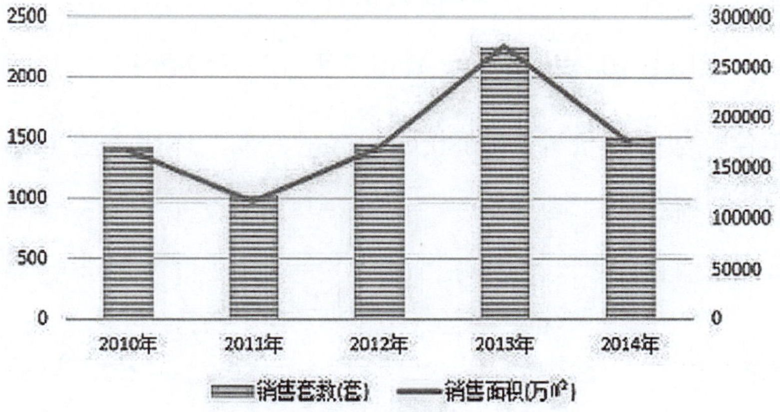

图 11-9　2010 ～ 2014 上海二手房销售套数及销售面积走势图

表 11-3　主要年份存量房交易情况（2005 ～ 2014）

年　份	成交套数（套）	成交面积（万平方米）	其　中		
			# 住　宅	# 办公楼	# 商业营业用房
2005	189 896	1 971.50	1 608.20	88.10	78.00
2006	184 194	1 706.81	1 375.22	67.35	46.53
2007	213 733	1 992.59	1 715.05	49.73	36.34
2008	142 224	1 413.41	1 107.17	40.61	42.04
2009	312 857	2 809.45	2 490.58	48.19	43.59
2010	202 511	1 966.86	1 522.21	68.31	70.61
2011	146 151	1 398.67	1 058.71	62.87	51.21
2012	157 585	1 446.77	1 136.17	57.34	46.71
2013	291 176	2 575.70	2 228.02	65.59	47.18
2014	177 083	1 586.14	1 324.18	52.61	40.90

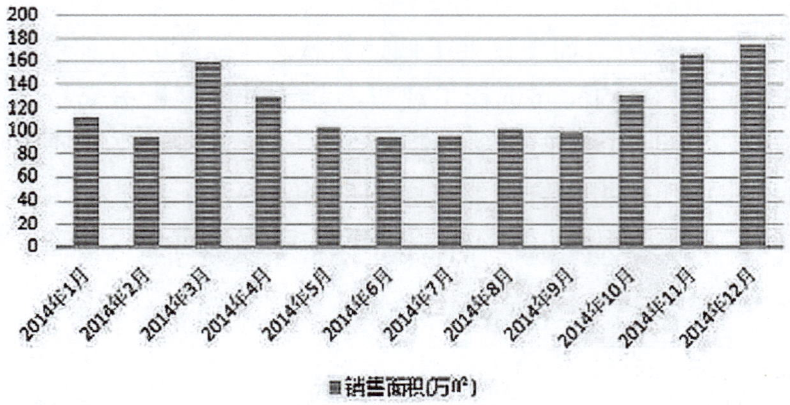

图 11-10 2014 年上海市二手住宅成交面积

2014 年全年二手住宅成交均价为 21 580.6 元 / 平方米，环比上涨 14.13%，近年来首次突破 2 万大关。（见图 11-11）

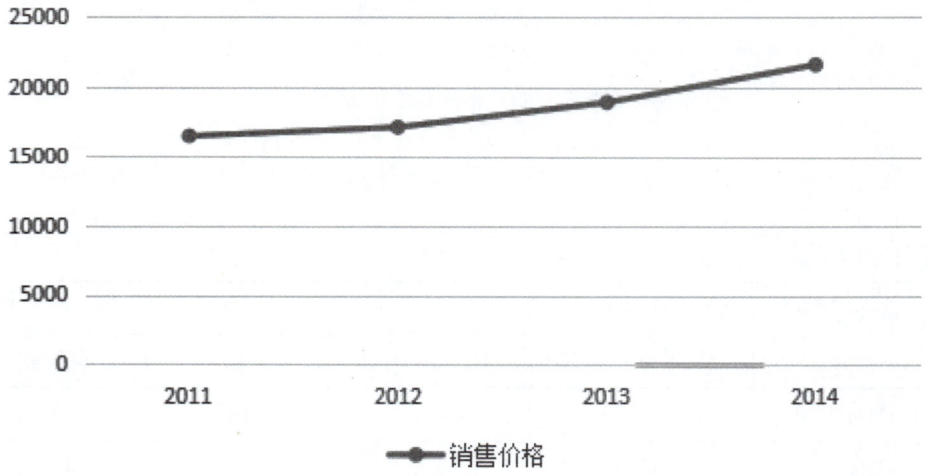

图 11-11 2011 ～ 2014 年上海市二手住宅成交均价

第十二章　写字楼市场

第一节　写字楼市场供给与需求

2014 年初银行信贷收紧、房地产调控持续从严从紧，使住宅市场出现疲软，观望情绪影响到商住市场；同时，自贸区投资热降温，标准写字楼不再出现频繁成交，全年成交量明显下滑。但是，上海依然是全世界企业投资写字楼的热点城市，由外资和中资企业共同带动的上海第三产业的稳定增长，依旧是上海写字楼市场保持强劲需求的中坚力量。

2014 年上海写字楼租售价格始终保持稳步向上的趋势，大宗交易频频上演，显示了出高端写字楼市场背后的强劲需求。甲级写字楼市场整体呈现供需平衡、东热西冷的格局。全年上海写字楼供应量与吸纳量同时创出 2012 年以来的新高。但区域间租金与售价走势出现分化，浦东表现优于浦西。（见图 12-1）

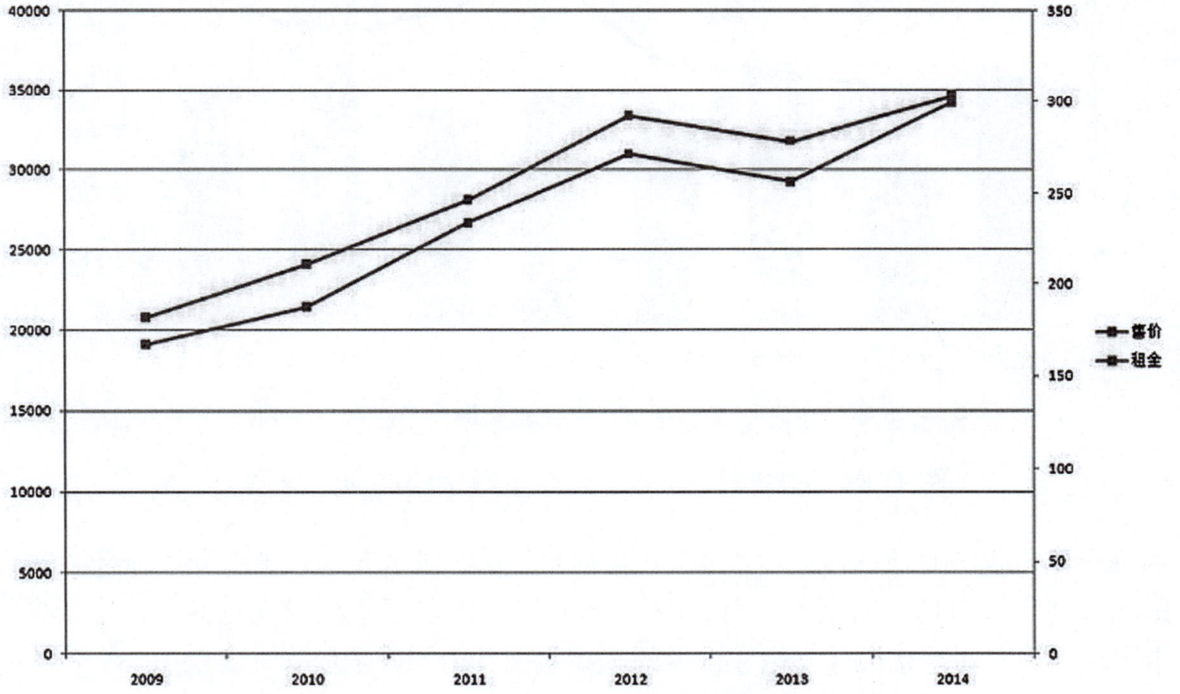

图 12-1　2009 ～ 2014 年上海写字楼租售价格对照

一、写字楼市场供给分析

2014 年上海市办公楼施工面积 1 779.04 万平方米，较上年增加 347.31 万平方米，新增供应量逾 286 万平方米，竣工面积 165.03 万平方米，写字楼供求比 1.53:1，市场整体呈现供过于求的局面。在全市 17 个区县中，闵行以逾 49.7 万平方米的供应量居首；浦东新增 32.35 万平方米，区域内写字楼存量高达 134.62 万平方米。从各区县去化来看，由于凌空

SOHO 半数的成交，2014 年仅长宁区写字楼供不应求，徐汇、松江、普陀、嘉定供求基本平衡，其余区县均供过于求。

二、写字楼市场成交量分析

销售市场方面，经济不稳定抑制了生产型企业购买需求，导致 2014 年上海散售写字楼成交低迷，全年散售写字楼成交同比下跌 50%。而大单成交成为销售市场的亮点，全年整售写字楼成交同比上升 50%。基金收购和企业大手笔买单频频出现，机构投资和房企收购行为占比超过 70%。比如平安信托收购虹桥协信中心的 5 栋写字楼，中城联盟收购徐家汇的嘉凯城大厦（中城国际大厦）；上实城开携手南丰集团以 5.79 亿美元收购上海世贸商城，阳光兴业以 12.62 亿元收购银河宾馆。

2014 年上海写字楼共成交 18 823 套，较 2013 年减少 34.7%，成交均价 25 899 元 / 平方米，较 2013 年上涨 14.71%；成交总金额 482.45 亿元，同比 2013 年减少 16.92%。（见图 12-2）

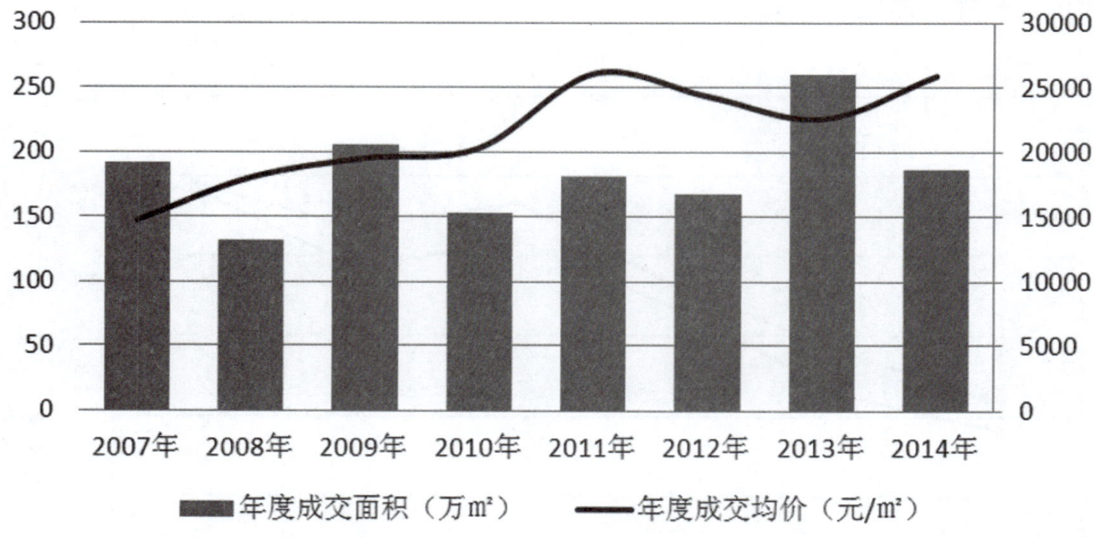

图 12-2 2008 ～ 2014 年上海市写字楼成交走势图

纵观全年，仅 5 月成交量同比上涨，其余 11 个月均同比下跌。2013 年下半年受自贸区利好影响，写字楼市场一路高歌，而 2014 年自贸区降温，写字楼成交量减少，年末央行虽有救市表现，但对写字楼成效甚微，浓厚的观望氛围并未因此消散。（见图 12-3）

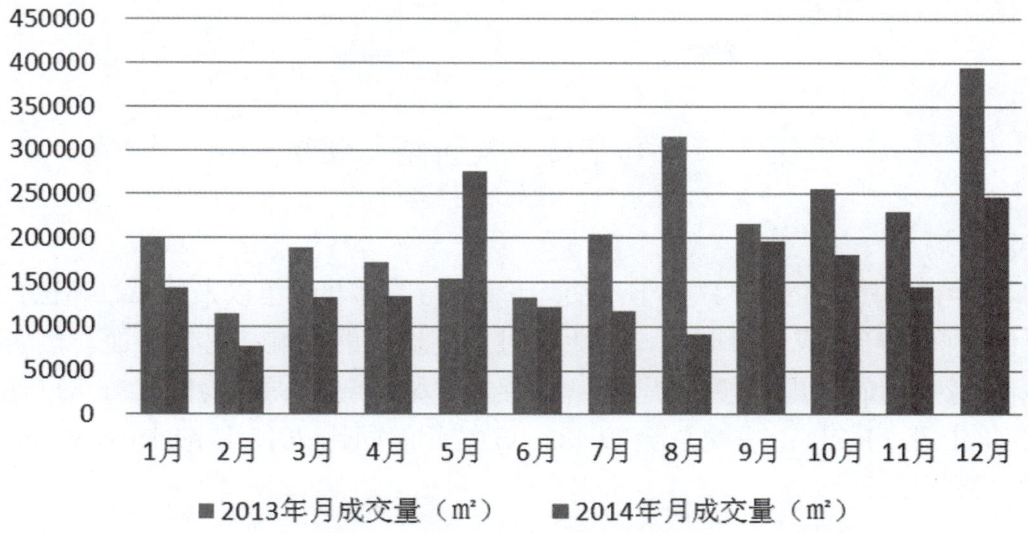

图 12-3　2013 ～ 2014 年上海写字楼每月成交走势对比图

三、供需关系分析

2014 年度上海写字楼共计销售面积 120.28 万平方米，而全市新增供应面积逾 286 万平方米，年内供求比 1.53:1，写字楼市场整体呈现供过于求的局面。其中，闵行以逾 49.7 万平方米的供应量居首；浦东新增 32.35 万平方米，区域内写字楼存量高达 134.62 万平方米。从各区县去化来看，由于凌空 SOHO 半数的成交，2014 年仅长宁区写字楼供不应求，徐汇、松江、普陀、嘉定供求基本平衡，其余区县均供过于求。（见图 12-4）

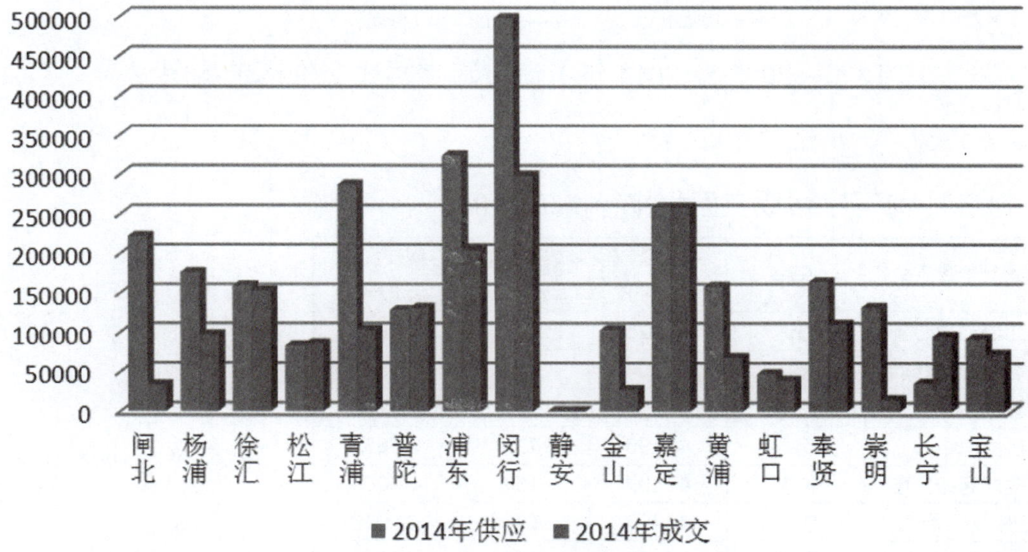

图 12-4　2014 年上海各区县写字楼供求比

在持续高供应的刺激下，上海的写字楼存量已从核心区向新兴商务区转移。2014 年上海写字楼存量超过 6000 万平方米，其中浦东、黄浦、徐汇等核心区占比下跌至 34%，而普陀、闸北等新兴商务区占比增至 23%。

第二节 写字楼成交价格与租赁

一、交易市场

2014 年写字楼虽然成交量下跌，但成交均价却达到了 2007 年以来的第二高位。主要是因为一方面低价商住产品成交量减少，弱化了对成交均价的影响；另一方面，市区和虹桥商务区中高端写字楼的成交很大程度上提升了写字楼成交均价。全年成交均价为 25 899 元 / 平方米，较 2013 年上涨 14.71%；成交总金额 482.45 亿元，同比 2013 年减少 16.92%。（见图 12-5，表 12-1）

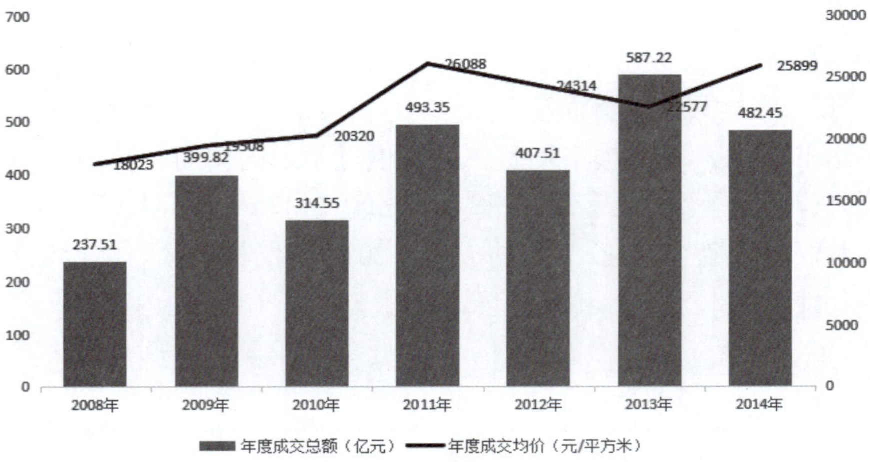

图 12-5 2008 ～ 2014 年上海市写字楼成交价格走势图

表 12-1 2014 年上海写字楼成交面积排行榜 TOP10

排名	楼盘名称	区县	成交面积（平米）	成交套数（套）	成交均价（元/平）
1	上海绿地中心	徐汇	79925	77	58005
2	华润上海万象城	闵行	60804	70	28582
3	新富港中心	黄浦	58847	200	41208
4	虹桥协信中心	闵行	48198	112	28653
5	虹桥搜候商务广场	长宁	43533	157	30000
6	旭辉 U 天地	嘉定	42401	871	15012
7	青浦卓越世纪中心	青浦	40843	423	15324
8	卓越世纪中心	奉贤	39363	601	13092
9	建工大唐国际广场	浦东	38908	159	26602
10	新江湾城科技广场	杨浦	38804	91	17641

二、租赁市场

随着经济增长速度回归到预期水平，上海写字楼租赁市场结束了自2013年下半年以来的连跌走势，在一季度甲级写字楼租金企稳之后，二季度租金开始向上爬升。上海写字楼市场主要驱动力来自金融、专业服务、消费品及贸易等行业的企业租户。金融行业是写字楼需求的最大来源，租赁面积占比26%，而专业服务、零售和制造业亦各自贡献租赁面积的20%。比较而言，陆家嘴作为金融产业聚集板块，受到的产业带动效应更加明显。

2014年金融机构强劲的租赁需求继续推动浦东写字楼市场租金上涨。浦东尤其是陆家嘴板块写字楼市场供不应求，与政策利好和现代服务业的良好表现密不可分。然而在浦西，尽管内资企业租赁活动逐渐活跃，但是市场总体需求疲软，加之2014年有多个新增项目入市，导致浦西部分商圈写字楼市场平均租金反而出现了小幅下滑的情况。

整个上海不同区域的表现各不相同，浦东核心区由于其紧张的供给和旺盛的需求，成为完全的卖方市场；而浦西的核心区和非核心区的供应相对宽裕，但作为主力租户的跨国公司扩张意愿不强，导致浦西的空置率差距有所扩大，这也直接影响到租金的结构性分化走势。

全年主要写字楼租赁交易包括：益普索梅租赁陇镇广场5 000平方米，哈纳斯新能源租赁国际金融中心二期4 800平方米，康奈可租赁万都中心3 000平方米，艾比森租赁金虹桥国际中心2 100平方米，惠氏租赁中信泰富广场2 000平方米，花旗平方米，兴业证券租赁财富广场4 000平方米，威富租赁恒基688大厦6 000平方米，太平洋保险资产管理租赁环球金融中心4 800平方米，当纳利租赁兰生大厦4 000平方米，托德斯租赁会德丰广场2 100平方米，中建中汇律师事务所租赁金外滩国际广场3 300平方米，骏福股权基金租赁会德丰国际广场2 100平方米，优衣库租赁名人商业大厦4 500平方米，康德新药租赁复兴SOHO3 000平方米，中国国际金融有限公司租赁汇亚大厦3 000平方米，长信基金租赁陆家嘴时代金融中心2 200平方米等。

第十三章 商业地产市场

第一节 商业地产市场供给与需求

一、商业地产市场概述

上海商业地产市场，2010年受房地产调控政策影响，住宅房地产的“挤出”效应一时推高了商铺的成交。随后在2012年的松江万达广场、2013年的纳米魔幻城等明星项目的带动下，以及自贸区规划的计划实施，给包含商铺在内的上海房地产市场带来新一波的投资热，使得2013年的商业市场有所回暖。2014年自贸区投资热降温，虽有绿地缤纷广场、禹州商业广场等新盘开售，2014年商铺成交量仍然进入低谷。

另外，近年来随着电子商务的发展，作为实体商业代表的商铺房地产遭受很大冲击。零散商铺的商业形式已经越来越不适应市场的变化，由此引发2014年商服用地“不可分割销售”的限制条件越来越多，商铺“只租不售”的销售模式也越来越常见，商业物业正在探索新的运营模式。

全年商业营业房地产投资457.92亿元，较上年增长23.8%，投资继续保持较快增长。投资占整个房地产业4.3%，较上年略有上升。商业营业房产 施工面积1 751.99万平方米，开工面积388.03万平方米，竣工面积208.36万平方米。

二、商业地产市场供应量分析

2014年，上海商业营业房产施工面积1 751.99万平方米，较上年增长16.7%；开工面积388.03万平方米，较上年增长41.1%；竣工面积253.45万平方米，较上年下降17.8%。(见图13-1)

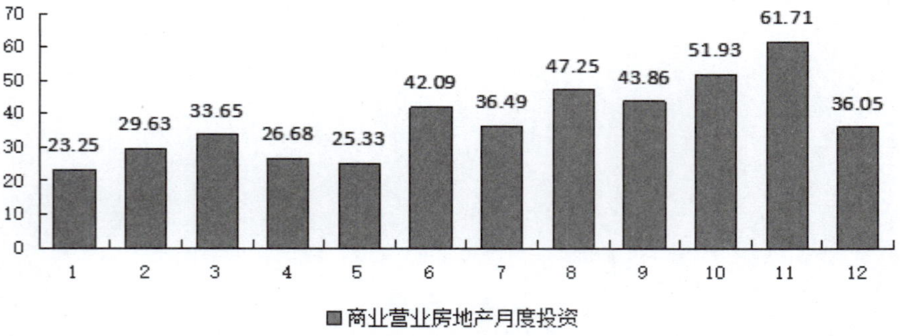

图13-1 2014年上海市商业营业用房月度投资（单位：亿元）

2014年，上海商业营业房产销售102.86万平方米，较上年下降11.7%。销售金额226.44亿元，较上年增长0.8%。连续第二年销售面积下降，销售金额上升，产品均价进一步提高。(见图13-2)

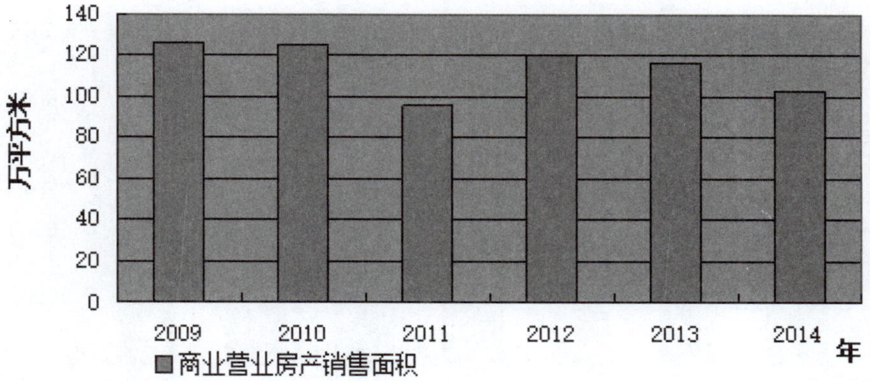

图 13-2　2009 ～ 2014 年上海市商业营业用房销售面积　（单位：万平方米）

三、成交价格分析

2014 年上海商业房产成交均价为 22 014 元 / 平方米，同比 2013 年 19 293 元 / 平方米的均价上涨 14.1%。由于迪斯尼等一下利好因素的推动，周边区域热点不断，进一步推高商业营业用房的平均价格。(见图 13-3)

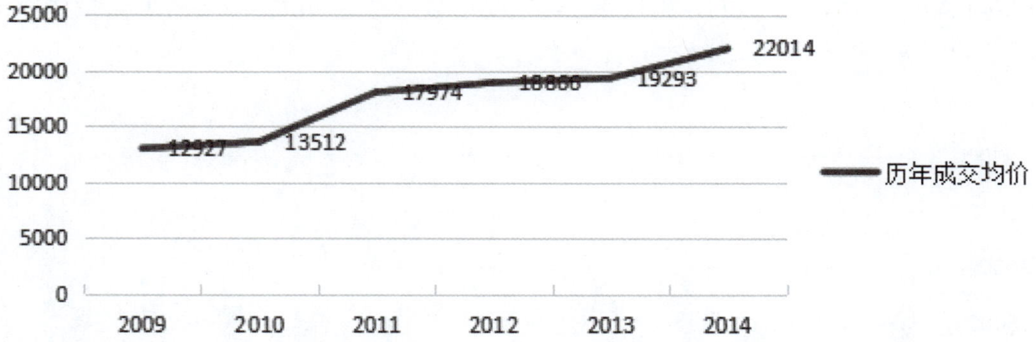

图 13-3　2009 ～ 2014 年上海市商业营业用房成交均价走势

第二节　商铺市场分析

从近年来上海商铺市场成交走势来看，2008 年以前受经济环境的驱动，商铺市场获得较好的上升空间，但 2008 年全球金融危机使商铺成交进入低谷，2010、2011 年在房地产调控政策影响下，住宅的挤出效应推高了商铺的成交；但挤出效应难以长久维系，商铺成交量走低。2012 下半年在松江万达、纳米魔幻城等明星产品带动下，商铺成交量回升，2013 年自贸区的启动更为包含商铺在内的上海房地产市场带来新一波投资热潮。2014 年自贸区热降温，市场恢复理性，商铺成交量进入低谷，创 8 年来最低。全年市商铺成交 10238 套，较 2013 年减少 28.56%；成交均价 21147 元 / 平方米，达 8 年来最高；成交总额 285.29 亿元，同比上一年下跌 24.42%。(见图 13-4)

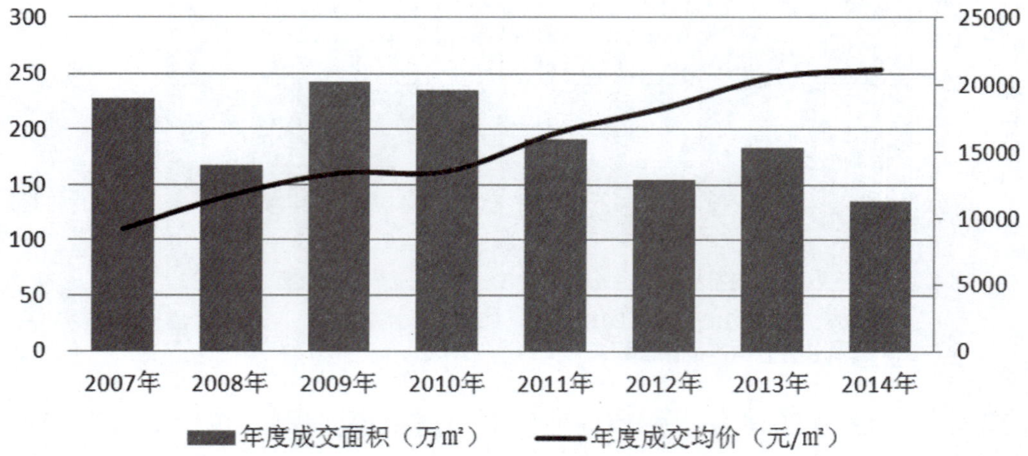

数据来源：佑威数据研究中心

图 13-4 2007 ～ 2014 年上海商铺成交走势

同比 2013 年数据，2014 年除 12 月份有较大幅度的上涨，9 月小幅上扬外，其余 10 个月份均有明显下跌，随着市场环境的复杂化及新品持续缺乏的影响，投资者行为逐渐理性。12 月在浦东新区放量刺激下，月成交量超 25 万方，创近两年来新高，2014 年翘尾收官。（见图 13-5）

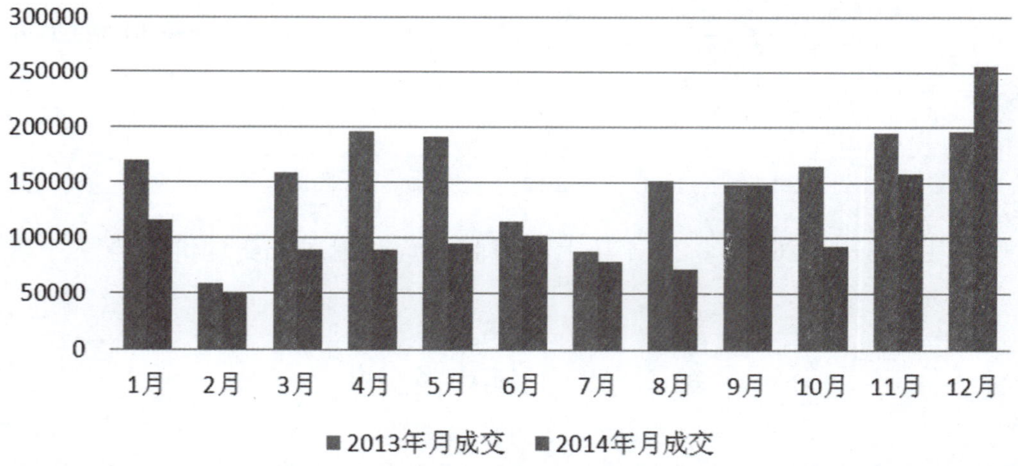

图 13-5 2013 ～ 2014 上海商铺月度成交量走势

根据搜房网数据监控中心统计，2014 年全市商铺供求比高达 1.97:1，新增供应量逾 266 万平方米。其中，浦东区新增可售商铺面积逾 70.9 万平方米，远高于其他区县；全市仅静安、长宁两区供 不应求，奉贤、宝山供求基本平衡，其余 13 区县去化压力均有不同程度的加大。（见图 13-6）

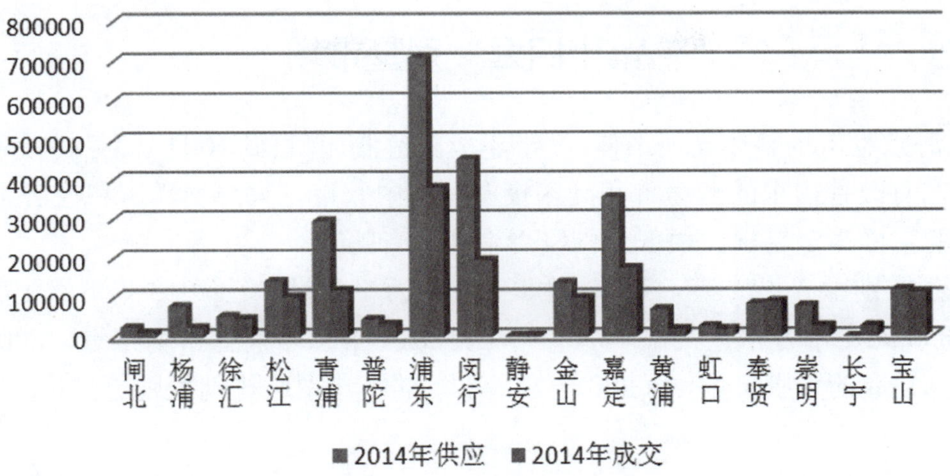

图 13-6 2014 年各区县成交价格

受浦东国际旅游度假区、自贸区、16 号线通车等规划利好因素影响，以及居住范围的扩大，以社区型商铺、综合市场商铺为主要业态的商铺受到市场认可，其中，以浦东新区最为明显，在 2014 年成交面积前十的榜单上，浦东新区商铺占据 4 成席位，且全部为社区型商铺和综合类商铺。（见表 13-1）

表 13-1 2014 年上海商铺成交面积前十

排名	楼盘名称	区县	成交面积（平米）	成交套数（套）	成交均价（元/平）
1	上海国际机电五金交易中心	嘉定	37380	454	11370
2	绿地缤纷广场	浦东	27267	197	26075
3	地杰国际城	浦东	19744	130	27883
4	上海金山万达广场	金山	19665	201	31955
5	宝龙城市广场	浦东	18375	69	20672
6	城开中心	闵行	18239	92	54828
7	五角世贸商城	浦东	16953	562	7087
8	御翠豪庭	长宁	16386	12	31621
9	水都南岸	青浦	16048	134	9818
10	虹桥协信中心	闵行	14867	29	38207

第十四章　别墅市场

2014年上海别墅市场整体表现不佳，上半年成交量低迷，直到10月一系列利好政策落地，楼市信心好转，有改善需求的购房者和高端投资客集中入市，大户型洋房和经济型小别墅成为这部分人群的主要锁定目标，中低价别墅受消费者青睐。

全年成交各类别墅5 272套，销售面积257.24万平方米，较2013年下滑18.1%，成交均价为33 413.9元/平方米，上涨15.5%。纵观2014年总体别墅市场来看，300～600万元是市场关注度较高的别墅价位，而200平方米以下的小户型联排别墅则更受市场欢迎。（见表14-1）

表14-1　2014年上海别墅、高档公寓各项指标

指标	2000	2010	2011	2012	2013	2014
施工面积（万平方米）	254.11	1 584.11	1 682.51	1 425.77	1 448.75	1 575.97
竣工面积（万平方米）	66.38	328	319.89	275.91	236.4	180.1
开发投资额（亿元）	40.72	373.67	369.24	335.08	348.6	360.01
销售面积（万平方米）	53.44	341.71	237.32	234.56	314.2	257.24
销售额（亿元）	32.65	852.62	637.27	661.35	908.58	859.54
出租面积（万平方米）	37.43	76.18	75.4	73.26	63.61	60.39
销售均价（元/平方米）	6 109.66	24 951.57	26 852.77	28 195.34	28 917.25	33 413.93

一、供应量分析

2014年，上海别墅、高档公寓投资360.01亿元，较上年增加3.3%，占整个房地产开发投资11.2%，施工面积1 575.97万平方米，较上年增长8.8%，其中新开工面积276.90万平方米，较上年增加9.8%。竣工面积逐年下降，2014年为180.10万立方米，较上年下降23.8%，竣工价值106.73亿元。（见图14-1、图14-2、图14-3）

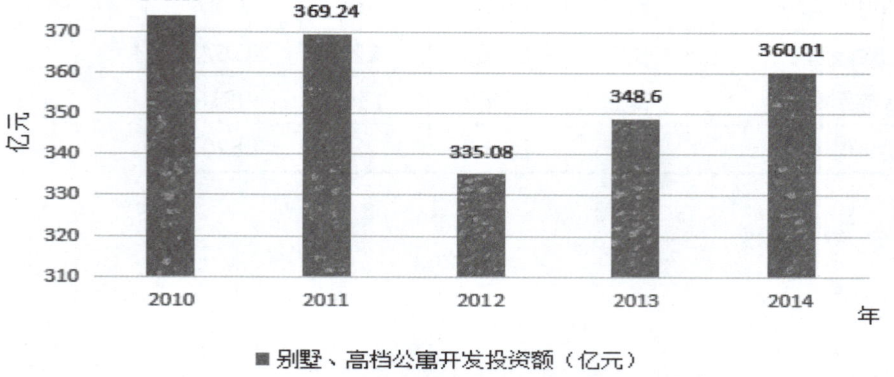

图14-1　2010～2014年上海别墅、高档公寓投资额

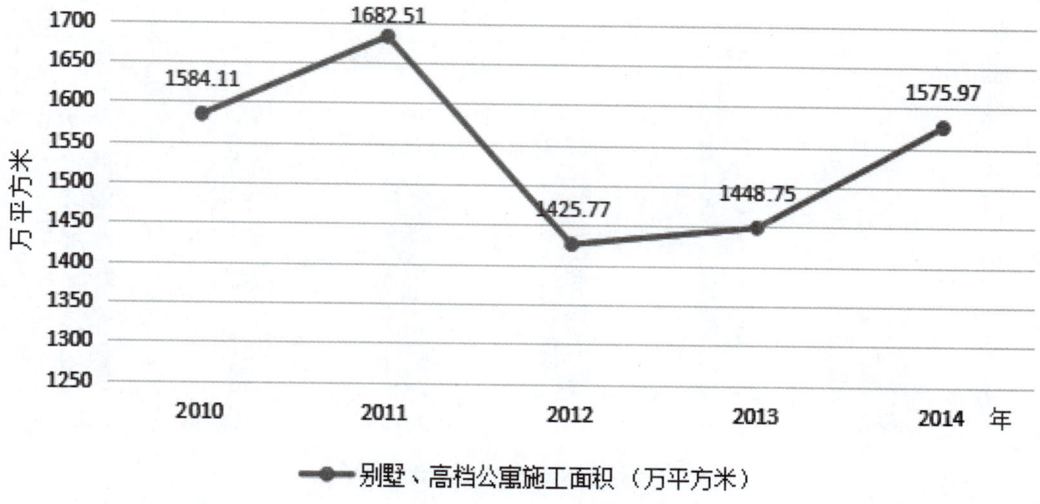

图 14-2　2010 ～ 2014 年上海别墅、高档公寓施工面积

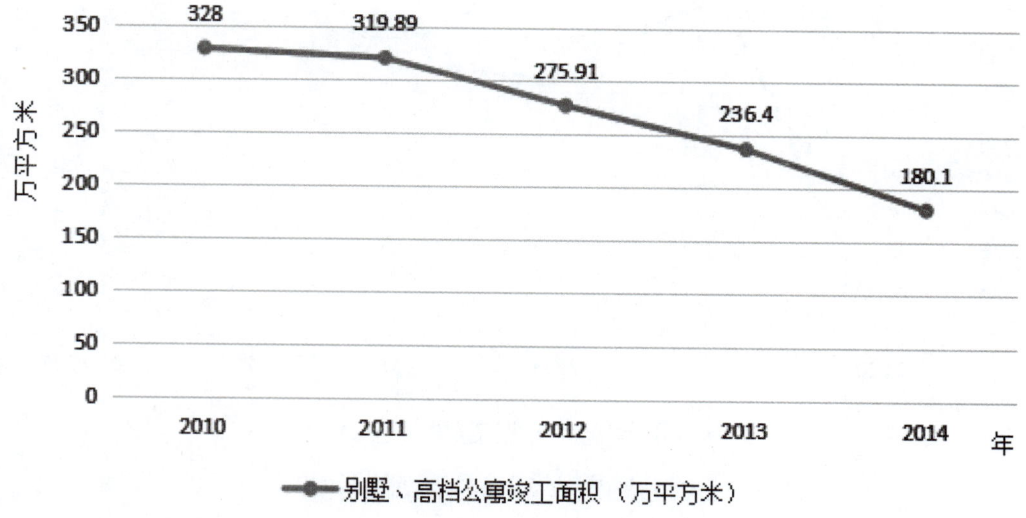

图 14-3　2010 ～ 2014 年上海别墅、高档公寓竣工面积

二、成交量分析

2014 年上海销量各类别墅 5 272 套，销售面积 257.24 万平方米，相较于 2013 年下降 18.1%；销售金额达 859.54 亿元，较上年下降 5.4%。（见图 14-4、图 14-5）

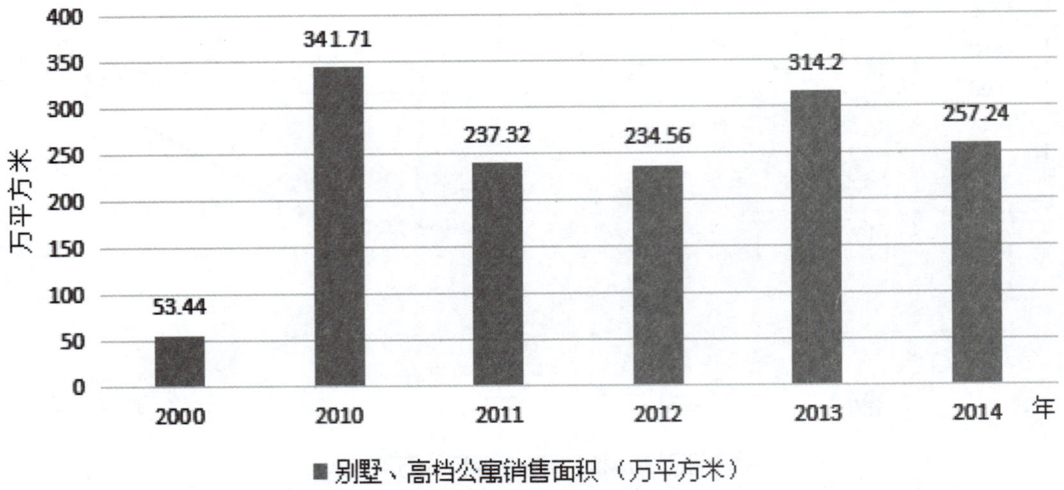

图 14-4 上海别墅、高档公寓销售面积

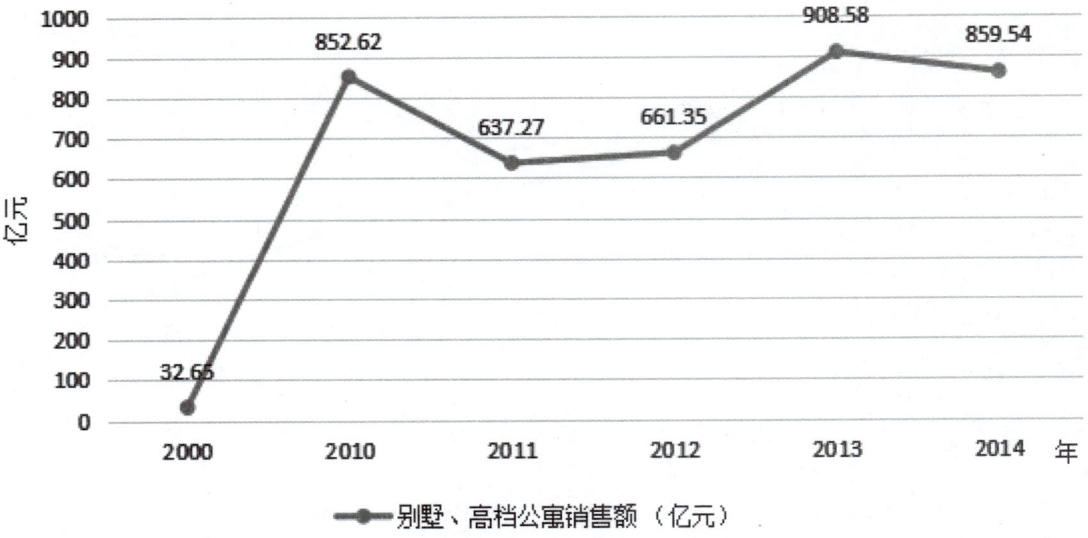

图 14-5 上海别墅、高档公寓销售金额

三、成交价格分析

2014 年上海别墅、高档公寓市场成交量与成交总金额呈双降态势，但成交均价上涨势头不改，全年均价为 33 413.9 元 / 平方米，同比更是上涨 15.6%。（见图 14-6）

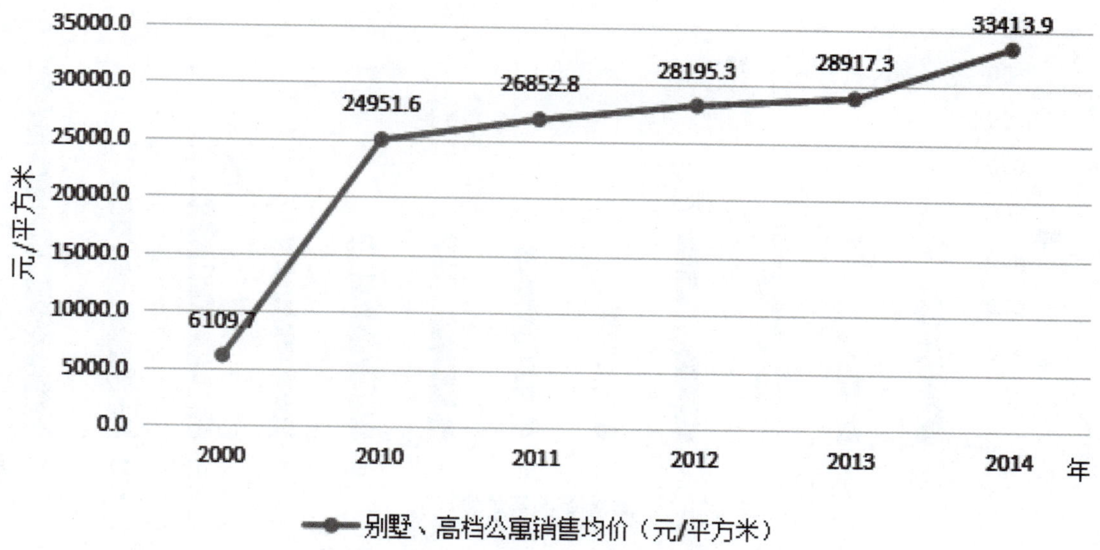

图 14-6　上海别墅、高档公寓销售均价走势图

纵观全年，月度签约均价波动较为显著，2 月份受春节假期影响，别墅均价为 27 980 元 / 平方米；高峰发生在金五月，别墅均价达 37 875 元 / 平方米；年底 3 个月为上海市别墅成交的高峰期，12 月翘尾，别墅均价达到了 33 744 元 / 平方米，成全年第二高峰。（见图 14-7、图 14-8）

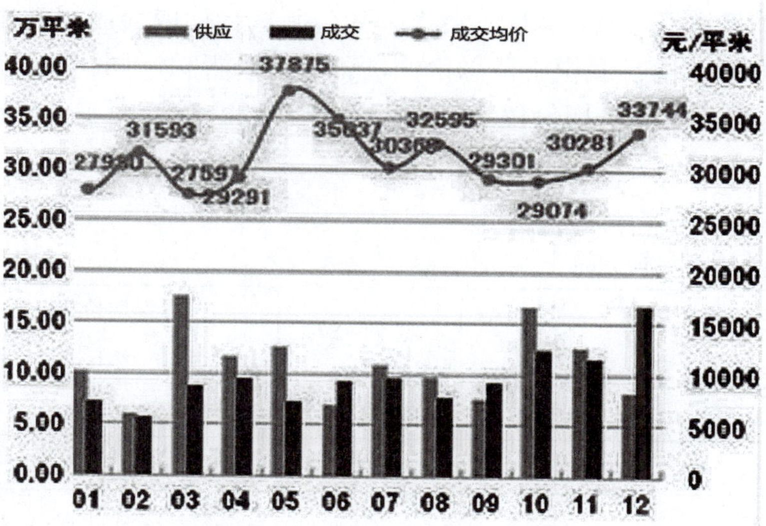

图 14-7　2014 年上海市别墅供应及成交走势

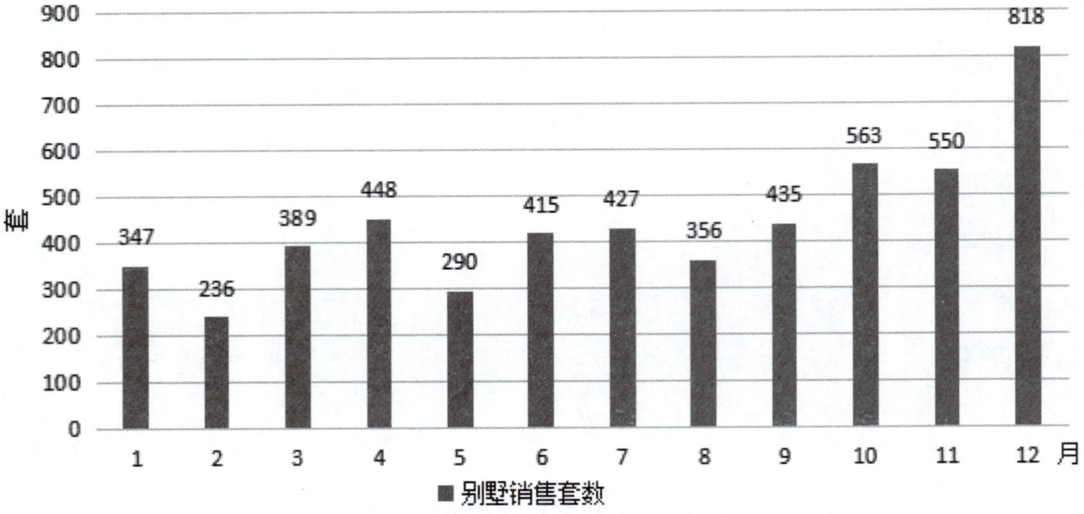

图 14-8 2014 年上海市别墅每月销售套数

四、热点楼盘分析

在 2014 年上海别墅市场整体表现不佳的情况下，小户型别墅依然能吸引大批消费者。总价在 350 万至 800 万元之间，相对门槛降低，小户型别墅收到消费者青睐。在销售前十名项目中，低于 200 平方米的小户型联排项目还有周康板块的御沁园别墅、泗泾板块的中海悦府、柘林板块的招商海廷，三盘分别成交 136 套、176 套和 129 套。松江新城东区的龙湖好望山以 149 套、3.46 万平方米的业绩位列别墅榜单亚军位置，目前该盘已售罄。位于宝山杨行板块的绿地海域笙晖在 2014 年共成交 432 套房源，合计成交面积为 4.43 万平方米，套均面积仅为 103 平方米，由于面积小，总价低，备受市场青睐。同样位于该板块的招商海德名门别墅 2014 年热销 205 套，均价仅 2.7 万元 / 平方米，套均面积约 159 平方米。（见表 14-2）

表 14-2 2014 年上海别墅成交前十名

排名	项目名称	区域	成交套数	成交均价（元 / 平方米）
1	绿地香颂别墅	奉贤	432	158 325
2	海德花园	宝山	205	88 446
3	中海悦庭	松江	176	82 379
4	龙湖好望山城	松江	149	78 074
5	蔚澜香醍苑	嘉定	141	73 523
6	御沁园	浦东	136	69 078
7	招商海湾别墅	奉贤	132	64 931
8	华贸东滩花园鹭湖郡	崇明	125	62 602

9	路劲海尚苑	嘉定	112	61 588
10	碧海金沙.嘉苑	奉贤	101	59 097

第五篇

区域

ALMANAC OF
SHANGHAI REAL ESTATE

第十五章 上海主要区域房地产市场

第一节 综述

2014 年，上海全市 17 个区县商品住宅相比 2013 年整体成交均价都出现上涨的态势。最大涨幅出现在浦东新区，成交均价 31 091 元 / 平方米，涨幅高达 21.64%。其次涨幅较大的是崇明，成交均价是 19 177 元 / 平方米，涨幅达 18.16%。涨幅最小的是青浦区，成交均价为 20 480 元 / 平方米，涨幅为 3.58%。

从各区县 2014 年的成交均价来看，成交均价高于 3 万元 / 平方米的有 10 个，比 2013 年增加 2 个区域，其中浦东和闵行挤进了成交均价高于 3 万元 / 平方米的区域，另外 8 个分别是普陀、杨浦、徐汇、闸北、长宁、新黄浦区、虹口和静安，其中静安区成交均价最高，报于 79 357 元 / 平方米。值得注意的是，2014 年虹口和长宁 2 区的商品住宅成交均价跻身年成交均价 5 万元 / 平方米的行列。从整个 2014 年来看，沪在售商品住宅和新开盘楼盘报价幅度均上扬，其次在楼盘让利方面，2014 年全年优惠数量及优惠幅度减少，使得上海 17 区县房价均呈现正增长态势。（见图 15-1、图 15-2）

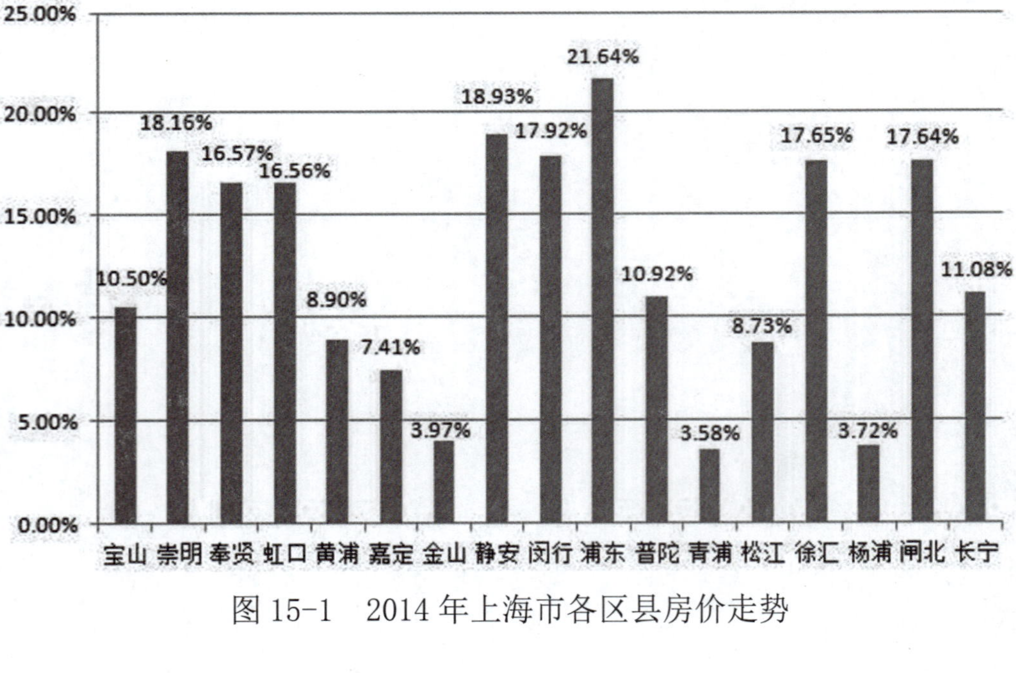

图 15-1 2014 年上海市各区县房价走势

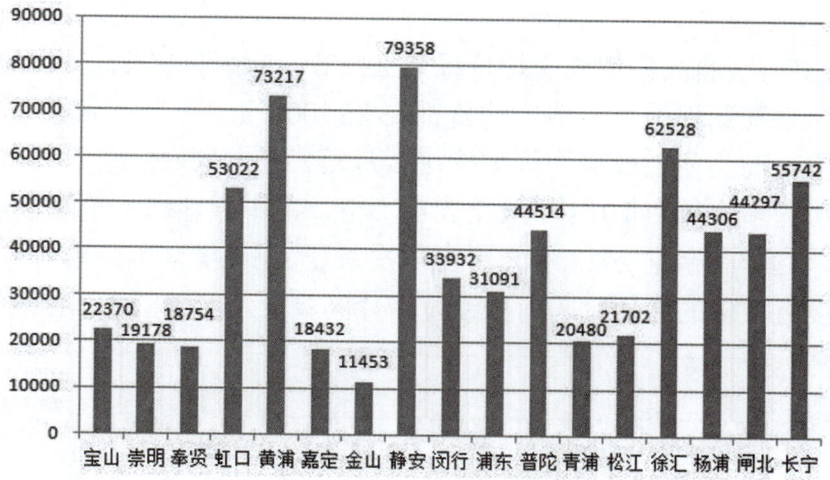

图 15-2　2014 年上海市各区县商品住宅成交均价

第二节　上海市各区县房地产市场

一、浦东新区

2014 年上海浦东新区商品住宅成交均价报于 31 091 元 / 平方米，同比上涨 21.64%。从全年走势来看，浦东新区商品住宅成交均价稳中有升，5、12 两个月上涨明显，达到全年成交均价的两个高峰值，均价超过 3.6 万元 / 平方米，最高报于 37 634 元 / 平方米。浦东新区 2013 年受自贸区新政和迪斯尼叠加利好，周康板块、外高桥、川沙等区域板块内新房成交量较大，中金海棠湾和绿城上海御园全年成交量都非常可观，跻身全年销售排行榜前十之列。特别是中金海棠湾作为周康区域内的价格洼地，在周边房价都较高的情况下，中金海棠湾一路销售业绩也表现得非常抢眼。绿城上海御园作为外高桥中外环的高端住宅项目，销售业绩也一路领先，提升了浦东的成交均价。（见图 15-3）

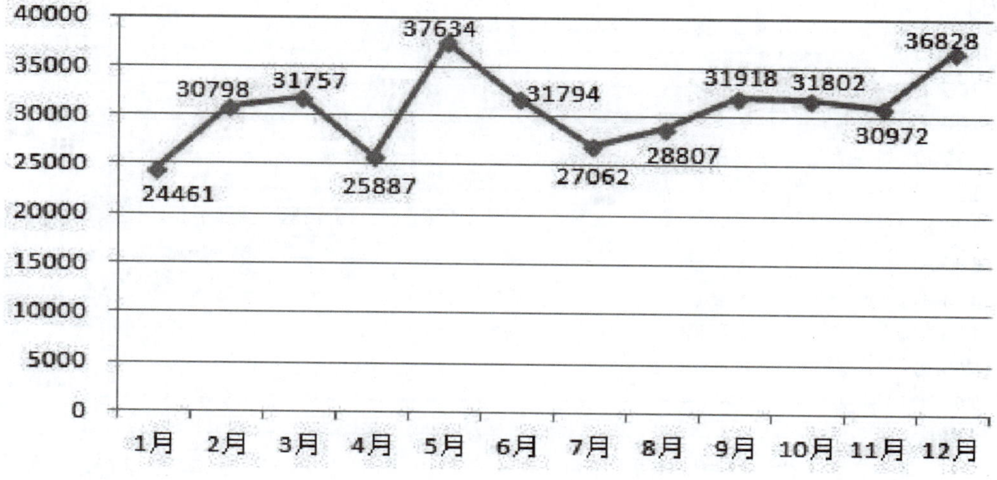

图 15-3　2014 年浦东新区商品住宅成交均价走势

二、宝山区

2014 年上海宝山区商品住宅成交均价报于 22 370 元 / 平方米，同比上涨 10.5%。宝山区成交均价最高出现在第四季度，成交均价都在 25 000 元 / 平方米高位徘徊；从整个全年成交均价来看，宝山商品住宅成交均价维持在 2 万元 / 平方米均线之上。作为刚需购房的首选区域之一，宝山区多个项目 2014 年成交表现不俗，其中绿地海域笙晖位居 2014 年上海全年成交榜单榜首，远洋香奈继 2013 年之后也再次荣登 2014 年全年榜单前五。同时也由于这两个项目在第四度有较多的去化，因而持续拉高片区单价。（见图 15-4）

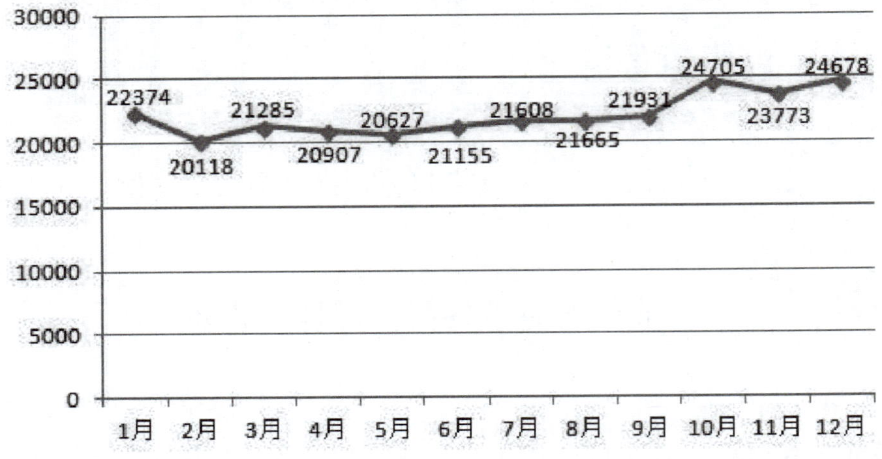

图 15-4 2014 年宝山区商品住宅成交均价走势

三、嘉定区

2014 年上海嘉定区商品住宅成交均价报于 184 32 元 / 平方米，同比上涨 7.41%。从全年走势来看，嘉定区商品住宅价格 2014 年除了第一季度价格急剧下降以外，其余三个季度维持 1.8 ～ 1.9 万 / 平方米之间。

从热销项目来看，由于该区域内主打刚需盘，一些热销的项目如新城香溢澜庭、保利星海屿、中建溪岸澜庭、华润中央公园、绿地海域苏河源等 5 个项目荣登前 15 榜，表现得格外抢眼。（见图 15-5）

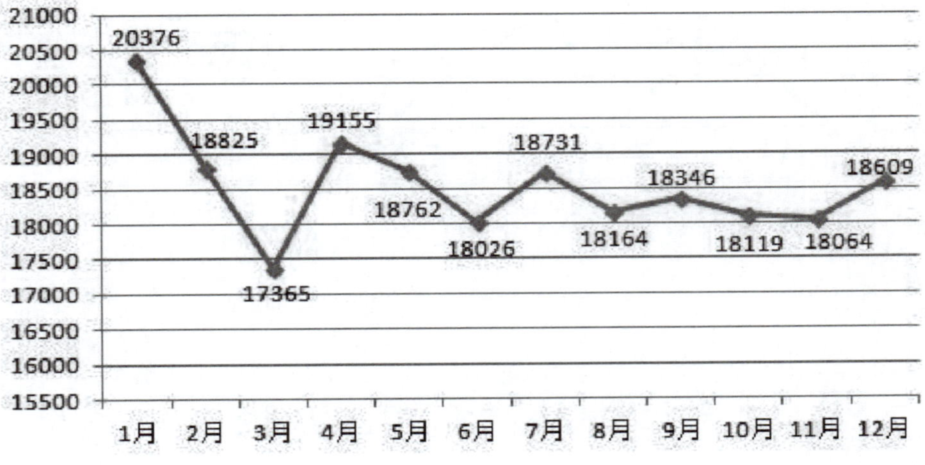

图 15-5 2014 年嘉定区商品住宅成交均价走势

四、静安区

2014 年上海静安区商品住宅成交均价报于 79 853 元 / 平方米，同比上涨 18.93%。从全年走势来看，静安区商品住宅成交均价稳步走高，12 月份达全年最高，报于 84 892 元 / 平方米。由于静安区可售一手商品住宅较少，因而全年一手房成交量较少，但是个别楼盘成交均价高，使得成交均价涨幅继续攀升。（见图 15-6）

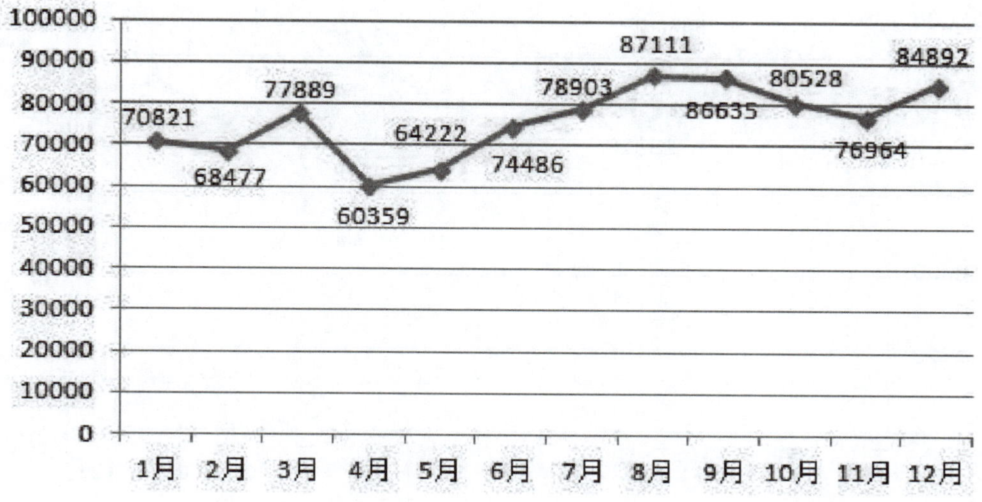

图 15-6　2014 年静安区商品住宅成交均价走势

五、普陀区

2014 年上海普陀区商品住宅成交均价报于 44 514 元 / 平方米，同比上涨 10.92%。从全年走势来看，普陀区商品住宅成交均价 2014 年波动较为明显，其中 11 月份的成交均价跌入全年的谷底，报于 43 230 元 / 平方米；该区域内的新湖明珠城在 5、6 月份销售业绩表现不菲，一定程度上拉低了普陀区的成交均价；此外，处在长风生态商务区上河湾的成交业绩表现不错，总体上拉低了 2014 年的成交均价。（见图 15-7）

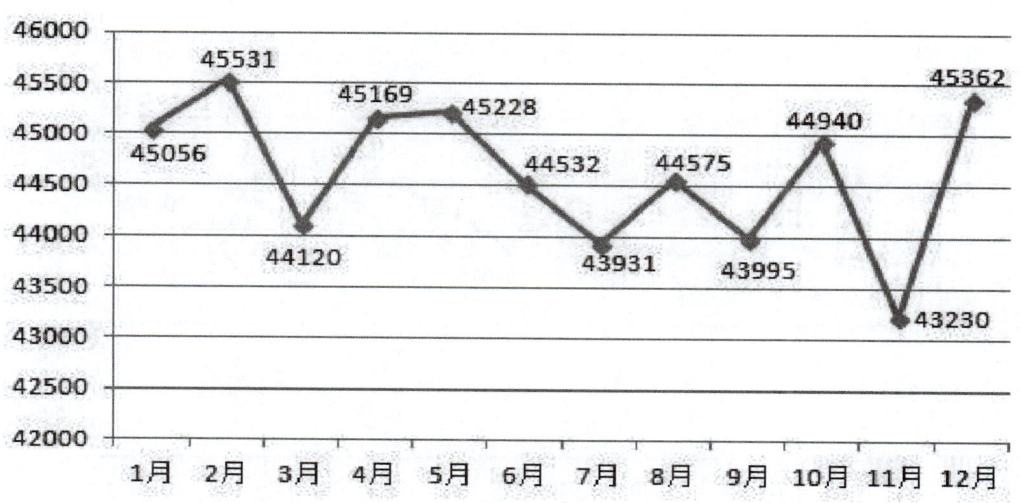

图 15-7　2014 年普陀区商品住宅成交均价走势

六、青浦区

2014 年上海青浦区商品住宅成交均价报于 20 480 元 / 平方米，同比上涨 3.58%。从全年走势来看，2014 年青浦区的房价起伏不大但稳中有升，最高均价出现在 8 月份，报于 22 748 元 / 平方米；此外，2014 全年中有 7 个月份成交均价高于 2 万元 / 平方米。位于青浦北部的绿地新堤香公馆 2014 年成交表现抢眼，挤进年度排名成交面积前十。（见图 15-8）

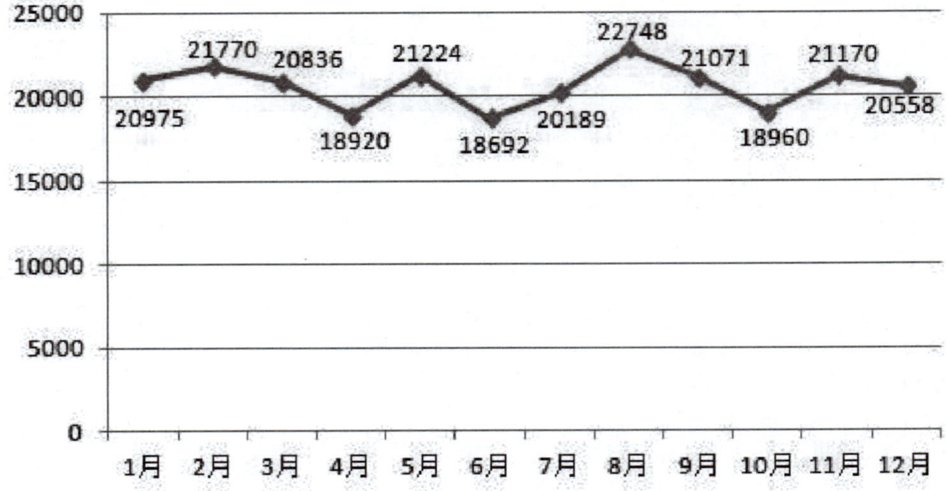

图 15-8 2014 年青浦区商品住宅成交均价走势

七、奉贤区

2014 年上海奉贤区商品住宅成交均价报于 18 754 元 / 平方米，同比上涨 16.57%。从全年走势来看，奉贤区商品住宅成交均价下半年上涨明显，12 月的成交均价创全年最高，报于 24 636 元 / 平方米。受到地铁 5 号线延伸段规划的利好拉动，奉贤的商品住宅成交价格有了明显的增长。区域内秋月朗庭和佳兆业 8 号全年成交表现抢眼，其中秋月朗庭荣进 30 强销售榜单。（见图 15-9）

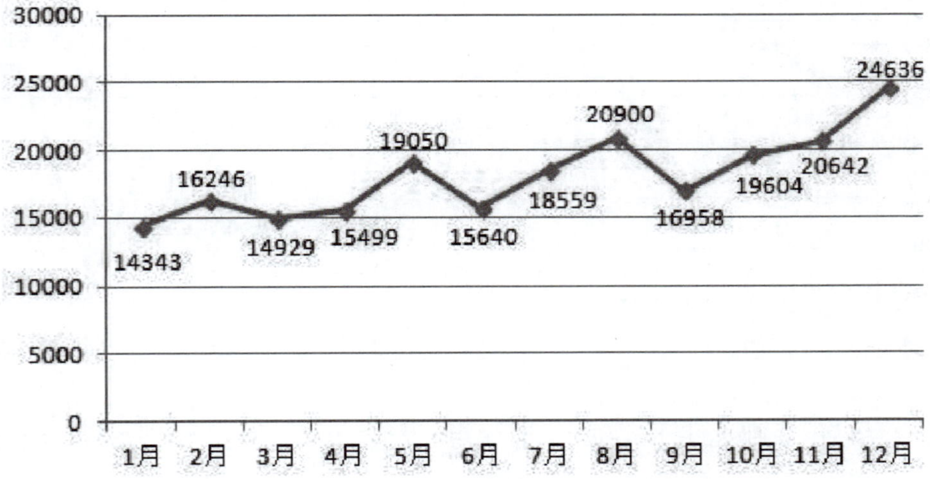

图 15-9 2014 年奉贤区商品住宅成交均价走势

八、金山区

2014 年上海金山区商品住宅成交均价报于 11 453 元 / 平方米，同比上涨 3.97%。从全年走势来看，金山区商品住宅全年成交均价波动幅度较大，特别是 6 月份的成交均价跌入谷底，报于 10 684 元 / 平方米。金山成交均价较 2013 年来说，成交均价低于万元的楼盘恐再难出现。（见图 15-10）

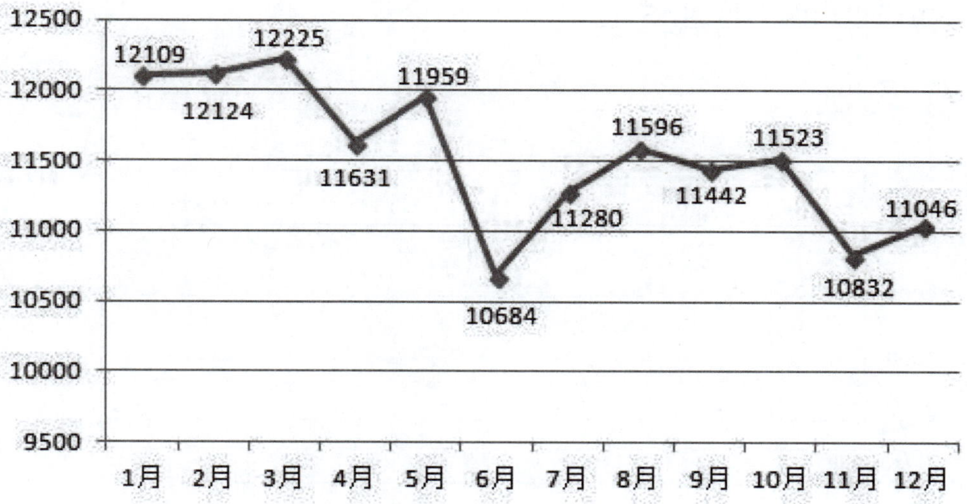

图 15-10　2014 年金山区商品住宅成交均价走势

九、闸北区

2014 年上海闸北区商品住宅成交均价报于 44 297 元 / 平方米，同比上涨 17.64%。从全年走势来看，闸北区 2014 年商品住宅成交均价增长明显，尤其是 7 月份全年成交均价最高，报于 51 658 元 / 平方米。由于区域内在售项目较少，单个楼盘如象屿大宁悦府成交均价超过 46 000 元 / 平方米，因此区域内成交均价较前一年上涨明显。（见图 15-11）

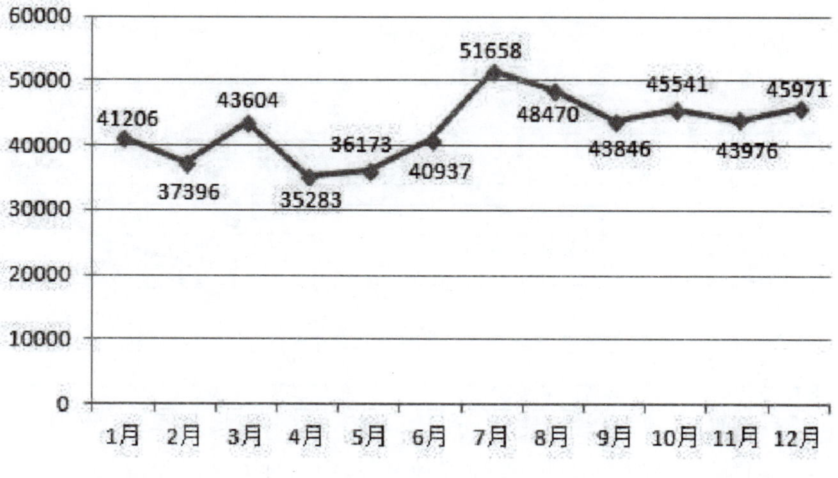

图 15-11　2014 年闸北区商品住宅成交均价走势

十、崇明县

2014 年上海崇明县商品住宅成交均价报于 19 177 元 / 平方米，同比上涨 18.16%。从全年走势来看，崇明县商品住宅成交均价波动较大，最高出现在 5 月份，报于 24 225 元 / 平方米，最低则出现在 2 月份，报于 13 634 元 / 平方米。从整个 2014 年成交量来看，崇明县 2014 年全年商品住宅成交量较少，崇明县主要是高端住宅包括度假型别墅为主，特别是华贸东滩花园和绿地曼哈顿高价成交，使得整个区域成交均价走高。此外，崇明绝大部分普通住宅还是在 1 万元 / 平方米以内。（见图 15-12）

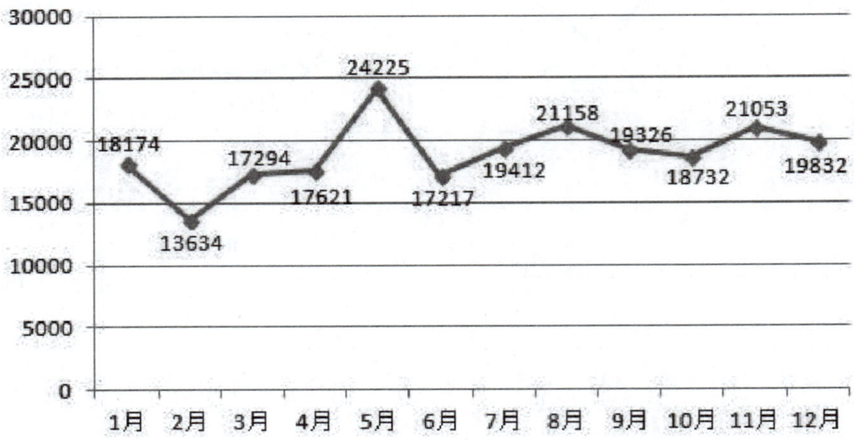

图 15-12　2014 年崇明县商品住宅成交均价走势

十一、杨浦区

2014 年上海杨浦区商品住宅成交均价报于 44 306 元 / 平方米，同比上涨 3.72%。从全年走势来看，杨浦区 1、2 月份成交均价在全年达到高峰值以后，后续 10 个月开始全线下降，且在 42 500 ～ 44 500 元 / 平方米之间波动变化。（见图 15-13）

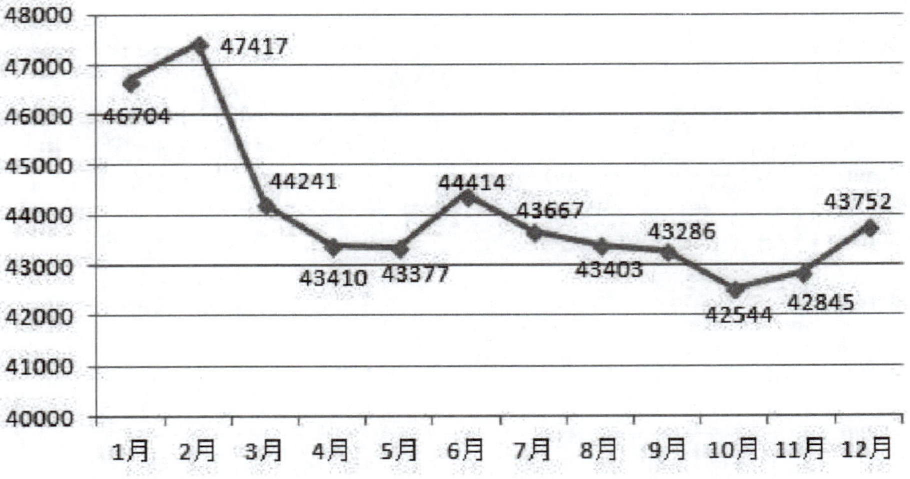

图 15-13　2014 年杨浦区商品住宅成交均价走势

十二、长宁区

2014 年上海长宁区商品住宅成交均价报于 55 742 元 / 平方米，同比上涨 11.08%。长宁区成交均价最高出现在 12 月份，报于 61 449 元 / 平方米。长宁区作为传统的“上海市中心”区域之一，且受到大虹桥交通枢纽的利好拉动，成交均价 2014 年出现同比超 11.08% 的涨幅。（见图 15-14）

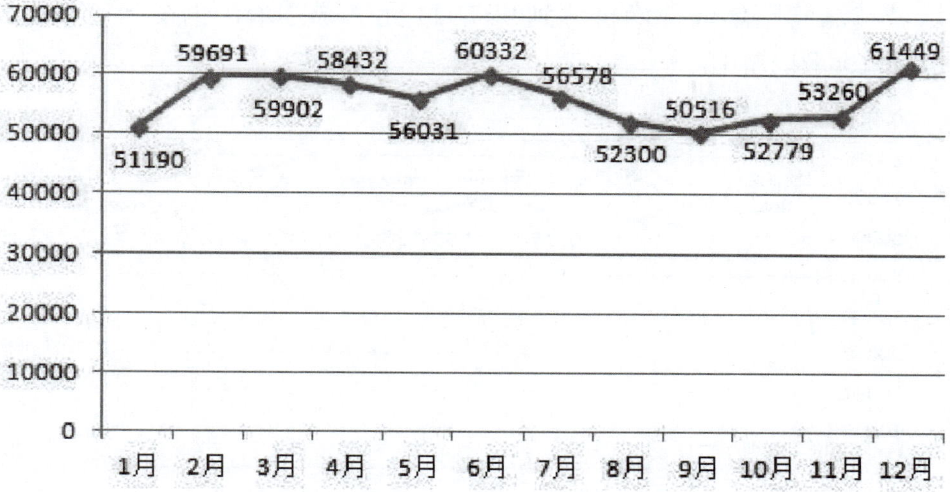

图 15-14　2014 年长宁区商品住宅成交均价走势

十三、虹口区

2014 年上海虹口区商品住宅成交均价报于 53 022 元 / 平方米，同比下跌 16.56%。从全年房价走势来看，虹口区 2014 年四个季度走势较为平稳，均价主要在 50 000 元 / 平方米上下浮动。虹口区地理位置优越，可售项目稀缺，因此，一手商品住宅成交均价受当季热销项目影响较大。2014 年地处虹口四川北路板块的瑞虹新城延续 2013 年的火爆业绩，上半年成交再次表现抢眼，从而拉高了区域内的成交均价。（见图 15-15）

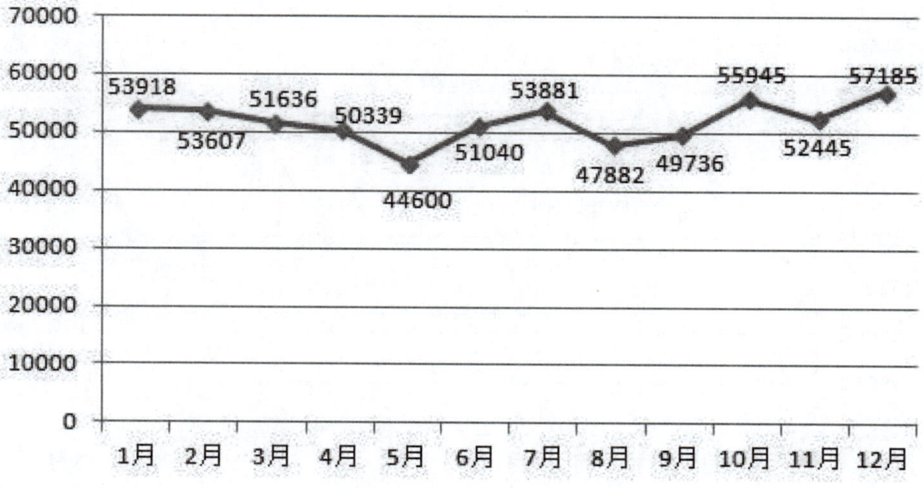

图 15-15　2014 年虹口区成交均价走势

十四、黄浦区

2014 年上海黄浦区商品住宅成交均价报于 73 217 元 / 平方米，同比上涨 8.90%。从全年走势来看，黄浦区商品住宅成交均价稳中有升，其中 5 个月均价高于 7 万元 / 平方米，而 9 月份最高，报于 80 386 元 / 平方米。作为传统的市中心区域，黄浦区和静安、虹口等区情况有相近之处，成交均价受区域内在售项目影响，所以成交均价涨幅不会过大。黄浦区成交较好的豪宅绿城黄浦湾整体成交均价达到 95 044 元 / 平方米，也在一定程度上拉高了黄浦区的成交均价。（见图 15-16）

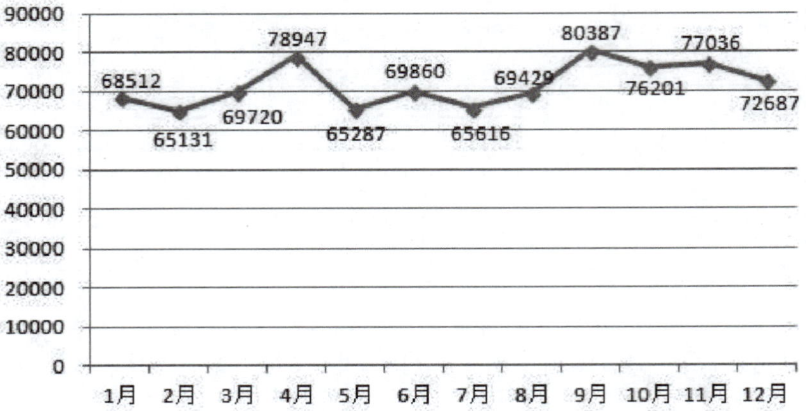

图 15-16 2014 年黄浦区商品住宅成交均价走势

十五、徐汇区

2014 年上海徐汇区商品住宅成交均价报于 62 528 元 / 平方米，同比上涨 17.65%。从全年走势来看，整个 2014 年全年商品住宅成交均价呈现几个波峰的状态，3 月份成交均价达到全年最高峰，报于 66 549 元 / 平方米。其中该区域内的保利西岸和尚汇豪庭成交表现得比较抢眼，特别是作为高端住宅代表的尚汇豪庭突破 77 576 元 / 平方米，也在一定程度上拉动了区域内的成交均价。（见图 15-17）

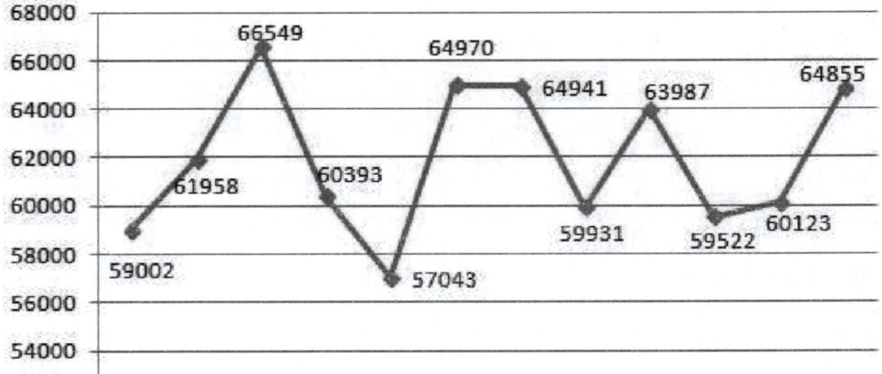

图 15-17 2014 年徐汇区商品住宅成交均价走势

十六、闵行区

2014 年上海闵行区商品住宅成交均价报于 33 932 元 / 平方米，同比上涨 17.92%。从全年走势来看，闵行区 2013 年房价波动较为平稳，其中 5 月成交均价达到全年最高峰，商品房成交均价为 40 469 元 / 平方米，高出全年成交均价 19.26%。闵行区域成交均价高位走高，与位于马桥板块的万科城项目全年销售业绩好不无关系，该项目荣登全年销售排行榜第二。（见图 15-18）

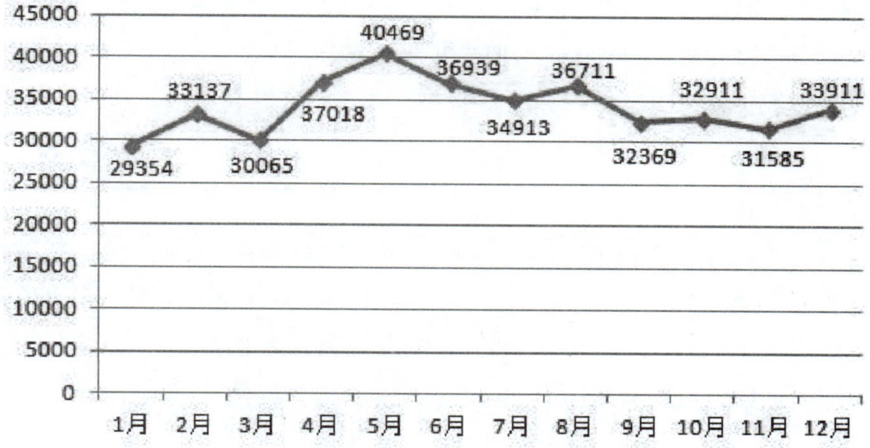

图 15-18　2014 年闵行区商品住宅成交均价走势

十七、松江区

2014 年上海松江区商品住宅成交均价报于 21 701 元 / 平方米，同比上涨 8.73%。从全年走势来看，松江区商品住宅以 6、7 月份为对称轴，上半年和下半年房价稳步上涨；6 月份，松江区的成交价格创全年最高，报于 23 820 元 / 平方米。从热销项目来看，2014 年松江区表现最为突出的是位于松江泗泾的金地自在城和松江大学城的万科梦想派，两个项目均挤进年度销售排行榜前十，其中金地自在城位居第三。（见图 15-19）

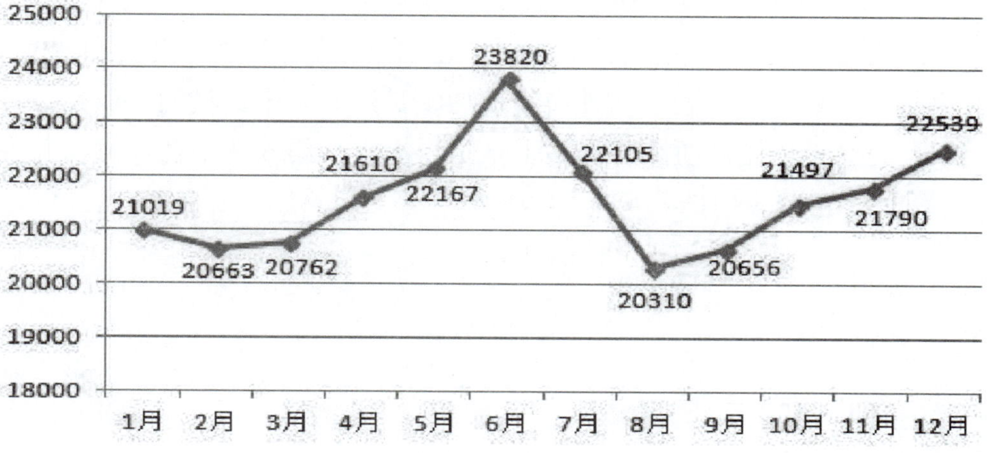

图 15-19　2014 年松江区商品住宅成交均价走势

第十六章 上海周边房地产市场

第一节 浙江省房地产市场概况

2014 年浙江省房地产政策实践发生转变，所有限购城市都松绑限购政策，一些城市还采取“微刺激”手段，如减税、购房补贴、公积金新政、普通住宅标准调整等，鼓励住房消费，加快去库存，促进当地房地产市场健康发展。政策导向从“抑制房价过快上涨”变为“促进房地产市场平稳健康发展”。

一、房地产开发投资

2014 年浙江省完成房地产投资总额为 7 262.38 亿元，同比增长 16.8%。其中，商品住宅完成投资 4 594.17 亿元，占 63.26%，同比增长 12.3%；办公楼、商业营业用房和其他房屋的投资分别为 487.62 亿元、949.34 亿元和 1 231.25 亿元，同比增长分别为 29.2%、32.3%、19.3%。商品住宅投资占比最高，但增幅明显低于其他类型商品房。（见表 16-1）

表 16-1 2014 年浙江省不同用途房地产开发投资额、占比及增幅

用途	投资额（亿元）	占比（%）	增幅（%）
住宅	4 594.17	63.26	12.3
办公楼	487.62	6.71	29.2
商业营业用房	949.34	13.07	32.3
其他房屋	1 231.25	16.95	19.3
合计	7 262.38	100.00	16.8

资料来源：根据 2014 年 1 ～ 12 月浙江省房地产开发情况表数据整理得到。

房地产投资总额虽然有所增长，房地产投资增幅是近 5 年中最低的。但是，与全国房地产投资增长 10.5% 的水平相比，浙江省仍高于全国平均水平约 6.3 个百分点，并且近三年增幅基本平稳。（见图 16-1、图 16-2）

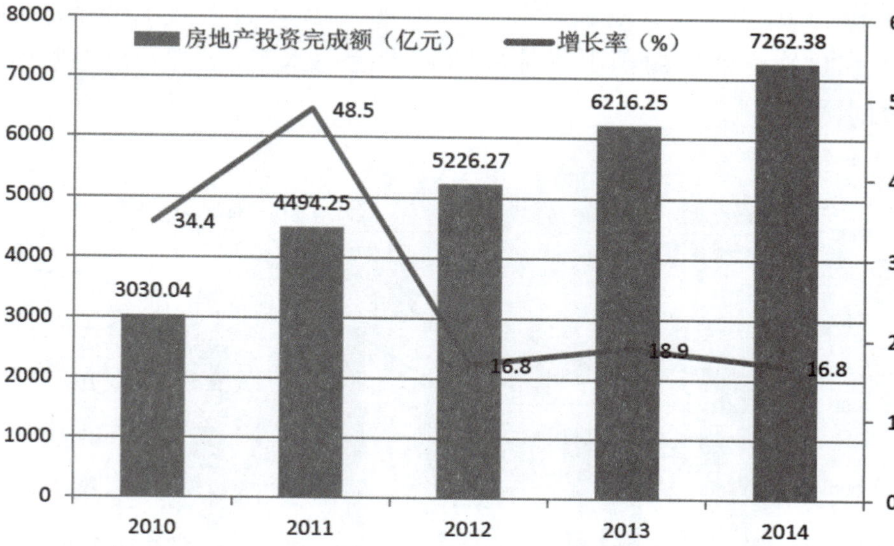

图 16-1　2010 ～ 2014 年浙江房地产投资及其增长率

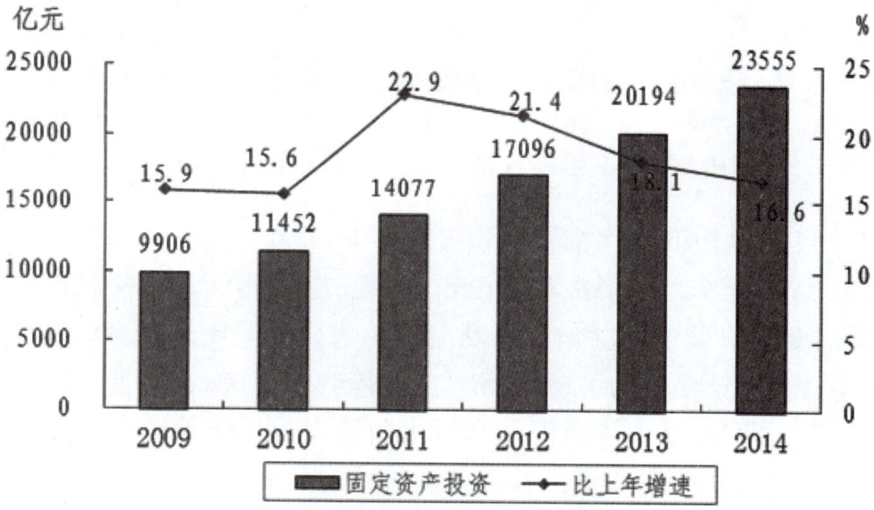

图 16-2　2009 ～ 2014 年浙江固定资产投资及其增长速度

二、商品房销售

2014 年，浙江省商品房销售面积为 4 676.83 万平方米，同比下降 4.3%。其中，商品住房销售面积为 3 941.49 万平方米，同比下降 3.8%；办公楼销售面积 185.22 万平方米，同比下降 15.1%；商业营业用房销售面积 333.88 万平方米，同比下降 3.1%；其他房屋销售面积 216.24 万平方米，同比下降 4.6%。从商品房销售额来看，2014 年全省商品房销售额为 4 923.0 亿元，同比下降 8.8%。其中，商品住房销售额为 4 172.58 亿元，同比下降 7.8%；办公楼销售额为 205.92 亿元，同比下降 32.2%；商业营业用房销售额 449.59 亿元，同比下降 6.6%；其他房屋销售额 94.91 亿元，同比下降 2.3%。统计数据表明，各类商品房销售规模都有所减少，办公楼销售规模下降幅度最大。（见图 16-3）

从近 5 年商品房销售面积和销售额及其增幅来看，2014 年商品房销售规模维持在平均水平，但销售面积和金额双双负增长还是首次出现。与2014年全国商品房销售面积下降7.6%相比，浙江省商品房销售面积下降幅度略好于全国水平，但商品房销售额下降幅度略高于全国6.3%的水平。

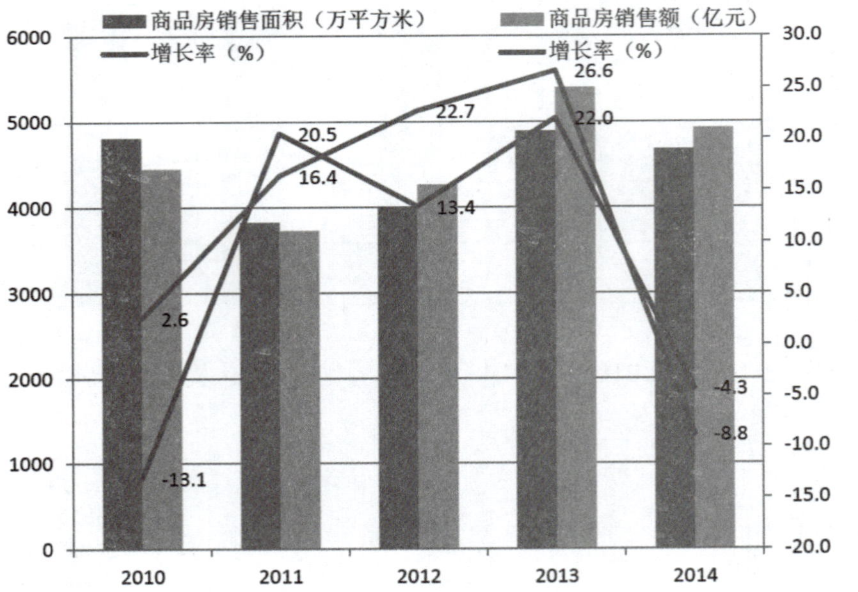

图16-3 2010～2014年浙江省商品房销售面积、销售额及其增长率

分区域来看，11个地市商品房销售面积表现不一。嘉兴市商品房销售面积下降幅度最大，下降幅度达到17.3%，其次为金华市和舟山市，商品房销售面积下降幅度都是14.3%。商品房销售面积增长幅度最快城市是温州市，商品房销售面积同比增长20.1%，丽水市商品房销售面积同比有所增加，增长幅度为4.9%。杭州、宁波等其他城市商品房销售面积下降幅度不大，基本在0.5%～2.0%之间波动。由于温州和丽水房地产市场调整较早，因此也率先表现出回升态势。（见表16-2）

表16-2 2013～2014年全省11个地市商品房销售面积及增幅 单位：万平方米

指标名称	商品房销售面积	上年商品房销售面积	增幅（%）
杭州市	1 121.13	1 139.13	-1.6
宁波市	726.44	730.09	-0.5
温州市	420.17	349.73	20.1
嘉兴市	497.34	601.13	-17.3
湖州市	304.95	308.48	-1.1
绍兴市	531.73	607.74	-12.5
金华市	336.60	392.68	-14.3
衢州市	166.81	170.19	-2.0

舟山市	91.70	107.01	-14.3
台州市	344.55	351.75	-2.0
丽水市	135.40	129.07	4.9
全省	4 676.83	4 886.99	-4.3

资料来源：根据 2014 年 1 ～ 12 月浙江省房地产开发情况表数据整理得到。

三、房地产价格

从商品房价格来看，2014 年全省商品房价格下降较为明显。根据国家统计局 70 个大中城市住宅销售价格变动情况数据，2014 年 12 月杭州、宁波、温州和金华 4 个城市新建商品住宅价格指数分别为 89.7、94.4、95.3 和 95.1，同比分别下降了 10.3%、5.6%、4.7% 和 4.9%，杭州市新建商品住宅降价幅度位列全国 70 个大中城市的首位。从全国 70 个大中城市二手住宅价格指数来看，2014 年 12 月杭州市、宁波市、温州市和金华市二手住宅价格指数分别为 94.9、94.1、90.5 和 93.3，同比分别下降为 5.1%、5.9%、9.5% 和 6.7%。（见表 16-3）

表 16-3　2014 年 12 月杭、宁、温、金四个城市新建商品住宅、二手住宅价格指数

城市	新建商品住宅价格指数		二手住宅指数	
	同比上年同月 =100	定基 2010 年 =100	同比上年同月 =100	定基 2010 年 =100
杭州	89.7	91.9	94.9	92.8
宁波	94.4	94.3	94.1	90.5
温州	95.3	76.2	90.5	75.0
金华	95.1	98.9	93.3	92.2

资料来源：根据国家统计局公布的“2014 年 12 月份 70 个大中城市住宅销售价格变动情况”数据整理得到。

从四个城市分月度新建商品住宅价格指数来看，前三季度，杭州、宁波、温州和金华 4 个城市新建商品住宅价格指数变化较大，9 月份以后新建商品住宅价格逐渐趋稳。根据国家统计局 70 个大中城市住宅销售价格变动情况的数据，前三季度，杭州、宁波、温州和金华 4 个城市新建商品住宅价格指数变化较大。例如，1 ～ 2 月份，温州市新建商品住宅价格环比指数变动最大，新建商品住宅价格环比指数为 98.5，杭州、宁波和金华 3 个城市新建商品住宅价格环比指数分别为 99.9、100.4 和 100.3。4 ～ 8 月份，4 个城市新建商品住宅价格环比指数起伏更大，7 月份杭州市新建商品住宅价格环比指数达到 97.5，宁波、温州和金华 3 个城市新建商品住宅价格环比指数分别为 98.6、99.1 和 100.0。9 月份以后，四个城市新建商品住宅价格环比指数逐渐趋向稳定，基本在 99.5 左右小幅波动。（见图 16-4）

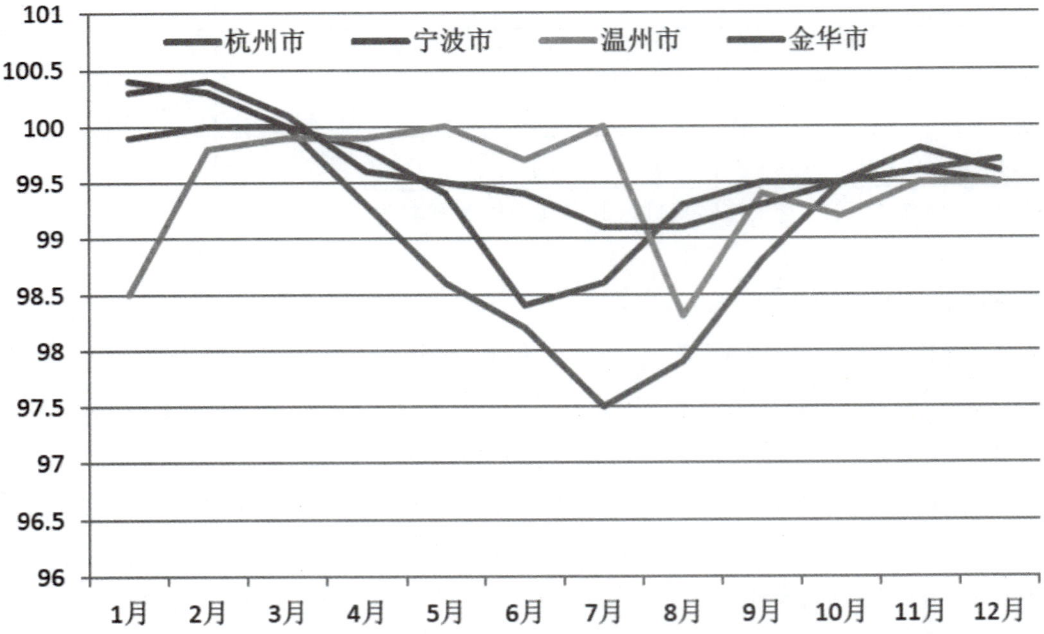

图 16-4 2014 年浙江省四个城市各月新建商品住宅价格指数（环比）

四、土地市场状况

2014 年，浙江省 11 地市共成交土地 3 676 宗，数量比 2013 年下降 45.91%。成交土地面积 134 477.51 亩，比 2013 年下降 62.13%。成交可建面积 14 013.73 万平方米，成交总价款 1 965.01 亿元。（见表 16-4）

表 16-4 2014 年浙江省土地成交情况

用地类型	成交宗数（宗）	与 2013 年比(%)	成交土地面积（亩）	与 2013 年比(%)	成交可建面积（万平方米）	成交总价（亿）
商办	645	-37.32%	2 0541.19	-49.06%	2 559.26	536.82
住宅	520	-66.65%	19 806.53	-63.72%	2 299.44	726.48
综合	192	-54.72%	9 762.74	-51.45%	1 345.25	463.00
工业	2319	-38.72%	84 367.05	-64.78%	7 809.78	238.70
合计	3676	-45.91%	134 477.51	-62.13%	14 013.73	1965.01

全省 11 个地市土地成交金额为 1 965.01 亿元。其中，住宅用地成交金额最大，达 726.48 亿元，占总成交金额的 37%；其次是商业办公用地，完成成交金额 536.82 亿元，占总成交金额的 27%；第三是综合用地，完成成交金额 463.00 亿元，占总成交金额的 24%；工业用地的成交金额最少，完成成交金额 238.70 亿元，占总成交金额的 12%（见图 16-5）。

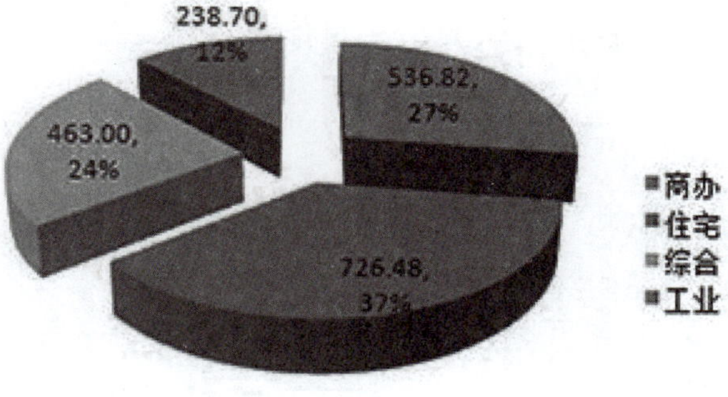

图 16-5　2014 年土地成交金额分布（单位：亿）

商办、住宅、综合、工业四种用地类型的土地成交金额均呈现不同程度的下降，总成交金额与 2013 年比下降 56.34%，其中工业用地下降幅度最大，下降 65.15%（详见表 3）。与 2014 年上半年相比，下半年的土地成交金额下降 29.32%，住宅用地环比下降幅度最大，为 40.38%。(见图 16-6，表 16-5)

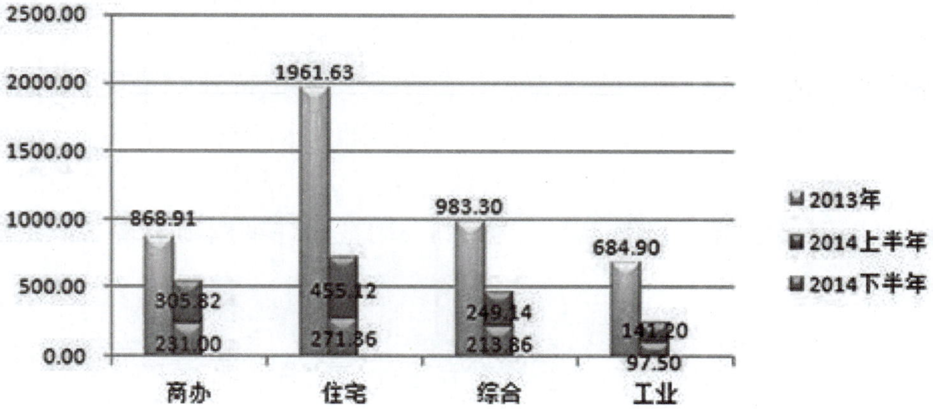

图 16-6　土地成交金额的对比（单位：亿）

表 16-5　土地成交金额及变动情况（单位：亿）

用地类型	2014 上半年	2014 下半年	同比 (%)	2013 年	2014 年	与 2013 年比 (%)
商办	305.82	231.00	-24.46%	868.91	536.82	-38.22%
住宅	455.12	271.36	-40.38%	1 961.63	726.48	-62.97%
综合	249.14	213.86	-14.16%	983.30	463.00	-52.91%
工业	141.20	97.50	-30.95%	684.90	238.70	-65.15%
合计	1 151.28	813.73	-29.32%	4 500.94	1 965.01	-56.34%

全省综合用地的楼面地价水平最高，为 3 441.78 元 / 平方米。其次为住宅用地，楼面

地价达到了3 159.40元/平方米。商业办公用地的楼面地价为2 097.57元/平方米，工业用地楼面地价最低，仅为305.64元/平方米（见图16-7）。

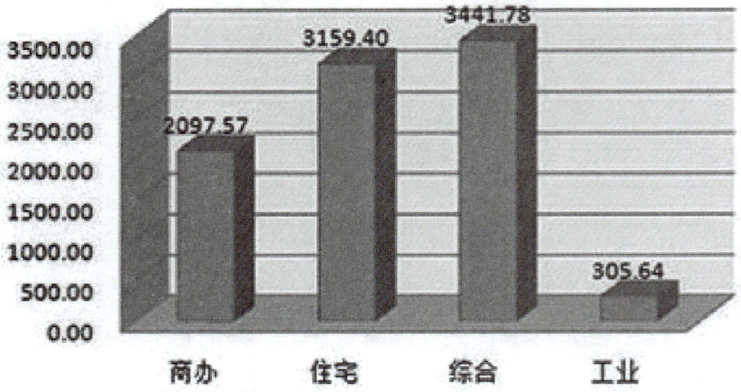

图16-7 2014年浙江省楼面地价水平（单位：元/平方米）

尽管2014年房价下降，但土地成交价格未受到很大的影响，平均成交楼面地价略有上升，商业办公用地、住宅用地和工业用地的楼面地价都有不同程度的增长。这一方面是因为政府土地出让政策进行了调整，减少土地出让数量和规模，特别是减少城市外围土地的出让，更多推出位置好的优质地块，确保土地市场稳定；另一方面是由于下半年限购政策的取消，使得市场信心有所回升。其中商业办公用地平均楼面地价涨幅最大，与2013年比增长49.27%；住宅用地楼面地价增长21.37%，工业用地楼面地价增长8.79%。综合用地的楼面地价略有下降，下降2.79%。与上半年相比，下半年综合用地和工业用地的楼面地价水平出现上涨，综合用地的涨幅较大，为49.82%，商业办公用地和住宅用地出现了一定程度的下降。

第二节 江苏省房地产市场概况

2014年随着地方政府和央行密集出台了取消房地产市场的限购、限贷以及降息等政策，江苏省楼市从上半年开始就进入了一轮深度调整期，商品房开工面积、销售面积都呈下降趋势。根据国家统计局公布的70个大中城市住宅销售价格变动情况来看，纳入统计的南京、无锡、扬州、徐州四市12月份房价齐齐下跌。

一、房地产开发投资

2014年，江苏省房地产开发投资8 240.22亿元，同比名义增长13.8%，增速比去年同期下降3.9个百分点。其中：住宅房地产投资5 924.51亿元，同比增长14.6%，增速比去年同期下降4.2个百分点。办公楼投资额为378.47亿元，同比上涨16.7%，增幅比去年同期下降7.9个百分点。商业营业用房投资额1 286.71亿元，同比上涨14.9%，较去年同期增长0.2个百分点。

二、房企资金面趋紧，融资渠道收窄。

2014 年，全省房地产开发企业到位资金 12 100.16 亿元，同比下降 4.59%。其中，国内贷款 2 249.68 亿元，同比下降 5.24%；利用外资 80.79 亿元，同比下降 26.16%；自筹资金 4 154.86 亿元，同比增长 5.64%；其他资金 5 614.83 亿元，同比下降 10.39%。国内贷款与外资合计 20%，与 2013 年持平，说明银行融资门槛依旧偏高，融资难度较大。外资占比 1%，资金占比最低，与 QE 逐步退出带来热钱退出房地产市场的宏观面相一致。其他资金与自筹资金合计占比 80%，表明房企到位资金基本需要自力更生。其他资金（主要包括房地产项目销售中的定金和预付款）占比 46%，较 2013 年下降 3 个百分点，反映了销售进度放慢带来的回款量的减少。自筹资金占比 34%，较 2013 年上涨 3 个百分点，反映销售放缓的大环境下，拼集团的自身资金实力成为考验房地产企业现金流水平的关键因素。

三、房地产销售

2014 年，江苏省商品房销售降速明显。2014 年全省商品房销售面积 9 846.84 万平方米，同比下降 14%，增速比去年同期骤降 41 个百分点。全省商品房销售额合计 6 898.42 亿元，累计降幅 12.8%，比去年同期降幅下降 43.2 个百分点。2014 年底，江苏省商品房竣工面积 9 620.47 万元，较 2013 小幅下降 0.94%。2014 年末销售面积与竣工面积比率为 1.02，比上年同期下降 0.16 个百分点。在销售面积大幅下降的情况下，销竣比基本不变，反映开发商为消化库存量，放慢了商品房开发竣工速度。（见表 16-6、表 16-7、表 16-8）

表 16-6　房地产开发投资主要指标

指　标	2000	2005	2010	2013	2014
投资完成额（亿元）	358.72	1 545.15	4 299.38	7 241.45	8 240.22
按构成分					
# 建筑安装工程	255.81	1 091.29	2 897.21	5 248.90	6 025.88
设备工器具购置	3.34	12.53	41.09	171.70	129.41
按工程用途分					
住宅	260.79	1 133.06	3 158.46	5 171.50	5 924.51
#90 平方米以下			733.15	1 178.06	1 293.62
#140 平方米以上			744.76	1 087.79	1 034.88
办公楼	21.59	54.27	154.61	324.18	378.47
商业营业用房	48.48	217.02	611.08	1 119.95	1 286.71
其他	27.86	140.81	375.23	625.83	650.53
按资金来源分					
国内贷款	88.01	392.73	1 515.66	2 373.97	2 249.68
利用外资	5.82	33.16	92.76	109.41	80.79

自筹投资	101.34	614.76	2 031.38	3 932.97	4 154.86
其他投资	195.48	998.18	4 382.54	6 265.69	5 614.83
房屋建筑面积（万平方米）					
施工面积	4 268.45	15 619.26	35 106.90	52 574.17	57 637.72
#住宅	3 348.36	12 385.98	26 347.13	38 756.78	41 579.79
竣工面积	2 143.22	5 500.12	8 696.28	9 711.60	9 620.47
#住宅	1 774.80	4 497.68	6 553.53	7 584.17	7 259.11
商品房销售情况（万平方米）					
房屋销售面积	1 740.93	5 135.55	9 485.47	11 454.77	9 846.84
#住宅	1 555.97	4 523.14	8 112.37	10 191.52	8 800.93
#90 平方米以下			1 583.11	1 794.78	1 755.71
#140 平方米以上			1 816.86	1 426.71	1 142.38

注：1. 本表资金来源为资金到位数。

2. 从 2011 年开始，将 140 平方米及以上住宅改为 144 平方米及以上。

表 16-7 房地产开发企业经营情况

指　标	2000	2005	2010	2013	2014
企业个数（个）	1 930	3 810	6 070	6 784	6 829
内资	1 636	3 384	5 450	6 164	6 215
#国有	585	248	252	216	203
集体	482	192	124	49	37
港澳台商投资	197	277	352	392	408
外商投资	97	149	268	228	206
平均从业人数（万人）	5.74	8.47	13.17	17.92	16.93
内资		7.54	11.61	15.80	14.90
#国有		0.63	0.59	0.70	0.60
集体		0.33	0.19	0.10	0.08
港澳台商投资		0.59	0.87	1.32	1.26
外商投资		0.34	0.69	0.80	0.77
土地开发及购置（万平方米）					
本年土地成交价款（亿元）		319.02	613.85	1 084.21	1 094.55
待开发土地面积	928.335	3 981.34	3 798.79	5 872.50	5 373.41
本年购置土地面积	1 395.98	2 848.80	2 055.71	4 207.74	3 454.27

资产负债（亿元）					
实收资本		953.90	4061.51	6852.90	7969.53
资产总计	1201.82	5679.81	19791.32	37223.68	42842.86
累计折旧	13.25	34.48	128.74	248.39	249.42
#本年折旧	2.75	8.45	33.70	57.31	52.75
负债总计	958.47	4 343.07	14 233.81	27 375.39	32 032.01
所有者权益	243.36	1 336.74	5557.51	9 848.29	11 810.85

表 16-8　江苏分市房地产开发投资（2014 年）

指　标	南　京	无　锡	徐　州	常　州	苏　州	南　通
企业个数（个）	607	724	415	487	1376	577
本年购置土地面积（万平方米）	71.29	612.84	309.23	216.33	604.21	329.83
投资完成额（亿元）	1 125.49	1 252.22	468.88	681.53	17 64.44	678.92
按工程用途分						
住宅	796.27	845.98	316.95	461.05	13 03.50	492.67
办公楼	71.98	86.59	30.63	31.63	65.15	43.77
商业营业用房	146.83	218.10	94.34	112.33	242.72	100.34
其他	110.40	101.55	26.96	76.52	153.07	42.14
按资金来源分						
国内贷款	533.01	280.09	90.91	137.73	594.82	215.11
利用外资	12.35	24.47	15.61	3.08	19.13	0.00
自筹投资	580.21	618.59	221.64	258.05	894.23	392.85
其他投资	1 022.38	554.63	268.49	424.97	1 466.86	343.33
房屋建筑面积（万平方米）						
施工面积	6 540.23	6 827.63	3 370.18	4 459.64	10 908.95	5 272.22
#住宅	4 401.06	4 654.85	2 594.14	3 015.00	7 652.38	3 951.03
竣工面积	967.40	958.06	508.59	846.65	1 527.19	1 031.15
#住宅	722.29	627.84	431.06	578.00	1 129.36	857.56
商品房销售情况（万平方米）						
房屋销售面积	1207.58	839.15	738.03	787.50	1599.16	919.17
#住宅	1124.73	738.48	650.39	674.66	1446.07	843.35

指 标	连云港	淮 安	盐 城	扬 州	镇 江	泰 州	宿 迁
企业个数（个）	318	377	470	399	356	312	411
本年购置土地面积（万平方米）	92.29	234.18	198.65	217.82	122.27	216.15	229.17
投资完成额（亿元）	189.28	357.66	379.64	360.44	319.05	285.54	377.14
按工程用途分							
住宅	150.89	270.18	274.60	286.99	242.97	221.10	261.37
办公楼	2.55	5.50	13.17	11.04	6.66	3.72	6.07
商业营业用房	26.27	61.01	76.80	38.34	43.76	39.67	86.19
其他	9.57	20.96	15.07	24.08	25.65	21.06	23.50
按资金来源分							
国内贷款	36.22	33.89	32.62	88.23	84.79	75.42	46.84
利用外资	0.00	1.89	0.00	1.04	1.81	1.40	0.00
自筹投资	94.39	173.45	260.75	196.38	143.41	115.75	205.14
其他投资	149.21	212.18	232.52	230.87	273.71	229.28	206.41
房屋建筑面积（万平方米）							
施工面积	2 206.16	2 983.34	3 090.31	2 625.39	2 979.45	2 408.39	3 965.80
#住宅	1 669.68	2 278.94	2 325.74	1 992.79	2 213.19	1 888.22	2 942.77
竣工面积	196.88	377.40	788.02	606.39	599.69	545.38	667.67
#住宅	144.81	314.70	575.83	481.20	492.36	400.84	503.27
商品房销售情况（万平方米）							
房屋销售面积	337.64	614.53	624.52	635.07	520.15	440.21	584.12
#住宅	298.26	538.37	513.84	569.75	473.87	404.89	524.29

第三节 苏州市房地产市场

2014年随着地方政府和央行密集出台了取消房地产市场的限购、限贷以及降息等政策，虽然苏州市房地产开发运行略微波动，但总体没有出现大的起落变化。全年房地产开发市场呈现平稳发展态势，房地产开发投资持续保持高位增长。

全市房地产开发投资完成1 764亿元，同比增长19.6%，年内始终保持15%以上的增速，比上年提升2.8个百分点。其中住宅投资完成1 304亿元，同比增长27.7%，增速比上年提升7.9个百分点。房地产开发投资占全社会投资的28.3%，占比较上年提高3.7个百分点。商品房施工面积为10 909万平方米，同比增长13.7%，增速比上年回落0.5个百分点；其中住宅施工面积7652万平方米，增长11.6%，增速比上年回落1.6个百分点。商品房新开工面积为3 140万平方米，同比增长1.4%，增速比上年降低48.9个百分点；其中住宅新开工面积2 210万平方米，增长1.3%，增速比上年减低54.9个百分点。商品房竣工面积为1 527万平方米，同比下降9.8%，降幅比上年扩大2.4个百分点；其中住宅竣工面积1 129万平方米，同比下降8.0%，降幅比上年收窄3.4个百分点。

一、土地市场情况

2014年苏州土地市场上半年土地市场走俏，房企拿地积极；下半年楼市下行，土地市场一度受阻，房企拿地心理渐趋理性，但是优质地块的楼面价还是超出了业内人士的预期，给今年的土地市场增温不少。全年共举行了10次土地拍卖会（其中市区4次，园区6次），成功出让110宗，出让土地总面积约512.4万平方米，土地出让金总额约386.6亿元。总体来看，相比上年成交宗数、面积、金额均有回落，其中成交面积较去年减少约658 344平方米，成交金额减少了524 201万元。（见表16-9）

表16-9　2014年苏州土地市场成交概览

土地性质	成交地块（宗）	成交面积（平方米）	成交金额（万元）
住宅用地	34	2 387 720.4	2 289 060
商服用地	48	1 574 888.4	583 424.7
商住用地	27	1 148 807.8	991 408.9
其他	1	12 150.4	2 551.6
合计	110	5 123 567	3 866 445.2

总成交面积约为5 123 567平方米，土地成交总金额约3 866 445万元。相比去年成交宗数、面积、金额均有回落，其中成交面积较去年减少约658 344平方米，成交金额减少了约524 201万元。

二、房地产交易情况

2014年苏州市区（不含吴江）商品房共计成交86 872套，成交面积9 315 175.743平方米。其中住宅类房源共计成交70 037套，较去年同期增加173套，涨幅为0.25%；成交面积为8 204 620.565平方米，较去年同期增加96 175.465，涨幅为1.19%，套均面积为117.15平方米。（见表16-10，图16-8）

表16-10　2013～2014苏州市住宅销售变化

全市	2014	2013年	变化量	变化幅度
住宅销售总套数（套）	70 037	69 864	173	0.25%
住宅销售面积（平方米）	8 204 620.565	8 108 445.1	96 175.465	1.19%

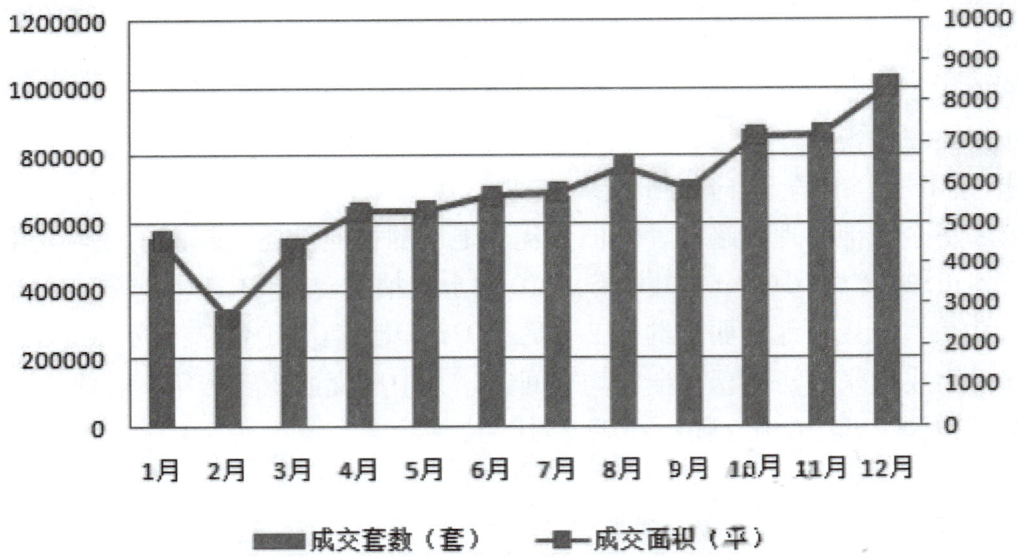

图 16-8 2014 年苏州住宅成交套数面积变化趋势

总体来看，苏州住宅市场整体成交形势良好，虽然 2014 年第一、二季度市场表现不佳，加上全国楼市不景气的影响，住宅库存压力甚至一度超过了 08 年经济危机时候，但是政府的救市政策不断出台，加上苏州市区本身良好的产业结构及强大的购买力，保证了苏州楼市的稳定性，尤其三、四季度，苏州楼市表现较高，甚至超过了去年历史的最高期。

三、房地产价格分析

2014 年度苏州市房地产在成交均价方面也相对维持在一个较为稳定的水平线上，以 10 901 元 / 平方米环比上年也有 0.29% 的涨幅，在全国大市场环境下行中，苏州楼市趋稳实现软着陆，并未呈现出衰退表现。虽然在 2014 年初及后来的第二季度，苏城楼市一度表不佳，随推新入市量的增速不断加快，去化能力的有限，导致库存风险更是日益陡增。但好在进入三、四季度，随系列利好政策的不断加入，市场成交表现开始有所回转，房地产事业再次回到了人们的视野当中。这其间，尤其在“双限”接触之后，也就是即“9.30”政策出台之后，成交表现甚至一度超越上一年度历史最高去化值。（见图 16-9）

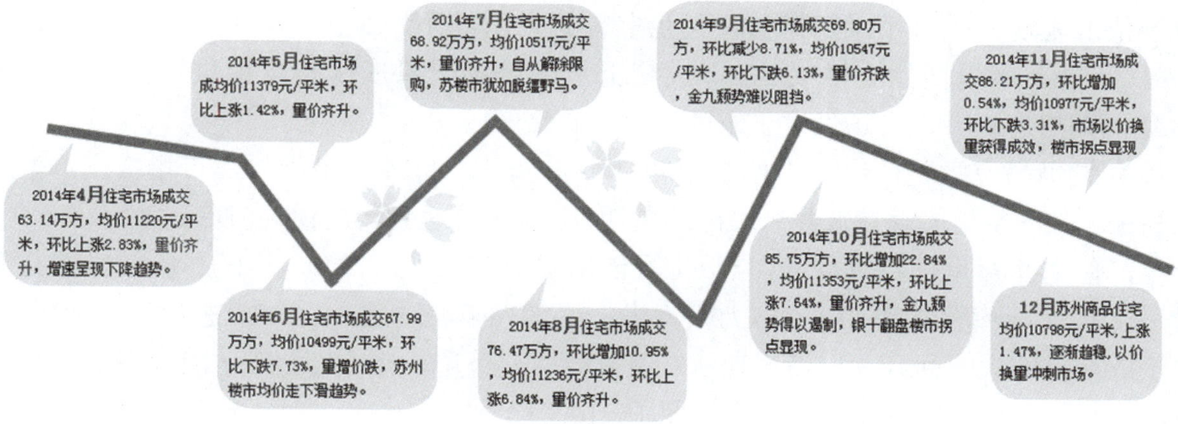

图 16-9　2014 年苏州住宅均价走势

第四节　杭州房地产市场

2014 年，杭州楼市成交经历了一个“前低后高”的走势。受 2013 年底信贷紧缩和持续收紧的政策调控的影响，杭州楼市供需失衡的矛盾急剧凸显，年初成交量从 2013 年的历史高位大幅回落，上半年持续低迷，而由 7 月份起，随着限购的大范围退出，930 房贷新政和新一轮降息周期开启，成交量持续回升，迭创年内新高，由此全年楼市成交稳中略升。房价方面，2 月份起开始第一轮全面降价后，10 月份以后也出现筑底企稳的态势，12 月住宅价格指数连续下滑 10 个月之后首次回涨。尽管成交面表现尚好，但市场供过于求的压力依旧凸显，住宅库存仍处在 1200 万平方米左右的历史高位，在高库存压力下房价整体波动幅度有限，但市场分化将进一步加剧，市场集中度持续攀升（前十五房企市场份额已达 50%），“强者恒强”特征越来越明显。

一、房地产供求情况分析

2014 年新增供应总量稳中有涨，创近 4 年历史新高，“金九”为年内推盘最高峰。近几年大规模成交的住宅用地在 2014 年集中进入市场，同时销售业绩压力促使房企加大推盘规模，累积效应推动新增供应增长至近四年最高水平。2014 年，杭州市商品住宅新批上市体量高达 95 155 套面积 1 038.05 万平方米，同比上涨 7.55%，0.28%，月均新批上市 86.5 万平方米。

单月来看，新批上市体量处于 70 万平方米高位，2 月受春节影响供应冷清，之后新增供应逐步回升，在 5 月达到年内次高水平后持续回落，8 月新增供应大幅回升，在传统“金九”推盘旺季，新批上市面积达到全年最高峰，单月新批上市面积超 121.46 万平方米；10 月供应量季节性回落近 2 成，11 月受企业年底加大推盘规模影响，新增供应量环比增长 18.63% 至 116.64 万平方米，12 月也维持在 100 万平方米以上。

住宅市场销供比上涨至 0.81，供需差距有所缩小。2014 年，整体来看，杭州商品住宅市场依旧表现为供过于求的态势，但供需差距有所缩小。2014 年，住宅成交量同比上涨 7.41%，新批上市量同比上涨 0.28%，成交上涨幅度高于供应涨幅，销供比为 0.81，相较 2013 年同期略有提升，市场供过于求的压力略有缓解。

库存量仍高位盘整，出清周期较年初减少 4 个月。2014 年上半年，市场成交冷清，而供应高涨，推动整体库存持续攀升，出清周期延长，6 月达到年内最高值，高达 27.55 个月；下半年，住宅库存量仍持续攀升，至 11 月创历史最高值（1210.05 万平方米），12 月有所下滑，截止 31 日库存量为 1183.83 万平方米，较 2013 年底上涨 18.61%，去库存压力仍较大。但由于成交量的大幅回升，出清周期从 7 月开始一路下降，至 12 月仅为 12 个月，为年内最低点，较今年年初缩减近 4 个月。（见图 16-10）

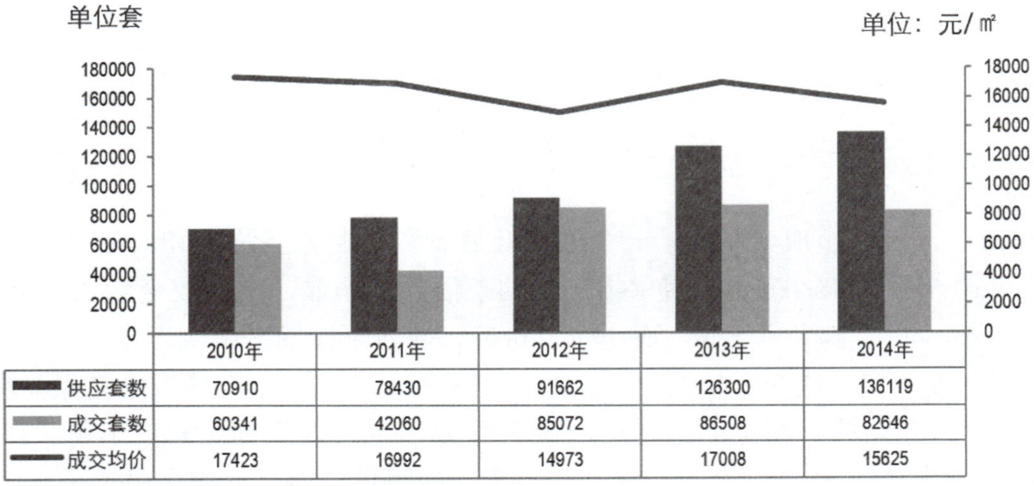

	2010年	2011年	2012年	2013年	2014年
供应套数	70910	78430	91662	126300	136119
成交套数	60341	42060	85072	86508	82646
成交均价	17423	16992	14973	17008	15625

图 16-10 2010 ～ 2014 年年度杭州八区商品房供求走势

余杭、萧山区供应规模突出，集中了杭城 60% 以上的新上市房源。近几年，随着余杭、萧山区交通、配套和产业的发展，房地产企业纷纷进驻，2014 年两大区域新盘集中上市，供应房源充足。据统计，全年，余杭区新批上市 473.16 万平方米体量房源，同比上涨超 10%，占供应总量的 45.58%，高居杭城十大区之首；其次，萧山区新批上市体量高达 179.3 万平方米，占比 17.27%。余杭、萧山两大区域累计新增供应量超 650 万平方米，供应占比 62.85%。主城区房源日益稀缺，2014 年新批上市体量同比下滑明显，从 460 万平方米下降至 385.58 万平方米，降幅超 16%。其中，拱墅、江干也是供应主力，新批上市量均近 100 万平方米。（见图 16-11）

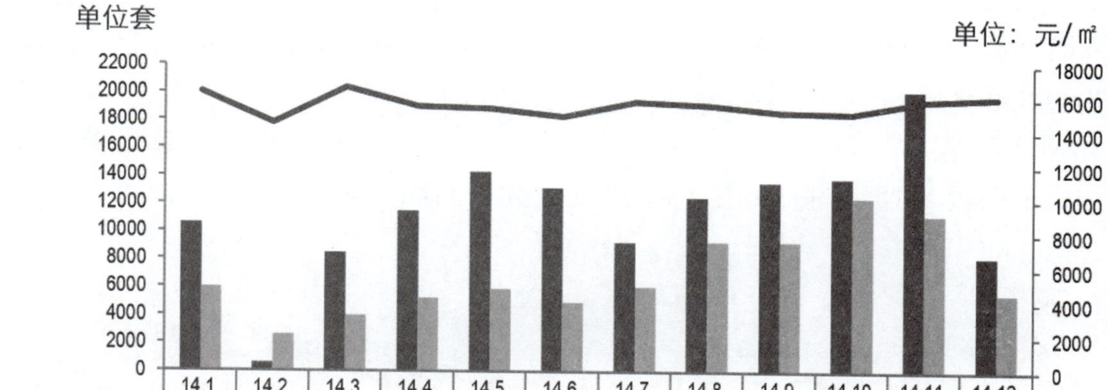

	14.1	14.2	14.3	14.4	14.5	14.6	14.7	14.8	14.9	14.10	14.11	14.12
供应套数	10586	562	8452	11463	14275	13140	9275	12495	13565	13872	20197	8237
成交套数	5968	2590	3946	5241	5901	4955	6045	9330	9313	12492	11248	5617
成交均价	16406	14551	16662	15543	15431	14976	15839	15656	15225	15159	15931	16109

图 16-11　2014 年 1 ～ 12 月月度杭州八区商品房供求走势

二、房地产交易情况

2014 年杭州市区（含萧山、余杭）新建商品房成交 89 459 套，刷新了 2013 年次新高的历史纪录。其中，主城区成交 39 366 套，余杭区成交 35 295 套，萧山区成交 14 798 套。杭州市区新建商品房成交套数较 2013 年 84 484 套增加 4 975 套，同比上升 5.9%。其中，主城区成交套数较 2013 年 42 209 套减少 2 843 套，同比下降 6.7%。（见图 16-12）

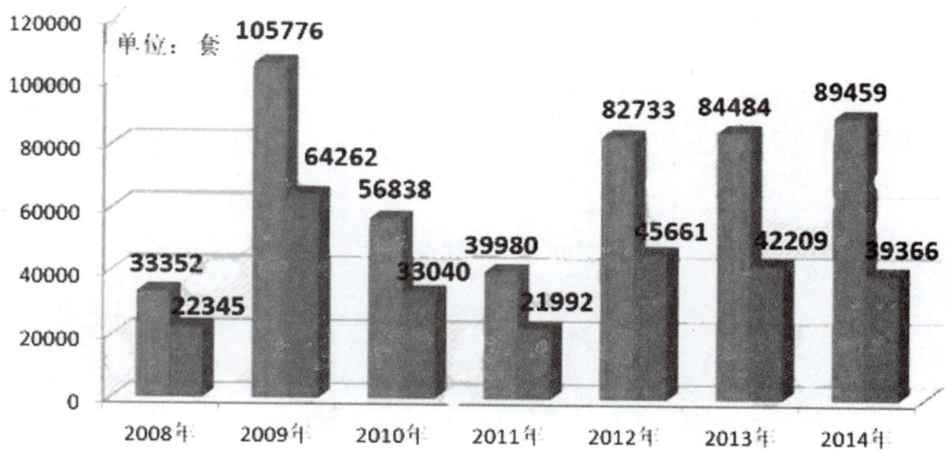

图 16-12　2008 ～ 2014 年杭州新建商品房成交量对比图

杭州市区（含萧山、余杭）新建商品房成交面积达 967.7 万平方米，刷新了 2013 年次新高的历史纪录。其中主城区成交面积为 425.2 万平方米，余杭区成交面积为 381.3 万平方米，萧山区成交面积为 161.2 万平方米。

杭州市区新建商品房成交面积较 2013 年 917.4 万平方米增加 50.3 万平方米，同比上升 5.5%。其中，主城区成交面积较 2013 年 451.7 万平方米减少 26.5 万平方米，同比下降 5.9%。

杭州市区（含萧山、余杭）新建商品房成交金额为 1 524.4 亿元，创历史次新高，仅低于 2013 年。其中主城区成交金额为 912.6 亿元，余杭区成交金额为 406.6 亿元，萧山区成交金额为 205.2 亿元。

杭州市区新建商品房成交金额较 2013 年 1 563 亿元减少 38.6 亿元，同比下降 2.5%。其中，主城区成交金额较 2013 年 993.6 亿元减少 81 亿元，同比下降 8.2%。（见图 16-13）

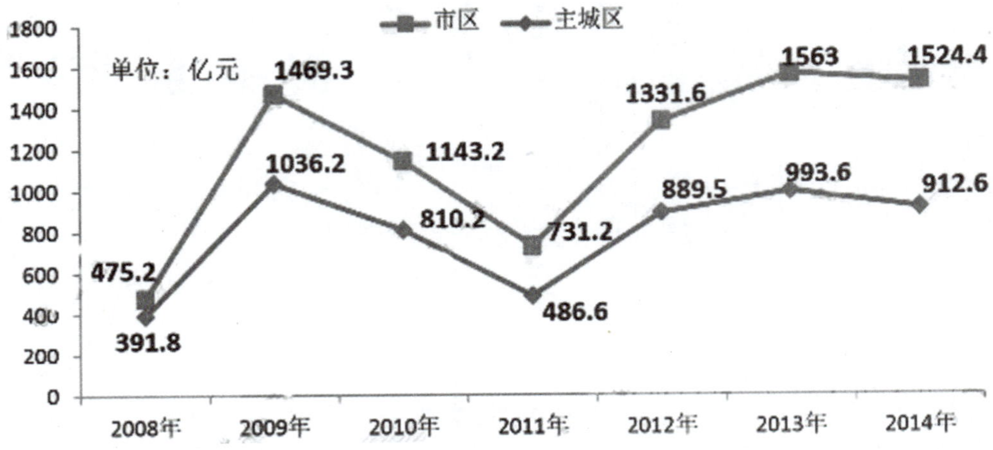

图 16-13 2008 ～ 2014 年杭州新建商品房成交金额对比图

杭州市区（含萧山、余杭）新建商品房成交均价为 15 753 元 / 平方米。其中，主城区成交均价为 21 469 元 / 平方米，余杭区成交均价为 10 671 元 / 平方米，萧山区成交均价为 12699 元 / 平方米。

杭州市区新建商品房成交均价较 2013 年 17 033 元 / 平方米同比下跌 7.5%。其中主城区成交均价较 2013 年 21 997 元 / 平方米同比下跌 2.4%。（见图 16-14）

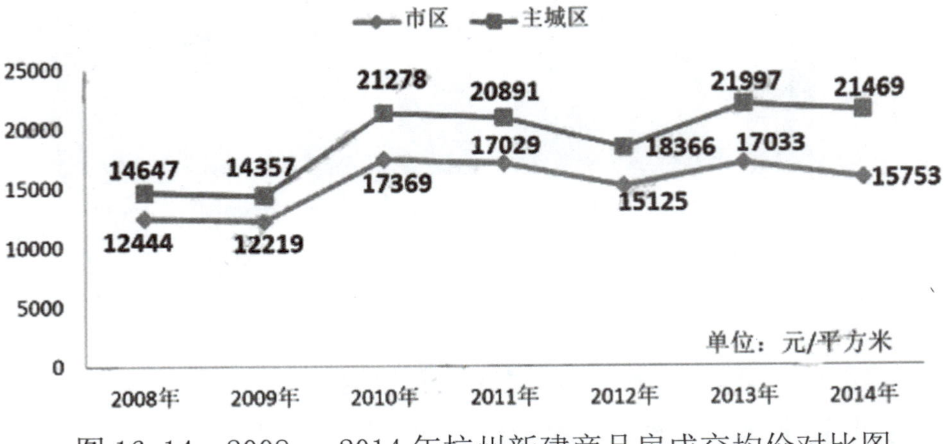

图 16-14 2008 ～ 2014 年杭州新建商品房成交均价对比图

三、土地市场分析

2014 年杭州土地市场成交量环比 2013 年降幅 4 成，整体溢价率从 22.92% 降至 5.43%，尽管二级市场趋冷影响到一级市场，但起始楼板价的提高，以及年初年末行情回暖，使成交楼板价基本与去年持平。其中，杭州市区 2014 年全年成功出让土地 152 宗，总面积 532.5 公顷（约 7 987.6 亩），总可建面积 1 349.2 万平方米，总成交金额 844.9 亿元，同比 2013 年全年成交金额下跌 36.3%，呈大幅萎缩态势。商地共成交 89 宗，总面积 219.1 公顷（约 3 286.5 亩），占比 41.15%，总可建面积 610.86 万平方米，总成交金额 299.06 亿元，占比 35.39%。杭州主城区土地出让金额为 597.5 亿元，在杭州市区占比 70.7%，以绝对性优势压倒余杭区和萧山区。余杭区和萧山区的出让金额平分秋色，分别为 119.5 亿元和 128.0 亿元。

2014 年杭州市区土地成交楼面均价为 6 263 元 / 平方米，较 2013 年土地成交楼面均价 6152 元 / 平方米基本持平。杭州市区涉宅地成交楼面均价 7 423 元 / 平方米，较 2013 年涉宅地成交楼面均价下降 6 元 / 平方米。（见图 16-15）

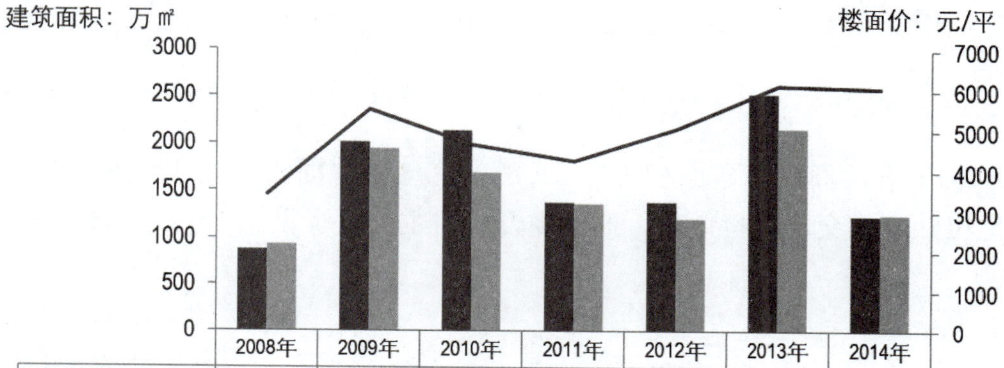

	2008年	2009年	2010年	2011年	2012年	2013年	2014年
供应建筑面积	873	2012	2136	1380	1389	2531	1249
成交建筑面积	931	1940	1693	1369	1212	2167	1262
成交楼板价	3396	5501	4627	4239	5043	6118	6061

图 16-15　2008 ～ 2014 年度杭州经营性土地供求走势

从区域来看，余杭萧山呈现供大于求，主城区推地较少且较为稀缺，整体市场冷热不均，开发商拿地边界减小，往主城方向收缩减小风险度。2014 年余杭区成交楼面价 3 234 元 / 平方米，较 2013 年全年的 2 961 元 / 平方米上浮 9.2%。主城区 9 228 元 / 平方米成交均价较 2013 年下降了约三个百分点，萧山区 3 852 元 / 平方米下滑最多：较 2013 年萎缩 29.7%，近三成。（见图 16-16）

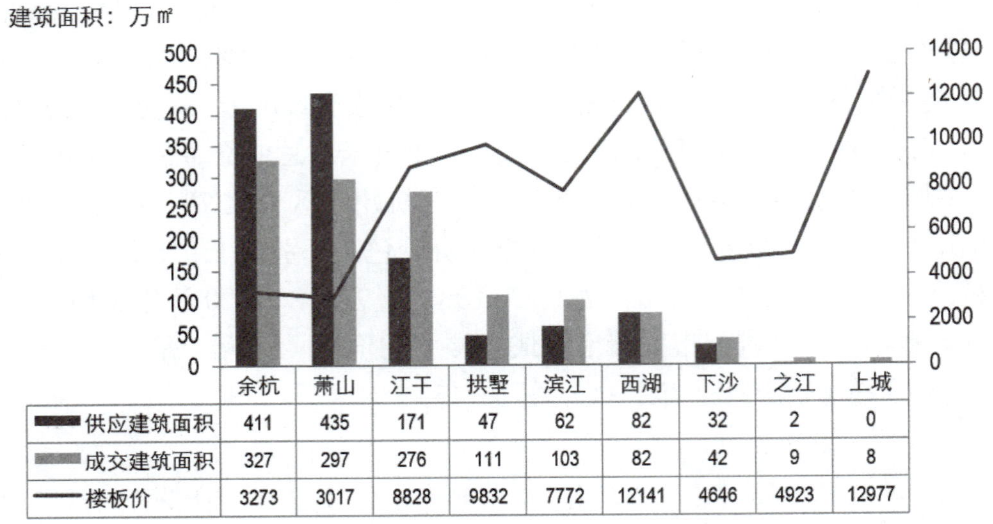

图 16-16 2014 年杭州分区域经营性土地供求走势

从成交结构来看，商地总建面积占比 51.8%，宅地总建面积占比 48.2%，新房市场冷淡情况下，宅地出让、成交均保持低位，商业地开始占主力。（见图 16-17，表 16-10）

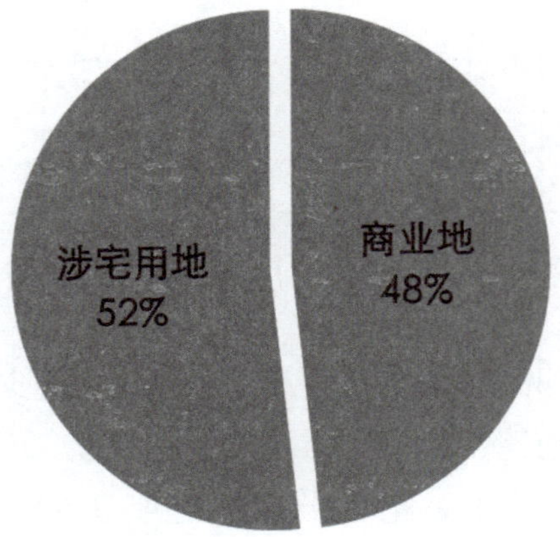

图 16-17 2014 年杭州八区土地成交结构

表 16-10 2014 年杭州市区土地成交情况总表

城区	宗 数	出让面积		可建面积	成交额	平均楼面价平
		平方米	亩	平方米	万元	元 / 平方米
上城区	2	17 128				
下城区	0	0	0	0	0	0
拱墅区	8	381 781	572.7	1 045 562	985 656	94 277
西湖区	14	424 383	636.6	978 005	1 150 794	11 767
滨江区	5	298 737	448.1	1 029 963	800 475	7 772
江干区	28	1 143 957	1 715.9	3 343 709	2 937 645	8 786

主城区合计	57	2 265 986	3 399	6 474 315	5 974 589	9 228
萧山区	40	1 311 954	1 967.9	3 322 696	1 279 783	3 852
余杭区	50	1 747 156	2 620.73	3 694 552	1 194 843	3 234
合计	152	5 325 096	7 987.63	1 3491 563	8 449 215	6 263

第六篇

附录

ALMANAC OF
SHANGHAI REAL ESTATE

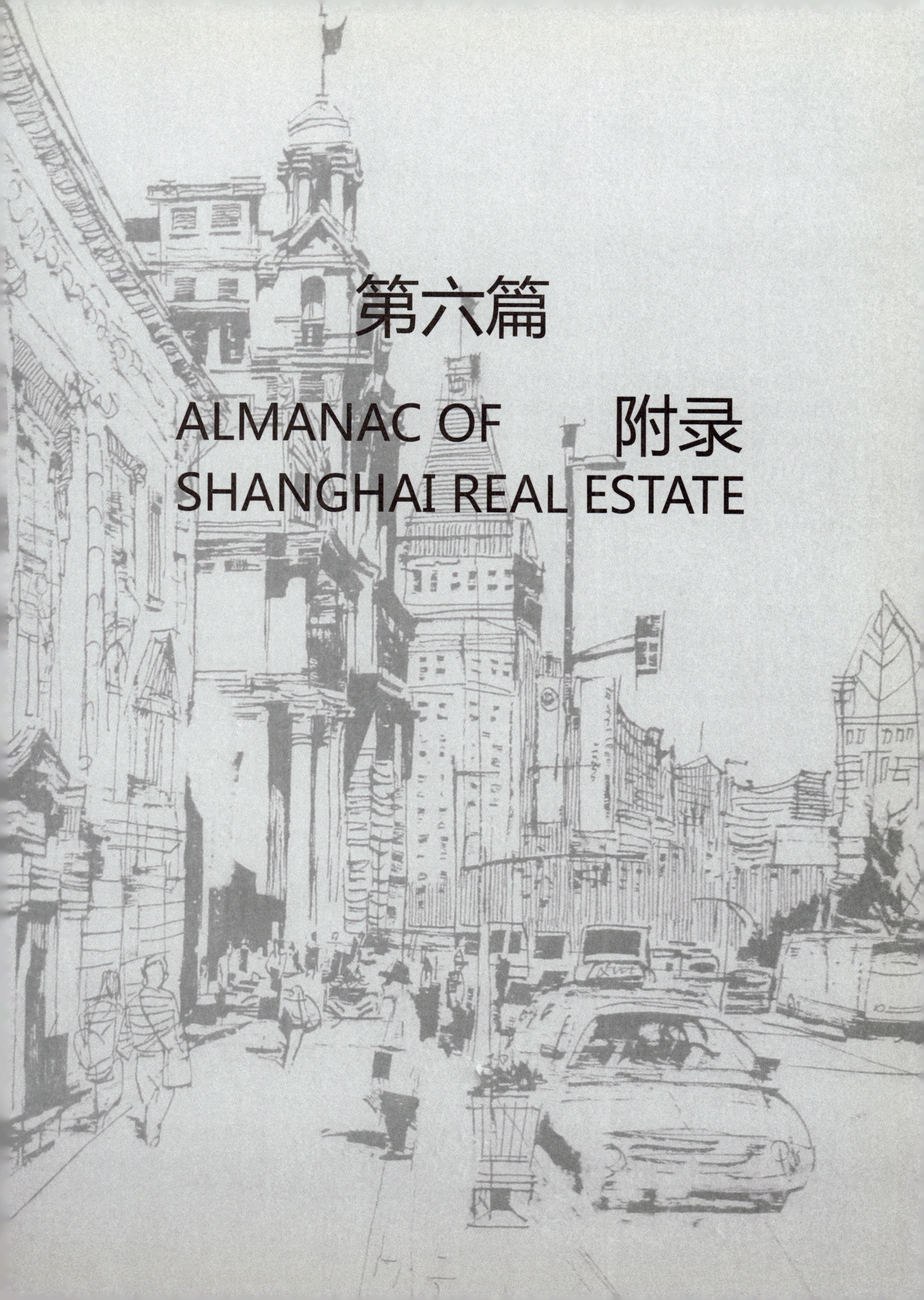

第十七章　房地产政策法规汇编

第一节　综合

国家新型城镇化规划（2014 － 2020 年）

国家新型城镇化规划（2014-2020 年），根据中国共产党第十八次全国代表大会报告、《中共中央关于全面深化改革若干重大问题的决定》、中央城镇化工作会议精神、《中华人民共和国国民经济和社会发展第十二个五年规划纲要》和《全国主体功能区规划》编制，按照走中国特色新型城镇化道路、全面提高城镇化质量的新要求，明确未来城镇化的发展路径、主要目标和战略任务，统筹相关领域制度和政策创新，是指导全国城镇化健康发展的宏观性、战略性、基础性规划。

第一篇　规划背景

我国已进入全面建成小康社会的决定性阶段，正处于经济转型升级、加快推进社会主义现代化的重要时期，也处于城镇化深入发展的关键时期，必须深刻认识城镇化对经济社会发展的重大意义，牢牢把握城镇化蕴含的巨大机遇，准确研判城镇化发展的新趋势新特点，妥善应对城镇化面临的风险挑战。

第一章　重大意义

城镇化是伴随工业化发展，非农产业在城镇集聚、农村人口向城镇集中的自然历史过程，是人类社会发展的客观趋势，是国家现代化的重要标志。按照建设中国特色社会主义五位一体总体布局，顺应发展规律，因势利导，趋利避害，积极稳妥扎实有序推进城镇化，对全面建成小康社会、加快社会主义现代化建设进程、实现中华民族伟大复兴的中国梦，具有重大现实意义和深远历史意义。

——城镇化是现代化的必由之路。工业革命以来的经济社会发展史表明，一国要成功实现现代化，在工业化发展的同时，必须注重城镇化发展。当今中国，城镇化与工业化、信息化和农业现代化同步发展，是现代化建设的核心内容，彼此相辅相成。工业化处于主导地位，是发展的动力；农业现代化是重要基础，是发展的根基；信息化具有后发优势，为发展注入新的活力；城镇化是载体和平台，承载工业化和信息化发展空间，带动农业现代化加快发展，发挥着不可替代的融合作用。

——城镇化是保持经济持续健康发展的强大引擎。内需是我国经济发展的根本动力，扩大内需的最大潜力在于城镇化。目前我国常住人口城镇化率为 53.7%，户籍人口城镇化率只有 36% 左右，不仅远低于发达国家 80% 的平均水平，也低于人均收入与我国相近的发展中国家 60% 的平均水平，还有较大的发展空间。城镇化水平持续提高，会使更多农民通过转移就业提高收入，通过转为市民享受更好的公共服务，从而使城镇消费群体不断扩大、消费结构不断升级、消费潜力不断释放，也会带来城市基础设施、公共服务设施和住宅建设等巨大投资需求，这将为经济发展提供持续的动力。

——城镇化是加快产业结构转型升级的重要抓手。产业结构转型升级是转变经济发展方式的战略任务，加快发展服务业是产业结构优化升级的主攻方向。目前我国服务业增加值占国内生产总值比重仅为 46.1%，与发达国家 74% 的平均水平相距甚远，与中等收入国家 53% 的平均水平也有较大差距。城镇化与服务业发展密切相关，服务业是就业的最大容纳器。城镇化过程中的人口集聚、生活方式的变革、生活水平的提高，都会扩大生活性服务需求；生产要素的优化配置、三次产业的联动、社会分工的细化，也会扩大生产性服务需求。城镇化带来的创新要素集聚和知识传播扩散，有利于增强创新活力，驱动传统产业升级和新兴产业发展。

——城镇化是解决农业农村农民问题的重要途径。我国农村人口过多、农业水土资源紧缺，在城乡二元体制下，土地规模经营难以推行，传统生产方式难以改变，这是“三农”问题的根源。我国人均耕地仅 0.1 公顷，农户户均土地经营规模约 0.6 公顷，远远达不到农业规模化经营的门槛。城镇化总体上有利于集约节约利用土地，为发展现代农业腾出宝贵空间。随着农村人口逐步向城镇转移，农民人均资源占有量相应增加，可以促进农业生产规模化和机械化，提高农业现代化水平和农民生活水平。城镇经济实力提升，会进一步增强以工促农、以城带乡能力，加快农村经济社会发展。

——城镇化是推动区域协调发展的有力支撑。改革开放以来，我国东部沿海地区率先开放发展，形成了京津冀、长江三角洲、珠江三角洲等一批城市群，有力推动了东部地区快速发展，成为国民经济重要的增长极。但与此同时，中西部地区发展相对滞后，一个重要原因就是城镇化发展很不平衡，中西部城市发育明显不足。目前东部地区常住人口城镇化率达到 62.2%，而中部、西部地区分别只有 48.5%、44.8%。随着西部大开发和中部崛起战略的深入推进，东部沿海地区产业转移加快，在中西部资源环境承载能力较强地区，加快城镇化进程，培育形成新的增长极，有利于促进经济增长和市场空间由东向西、由南向北梯次拓展，推动人口经济布局更加合理、区域发展更加协调。

——城镇化是促进社会全面进步的必然要求。城镇化作为人类文明进步的产物，既能提高生产活动效率，又能富裕农民、造福人民，全面提升生活质量。随着城镇经济的繁荣，城镇功能的完善，公共服务水平和生态环境质量的提升，人们的物质生活会更加殷实充裕，精神生活会更加丰富多彩；随着城乡二元体制逐步破除，城市内部二元结构矛盾逐步化解，全体人民将共享现代文明成果。这既有利于维护社会公平正义、消除社会风险隐患，也有利于促进人的全面发展和社会和谐进步。

第二章　发展现状

改革开放以来，伴随着工业化进程加速，我国城镇化经历了一个起点低、速度快的发展过程。1978-2013 年，城镇常住人口从 1.7 亿人增加到 7.3 亿人，城镇化率从 17.9% 提升到 53.7%，年均提高 1.02 个百分点；城市数量从 193 个增加到 658 个，建制镇数量从 2173 个增加到 20113 个。京津冀、长江三角洲、珠江三角洲三大城市群，以 2.8% 的国土面积集聚了 18% 的人口，创造了 36% 的国内生产总值，成为带动我国经济快速增长和参与国际经济合作与竞争的主要平台。城市水、电、路、气、信息网络等基础设施显著改善，教育、医疗、文化体育、社会保障等公共服务水平明显提高，人均住宅、公园绿地面积大幅增加。城镇化的快速推进，吸纳了大量农村劳动力转移就业，提高了城乡生产要素配置效率，推动了国民经济持续快速发展，带来了社会结构深刻变革，促进了城乡居民生活水平全面提升，取得的成就举世瞩目。（见图 17-1，表 17-1、表 17-2）

在城镇化快速发展过程中，也存在一些必须高度重视并着力解决的突出矛盾和问题。

——大量农业转移人口难以融入城市社会，市民化进程滞后。目前农民工已成为我国产业工人的主体，受城乡分割的户籍制度影响，被统计为城镇人口的 2.34 亿农民工及其随迁家属，未能在教育、就业、医疗、养老、保障性住房等方面享受城镇居民的基本公共服务，产城融合不紧密，产业集聚与人口集聚不同步，城镇化滞后于工业化。城镇内部出现新的二元矛盾，农村留守儿童、妇女和老人问题日益凸显，给经济社会发展带来诸多风险隐患。（见图 17-2）

——“土地城镇化”快于人口城镇化，建设用地粗放低效。一些城市“摊大饼”式扩张，过分追求宽马路、大广场，新城新区、开发区和工业园区占地过大，建成区人口密度偏低。1996-2012 年，全国建设用地年均增加 724 万亩，其中城镇建设用地年均增加 357 万亩；2010-2012 年，全国建设用地年均增加 953 万亩，其中城镇建设用地年均增加 515 万亩。2000-2011 年，城镇建成区面积增长 76.4%，远高于城镇人口 50.5% 的增长速度；农村人口减少 1.33 亿人，农村居民点用地却增加了 3045 万亩。一些地方过度依赖土地出让收入和土地抵押融资推进城镇建设，加剧了土地粗放利用，浪费了大量耕地资源，威胁到国家粮食安全和生态安全，也加大了地方政府性债务等财政金融风险。

——城镇空间分布和规模结构不合理，与资源环境承载能力不匹配。东部一些城镇密集地区资源环境约束趋紧，中西部资源环境承载能力较强地区的城镇化潜力有待挖掘；城市群布局不尽合理，城市群内部分工协作不够、集群效率不高；部分特大城市主城区人口压力偏大，与综合承载能力之间的矛盾加剧；中小城市集聚产业和人口不足，潜力没有得到充分发挥；小城镇数量多、规模小、服务功能弱，这些都增加了经济社会和生态环境成本。

——城市管理服务水平不高，“城市病”问题日益突出。一些城市空间无序开发、人口过度集聚，重经济发展、轻环境保护，重城市建设、轻管理服务，交通拥堵问题严重，公共安全事件频发，城市污水和垃圾处理能力不足，大气、水、土壤等环境污染加剧，城市管理运行效率不高，公共服务供给能力不足，城中村和城乡接合部等外来人口集聚区人居环境较差。

——自然历史文化遗产保护不力，城乡建设缺乏特色。一些城市景观结构与所处区域的自然地理特征不协调，部分城市贪大求洋、照搬照抄，脱离实际建设国际大都市，“建设性”破坏不断蔓延，城市的自然和文化个性被破坏。一些农村地区大拆大建，照搬城市小区模式建设新农村，简单用城市元素与风格取代传统民居和田园风光，导致乡土特色和民俗文化流失。

——体制机制不健全，阻碍了城镇化健康发展。现行城乡分割的户籍管理、土地管理、社会保障制度，以及财税金融、行政管理等制度，固化着已经形成的城乡利益失衡格局，制约着农业转移人口市民化，阻碍着城乡发展一体化。

第三章　发展态势

根据世界城镇化发展普遍规律，我国仍处于城镇化率 30%-70% 的快速发展区间，但延续过去传统粗放的城镇化模式，会带来产业升级缓慢、资源环境恶化、社会矛盾增多等诸多风险，可能落入“中等收入陷阱”，进而影响现代化进程。随着内外部环境和条件的深刻变化，城镇化必须进入以提升质量为主的转型发展新阶段。

——城镇化发展面临的外部挑战日益严峻。在全球经济再平衡和产业格局再调整的背景下，全球供给结构和需求结构正在发生深刻变化，庞大生产能力与有限市场空间的矛盾更加突出，国际市场竞争更加激烈，我国面临产业转型升级和消化严重过剩产能的挑战巨大；发达国家能源资源消费总量居高不下，人口庞大的新兴市场国家和发展中国家对能源资源的需求迅速膨胀，全球资源供需矛盾和碳排放权争夺更加尖锐，我国能源资源和生态环境面临的国际压力前所未有，传统高投入、高消耗、高排放的工业化城镇化发展模式难以为继。

——城镇化转型发展的内在要求更加紧迫。随着我国农业富余劳动力减少和人口老龄化程度提高，主要依靠劳动力廉价供给推动城镇化快速发展的模式不可持续；随着资源环境瓶颈制约日益加剧，主要依靠土地等资源粗放消耗推动城镇化快速发展的模式不可持续；随着户籍人口与外来人口公共服务差距造成的城市内部二元结构矛盾日益凸显，主要依靠非均等化基本公共服务压低成本推动城镇化快速发展的模式不可持续。工业化、信息化、城镇化和农业现代化发展不同步，导致农业根基不稳、城乡区域差距过大、产业结构不合理等突出问题。我国城镇化发展由速度型向质量型转型势在必行。

——城镇化转型发展的基础条件日趋成熟。改革开放 30 多年来我国经济快速增长，为城镇化转型发展奠定了良好物质基础。国家着力推动基本公共服务均等化，为农业转移人口市民化创造了条件。交通运输网络的不断完善、节能环保等新技术的突破应用，以及信息化的快速推进，为优化城镇化空间布局和形态，推动城镇可持续发展提供了有力支撑。各地在城镇化方面的改革探索，为创新体制机制积累了经验。

第二篇　指导思想和发展目标

我国城镇化是在人口多、资源相对短缺、生态环境比较脆弱、城乡区域发展不平衡的背景下推进的，这决定了我国必须从社会主义初级阶段这个最大实际出发，遵循城镇化发展规律，走中国特色新型城镇化道路。

第四章　指导思想

高举中国特色社会主义伟大旗帜，以邓小平理论、“三个代表”重要思想、科学发展观为指导，紧紧围绕全面提高城镇化质量，加快转变城镇化发展方式，以人的城镇化为核心，有序推进农业转移人口市民化；以城市群为主体形态，推动大中小城市和小城镇协调发展；以综合承载能力为支撑，提升城市可持续发展水平；以体制机制创新为保障，通过改革释放城镇化发展潜力，走以人为本、四化同步、优化布局、生态文明、文化传承的中国特色新型城镇化道路，促进经济转型升级和社会和谐进步，为全面建成小康社会、加快推进社会主义现代化、实现中华民族伟大复兴的中国梦奠定坚实基础。

要坚持以下基本原则：

——以人为本，公平共享。以人的城镇化为核心，合理引导人口流动，有序推进农业转移人口市民化，稳步推进城镇基本公共服务常住人口全覆盖，不断提高人口素质，促进人的全面发展和社会公平正义，使全体居民共享现代化建设成果。

——四化同步，统筹城乡。推动信息化和工业化深度融合、工业化和城镇化良性互动、城镇化和农业现代化相互协调，促进城镇发展与产业支撑、就业转移和人口集聚相统一，促进城乡要素平等交换和公共资源均衡配置，形成以工促农、以城带乡、工农互惠、城乡一体的新型工农、城乡关系。

——优化布局，集约高效。根据资源环境承载能力构建科学合理的城镇化宏观布局，以综合交通网络和信息网络为依托，科学规划建设城市群，严格控制城镇建设用地规模，严格划定永久基本农田，合理控制城镇开发边界，优化城市内部空间结构，促进城市紧凑发展，提高国土空间利用效率。

——生态文明，绿色低碳。把生态文明理念全面融入城镇化进程，着力推进绿色发展、循环发展、低碳发展，节约集约利用土地、水、能源等资源，强化环境保护和生态修复，减少对自然的干扰和损害，推动形成绿色低碳的生产生活方式和城市建设运营模式。

——文化传承，彰显特色。根据不同地区的自然历史文化禀赋，体现区域差异性，提倡形态多样性，防止千城一面，发展有历史记忆、文化脉络、地域风貌、民族特点的美丽城镇，形成符合实际、各具特色的城镇化发展模式。

——市场主导，政府引导。正确处理政府和市场关系，更加尊重市场规律，坚持使市场在资源配置中起决定性作用，更好发挥政府作用，切实履行政府制定规划政策、提供公共服务和营造制度环境的重要职责，使城镇化成为市场主导、自然发展的过程，成为政府引导、科学发展的过程。

——统筹规划，分类指导。中央政府统筹总体规划、战略布局和制度安排，加强分类指导；地方政府因地制宜、循序渐进抓好贯彻落实；尊重基层首创精神，鼓励探索创新和试点先行，凝聚各方共识，实现重点突破，总结推广经验，积极稳妥扎实有序推进新型城镇化。

第五章 发展目标

——城镇化水平和质量稳步提升。城镇化健康有序发展，常住人口城镇化率达到60%左右，户籍人口城镇化率达到45%左右，户籍人口城镇化率与常住人口城镇化率差距缩小2个百分点左右，努力实现1亿左右农业转移人口和其他常住人口在城镇落户。

——城镇化格局更加优化。“两横三纵”为主体的城镇化战略格局基本形成，城市群集聚经济、人口能力明显增强，东部地区城市群一体化水平和国际竞争力明显提高，中西部地区城市群成为推动区域协调发展的新的重要增长极。城市规模结构更加完善，中心城市辐射带动作用更加突出，中小城市数量增加，小城镇服务功能增强。

——城市发展模式科学合理。密度较高、功能混用和公交导向的集约紧凑型开发模式成为主导，人均城市建设用地严格控制在100平方米以内，建成区人口密度逐步提高。绿色生产、绿色消费成为城市经济生活的主流，节能节水产品、再生利用产品和绿色建筑比例大幅提高。城市地下管网覆盖率明显提高。

——城市生活和谐宜人。稳步推进义务教育、就业服务、基本养老、基本医疗卫生、保障性住房等城镇基本公共服务覆盖全部常住人口，基础设施和公共服务设施更加完善，消费环境更加便利，生态环境明显改善，空气质量逐步好转，饮用水安全得到保障。自然景观和文化特色得到有效保护，城市发展个性化，城市管理人性化、智能化。

——城镇化体制机制不断完善。户籍管理、土地管理、社会保障、财税金融、行政管理、生态环境等制度改革取得重大进展，阻碍城镇化健康发展的体制机制障碍基本消除。（见专栏 17-1）

第三篇　有序推进农业转移人口市民化

按照尊重意愿、自主选择，因地制宜、分步推进，存量优先、带动增量的原则，以农业转移人口为重点，兼顾高校和职业技术院校毕业生、城镇间异地就业人员和城区城郊农业人口，统筹推进户籍制度改革和基本公共服务均等化。

第六章　推进符合条件农业转移人口落户城镇

逐步使符合条件的农业转移人口落户城镇，不仅要放开小城镇落户限制，也要放宽大中城市落户条件。

第一节　健全农业转移人口落户制度

各类城镇要健全农业转移人口落户制度，根据综合承载能力和发展潜力，以就业年限、居住年限、城镇社会保险参保年限等为基准条件，因地制宜制定具体的农业转移人口落户标准，并向全社会公布，引导农业转移人口在城镇落户的预期和选择。

第二节　实施差别化落户政策

以合法稳定就业和合法稳定住所（含租赁）等为前置条件，全面放开建制镇和小城市落户限制，有序放开城区人口 50 万 -100 万的城市落户限制，合理放开城区人口 100 万 -300 万的大城市落户限制，合理确定城区人口 300 万 -500 万的大城市落户条件，严格控制城区人口 500 万以上的特大城市人口规模。大中城市可设置参加城镇社会保险年限的要求，但最高年限不得超过 5 年。特大城市可采取积分制等方式设置阶梯式落户通道调控落户规模和节奏。

第七章　推进农业转移人口

享有城镇基本公共服务

农村劳动力在城乡间流动就业是长期现象，按照保障基本、循序渐进的原则，积极推进城镇基本公共服务由主要对本地户籍人口提供向对常住人口提供转变，逐步解决在城镇就业居住但未落户的农业转移人口享有城镇基本公共服务问题。

第一节　保障随迁子女平等享有受教育权利

建立健全全国中小学生学籍信息管理系统，为学生学籍转接提供便捷服务。将农民工随迁子女义务教育纳入各级政府教育发展规划和财政保障范畴，合理规划学校布局，科学核定教师编制，足额拨付教育经费，保障农民工随迁子女以公办学校为主接受义务教育。对未能在公办学校就学的，采取政府购买服务等方式，保障农民工随迁子女在普惠性民办学校接受义务教育的权利。逐步完善农民工随迁子女在流入地接受中等职业教育免学费和普惠性学前教育的政策，推动各地建立健全农民工随迁子女接受义务教育后在流入地参加升学考试的实施办法。

第二节 完善公共就业创业服务体系

加强农民工职业技能培训，提高就业创业能力和职业素质。整合职业教育和培训资源，全面提供政府补贴职业技能培训服务。强化企业开展农民工岗位技能培训责任，足额提取并合理使用职工教育培训经费。鼓励高等学校、各类职业院校和培训机构积极开展职业教育和技能培训，推进职业技能实训基地建设。鼓励农民工取得职业资格证书和专项职业能力证书，并按规定给予职业技能鉴定补贴。加大农民工创业政策扶持力度，健全农民工劳动权益保护机制。实现就业信息全国联网，为农民工提供免费的就业信息和政策咨询。（见专栏17-2）

第三节 扩大社会保障覆盖面

扩大参保缴费覆盖面，适时适当降低社会保险费率。完善职工基本养老保险制度，实现基础养老金全国统筹，鼓励农民工积极参保、连续参保。依法将农民工纳入城镇职工基本医疗保险，允许灵活就业农民工参加当地城镇居民基本医疗保险。完善社会保险关系转移接续政策，在农村参加的养老保险和医疗保险规范接入城镇社保体系，建立全国统一的城乡居民基本养老保险制度，整合城乡居民基本医疗保险制度。强化企业缴费责任，扩大农民工参加城镇职工工伤保险、失业保险、生育保险比例。推进商业保险与社会保险衔接合作，开办各类补充性养老、医疗、健康保险。

第四节 改善基本医疗卫生条件

根据常住人口配置城镇基本医疗卫生服务资源，将农民工及其随迁家属纳入社区卫生服务体系，免费提供健康教育、妇幼保健、预防接种、传染病防控、计划生育等公共卫生服务。加强农民工聚居地疾病监测、疫情处理和突发公共卫生事件应对。鼓励有条件的地方将符合条件的农民工及其随迁家属纳入当地医疗救助范围。

第五节 拓宽住房保障渠道

采取廉租住房、公共租赁住房、租赁补贴等多种方式改善农民工居住条件。完善商品房配建保障性住房政策，鼓励社会资本参与建设。农民工集中的开发区和产业园区可以建设单元型或宿舍型公共租赁住房，农民工数量较多的企业可以在符合规定标准的用地范围内建设农民工集体宿舍。审慎探索由集体经济组织利用农村集体建设用地建设公共租赁住房。把进城落户农民完全纳入城镇住房保障体系。

第八章 建立健全农业转移人口市民化推进机制

强化各级政府责任，合理分担公共成本，充分调动社会力量，构建政府主导、多方参与、成本共担、协同推进的农业转移人口市民化机制。

第一节 建立成本分担机制

建立健全由政府、企业、个人共同参与的农业转移人口市民化成本分担机制，根据农业转移人口市民化成本分类，明确成本承担主体和支出责任。

政府要承担农业转移人口市民化在义务教育、劳动就业、基本养老、基本医疗卫生、保障性住房以及市政设施等方面的公共成本。企业要落实农民工与城镇职工同工同酬制度，加大职工技能培训投入，依法为农民工缴纳职工养老、医疗、工伤、失业、生育等社会保险费用。农民工要积极参加城镇社会保险、职业教育和技能培训等，并按照规定承担相关费用，提升融入城市社会的能力。

第二节　合理确定各级政府职责

中央政府负责统筹推进农业转移人口市民化的制度安排和政策制定，省级政府负责制定本行政区农业转移人口市民化总体安排和配套政策，市县政府负责制定本行政区城市和建制镇农业转移人口市民化的具体方案和实施细则。各级政府根据基本公共服务的事权划分，承担相应的财政支出责任，增强农业转移人口落户较多地区政府的公共服务保障能力。

第三节　完善农业转移人口社会参与机制

推进农民工融入企业、子女融入学校、家庭融入社区、群体融入社会，建设包容性城市。提高各级党代会代表、人大代表、政协委员中农民工的比例，积极引导农民工参加党组织、工会和社团组织，引导农业转移人口有序参政议政和参加社会管理。加强科普宣传教育，提高农民工科学文化和文明素质，营造农业转移人口参与社区公共活动、建设和管理的氛围。城市政府和用工企业要加强对农业转移人口的人文关怀，丰富其精神文化生活。

第四篇　优化城镇化布局和形态

根据土地、水资源、大气环流特征和生态环境承载能力，优化城镇化空间布局和城镇规模结构，在《全国主体功能区规划》确定的城镇化地区，按照统筹规划、合理布局、分工协作、以大带小的原则，发展集聚效率高、辐射作用大、城镇体系优、功能互补强的城市群，使之成为支撑全国经济增长、促进区域协调发展、参与国际竞争合作的重要平台。构建以陆桥通道、沿长江通道为两条横轴，以沿海、京哈京广、包昆通道为三条纵轴，以轴线上城市群和节点城市为依托、其他城镇化地区为重要组成部分，大中小城市和小城镇协调发展的“两横三纵”城镇化战略格局。（见图 17-3）

第九章　优化提升东部地区城市群

东部地区城市群主要分布在优化开发区域，面临水土资源和生态环境压力加大、要素成本快速上升、国际市场竞争加剧等制约，必须加快经济转型升级、空间结构优化、资源永续利用和环境质量提升。

京津冀、长江三角洲和珠江三角洲城市群，是我国经济最具活力、开放程度最高、创新能力最强、吸纳外来人口最多的地区，要以建设世界级城市群为目标，继续在制度创新、科技进步、产业升级、绿色发展等方面走在全国前列，加快形成国际竞争新优势，在更高层次参与国际合作和竞争，发挥其对全国经济社会发展的重要支撑和引领作用。科学定位各城市功能，增强城市群内中小城市和小城镇的人口经济集聚能力，引导人口和产业由特大城市主城区向周边和其他城镇疏散转移。依托河流、湖泊、山峦等自然地理格局建设区域生态网络。

东部地区其他城市群，要根据区域主体功能定位，在优化结构、提高效益、降低消耗、保护环境的基础上，壮大先进装备制造业、战略性新兴产业和现代服务业，推进海洋经济发展。充分发挥区位优势，全面提高开放水平，集聚创新要素，增强创新能力，提升国际竞争力。统筹区域、城乡基础设施网络和信息网络建设，深化城市间分工协作和功能互补，加快一体化发展。

第十章 培育发展中西部地区城市群

中西部城镇体系比较健全、城镇经济比较发达、中心城市辐射带动作用明显的重点开发区域，要在严格保护生态环境的基础上，引导有市场、有效益的劳动密集型产业优先向中西部转移，吸纳东部返乡和就近转移的农民工，加快产业集群发展和人口集聚，培育发展若干新的城市群，在优化全国城镇化战略格局中发挥更加重要作用。

加快培育成渝、中原、长江中游、哈长等城市群，使之成为推动国土空间均衡开发、引领区域经济发展的重要增长极。加大对内对外开放力度，有序承接国际及沿海地区产业转移，依托优势资源发展特色产业，加快新型工业化进程，壮大现代产业体系，完善基础设施网络，健全功能完备、布局合理的城镇体系，强化城市分工合作，提升中心城市辐射带动能力，形成经济充满活力、生活品质优良、生态环境优美的新型城市群。依托陆桥通道上的城市群和节点城市，构建丝绸之路经济带，推动形成与中亚乃至整个欧亚大陆的区域大合作。

中部地区是我国重要粮食主产区，西部地区是我国水源保护区和生态涵养区。培育发展中西部地区城市群，必须严格保护耕地特别是基本农田，严格保护水资源，严格控制城市边界无序扩张，严格控制污染物排放，切实加强生态保护和环境治理，彻底改变粗放低效的发展模式，确保流域生态安全和粮食生产安全。

第十一章 建立城市群发展协调机制

统筹制定实施城市群规划，明确城市群发展目标、空间结构和开发方向，明确各城市的功能定位和分工，统筹交通基础设施和信息网络布局，加快推进城市群一体化进程。加强城市群规划与城镇体系规划、土地利用规划、生态环境规划等的衔接，依法开展规划环境影响评价。中央政府负责跨省级行政区的城市群规划编制和组织实施，省级政府负责本行政区内的城市群规划编制和组织实施。

建立完善跨区域城市发展协调机制。以城市群为主要平台，推动跨区域城市间产业分工、基础设施、环境治理等协调联动。重点探索建立城市群管理协调模式，创新城市群要素市场管理机制，破除行政壁垒和垄断，促进生产要素自由流动和优化配置。建立城市群成本共担和利益共享机制，加快城市公共交通“一卡通”服务平台建设，推进跨区域互联互通，促进基础设施和公共服务设施共建共享，促进创新资源高效配置和开放共享，推动区域环境联防联控联治，实现城市群一体化发展。

第十二章 促进各类城市协调发展

优化城镇规模结构，增强中心城市辐射带动功能，加快发展中小城市，有重点地发展小城镇，促进大中小城市和小城镇协调发展。

第一节 增强中心城市辐射带动功能

直辖市、省会城市、计划单列市和重要节点城市等中心城市，是我国城镇化发展的重要支撑。沿海中心城市要加快产业转型升级，提高参与全球产业分工的层次，延伸面向腹地的产业和服务链，加快提升国际化程度和国际竞争力。内陆中心城市要加大开发开放力度，健全以先进制造业、战略性新兴产业、现代服务业为主的产业体系，提升要素集聚、科技创新、高端服务能力，发挥规模效应和带动效应。区域重要节点城市要完善城市功能，壮大经济实力，加强协作对接，实现集约发展、联动发展、互补发展。特大城市要适当疏散经济功能和其他功能，推进劳动密集型加工业向外转移，加强与周边城镇基础设施连接和公共服务共享，推进中心城区功能向 1 小时交通圈地区扩散，培育形成通勤高效、一体发展的都市圈。

第二节　加快发展中小城市

把加快发展中小城市作为优化城镇规模结构的主攻方向，加强产业和公共服务资源布局引导，提升质量，增加数量。鼓励引导产业项目在资源环境承载力强、发展潜力大的中小城市和县城布局，依托优势资源发展特色产业，夯实产业基础。加强市政基础设施和公共服务设施建设，教育医疗等公共资源配置要向中小城市和县城倾斜，引导高等学校和职业院校在中小城市布局、优质教育和医疗机构在中小城市设立分支机构，增强集聚要素的吸引力。完善设市标准，严格审批程序，对具备行政区划调整条件的县可有序改市，把有条件的县城和重点镇发展成为中小城市。培育壮大陆路边境口岸城镇，完善边境贸易、金融服务、交通枢纽等功能，建设国际贸易物流节点和加工基地。（见专栏 17-3）

第三节　有重点地发展小城镇

按照控制数量、提高质量，节约用地、体现特色的要求，推动小城镇发展与疏解大城市中心城区功能相结合、与特色产业发展相结合、与服务“三农”相结合。大城市周边的重点镇，要加强与城市发展的统筹规划与功能配套，逐步发展成为卫星城。具有特色资源、区位优势的小城镇，要通过规划引导、市场运作，培育成为文化旅游、商贸物流、资源加工、交通枢纽等专业特色镇。远离中心城市的小城镇和林场、农场等，要完善基础设施和公共服务，发展成为服务农村、带动周边的综合性小城镇。对吸纳人口多、经济实力强的镇，可赋予同人口和经济规模相适应的管理权。（见专栏 17-4）

第十三章　强化综合交通运输网络支撑

完善综合运输通道和区际交通骨干网络，强化城市群之间交通联系，加快城市群交通一体化规划建设，改善中小城市和小城镇对外交通，发挥综合交通运输网络对城镇化格局的支撑和引导作用。到 2020 年，普通铁路网覆盖 20 万以上人口城市，快速铁路网基本覆盖 50 万以上人口城市；普通国道基本覆盖县城，国家高速公路基本覆盖 20 万以上人口城市；民用航空网络不断扩展，航空服务覆盖全国 90% 左右的人口。

第一节　完善城市群之间

综合交通运输网络

依托国家“五纵五横”综合运输大通道，加强东中部城市群对外交通骨干网络薄弱环节建设，加快西部城市群对外交通骨干网络建设，形成以铁路、高速公路为骨干，以普通国省道为基础，与民航、水路和管道共同组成的连接东西、纵贯南北的综合交通运输网络，支撑国家“两横三纵”城镇化战略格局。

第二节　构建城市群内部

综合交通运输网络

按照优化结构的要求，在城市群内部建设以轨道交通和高速公路为骨干，以普通公路为基础，有效衔接大中小城市和小城镇的多层次快速交通运输网络。提升东部地区城市群综合交通运输一体化水平，建成以城际铁路、高速公路为主体的快速客运和大能力货运网络。推进中西部地区城市群内主要城市之间的快速铁路、高速公路建设，逐步形成城市群内快速交通运输网络。

第三节 建设城市综合交通枢纽

建设以铁路、公路客运站和机场等为主的综合客运枢纽，以铁路和公路货运场站、港口和机场等为主的综合货运枢纽，优化布局，提升功能。依托综合交通枢纽，加强铁路、公路、民航、水运与城市轨道交通、地面公共交通等多种交通方式的衔接，完善集疏运系统与配送系统，实现客运“零距离”换乘和货运无缝衔接。

第四节 改善中小城市和小城镇交通条件

加强中小城市和小城镇与交通干线、交通枢纽城市的连接，加快国省干线公路升级改造，提高中小城市和小城镇公路技术等级、通行能力和铁路覆盖率，改善交通条件，提升服务水平。（见图 17-4）

第五篇 提高城市可持续发展能力

加快转变城市发展方式，优化城市空间结构，增强城市经济、基础设施、公共服务和资源环境对人口的承载能力，有效预防和治理“城市病”，建设和谐宜居、富有特色、充满活力的现代城市。

第十四章 强化城市产业就业支撑

调整优化城市产业布局和结构，促进城市经济转型升级，改善营商环境，增强经济活力，扩大就业容量，把城市打造成为创业乐园和创新摇篮。

第一节 优化城市产业结构

根据城市资源环境承载能力、要素禀赋和比较优势，培育发展各具特色的城市产业体系。改造提升传统产业，淘汰落后产能，壮大先进制造业和节能环保、新一代信息技术、生物、新能源、新材料、新能源汽车等战略性新兴产业。适应制造业转型升级要求，推动生产性服务业专业化、市场化、社会化发展，引导生产性服务业在中心城市、制造业密集区域集聚；适应居民消费需求多样化，提升生活性服务业水平，扩大服务供给，提高服务质量，推动特大城市和大城市形成以服务经济为主的产业结构。强化城市间专业化分工协作，增强中小城市产业承接能力，构建大中小城市和小城镇特色鲜明、优势互补的产业发展格局。推进城市污染企业治理改造和环保搬迁。支持资源枯竭城市发展接续替代产业。

第二节 增强城市创新能力

顺应科技进步和产业变革新趋势，发挥城市创新载体作用，依托科技、教育和人才资源优势，推动城市走创新驱动发展道路。营造创新的制度环境、政策环境、金融环境和文化氛围，激发全社会创新活力，推动技术创新、商业模式创新和管理创新。建立产学研协同创新机制，强化企业在技术创新中的主体地位，发挥大型企业创新骨干作用，激发中小企业创新活力。建设创新基地，集聚创新人才，培育创新集群，完善创新服务体系，发展创新公共平台和风险投资机构，推进创新成果资本化、产业化。加强知识产权运用和保护，健全技术创新激励机制。推动高等学校提高创新人才培养能力，加快现代职业教育体系建设，系统构建从中职、高职、本科层次职业教育到专业学位研究生教育的技术技能人才培养通道，推进中高职衔接和职普沟通。引导部分地方本科高等学校转型发展为应用技术类型高校。试行普通高校、高职院校、成人高校之间的学分转换，为学生多样化成才提供选择。

第三节　营造良好就业创业环境

发挥城市创业平台作用，充分利用城市规模经济产生的专业化分工效应，放宽政府管制，降低交易成本，激发创业活力。完善扶持创业的优惠政策，形成政府激励创业、社会支持创业、劳动者勇于创业新机制。运用财政支持、税费减免、创业投资引导、政策性金融服务、小额贷款担保等手段，为中小企业特别是创业型企业发展提供良好的经营环境，促进以创业带动就业。促进以高校毕业生为重点的青年就业和农村转移劳动力、城镇困难人员、退役军人就业。结合产业升级开发更多适合高校毕业生的就业岗位，实行激励高校毕业生自主创业政策，实施离校未就业高校毕业生就业促进计划。合理引导高校毕业生就业流向，鼓励其到中小城市创业就业。

第十五章　优化城市空间结构和管理格局

按照统一规划、协调推进、集约紧凑、疏密有致、环境优先的原则，统筹中心城区改造和新城新区建设，提高城市空间利用效率，改善城市人居环境。

第一节　改造提升中心城区功能

推动特大城市中心城区部分功能向卫星城疏散，强化大中城市中心城区高端服务、现代商贸、信息中介、创意创新等功能。完善中心城区功能组合，统筹规划地上地下空间开发，推动商业、办公、居住、生态空间与交通站点的合理布局与综合利用开发。制定城市市辖区设置标准，优化市辖区规模和结构。按照改造更新与保护修复并重的要求，健全旧城改造机制，优化提升旧城功能。加快城区老工业区搬迁改造，大力推进棚户区改造，稳步实施城中村改造，有序推进旧住宅小区综合整治、危旧住房和非成套住房改造，全面改善人居环境。（见专栏 17-5）

第二节　严格规范新城新区建设

严格新城新区设立条件，防止城市边界无序蔓延。因中心城区功能过度叠加、人口密度过高或规避自然灾害等原因，确需规划建设新城新区，必须以人口密度、产出强度和资源环境承载力为基准，与行政区划相协调，科学合理编制规划，严格控制建设用地规模，控制建设标准过度超前。统筹生产区、办公区、生活区、商业区等功能区规划建设，推进功能混合和产城融合，在集聚产业的同时集聚人口，防止新城新区空心化。加强现有开发区城市功能改造，推动单一生产功能向城市综合功能转型，为促进人口集聚、发展服务经济拓展空间。

第三节　改善城乡接合部环境

提升城乡接合部规划建设和管理服务水平，促进社区化发展，增强服务城市、带动农村、承接转移人口功能。加快城区基础设施和公共服务设施向城乡接合部地区延伸覆盖，规范建设行为，加强环境整治和社会综合治理，改善生活居住条件。保护生态用地和农用地，形成有利于改善城市生态环境质量的生态缓冲地带。

第十六章　提升城市基本公共服务水平

加强市政公用设施和公共服务设施建设，增加基本公共服务供给，增强对人口集聚和服务的支撑能力。

第一节 优先发展城市公共交通

将公共交通放在城市交通发展的首要位置，加快构建以公共交通为主体的城市机动化出行系统，积极发展快速公共汽车、现代有轨电车等大容量地面公共交通系统，科学有序推进城市轨道交通建设。优化公共交通站点和线路设置，推动形成公共交通优先通行网络，提高覆盖率、准点率和运行速度，基本实现100万人口以上城市中心城区公共交通站点500米全覆盖。强化交通综合管理，有效调控、合理引导个体机动化交通需求。推动各种交通方式、城市道路交通管理系统的信息共享和资源整合。

第二节 加强市政公用设施建设

建设安全高效便利的生活服务和市政公用设施网络体系。优化社区生活设施布局，健全社区养老服务体系，完善便民利民服务网络，打造包括物流配送、便民超市、平价菜店、家庭服务中心等在内的便捷生活服务圈。加强无障碍环境建设。合理布局建设公益性菜市场、农产品批发市场。统筹电力、通信、给排水、供热、燃气等地下管网建设，推行城市综合管廊，新建城市主干道路、城市新区、各类园区应实行城市地下管网综合管廊模式。加强城镇水源地保护与建设和供水设施改造与建设，确保城镇供水安全。加强防洪设施建设，完善城市排水与暴雨外洪内涝防治体系，提高应对极端天气能力。建设安全可靠、技术先进、管理规范的新型配电网络体系，加快推进城市清洁能源供应设施建设，完善燃气输配、储备和供应保障系统，大力发展热电联产，淘汰燃煤小锅炉。加强城镇污水处理及再生利用设施建设，推进雨污分流改造和污泥无害化处置。提高城镇生活垃圾无害化处理能力。合理布局建设城市停车场和立体车库，新建大中型商业设施要配建货物装卸作业区和停车场，新建办公区和住宅小区要配建地下停车场。

第三节 完善基本公共服务体系

根据城镇常住人口增长趋势和空间分布，统筹布局建设学校、医疗卫生机构、文化设施、体育场所等公共服务设施。优化学校布局和建设规模，合理配置中小学和幼儿园资源。加强社区卫生服务机构建设，健全与医院分工协作、双向转诊的城市医疗服务体系。完善重大疾病防控、妇幼保健等专业公共卫生和计划生育服务网络。加强公共文化、公共体育、就业服务、社保经办和便民利民服务设施建设。创新公共服务供给方式，引入市场机制，扩大政府购买服务规模，实现供给主体和方式多元化，根据经济社会发展状况和财力水平，逐步提高城镇居民基本公共服务水平，在学有所教、劳有所得、病有所医、老有所养、住有所居上持续取得新进展。

第十七章 提高城市规划建设水平

适应新型城镇化发展要求，提高城市规划科学性，加强空间开发管制，健全规划管理体制机制，严格建筑规范和质量管理，强化实施监督，提高城市规划管理水平和建筑质量。

第一节 创新规划理念

把以人为本、尊重自然、传承历史、绿色低碳理念融入城市规划全过程。城市规划要由扩张性规划逐步转向限定城市边界、优化空间结构的规划，科学确立城市功能定位和形态，加强城市空间开发利用管制，合理划定城市“三区四线”，合理确定城市规模、开发边界、开发强度和保护性空间，加强道路红线和建筑红线对建设项目的定位控制。统筹规划城市空间功能布局，促进城市用地功能适度混合。合理设定不同功能区土地开发利用的容积率、绿化率、地面渗透率等规范性要求。建立健全城市地下空间开发利用协调机制。统筹规划市区、城郊和周边乡村发展。（见专栏 17-6）

第二节　完善规划程序

完善城市规划前期研究、规划编制、衔接协调、专家论证、公众参与、审查审批、实施管理、评估修编等工作程序，探索设立城市总规划师制度，提高规划编制科学化、民主化水平。推行城市规划政务公开，加大公开公示力度。加强城市规划与经济社会发展、主体功能区建设、国土资源利用、生态环境保护、基础设施建设等规划的相互衔接。推动有条件地区的经济社会发展总体规划、城市规划、土地利用规划等“多规合一”。

第三节　强化规划管控

保持城市规划权威性、严肃性和连续性，坚持一本规划一张蓝图持之以恒加以落实，防止换一届领导改一次规划。加强规划实施全过程监管，确保依规划进行开发建设。健全国家城乡规划督察员制度，以规划强制性内容为重点，加强规划实施督察，对违反规划行为进行事前事中监管。严格实行规划实施责任追究制度，加大对政府部门、开发主体、居民个人违法违规行为的责任追究和处罚力度。制定城市规划建设考核指标体系，加强地方人大对城市规划实施的监督检查，将城市规划实施情况纳入地方党政领导干部考核和离任审计。运用信息化等手段，强化对城市规划管控的技术支撑。

第四节　严格建筑质量管理

强化建筑设计、施工、监理和建筑材料、装修装饰等全流程质量管控。严格执行先勘察、后设计、再施工的基本建设程序，加强建筑市场各类主体的资质资格管理，推行质量体系认证制度，加大建筑工人职业技能培训力度。坚决打击建筑工程招投标、分包转包、材料采购、竣工验收等环节的违法违规行为，惩治擅自改变房屋建筑主体和承重结构等违规行为。健全建筑档案登记、查询和管理制度，强化建筑质量责任追究和处罚，实行建筑质量责任终身追究制度。

第十八章　推动新型城市建设

顺应现代城市发展新理念新趋势，推动城市绿色发展，提高智能化水平，增强历史文化魅力，全面提升城市内在品质。

第一节　加快绿色城市建设

将生态文明理念全面融入城市发展，构建绿色生产方式、生活方式和消费模式。严格控制高耗能、高排放行业发展。节约集约利用土地、水和能源等资源，促进资源循环利用，控制总量，提高效率。加快建设可再生能源体系，推动分布式太阳能、风能、生物质能、地热能多元化、规模化应用，提高新能源和可再生能源利用比例。实施绿色建筑行动计划，完善绿色建筑标准及认证体系、扩大强制执行范围，加快既有建筑节能改造，大力发展绿色建材，强力推进建筑工业化。合理控制机动车保有量，加快新能源汽车推广应用，改善步行、自行车出行条件，倡导绿色出行。实施大气污染防治行动计划，开展区域联防联控联治，改善城市空气质量。完善废旧商品回收体系和垃圾分类处理系统，加强城市固体废弃物循环利用和无害化处置。合理划定生态保护红线，扩大城市生态空间，增加森林、湖泊、湿地面积，将

农村废弃地、其他污染土地、工矿用地转化为生态用地，在城镇化地区合理建设绿色生态廊道。（见 17-7）

第二节 推进智慧城市建设

统筹城市发展的物质资源、信息资源和智力资源利用，推动物联网、云计算、大数据等新一代信息技术创新应用，实现与城市经济社会发展深度融合。强化信息网络、数据中心等信息基础设施建设。促进跨部门、跨行业、跨地区的政务信息共享和业务协同，强化信息资源社会化开发利用，推广智慧化信息应用和新型信息服务，促进城市规划管理信息化、基础设施智能化、公共服务便捷化、产业发展现代化、社会治理精细化。增强城市要害信息系统和关键信息资源的安全保障能力。（见专栏 17-8）

第三节 注重人文城市建设

发掘城市文化资源，强化文化传承创新，把城市建设成为历史底蕴厚重、时代特色鲜明的人文魅力空间。注重在旧城改造中保护历史文化遗产、民族文化风格和传统风貌，促进功能提升与文化文物保护相结合。注重在新城新区建设中融入传统文化元素，与原有城市自然人文特征相协调。加强历史文化名城名镇、历史文化街区、民族风情小镇文化资源挖掘和文化生态的整体保护，传承和弘扬优秀传统文化，推动地方特色文化发展，保存城市文化记忆。培育和践行社会主义核心价值观，加快完善文化管理体制和文化生产经营机制，建立健全现代公共文化服务体系、现代文化市场体系。鼓励城市文化多样化发展，促进传统文化与现代文化、本土文化与外来文化交融，形成多元开放的现代城市文化。（见专栏 17-9）

第十九章 加强和创新城市社会治理

树立以人为本、服务为先理念，完善城市治理结构，创新城市治理方式，提升城市社会治理水平。

第一节 完善城市治理结构

顺应城市社会结构变化新趋势，创新社会治理体制，加强党委领导，发挥政府主导作用，鼓励和支持社会各方面参与，实现政府治理和社会自我调节、居民自治良性互动。坚持依法治理，加强法治保障，运用法治思维和法治方式化解社会矛盾。坚持综合治理，强化道德约束，规范社会行为，调节利益关系，协调社会关系，解决社会问题。坚持源头治理，标本兼治、重在治本，以网格化管理、社会化服务为方向，健全基层综合服务管理平台，及时反映和协调人民群众各方面各层次利益诉求。加强城市社会治理法律法规、体制机制、人才队伍和信息化建设。激发社会组织活力，加快实施政社分开，推进社会组织明确权责、依法自治、发挥作用。适合由社会组织提供的公共服务和解决的事项，交由社会组织承担。

第二节 强化社区自治和服务功能

健全社区党组织领导的基层群众自治制度，推进社区居民依法民主管理社区公共事务和公益事业。加快公共服务向社区延伸，整合人口、劳动就业、社保、民政、卫生计生、文化以及综治、维稳、信访等管理职能和服务资源，加快社区信息化建设，构建社区综合服务管理平台。发挥业主委员会、物业管理机构、驻区单位积极作用，引导各类社会组织、志愿者参与社区服务和管理。加强社区社会工作专业人才和志愿者队伍建设，推进社区工作人员专业化和职业化。加强流动人口服务管理。

第三节　创新社会治安综合治理

建立健全源头治理、动态协调、应急处置相互衔接、相互支撑的社会治安综合治理机制。创新立体化社会治安防控体系，改进治理方式，促进多部门城市管理职能整合，鼓励社会力量积极参与社会治安综合治理。及时解决影响人民群众安全的社会治安问题，加强对城市治安复杂部位的治安整治和管理。理顺城管执法体制，提高执法和服务水平。加大依法管理网络力度，加快完善互联网管理领导体制，确保国家网络和信息安全。

第四节　健全防灾减灾救灾体制

完善城市应急管理体系，加强防灾减灾能力建设，强化行政问责制和责任追究制。着眼抵御台风、洪涝、沙尘暴、冰雪、干旱、地震、山体滑坡等自然灾害，完善灾害监测和预警体系，加强城市消防、防洪、排水防涝、抗震等设施和救援救助能力建设，提高城市建筑灾害设防标准，合理规划布局和建设应急避难场所，强化公共建筑物和设施应急避难功能。完善突发公共事件应急预案和应急保障体系。加强灾害分析和信息公开，开展市民风险防范和自救互救教育，建立巨灾保险制度，发挥社会力量在应急管理中的作用。

第六篇　推动城乡发展一体化

坚持工业反哺农业、城市支持农村和多予少取放活方针，加大统筹城乡发展力度，增强农村发展活力，逐步缩小城乡差距，促进城镇化和新农村建设协调推进。

第二十章　完善城乡发展一体化体制机制

加快消除城乡二元结构的体制机制障碍，推进城乡要素平等交换和公共资源均衡配置，让广大农民平等参与现代化进程、共同分享现代化成果。

第一节　推进城乡统一要素市场建设

加快建立城乡统一的人力资源市场，落实城乡劳动者平等就业、同工同酬制度。建立城乡统一的建设用地市场，保障农民公平分享土地增值收益。建立健全有利于农业科技人员下乡、农业科技成果转化、先进农业技术推广的激励和利益分享机制。创新面向“三农”的金融服务，统筹发挥政策性金融、商业性金融和合作性金融的作用，支持具备条件的民间资本依法发起设立中小型银行等金融机构，保障金融机构农村存款主要用于农业农村。加快农业保险产品创新和经营组织形式创新，完善农业保险制度。鼓励社会资本投向农村建设，引导更多人才、技术、资金等要素投向农业农村。

第二节　推进城乡规划、

基础设施和公共服务一体化

统筹经济社会发展规划、土地利用规划和城乡规划，合理安排市县域城镇建设、农田保护、产业集聚、村落分布、生态涵养等空间布局。扩大公共财政覆盖农村范围，提高基础设施和公共服务保障水平。统筹城乡基础设施建设，加快基础设施向农村延伸，强化城乡基础设施连接，推动水电路气等基础设施城乡联网、共建共享。加快公共服务向农村覆盖，推进公共就业服务网络向县以下延伸，全面建成覆盖城乡居民的社会保障体系，推进城乡社会保障制度衔接，加快形成政府主导、覆盖城乡、可持续的基本公共服务体系，推进城乡基本公共服务均等化。率先在一些经济发达地区实现城乡一体化。

第二十一章　加快农业现代化进程

坚持走中国特色新型农业现代化道路，加快转变农业发展方式，提高农业综合生产能力、抗风险能力、市场竞争能力和可持续发展能力。

第一节 保障国家粮食安全和
重要农产品有效供给

确保国家粮食安全是推进城镇化的重要保障。严守耕地保护红线，稳定粮食播种面积。加强农田水利设施建设和土地整理复垦，加快中低产田改造和高标准农田建设。继续加大中央财政对粮食主产区投入，完善粮食主产区利益补偿机制，健全农产品价格保护制度，提高粮食主产区和种粮农民的积极性，将粮食生产核心区和非主产区产粮大县建设成为高产稳产商品粮生产基地。支持优势产区棉花、油料、糖料生产，推进畜禽水产品标准化规模养殖。坚持“米袋子”省长负责制和“菜篮子”市长负责制。完善主要农产品市场调控机制和价格形成机制。积极发展都市现代农业。

第二节 提升现代农业发展水平

加快完善现代农业产业体系，发展高产、优质、高效、生态、安全农业。提高农业科技创新能力，做大做强现代种业，健全农技综合服务体系，完善科技特派员制度，推广现代化农业技术。鼓励农业机械企业研发制造先进实用的农业技术装备，促进农机农艺融合，改善农业设施装备条件，耕种收综合机械化水平达到70%左右。创新农业经营方式，坚持家庭经营在农业中的基础性地位，推进家庭经营、集体经营、合作经营、企业经营等共同发展。鼓励承包经营权在公开市场上向专业大户、家庭农场、农民合作社、农业企业流转，发展多种形式规模经营。鼓励和引导工商资本到农村发展适合企业化经营的现代种养业，向农业输入现代生产要素和经营模式。加快构建公益性服务与经营性服务相结合、专项服务与综合服务相协调的新型农业社会化服务体系。

第三节 完善农产品流通体系

统筹规划农产品市场流通网络布局，重点支持重要农产品集散地、优势农产品产地批发市场建设，加强农产品期货市场建设。加快推进以城市便民菜市场（菜店）、生鲜超市、城乡集贸市场为主体的农产品零售市场建设。实施粮食收储供应安全保障工程，加强粮油仓储物流设施建设，发展农产品低温仓储、分级包装、电子结算。健全覆盖农产品收集、存储、加工、运输、销售各环节的冷链物流体系。加快培育现代流通方式和新型流通业态，大力发展快捷高效配送。积极推进“农批对接”、“农超对接”等多种形式的产销衔接，加快发展农产品电子商务，降低流通费用。强化农产品商标和地理标志保护。

第二十二章 建设社会主义新农村

坚持遵循自然规律和城乡空间差异化发展原则，科学规划县域村镇体系，统筹安排农村基础设施建设和社会事业发展，建设农民幸福生活的美好家园。

第一节 提升乡镇村庄规划管理水平

适应农村人口转移和村庄变化的新形势，科学编制县域村镇体系规划和镇、乡、村庄规划，建设各具特色的美丽乡村。按照发展中心村、保护特色村、整治空心村的要求，在尊重农民意愿的基础上，科学引导农村住宅和居民点建设，方便农民生产生活。在提升自然村落功能基础上，保持乡村风貌、民族文化和地域文化特色，保护有历史、艺术、科学价值的传统村落、少数民族特色村寨和民居。

第二节　加强农村基础设施和服务网络建设

加快农村饮水安全建设，因地制宜采取集中供水、分散供水和城镇供水管网向农村延伸的方式解决农村人口饮用水安全问题。继续实施农村电网改造升级工程，提高农村供电能力和可靠性，实现城乡用电同网同价。加强以太阳能、生物沼气为重点的清洁能源建设及相关技术服务。基本完成农村危房改造。完善农村公路网络，实现行政村通班车。加强乡村旅游服务网络、农村邮政设施和宽带网络建设，改善农村消防安全条件。继续实施新农村现代流通网络工程，培育面向农村的大型流通企业，增加农村商品零售、餐饮及其他生活服务网点。深入开展农村环境综合整治，实施乡村清洁工程，开展村庄整治，推进农村垃圾、污水处理和土壤环境整治，加快农村河道、水环境整治，严禁城市和工业污染向农村扩散。

第三节　加快农村社会事业发展

合理配置教育资源，重点向农村地区倾斜。推进义务教育学校标准化建设，加强农村中小学寄宿制学校建设，提高农村义务教育质量和均衡发展水平。积极发展农村学前教育。加强农村教师队伍建设。建立健全新型职业化农民教育、培训体系。优先建设发展县级医院，完善以县级医院为龙头、乡镇卫生院和村卫生室为基础的农村三级医疗卫生服务网络，向农民提供安全价廉可及的基本医疗卫生服务。加强乡镇综合文化站等农村公共文化和体育设施建设，提高文化产品和服务的有效供给能力，丰富农民精神文化生活。完善农村最低生活保障制度。健全农村留守儿童、妇女、老人关爱服务体系。

第七篇　改革完善城镇化发展体制机制

加强制度顶层设计，尊重市场规律，统筹推进人口管理、土地管理、财税金融、城镇住房、行政管理、生态环境等重点领域和关键环节体制机制改革，形成有利于城镇化健康发展的制度环境。

第二十三章　推进人口管理制度改革

在加快改革户籍制度的同时，创新和完善人口服务和管理制度，逐步消除城乡区域间户籍壁垒，还原户籍的人口登记管理功能，促进人口有序流动、合理分布和社会融合。

——建立居住证制度。全面推行流动人口居住证制度，以居住证为载体，建立健全与居住年限等条件相挂钩的基本公共服务提供机制，并作为申请登记居住地常住户口的重要依据。城镇流动人口暂住证持有年限累计进居住证。

——健全人口信息管理制度。加强和完善人口统计调查制度，进一步改进人口普查方法，健全人口变动调查制度。加快推进人口基础信息库建设，分类完善劳动就业、教育、收入、社保、房产、信用、计生、税务等信息系统，逐步实现跨部门、跨地区信息整合和共享，在此基础上建设覆盖全国、安全可靠的国家人口综合信息库和信息交换平台，到2020年在全国实行以公民身份号码为唯一标识，依法记录、查询和评估人口相关信息制度，为人口服务和管理提供支撑。

第二十四章　深化土地管理制度改革

实行最严格的耕地保护制度和集约节约用地制度，按照管住总量、严控增量、盘活存量的原则，创新土地管理制度，优化土地利用结构，提高土地利用效率，合理满足城镇化用地需求。

——建立城镇用地规模结构调控机制。严格控制新增城镇建设用地规模，严格执行城市用地分类与规划建设用地标准，实行增量供给与存量挖潜相结合的供地、用地政策，提高城镇建设使用存量用地比例。探索实行城镇建设用地增加规模与吸纳农业转移人口落户数量挂钩政策。有效控制特大城市新增建设用地规模，适度增加集约用地程度高、发展潜力大、吸纳人口多的卫星城、中小城市和县城建设用地供给。适当控制工业用地，优先安排和增加住宅用地，合理安排生态用地，保护城郊菜地和水田，统筹安排基础设施和公共服务设施用地。建立有效调节工业用地和居住用地合理比价机制，提高工业用地价格。

——健全节约集约用地制度。完善各类建设用地标准体系，严格执行土地使用标准，适当提高工业项目容积率、土地产出率门槛，探索实行长期租赁、先租后让、租让结合的工业用地供应制度，加强工程建设项目用地标准控制。建立健全规划统筹、政府引导、市场运作、公众参与、利益共享的城镇低效用地再开发激励约束机制，盘活利用现有城镇存量建设用地，建立存量建设用地退出激励机制，推进老城区、旧厂房、城中村的改造和保护性开发，发挥政府土地储备对盘活城镇低效用地的作用。加强农村土地综合整治，健全运行机制，规范推进城乡建设用地增减挂钩，总结推广工矿废弃地复垦利用等做法。禁止未经评估和无害化治理的污染场地进行土地流转和开发利用。完善土地租赁、转让、抵押二级市场。

——深化国有建设用地有偿使用制度改革。扩大国有土地有偿使用范围，逐步对经营性基础设施和社会事业用地实行有偿使用。减少非公益性用地划拨，对以划拨方式取得用于经营性项目的土地，通过征收土地年租金等多种方式纳入有偿使用范围。

——推进农村土地管理制度改革。全面完成农村土地确权登记颁证工作，依法维护农民土地承包经营权。在坚持和完善最严格的耕地保护制度前提下，赋予农民对承包地占有、使用、收益、流转及承包经营权抵押、担保权能。保障农户宅基地用益物权，改革完善农村宅基地制度，在试点基础上慎重稳妥推进农民住房财产权抵押、担保、转让，严格执行宅基地使用标准，严格禁止一户多宅。在符合规划和用途管制前提下，允许农村集体经营性建设用地出让、租赁、入股，实行与国有土地同等入市、同权同价。建立农村产权流转交易市场，推动农村产权流转交易公开、公正、规范运行。

——深化征地制度改革。缩小征地范围，规范征地程序，完善对被征地农民合理、规范、多元保障机制。建立兼顾国家、集体、个人的土地增值收益分配机制，合理提高个人收益，保障被征地农民长远发展生计。健全争议协调裁决制度。

——强化耕地保护制度。严格土地用途管制，统筹耕地数量管控和质量、生态管护，完善耕地占补平衡制度，建立健全耕地保护激励约束机制。落实地方各级政府耕地保护责任目标考核制度，建立健全耕地保护共同责任机制；加强基本农田管理，完善基本农田永久保护长效机制，强化耕地占补平衡和土地整理复垦监管。

第二十五章 创新城镇化资金保障机制

加快财税体制和投融资机制改革，创新金融服务，放开市场准入，逐步建立多元化、可持续的城镇化资金保障机制。

——完善财政转移支付制度。按照事权与支出责任相适应的原则，合理确定各级政府在教育、基本医疗、社会保障等公共服务方面的事权，建立健全城镇基本公共服务支出分担机制。建立财政转移支付同农业转移人口市民化挂钩机制，中央和省级财政安排转移支付要考虑常住人口因素。依托信息化管理手段，逐步完善城镇基本公共服务补贴办法。

——完善地方税体系。培育地方主体税种，增强地方政府提供基本公共服务能力。加快房地产税立法并适时推进改革。加快资源税改革，逐步将资源税征收范围扩展到占用各种自然生态空间。推动环境保护费改税。

——建立规范透明的城市建设投融资机制。在完善法律法规和健全地方政府债务管理制度基础上，建立健全地方债券发行管理制度和评级制度，允许地方政府发行市政债券，拓宽城市建设融资渠道。创新金融服务和产品，多渠道推动股权融资，提高直接融资比重。发挥现有政策性金融机构的重要作用，研究制定政策性金融专项支持政策，研究建立城市基础设施、住宅政策性金融机构，为城市基础设施和保障性安居工程建设提供规范透明、成本合理、期限匹配的融资服务。理顺市政公用产品和服务价格形成机制，放宽准入，完善监管，制定非公有制企业进入特许经营领域的办法，鼓励社会资本参与城市公用设施投资运营。鼓励公共基金、保险资金等参与项目自身具有稳定收益的城市基础设施项目建设和运营。

第二十六章　健全城镇住房制度

建立市场配置和政府保障相结合的住房制度，推动形成总量基本平衡、结构基本合理、房价与消费能力基本适应的住房供需格局，有效保障城镇常住人口的合理住房需求。

——健全住房供应体系。加快构建以政府为主提供基本保障、以市场为主满足多层次需求的住房供应体系。对城镇低收入和中等偏下收入住房困难家庭，实行租售并举、以租为主，提供保障性安居工程住房，满足基本住房需求。稳定增加商品住房供应，大力发展二手房市场和住房租赁市场，推进住房供应主体多元化，满足市场多样化住房需求。

——健全保障性住房制度。建立各级财政保障性住房稳定投入机制，扩大保障性住房有效供给。完善租赁补贴制度，推进廉租住房、公共租赁住房并轨运行。制定公平合理、公开透明的保障性住房配租政策和监管程序，严格准入和退出制度，提高保障性住房物业管理、服务水平和运营效率。

——健全房地产市场调控长效机制。调整完善住房、土地、财税、金融等方面政策，共同构建房地产市场调控长效机制。各城市要编制城市住房发展规划，确定住房建设总量、结构和布局。确保住房用地稳定供应，完善住房用地供应机制，保障性住房用地应保尽保，优先安排政策性商品住房用地，合理增加普通商品住房用地，严格控制大户型高档商品住房用地。实行差别化的住房税收、信贷政策，支持合理自住需求，抑制投机投资需求。依法规范市场秩序，健全法律法规体系，加大市场监管力度。建立以土地为基础的不动产统一登记制度，实现全国住房信息联网，推进部门信息共享。

第二十七章　强化生态环境保护制度

完善推动城镇化绿色循环低碳发展的体制机制，实行最严格的生态环境保护制度，形成节约资源和保护环境的空间格局、产业结构、生产方式和生活方式。

——建立生态文明考核评价机制。把资源消耗、环境损害、生态效益纳入城镇化发展评价体系，完善体现生态文明要求的目标体系、考核办法、奖惩机制。对限制开发区域和生态脆弱的国家扶贫开发工作重点县取消地区生产总值考核。

——建立国土空间开发保护制度。建立空间规划体系，坚定不移实施主体功能区制度，划定生态保护红线，严格按照主体功能区定位推动发展，加快完善城镇化地区、农产品主产区、重点生态功能区空间开发管控制度，建立资源环境承载能力监测预警机制。强化水资源开发利用控制、用水效率控制、水功能区限制纳污管理。对不同主体功能区实行差别化财政、投资、产业、土地、人口、环境、考核等政策。

——实行资源有偿使用制度和生态补偿制度。加快自然资源及其产品价格改革，全面反映市场供求、资源稀缺程度、生态环境损害成本和修复效益。建立健全居民生活用电、用水、用气等阶梯价格制度。制定并完善生态补偿方面的政策法规，切实加大生态补偿投入力度，扩大生态补偿范围，提高生态补偿标准。

——建立资源环境产权交易机制。发展环保市场，推行节能量、碳排放权、排污权、水权交易制度，建立吸引社会资本投入生态环境保护的市场化机制，推行环境污染第三方治理。

——实行最严格的环境监管制度。建立和完善严格监管所有污染物排放的环境保护管理制度，独立进行环境监管和行政执法。完善污染物排放许可制，实行企事业单位污染物排放总量控制制度。加大环境执法力度，严格环境影响评价制度，加强突发环境事件应急能力建设，完善以预防为主的环境风险管理制度。对造成生态环境损害的责任者严格实行赔偿制度，依法追究刑事责任。建立陆海统筹的生态系统保护修复和污染防治区域联动机制。开展环境污染强制责任保险试点。

第八篇　规划实施

本规划由国务院有关部门和地方各级政府组织实施。各地区各部门要高度重视、求真务实、开拓创新、攻坚克难，确保规划目标和任务如期完成。

第二十八章　加强组织协调

合理确定中央与地方分工，建立健全城镇化工作协调机制。中央政府要强化制度顶层设计，统筹重大政策研究和制定，协调解决城镇化发展中的重大问题。国家发展改革委要牵头推进规划实施和相关政策落实，监督检查工作进展情况。各有关部门要切实履行职责，根据本规划提出的各项任务和政策措施，研究制定具体实施方案。地方各级政府要全面贯彻落实本规划，建立健全工作机制，因地制宜研究制定符合本地实际的城镇化规划和具体政策措施。加快培养一批专家型城市管理干部，提高城镇化管理水平。

第二十九章　强化政策统筹

根据本规划制定配套政策，建立健全相关法律法规、标准体系。加强部门间政策制定和实施的协调配合，推动人口、土地、投融资、住房、生态环境等方面政策和改革举措形成合力、落到实处。城乡规划、土地利用规划、交通规划等要落实本规划要求，其他相关专项规划要加强与本规划的衔接协调。

第三十章　开展试点示范

本规划实施涉及诸多领域的改革创新，对已经形成普遍共识的问题，如长期进城务工经商的农业转移人口落户、城市棚户区改造、农民工随迁子女义务教育、农民工职业技能培训和中西部地区中小城市发展等，要加大力度，抓紧解决。对需要深入研究解决的难点问题，如建立农业转移人口市民化成本分担机制，建立多元化、可持续的城镇化投融资机制，建立创新行政管理、降低行政成本的设市设区模式，改革完善农村宅基地制度等，要选择不同区域不同城市分类开展试点。继续推进创新城市、智慧城市、低碳城镇试点。深化中欧城镇化伙伴关系等现有合作平台，拓展与其他国家和国际组织的交流，开展多形式、多领域的务实合作。

第三十一章　健全监测评估

加强城镇化统计工作，顺应城镇化发展态势，建立健全统计监测指标体系和统计综合评价指标体系，规范统计口径、统计标准和统计制度方法。加快制定城镇化发展监测评估体系，实施动态监测与跟踪分析，开展规划中期评估和专项监测，推动本规划顺利实施。

表 17-1　城市（镇）数量和规模变化情况（单位：个）

	1978 年	2010 年
城市	193	658
1000 万以上人口城市	0	6
500 万—1000 万人口城市	2	10
300 万—500 万人口城市	2	21
100 万—300 万人口城市	25	103
50 万—100 万人口城市	35	138
50 万以下人口城市	129	380
建制镇	2 173	19 410
注：2010 年数据根据第六次全国人口普查数据整理。		

表 17-2　城市基础设施和服务设施变化情况

指　　标	2000 年	2012 年
用水普及率（%）	63.9	97.2
燃气普及率（%）	44.6	93.2
人均道路面积（平方米）	6.1	14.4
人均住宅建筑面积（平方米）	20.3	32.9
污水处理率（%）	34.3	87.3
人均公园绿地面积（平方米）	3.7	12.3
普通中学（所）	14 473	17 333

病床数（万张）	142.6	273.3

专栏 17-1 新型城镇化主要指标

指 标	2012 年	2020 年
城镇化水平		
常住人口城镇化率（%）	52.6	60 左右
户籍人口城镇化率（%）	35.3	45 左右
基本公共服务		
农民工随迁子女接受义务教育比例（%）		≥ 99
城镇失业人员、农民工、新成长劳动力免费接受基本职业技能培训覆盖率（%）		≥ 95
城镇常住人口基本养老保险覆盖率（%）	66.9	≥ 90
城镇常住人口基本医疗保险覆盖率（%）	95	98
城镇常住人口保障性住房覆盖率（%）	12.5	≥ 23
基础设施		
百万以上人口城市公共交通占机动化出行比例（%）	45*	60
城镇公共供水普及率（%）	81.7	90
城市污水处理率（%）	87.3	95
城市生活垃圾无害化处理率（%）	84.8	95
城市家庭宽带接入能力（Mbps）	4	≥ 50
城市社区综合服务设施覆盖率（%）	72.5	100
资源环境		
人均城市建设用地（平方米）		≤ 100
城镇可再生能源消费比重（%）	8.7	13
城镇绿色建筑占新建建筑比重（%）	2	50
城市建成区绿地率（%）	35.7	38.9
地级以上城市空气质量达到国家标准的比例（%）	40.9	60

注：①带 * 为 2011 年数据。

②城镇常住人口基本养老保险覆盖率指标中，常住人口不含 16 周岁以下人员和在校学生。

③城镇保障性住房：包括公租房（含廉租房）、政策性商品住房和棚户区改造安置住房等。

④人均城市建设用地：国家《城市用地分类与规划建设用地标准》规定，人均城市建设用地标准为 65.0 － 115.0 平方米， 新建城市为 85.1 － 105.0 平方米。

⑤城市空气质量国家标准：在 1996 年标准基础上，增设了 $PM_{2.5}$ 浓度限值和臭氧 8 小时平均浓度限值，调整了 PM_{10}、二氧化氮、铅等浓度限值。

专栏 17-2　农民工职业技能提升计划

01　就业技能培训 对转移到非农产业务工经商的农村劳动者开展专项技能或初级技能培训。依托技工院校、中高等职业院校、职业技能实训基地等培训机构，加大各级政府投入，开展政府补贴农民工就业技能培训，每年培训 1000 万人次，基本消除新成长劳动力无技能从业现象。对少数民族转移就业人员实行双语技能培训。
02　岗位技能提升培训 对与企业签订一定期限劳动合同的在岗农民工进行提高技能水平培训。鼓励企业结合行业特点和岗位技能需求，开展农民工在岗技能提升培训，每年培训农民工 1000 万人次。
03　高技能人才和创业培训 对符合条件的具备中高级技能的农民工实施高技能人才培训计划，完善补贴政策，每年培养 100 万高技能人才。对有创业意愿并具备创业条件的农民工开展提升创业能力培训。
04　劳动预备制培训 对农村未能继续升学并准备进入非农产业就业或进城务工的应届初高中毕业生、农村籍退役士兵进行储备性专业技能培训。
05　社区公益性培训 组织中高等职业院校、普通高校、技工院校开展面向农民工的公益性教育培训，与街道、社区合作，举办灵活多样的社区培训，提升农民工的职业技能和综合素质。
06　职业技能培训能力建设 依托现有各类职业教育和培训机构，提升改造一批职业技能实训基地。鼓励大中型企业联合技工院校、职业院校，建设一批农民工实训基地。支持一批职业教育优质特色学校和示范性中高等职业院校建设。

专栏 17-3 重点建设的陆路边境口岸城镇

01 面向东北亚 丹东、集安、临江、长白、和龙、图们、珲春、黑河、绥芬河、抚远、同江、东宁、满洲里、二连浩特、甘其毛都、策克
02 面向中亚西亚 喀什、霍尔果斯、伊宁、博乐、阿拉山口、塔城
03 面向东南亚 东兴、凭祥、宁明、龙州、大新、靖西、那坡、瑞丽、磨憨、畹町、河口
04 面向南亚 樟木、吉隆、亚东、普兰、日屋

专栏 17-4 县城和重点镇基础设施提升工程

01 公共供水 加强供水设施建设，实现县城和重点镇公共供水普及率 85% 以上。
02 污水处理 因地制宜建设集中污水处理厂或分散型生态处理设施，使所有县城和重点镇具备污水处理能力，实现县城污水处理率达 85% 左右、重点镇达 70% 左右。
03 垃圾处理 实现县城具备垃圾无害化处理能力，按照以城带乡模式推进重点镇垃圾无害化处理，重点建设垃圾收集、转运设施，实现重点镇垃圾收集、转运全覆盖。
04 道路交通 统筹城乡交通一体化发展，县城基本实现高等级公路连通，重点镇积极发展公共交通。
05 燃气供热 加快城镇天然气（含煤层气等）管网、液化天然气（压缩天然气）站、集中供热等设施建设，因地制宜发展大中型沼气、生物质燃气和地热能，县城逐步推进燃气替代生活燃煤，北方地区县城和重点镇集中供热水平明显提高。
06 分布式能源 城镇建设和改造要优先采用分布式能源，资源丰富地区的城镇新能源和可再生能源消费比重显著提高。鼓励条件适宜地区大力促进可再生能源建筑应用。

专栏 17-5　棚户区改造行动计划

01	城市棚户区改造 加快推进集中成片城市棚户区改造，逐步将其他棚户区、城中村改造统一纳入城市棚户区改造范围，到 2020 年基本完成城市棚户区改造任务。
02	国有工矿棚户区改造 将位于城市规划区内的国有工矿棚户区统一纳入城市棚户区改造范围，按照属地原则将铁路、钢铁、有色、黄金等行业棚户区纳入各地棚户区改造规划组织实施。
03	国有林区棚户区改造 加快改造国有林区棚户区和国有林场危旧房，将国有林区（场）外其他林业基层单位符合条件的住房困难人员纳入当地城镇住房保障体系。
04	国有垦区危房改造 加快改造国有垦区危房，将华侨农场非归难侨危房改造统一纳入垦区危房改造中央补助支持范围。

专栏 17-6　城市“三区四线”规划管理

01	禁建区 基本农田、行洪河道、水源地一级保护区、风景名胜区核心区、自然保护区核心区和缓冲区、森林湿地公园生态保育区和恢复重建区、地质公园核心区、道路红线、区域性市政走廊用地范围内、城市绿地、地质灾害易发区、矿产采空区、文物保护单位保护范围等，禁止城市建设开发活动。
02	限建区 水源地二级保护区、地下水防护区、风景名胜区非核心区、自然保护区非核心区和缓冲区、森林公园非生态保育区、湿地公园非保育区和恢复重建区、地质公园非核心区、海陆交界生态敏感区和灾害易发区、文物保护单位建设控制地带、文物地下埋藏区、机场噪声控制区、市政走廊预留和道路红线外控制区、矿产采空区外围、地质灾害低易发区、蓄滞洪区、行洪河道外围一定范围等，限制城市建设开发活动。
03	适建区 在已经划定为城市建设用地的区域，合理安排生产用地、生活用地和生态用地，合理确定开发时序、开发模式和开发强度。
04	绿线 划定城市各类绿地范围的控制线，规定保护要求和控制指标。
05	蓝线 划定在城市规划中确定的江、河、湖、库、渠和湿地等城市地表水体保护和控制的地域界线，规定保护要求和控制指标。
06	紫线 划定国家历史文化名城内的历史文化街区和省、自治区、直辖市人民政府公布的历史文化街区的保护范围界线，以及城市历史文化街区外经县级以上人民政府公布保护的历史建筑的保护范围界线。

07	黄线 划定对城市发展全局有影响、必须控制的城市基础设施用地的控制界线，规定保护要求和控制指标。

专栏 17-7 绿色城市建设重点

01	绿色能源 推进新能源示范城市建设和智能微电网示范工程建设，依托新能源示范城市建设分布式光伏发电示范区。在北方地区城镇开展风电清洁供暖示范工程。选择部分县城开展可再生能源热利用示范工程，加强绿色能源县建设。
02	绿色建筑 推进既有建筑供热计量和节能改造，基本完成北方采暖地区居住建筑供热计量和节能改造，积极推进夏热冬冷地区建筑节能改造和公共建筑节能改造。逐步提高新建建筑能效水平，严格执行节能标准。积极推进建筑工业化、标准化，提高住宅工业化比例。政府投资的公益性建筑、保障性住房和大型公共建筑全面执行绿色建筑标准和认证。
03	绿色交通 加快发展新能源、小排量等环保型汽车，加快充电站、充电桩、加气站等配套设施建设，加强步行和自行车等慢行交通系统建设，积极推进混合动力、纯电动、天然气等新能源和清洁燃料车辆在公共交通行业的示范应用。推进机场、车站、码头节能节水改造，推广使用太阳能等可再生能源。继续严格实行运营车辆燃料消耗量准入制度，到 2020 年淘汰全部黄标车。
04	产业园区循环化改造 以国家级和省级产业园区为重点，推进循环化改造，实现土地集约利用、废物交换利用、能量梯级利用，废水循环利用和污染物集中处理。
05	城市环境综合整治 实施清洁空气工程，强化大气污染综合防治，明显改善城市空气质量；实施安全饮用水工程，治理地表水、地下水，实现水质、 水量双保障；开展存量生活垃圾治理工作；实施重金属污染防治工程，推进重点地区污染场地和土壤修复治理。实施森林、湿地保护与修复。
06	绿色新生活行动 在衣食住行游等方面，加快向简约适度、绿色低碳、文明节约方式转变。培育生态文化，引导绿色消费，推广节能环保型汽车、节能省地型住宅。健全城市废旧商品回收体系和餐厨废弃物资源化利用体系，减少使用一次性产品，抑制商品过度包装。

专栏 17-8 智慧城市建设方向

01	信息网络宽带化 推进光纤到户和“光进铜退”，实现光纤网络基本覆盖城市家庭，城市宽带接入能力达到 50Mbps，50% 家庭达到 100Mbps，发达城市部分家庭达到 1Gbps。推动 4G 网络建设，加快城市公共热点区域无线局域网覆盖。

02	规划管理信息化 发展数字化城市管理，推动平台建设和功能拓展，建立城市统一的地理空间信息平台及建（构）筑物数据库，构建智慧城市公共信息平台，统筹推进城市规划、国土利用、城市管网、园林绿化、环境保护等市政基础设施管理的数字化和精准化。
03	基础设施智能化 发展智能交通，实现交通诱导、指挥控制、调度管理和应急处理的智能化。发展智能电网，支持分布式能源的接入、居民和企业用电的智能管理。发展智能水务，构建覆盖供水全过程、保障供水质量安全的智能供排水和污水处理系统。发展智能管网，实现城市地下空间、地下管网的信息化管理和运行监控智能化。发展智能建筑，实现建筑设施、设备、节能、安全的智慧化管控。
04	公共服务便捷化 建立跨部门跨地区业务协同、共建共享的公共服务信息服务体系。利用信息技术，创新发展城市教育、就业、社保、养老、医疗和文化的服务模式。
05	产业发展现代化 加快传统产业信息化改造，推进制造模式向数字化、网络化、智能化、服务化转变。积极发展信息服务业，推动电子商务和物流信息化集成发展，创新并培育新型业态。
06	社会治理精细化 在市场监管、环境监管、信用服务、应急保障、治安防控、公共安全等社会治理领域，深化信息应用，建立完善相关信息服务体系，创新社会治理方式。

专栏 17-9 人文城市建设重点

01	文化和自然遗产保护 加强国家重大文化和自然遗产地、国家考古遗址公园、全国重点文物保护单位、历史文化名城名镇名村保护设施建设，加强城市重要历史建筑和历史文化街区保护，推进非物质文化遗产保护利用设施建设。
02	文化设施 建设城市公共图书馆、文化馆、博物馆、美术馆等文化设施，每个社区配套建设文化活动设施，发展中小城市影剧院。
03	体育设施 建设城市体育场（馆）和群众性户外体育健身场地，每个社区有便捷实用的体育健身设施。
04	休闲设施 建设城市生态休闲公园、文化休闲街区、休闲步道、城郊休憩带。
05	公共设施免费开放 逐步免费开放公共图书馆、文化馆（站）、博物馆、美术馆、纪念馆、科技馆、青少年宫和公益性城市公园。

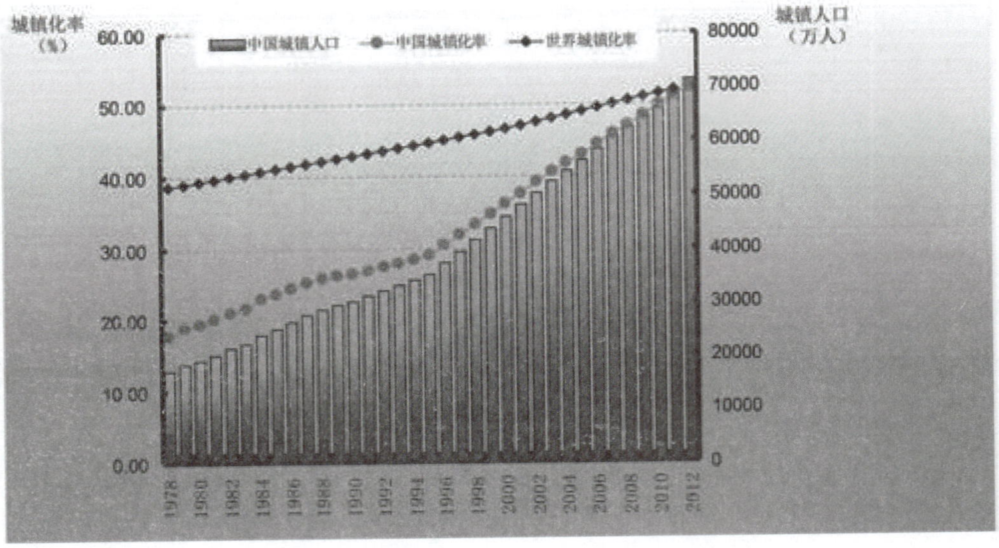

图 17-1 城镇化水平变化

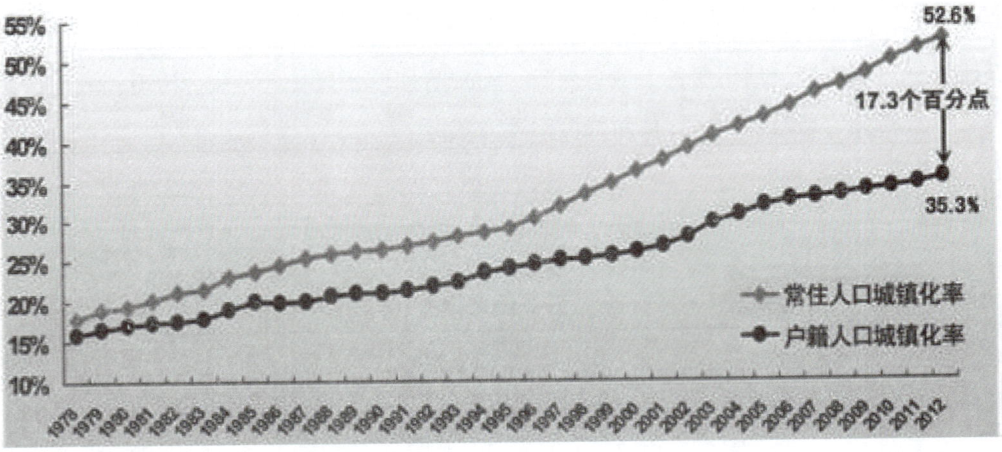

图 17-2 常主人口城镇化率与户籍人口城镇化率的差距

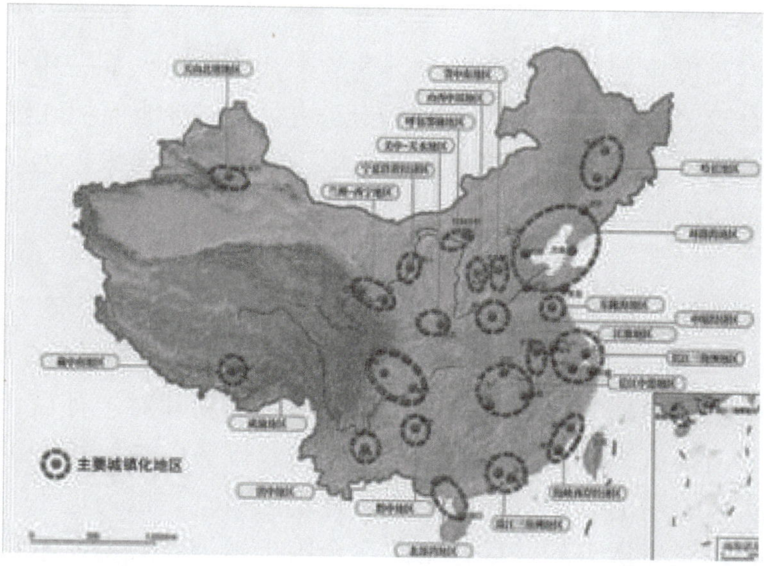

图 17-3 《全国主体功能区规划》确定的城镇化战略格局示意图

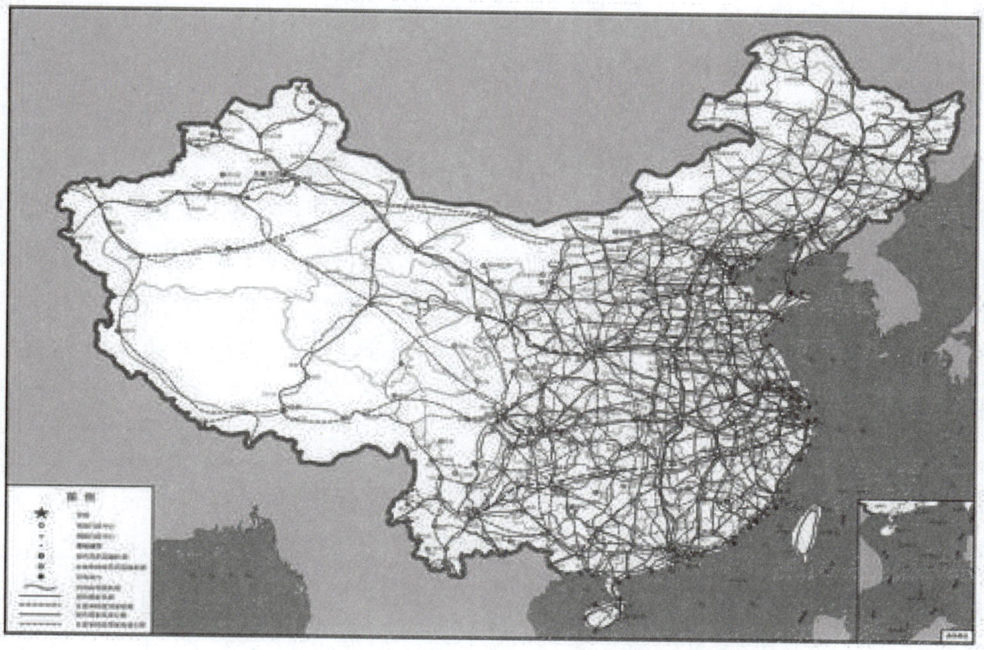

图 17-4 全国主要城市综合交通运输网络示意图

第二节 土地政策

关于强化管控落实最严格耕地保护制度的通知

国土资发〔2014〕18 号

党中央、国务院高度重视耕地保护工作。党的十八大、十八届三中全会和中央经济工作会议、城镇化工作会议、农村工作会议就严防死守18亿亩耕地保护红线、确保实有耕地面积基本稳定、实行耕地数量和质量保护并重等提出了新的更高要求。为了贯彻落实最严格的耕地保护制度，现通知如下：

一、进一步提高认识，毫不动摇地坚持耕地保护红线

（一）充分认识保护耕地的极端重要性。党中央、国务院的新要求，体现了对坚守耕地保护红线和粮食安全底线的战略定力，体现了深化改革创新和对子孙后代高度负责的鲜明态度。各级国土资源部门要认真学习、深刻领会党中央、国务院决策精神，切实提高对保护耕地极端重要性和现实紧迫性的认识，在思想上、行动上自觉与以习近平同志为总书记的党中央保持高度一致。必须充分认识到，尽管第二次全国土地调查数据显示耕地面积有所增加，但粮食生产的实有耕地面积并未增长，人口多、耕地少的基本国情没有改变，粮食安全和耕地保护形势依然严峻，耕地保护工作绝不能放松；我国经济已经到了必须在发展中加快提质增效升级的重要时期，粗放扩张、浪费资源、破坏环境的老路不能再走，严守耕地红线、节约集约用地比以往任何时候都更为重要和紧迫；经过30多年持续快速发展，我国土地开发强度总体偏高，建设用地存量大、利用效率低，划定永久基本农田、严控建设占用耕地不仅十分必要，也已具备条件。

（二）坚决落实党中央、国务院决策部署。各级国土资源部门要积极行动起来，认真贯彻落实党的十八大和十八届三中全会等一系列重要会议精神，紧紧围绕经济工作的总体要求，将保护耕地作为土地管理的首要任务，坚决落实最严格的耕地保护制度和节约用地制度，坚持耕地保护优先、数量质量并重，全面强化规划统筹、用途管制、用地节约和执法监管，加快建立共同责任、经济激励和社会监督机制，严守耕地红线，确保耕地实有面积基本稳定、质量不下降。

二、强化土地用途管制，全面落实耕地数量和质量保护战略任务

（三）加大土地利用规划计划管控力度。严格按照土地利用总体规划批地用地，严禁突破土地利用总体规划设立新城新区和各类开发区（园区）。建立土地利用总体规划评估修改制度，严格限定条件，规范修改程序，扩大公众参与，禁止随意修改规划，切实维护规划的严肃性。按照国家新型城镇化发展要求，依据第二次全国土地调查成果，合理调整土地利用总体规划，严格划定城市开发边界、永久基本农田和生态保护红线，强化规划硬约束；严格控制城市建设用地规模，确需扩大的，要采取串联式、组团式、卫星城式布局，避让优质耕地。按照国家统一部署，选择部分市、县，探索经济社会发展、城乡、土地利用规划的“多规合一”，强化土地利用规划的基础性、约束性作用。加强年度用地计划与规划的衔接，逐步减少新增建设用地计划指标，重点控制东部地区特别是京津冀、长三角、珠三角三大城市群建设用地规模，对耕地后备资源不足的地区相应减少建设占用耕地指标。

（四）进一步严格建设占用耕地审批。强化建设项目预审，严格项目选址把关。凡不符

合土地利用总体规划、耕地占补平衡要求、征地补偿安置政策、用地标准、产业和供地政策的项目，不得通过用地预审。对线性工程占用耕地100公顷以上、块状工程70公顷以上的，省级国土资源部门必须组织实地踏勘论证，部组织抽查核实；确需占用的，按照确保粮食生产能力不下降的要求，提出补充耕地安排，补充数量质量相当的耕地，并作为通过预审的必备条件。建设用地审查报批时，要严格审查补充耕地落实情况，达不到规定要求的，不得通过审查。严格审核城市建设用地，除生活用地及公共基础设施用地外，原则上不再安排城市人口500万以上特大城市中心城区新增建设用地；人均城市建设用地目标严格控制在100平方米以内，后备耕地资源不足的地方相应减少新增建设占用耕地。处理好简政放权、改革审批与保护耕地、严格监管的关系，对符合法律法规规定和以上要求的建设项目，要提高土地审批效率，搞好供地服务。

（五）强化耕地数量和质量占补平衡。各地要严格执行以补定占、先补后占规定，引导建设不占或少占耕地。利用农用地分等定级、土壤地质调查测评分析、第二次全国土地调查等成果，完善现有和后备耕地资源质量等级评定，健全耕地质量等级评价制度，作为调整完善规划、划定永久基本农田、建设用地审批和补充耕地审查的依据。土地整治补充耕地要先评定等级再验收，没有达到要求的不得验收。省级国土资源部门要在省级人民政府的领导和组织下，会同有关部门，对建设项目耕地占补平衡进行严格审查把关，坚决纠正占优补劣问题。全面实施耕作层剥离再利用制度，建设占用耕地特别是基本农田的耕作层应当予以剥离，用于补充耕地的质量建设，超过合理运距、不宜直接用于补充耕地的，应用于现有耕地的整治。统筹规划，整合资金，大力推进高标准基本农田建设。加大对生产建设活动和自然损毁土地的复垦力度，探索开展受污染严重耕地的修复工作。加强补充耕地立项管理，提高项目工程建设标准，加强项目规划设计审查，严格项目验收。加强土地整治项目的建后管护，严防边整治边撂荒，严禁土地整治后又被非农业建设占用，多措并举提高整治土地的质量等级。除突发性自然灾害等原因外，严禁将耕地等农用地通过人为撂荒、破坏质量等方式变为未利用地。对因生态退化等原因导致耕地等农用地变更为未利用地的，不得纳入土地整治项目并用于占补平衡。

（六）严格划定和永久保护基本农田。各地应以依法批准的土地利用总体规划为依据，在已有工作基础上，从城市人口500万以上城市中心城区周边开始，由大到小、由近及远，加快全国基本农田划定工作，切实做到落地到户、上图入库，网上公布，接受监督。在交通沿线和城镇、村庄周边的显著位置增设永久保护标志牌。按照耕地质量等别从高到低的顺序，城镇、村庄周边和铁路、公路等交通沿线的优质耕地，建成的高标准农田，经县级以上人民政府批准确定的粮、棉、油、蔬菜等生产基地内的耕地，农业科研、教学试验田等，必须划定为基本农田。不得借基本农田划定或者建立数据库之机，擅自改变规划确定的基本农田布局，降低基本农田的质量标准。基本农田一经划定，实行严格管理、永久保护，任何单位和个人不得擅自占用或改变用途；建立和完善基本农田保护负面清单，符合法定条件和供地政策，确需占用和改变基本农田的，必须报国务院批准，并优先将同等面积的优质耕地补划为基本农田。

（七）严防集体土地流转“非农化”。农村土地管理制度改革要按照守住底线、试点先行的原则稳步推进，严格依据经中央批准的改革方案、在批准的试点范围内进行，坚持以符合规划和用途管制为前提，严防擅自扩大建设用地规模、乱占滥用耕地。农村土地承包经营权流转和抵押、担保等，必须在坚持和完善最严格的耕地保护制度前提下进行，坚持农地农用，不得借农地流转之名违规搞非农业建设，严禁在流转农地上建设旅游度假村、高尔夫球场、别墅、农家乐、私人会所等。引导农业结构调整不改变耕地用途，严禁占用基本农田挖塘造湖、种植林果、建绿色通道及其他毁坏基本农田种植条件的行为。设施农业项目要尽可能利用农村存量建设用地和非耕地，不得占用基本农田。生态退耕必须严格按照有关法规规定的条件和经国务院批准的方案，分步骤、有计划进行，基本农田和土地整治形成的耕地不得纳入退耕范围，依据第二次全国土地调查、年度土地变更调查成果审核退耕范围和退耕结果，严防弄虚作假和随意扩大退耕范围。

（八）引导和促进各类建设节约集约用地。各级国土资源部门要按照严控增量、盘活存量、优化结构、提高效率的总要求，综合运用规划调控、市场调节、标准控制、执法监管等手段，全面推进城镇、工矿、农村、基础设施等各类建设节约集约用地，切实减少对耕地的占用，严防侵占优质耕地。统筹安排新增和存量建设用地，新增建设用地计划安排要与节约集约用地绩效相挂钩，促进节约用地、保护耕地。

三、加强土地执法督察，严肃查处乱占滥用耕地行为

（九）强化耕地保护执法监察。加强对违反规划计划扩大建设用地规模、农村土地流转和农业结构调整中大量损坏基本农田等影响面大的违法违规行为的执法检查。充分利用卫星遥感、动态巡查、网络信息、群众举报等手段，健全“天上看、地上查、网上管、群众报”违法行为发现机制，对耕地进行全天候、全覆盖监测。在每年一次全国土地卫片执法检查的基础上，在有条件地区推广应用无人机航拍、基本农田视频监控网等，对重点城市群郊区、耕地集中连片区域和土地违法违规行为高发地区，加大执法查处频度。认真落实违法行为报告制度，对非法占用基本农田 5 亩以上或基本农田以外的耕地 10 亩以上、非法批准征占基本农田 10 亩以上或基本农田以外的耕地 30 亩以上以及其他造成耕地大量毁坏行为的，国土资源部门必须在核定上述违法行为后 3 个工作日内向同级地方人民政府和上级国土资源部门报告。坚持重大典型违法违规案件挂牌督办制度，对占用耕地重大典型案件及时进行公开查处、公开曝光。加强与法院、检察、公安、监察等部门的协同配合，形成查处合力。

（十）进一步加强耕地保护督察。国家土地督察机构要以耕地保护目标责任落实、规划计划执行、建设用地审批、基本农田划定、耕地占补平衡和农地流转等为重点，加强对省级人民政府耕地保护情况的监督检查，有关工作向国务院报告。2014 年，要将耕地数量质量保护、粮食主产区基本农田划定和保护、农地流转“非农化”、地方违规出台相关政策造成耕地大量流失等作为督察工作的重点。对监督检查中发现的问题，派驻地方的国家土地督察局应及时向督察区域内相关省级和计划单列市人民政府提出整改意见。对整改不力的，由国家土地总督察依照有关规定责令限期整改。整改期间，暂停被责令限期整改地区农用地转用和土地征收的受理和审查报批。

（十一）严格耕地保护责任追究制度。严格执行《违反土地管理规定行为处分办法》（监

察部、人力资源和社会保障部、国土资源部部令第15号），积极配合监察机关追究地方人民政府负责人的责任。应当将耕地划入基本农田而不划入，且拒不改正的，对直接负责的主管人员和其他直接责任人员，给予行政处分。对国土资源部门工作人员不依法履行职责，存在徇私舞弊、压案不查、隐瞒不报等行为的，要严格依照相关规定追究有关责任人的责任。

四、落实共同责任，建立耕地保护长效机制

（十二）构建耕地保护共同责任机制。完善省级人民政府耕地保护责任目标考核办法，将永久基本农田划定和保护、高标准基本农田建设、补充耕地质量等纳入考核内容，健全评价标准，实行耕地数量与质量考核并重。积极推动将耕地保护目标纳入地方经济社会发展和领导干部政绩考核评价指标体系，加大指标权重，考核结果作为对领导班子和领导干部综合考核评价的参考依据。推动地方政府严格执行领导干部耕地保护离任审计制度，落实地方政府保护耕地的主体责任。建立奖惩机制，将耕地保护责任目标落实情况与用地指标分配、整治项目安排相挂钩。

（十三）完善耕地保护约束激励机制。支持地方提高非农业建设占用耕地特别是基本农田的成本，加大对耕地保护的补贴力度，探索建立耕地保护经济补偿机制。建立健全制度，鼓励农村集体经济组织和农民依据土地整治规划开展高标准基本农田建设，探索实行“以补代投、以补促建”。积极促进土地税费制度改革，提高新增建设用地土地有偿使用费标准，建立按本地区开垦同等质量耕地成本缴纳耕地开垦费的制度。耕地保有量和基本农田面积少于土地利用总体规划确定的保护目标的，核减相应中央新增建设用地土地有偿使用费预算分配数。

（十四）推进耕地保护调查监测和信息化监管。加强耕地和基本农田变化情况监测及调查，及时预警、发布变化情况。以第二次全国土地调查、年度土地变更调查和卫星遥感监测数据为基础，加快完善土地规划、基本农田保护、土地整治和占补平衡等数据库，建立数据实时更新机制，实现与建设用地审批、在线土地督察等系统的关联应用和全国、省、市、县四级系统的互联互通，纳入国土资源“一张图”和综合监管平台，强化耕地保护全流程动态监管。

（十五）加强耕地保护法制化规范化建设。加强耕地保护立法研究工作，推动土地利用规划、土地整治、土地督察等法制化建设。各地要结合实际，健全耕地保护地方性法规规章。推行重大决策社会稳定风险评估和后评估制度，全面落实耕地保护听证制度。抓紧完善耕地质量等级评定和建设标准，完善工程项目用地控制指标。

管好用好耕地始终是我国现代化进程中一个基础性、全局性、战略性问题。各级国土资源部门要切实增强保护耕地的责任感和使命感，采取有力措施，坚决落实最严格的耕地保护制度，确保国家政令畅通，保障国家粮食安全。

2014年2月13日

国土资源行政处罚办法

中华人民共和国国土资源部令第60号

第一章 总 则

第一条 为规范国土资源行政处罚的实施，保障和监督国土资源主管部门依法履行职责，保护自然人、法人或者其他组织的合法权益，根据《中华人民共和国行政处罚法》以及《中华人民共和国土地管理法》、《中华人民共和国矿产资源法》等国土资源管理法律法规，制定本办法。

第二条 县级以上国土资源主管部门依照法定职权和程序，对自然人、法人或者其他组织违反国土资源管理法律法规的行为实施行政处罚，适用本办法。

第三条 国土资源主管部门实施行政处罚，遵循公正、公开的原则，做到事实清楚，证据确凿，定性准确，依据正确，程序合法，处罚适当。

第四条 国土资源行政处罚包括：

（一）警告；

（二）罚款；

（三）没收违法所得、没收非法财物；

（四）限期拆除；

（五）吊销勘查许可证和采矿许可证；

（六）法律法规规定的其他行政处罚。

第二章 管 辖

第五条 国土资源违法案件由土地、矿产资源所在地的县级国土资源主管部门管辖，但法律法规以及本办法另有规定的除外。

第六条 省级、市级国土资源主管部门管辖本行政区域内重大、复杂和法律法规规定应当由其管辖的国土资源违法案件。

第七条 国土资源部管辖全国范围内重大、复杂和法律法规规定应当由其管辖的国土资源违法案件。

第八条 有下列情形之一的，上级国土资源主管部门有权管辖下级国土资源主管部门管辖的案件：

（一）下级国土资源主管部门应当立案调查而不予立案调查的；

（二）案情复杂，情节恶劣，有重大影响的。

上级国土资源主管部门可以将本级管辖的案件交由下级国土资源主管部门管辖，但是法律法规规定应当由其管辖的除外。

第九条 有管辖权的国土资源主管部门由于特殊原因不能行使管辖权的，可以报请上一级国土资源主管部门指定管辖。

国土资源主管部门之间因管辖权发生争议的，报请共同的上一级国土资源主管部门指定管辖。

上一级国土资源主管部门应当在接到指定管辖申请之日起七个工作日内，作出管辖决定。

第十条　国土资源主管部门发现违法案件不属于本部门管辖的，应当移送有管辖权的国土资源主管部门或者其他部门。受移送的国土资源主管部门对管辖权有异议的，应当报请上一级国土资源主管部门指定管辖，不得再自行移送。

第三章　立案、调查和审理

第十一条　国土资源主管部门发现自然人、法人或者其他组织行为涉嫌违法的，应当及时核查。对正在实施的违法行为，应当依法及时下达《责令停止违法行为通知书》予以制止。

《责令停止违法行为通知书》应当记载下列内容：

（一）违法行为人的姓名或者名称；

（二）违法事实和依据；

（三）其他应当记载的事项。

第十二条　符合下列条件的，国土资源主管部门应当在十个工作日内予以立案：

（一）有明确的行为人；

（二）有违反国土资源管理法律法规的事实；

（三）依照国土资源管理法律法规应当追究法律责任；

（四）属于本部门管辖；

（五）违法行为没有超过追诉时效。

违法行为轻微并及时纠正，没有造成危害后果的，可以不予立案。

第十三条　立案后，国土资源主管部门应当指定案件承办人员，及时组织调查取证。调查取证时，案件调查人员应当不少于二人，并应当向被调查人出示执法证件。

第十四条　调查人员与案件有直接利害关系的，应当回避。

第十五条　国土资源主管部门进行调查取证，有权采取下列措施：

（一）要求被调查的单位或者个人提供有关文件和资料，并就与案件有关的问题作出说明；

（二）询问当事人以及相关人员，进入违法现场进行检查、勘测、拍照、录音、摄像，查阅和复印相关材料；

（三）依法可以采取的其他措施。

第十六条　当事人拒绝调查取证或者采取暴力、威胁的方式阻碍国土资源主管部门调查取证的，国土资源主管部门可以提请公安机关、检察机关、监察机关或者相关部门协助，并向本级人民政府或者上一级国土资源主管部门报告。

第十七条　依法取得并能够证明案件事实情况的书证、物证、视听资料、计算机数据、证人证言、当事人陈述、询问笔录、现场勘测笔录、鉴定结论、认定结论等，作为国土资源行政处罚的证据。

第十八条　调查人员应当收集、调取与案件有关的书证、物证、视听资料、计算机数据的原件、原物、原始载体；收集、调取原件、原物、原始载体确有困难的，可以收集、调取复印件、复制件、节录本、照片、录像等。声音资料应当附有该声音内容的文字记录。

第十九条 证人证言应当符合下列要求：

（一）注明证人的姓名、年龄、性别、职业、住址、联系方式等基本情况；

（二）有证人的签名，不能签名的，应当按手印或者盖章；

（三）注明出具日期；

（四）附有居民身份证复印件等证明证人身份的文件。

第二十条 当事人请求自行提供陈述材料的，应当准许。必要时，调查人员也可以要求当事人自行书写。当事人应当在其提供的陈述材料上签名、按手印或者盖章。

第二十一条 询问应当个别进行，并制作询问笔录。询问笔录应当记载询问的时间、地点和询问情况等。

第二十二条 现场勘测一般由案件调查人实施，也可以委托有资质的单位实施。现场勘测应当制作现场勘测笔录。

第二十三条 为查明事实，需要对案件中的有关问题进行检验鉴定的，国土资源主管部门可以委托具有相应资质的机构进行。

第二十四条 案件调查终结，案件承办人员应当提交调查报告。调查报告应当包括当事人的基本情况、违法事实以及法律依据、相关证据、违法性质、违法情节、违法后果，并提出依法应当不予行政处罚或者给予行政处罚以及给予何种行政处罚的处理意见。

涉及需要追究党纪、政纪或者刑事责任的，应当提出移送有权机关的建议。

第二十五条 国土资源主管部门在审理案件调查报告时，应当就下列事项进行审理：

（一）事实是否清楚、证据是否确凿；

（二）定性是否准确；

（三）适用法律是否正确；

（四）程序是否合法；

（五）拟定的处理意见是否适当。

经审理发现调查报告存在问题的，可以要求调查人员重新调查或者补充调查。

第四章 决定

第二十六条 审理结束后，国土资源主管部门根据不同情况，分别作出下列决定：

（一）违法事实清楚、证据确凿、依据正确、调查审理符合法定程序的，作出行政处罚决定；

（二）违法情节轻微、依法可以不给予行政处罚的，不予行政处罚；

（三）违法事实不成立的，不得给予行政处罚；

（四）违法行为涉及需要追究党纪、政纪或者刑事责任的，移送有权机关。

第二十七条 违法行为依法需要给予行政处罚的，国土资源主管部门应当制作《行政处罚告知书》，按照法律规定的方式，送达当事人。当事人有权进行陈述和申辩。陈述和申辩应当在收到《行政处罚告知书》后三个工作日内提出。口头形式提出的，案件承办人员应当制作笔录。

第二十八条 对拟给予较大数额罚款或者吊销勘查许可证、采矿许可证等行政处罚的，国土资源主管部门应当制作《行政处罚听证告知书》，按照法律规定的方式，送达当事人。当事人要求听证的，应当在收到《行政处罚听证告知书》后三个工作日内提出。

国土资源行政处罚听证适用《国土资源听证规定》。

第二十九条 当事人未在规定时间内陈述、申辩或者要求听证的，以及陈述、申辩或者听证中提出的事实、理由或者证据不成立的，国土资源主管部门应当依法制作《行政处罚决定书》，并按照法律规定的方式，送达当事人。

《行政处罚决定书》中应当包括行政处罚告知、当事人陈述、申辩或者听证的情况。

《行政处罚决定书》一经送达，即发生法律效力。当事人对行政处罚决定不服申请行政复议或者提起行政诉讼的，在行政复议或者行政诉讼期间，行政处罚决定不停止执行；法律另有规定的除外。

《行政处罚决定书》应当加盖作出处罚决定的国土资源主管部门的印章。

第三十条 法律法规规定的责令改正或者责令限期改正，可以与行政处罚决定一并作出，也可以在作出行政处罚决定之前单独作出。

第三十一条 当事人有两个以上国土资源违法行为的，国土资源主管部门可以制作一份《行政处罚决定书》，合并执行。《行政处罚决定书》应当明确对每个违法行为的处罚内容和合并执行的内容。

违法行为有两个以上当事人的，可以分别作出行政处罚决定，制作一式多份《行政处罚决定书》，分别送达当事人。行政处罚决定书应当明确给予每个当事人的处罚内容。

第三十二条 国土资源主管部门应当自立案之日起六十日内作出行政处罚决定。

案情复杂，不能在规定期限内作出行政处罚决定的，经本级国土资源主管部门负责人批准，可以适当延长，但延长期限不得超过三十日，案情特别复杂的除外。

第五章 执行

第三十三条 行政处罚决定生效后，当事人逾期不履行的，国土资源主管部门除采取法律法规规定的措施外，还可以采取以下措施：

（一）向本级人民政府和上一级国土资源主管部门报告；

（二）向当事人所在单位或者其上级主管部门通报；

（三）向社会公开通报；

（四）停止办理或者告知相关部门停止办理当事人与本案有关的许可、审批、登记等手续。

第三十四条 国土资源主管部门申请人民法院强制执行前，有充分理由认为被执行人可能逃避执行的，可以申请人民法院采取财产保全措施。

第三十五条 国土资源主管部门作出没收矿产品、建筑物或者其他设施的行政处罚决定后，应当在行政处罚决定生效后九十日内移交同级财政部门处理，或者拟订处置方案报本级人民政府批准后实施。法律法规另有规定的，从其规定。

第三十六条 国土资源主管部门申请人民法院强制执行前，应当催告当事人履行义务。

当事人在法定期限内不申请行政复议或者提起行政诉讼，又不履行的，国土资源主管部门可以自期限届满之日起三个月内，向土地、矿产资源所在地有管辖权的人民法院申请强制执行。

第三十七条 国土资源主管部门向人民法院申请强制执行，应当提供下列材料：

（一）《强制执行申请书》；

（二）《行政处罚决定书》及作出决定的事实、理由和依据；

（三）当事人的意见及催告情况；

（四）申请强制执行标的情况；

（五）法律法规规定的其他材料。

《强制执行申请书》应当加盖国土资源主管部门的印章。

第三十八条 符合下列条件之一的，经国土资源主管部门负责人批准，案件结案：

（一）执行完毕的；

（二）终结执行的；

（三）已经依法申请人民法院强制执行的；

（四）其他应当结案的情形。

涉及需要移送有关部门追究党纪、政纪或者刑事责任的，应当在结案前移送。

第六章 监督管理

第三十九条 国土资源主管部门应当通过定期或者不定期检查等方式，加强对下级国土资源主管部门实施行政处罚工作的监督，其中要将发现制止违法、依法履行行政处罚职责等情况作为监督检查的重点内容。

第四十条 国土资源主管部门应当建立重大违法案件公开通报制度，将案情和处理结果向社会公开通报并接受社会监督。

第四十一条 国土资源主管部门应当建立重大违法案件挂牌督办制度，明确提出办理要求，公开督促下级国土资源主管部门限期办理并接受社会监督。

第四十二条 国土资源主管部门应当建立违法案件统计制度。下级国土资源主管部门应当定期将本行政区域内的违法形势分析、案件发生情况、查处情况等逐级上报。

第四十三条 国土资源主管部门应当建立国土资源违法案件错案追究制度。行政处罚决定错误并造成严重后果的，作出处罚决定的机关应当承担相应的责任。

第四十四条 国土资源主管部门应当配合有关部门加强对行政处罚实施过程中的社会稳定风险防控。

第七章 法律责任

第四十五条 县级以上国土资源主管部门直接负责的主管人员和其他直接责任人员，违反本办法规定，有下列情形之一，致使公民、法人或者其他组织的合法权益、公共利益和社会秩序遭受损害的，应当依法给予处分：

（一）对违法行为未依法制止的；

（二）应当依法立案查处，无正当理由未依法立案查处的；

（三）在制止以及查处违法案件中受阻，依照有关规定应当向本级人民政府或者上级国土资源主管部门报告而未报告的；

（四）应当依法进行行政处罚而未依法处罚的；

（五）应当依法申请强制执行、提出行政处分建议或者移送有权机关追究党纪、政纪或者刑事责任，而未依法申请强制执行、提出行政处分建议、移送有权机关的；

（六）其他徇私枉法、滥用职权、玩忽职守的情形。

第八章　附　则

第四十六条　国土资源行政处罚法律文书格式，由国土资源部统一制定。

第四十七条　本办法自 2014 年 7 月 1 日起施行。原地质矿产部 1993 年 7 月 19 日发布的《违反矿产资源法规行政处罚办法》和原国家土地管理局 1995 年 12 月 18 日发布的《土地违法案件查处办法》同时废止。

节约集约利用土地规定

中华人民共和国国土资源部令第 61 号

第一章　总　则

第一条　为贯彻十分珍惜、合理利用土地和切实保护耕地的基本国策，落实最严格的耕地保护制度和最严格的节约集约用地制度，提升土地资源对经济社会发展的承载能力，促进生态文明建设，根据《中华人民共和国土地管理法》和《国务院关于促进节约集约用地的通知》，制定本规定。

第二条　本规定所称节约集约利用土地，是指通过规模引导、布局优化、标准控制、市场配置、盘活利用等手段，达到节约土地、减量用地、提升用地强度、促进低效废弃地再利用、优化土地利用结构和布局、提高土地利用效率的各项行为与活动。

第三条　土地管理和利用应当遵循下列原则：

（一）坚持节约优先的原则，各项建设少占地、不占或者少占耕地，珍惜和合理利用每一寸土地；

（二）坚持合理使用的原则，盘活存量土地资源，构建符合资源国情的城乡土地利用新格局；

（三）坚持市场配置的原则，妥善处理好政府与市场的关系，充分发挥市场在土地资源配置中的决定性作用；

（四）坚持改革创新的原则，探索土地管理新机制，创新节约集约用地新模式。

第四条　县级以上地方国土资源主管部门应当加强与发展改革、财政、城乡规划、环境保护等部门的沟通协调，将土地节约集约利用的目标和政策措施纳入地方经济社会发展总体框架、相关规划和考核评价体系。

第五条　国土资源主管部门应当建立节约集约用地制度，开展节约集约用地活动，组织制定节地标准体系和相关标准规范，探索节约集约用地新机制，鼓励采用节约集约用地新技术和新模式，促进土地利用效率的提高。

第六条 在节约集约用地方面成效显著的市、县人民政府，由国土资源部按照有关规定给予表彰和奖励。

第二章 规模引导

第七条 国家通过土地利用总体规划，确定建设用地的规模、布局、结构和时序安排，对建设用地实行总量控制。

土地利用总体规划确定的约束性指标和分区管制规定不得突破。

下级土地利用总体规划不得突破上级土地利用总体规划确定的约束性指标。

第八条 土地利用总体规划对各区域、各行业发展用地规模和布局具有统筹作用。

产业发展、城乡建设、基础设施布局、生态环境建设等相关规划，应当与土地利用总体规划相衔接，所确定的建设用地规模和布局必须符合土地利用总体规划的安排。

相关规划超出土地利用总体规划确定的建设用地规模的，应当及时调整或者修改，核减用地规模，调整用地布局。

第九条 国土资源主管部门应当通过规划、计划、用地标准、市场引导等手段，有效控制特大城市新增建设用地规模，适度增加集约用地程度高、发展潜力大的地区和中小城市、县城建设用地供给，合理保障民生用地需求。

第三章 布局优化

第十条 城乡土地利用应当体现布局优化的原则。引导工业向开发区集中、人口向城镇集中、住宅向社区集中，推动农村人口向中心村、中心镇集聚，产业向功能区集中，耕地向适度规模经营集中。

禁止在土地利用总体规划和城乡规划确定的城镇建设用地范围之外设立各类城市新区、开发区和工业园区。

鼓励线性基础设施并线规划和建设，促进集约布局和节约用地。

第十一条 国土资源主管部门应当在土地利用总体规划中划定城市开发边界和禁止建设的边界，实行建设用地空间管制。

城市建设用地应当因地制宜采取组团式、串联式、卫星城式布局，避免占用优质耕地。

第十二条 市、县国土资源主管部门应当加强与城乡规划主管部门的协商，促进现有城镇用地内部结构调整优化，控制生产用地，保障生活用地，提高生态用地的比例，加大城镇建设使用存量用地的比例，促进城镇用地效率的提高。

第十三条 鼓励建设项目用地优化设计、分层布局，鼓励充分利用地上、地下空间。

建设用地使用权在地上、地下分层设立的，其取得方式和使用年期参照在地表设立的建设用地使用权的相关规定。

出让分层设立的建设用地使用权，应当根据当地基准地价和不动产实际交易情况，评估确定分层出让的建设用地最低价标准。

第十四条 促进整体设计、合理布局的建设项目用地节约集约开发。

对不同用途高度关联、需要整体规划建设、确实难以分割供应的综合用途建设项目用地，市、县国土资源主管部门可以按照一宗土地实行整体出让供应，综合确定出让底价。

综合用途建设项目用地供应，包含需要通过招标拍卖挂牌的方式出让的，整宗土地应当采用招标拍卖挂牌的方式出让。

第四章 标准控制

第十五条 国家实行建设项目用地标准控制制度。

国土资源部会同有关部门制定工程建设项目用地控制指标、工业项目建设用地控制指标、房地产开发用地宗地规模和容积率等建设项目用地控制标准。

地方国土资源主管部门可以根据本地实际，制定和实施更加节约集约的地方性建设项目用地控制标准。

第十六条 建设项目应当严格按照建设项目用地控制标准进行测算、设计和施工。

市、县国土资源主管部门应当加强对用地者和勘察设计单位落实建设项目用地控制标准的督促和指导。

第十七条 建设项目用地审查、供应和使用，应当符合建设项目用地控制标准和供地政策。

对违反建设项目用地控制标准和供地政策使用土地的，县级以上国土资源主管部门应当责令纠正，并依法予以处理。

第十八条 国家和地方尚未出台建设项目用地控制标准的建设项目，或者因安全生产、特殊工艺、地形地貌等原因，确实需要超标准建设的项目，县级以上国土资源主管部门应当组织开展建设项目用地评价，并将其作为建设用地供应的依据。

第十九条 国土资源部会同有关部门根据国家经济社会发展状况和宏观产业政策，制定《禁止用地项目目录》和《限制用地项目目录》，促进土地节约集约利用。

国土资源主管部门为限制用地的建设项目办理建设用地供应手续必须符合规定的条件；不得为禁止用地的建设项目办理建设用地供应手续。

第五章 市场配置

第二十条 各类有偿使用的土地供应应当充分贯彻市场配置的原则，通过运用土地租金和价格杠杆，促进土地节约集约利用。

第二十一条 国家扩大国有土地有偿使用范围，减少非公益性用地划拨。

除军事、保障性住房和涉及国家安全和公共秩序的特殊用地可以以划拨方式供应外，国家机关办公和交通、能源、水利等基础设施（产业）、城市基础设施以及各类社会事业用地中的经营性用地，实行有偿使用。

具体办法由国土资源部另行规定。

第二十二条 经营性用地应当以招标拍卖挂牌的方式确定土地使用者和土地价格。

各类有偿使用的土地供应不得低于国家规定的用地最低价标准。

禁止以土地换项目、先征后返、补贴、奖励等形式变相减免土地出让价款。

第二十三条 市、县国土资源主管部门可以采取先出租后出让、在法定最高年期内实行缩短出让年期等方式出让土地。

采取先出租后出让方式供应工业用地的，应当符合国土资源部规定的行业目录。

第二十四条 鼓励土地使用者在符合规划的前提下，通过厂房加层、厂区改造、内部用地整理等途径提高土地利用率。

在符合规划、不改变用途的前提下，现有工业用地提高土地利用率和增加容积率的，不再增收土地价款。

第二十五条 符合节约集约用地要求、属于国家鼓励产业的工业用地，可以实行差别化的地价政策。

分期建设的大中型工业项目，可以预留规划范围，根据建设进度，实行分期供地。

具体办法由国土资源部另行规定。

第二十六条 市、县国土资源主管部门供应工业用地，应当将工业项目投资强度、容积率、建筑系数、绿地率、非生产设施占地比例等控制性指标纳入土地使用条件。

第二十七条 市、县国土资源主管部门在有偿供应各类建设用地时，应当在建设用地使用权出让、出租合同中明确节约集约用地的规定。

在供应住宅用地时，应当将最低容积率限制、单位土地面积的住房建设套数和住宅建设套型等规划条件写入建设用地使用权出让合同。

第六章 盘活利用

第二十八条 国家鼓励土地整治。县级以上地方国土资源主管部门应当会同有关部门，依据土地利用总体规划和土地整治规划，对田、水、路、林、村进行综合治理，对历史遗留的工矿等废弃地进行复垦利用，对城乡低效利用土地进行再开发，提高土地利用效率和效益，促进土地节约集约利用。

第二十九条 农用地整治应当促进耕地集中连片，增加有效耕地面积，提升耕地质量，改善生产条件和生态环境，优化用地结构和布局。

宜农未利用地开发，应当根据环境和资源承载能力，坚持有利于保护和改善生态环境的原则，因地制宜适度开展。

第三十条 高标准基本农田建设，应当严格控制田间基础设施占地规模，合理缩减田间基础设施占地率。

对基础设施占地率超过国家高标准基本农田建设相关标准规范要求的，县级以上地方国土资源主管部门不得通过项目验收。

第三十一条 县级以上地方国土资源主管部门可以依据国家有关规定，统筹开展农村建设用地整治、历史遗留工矿废弃地和自然灾害毁损土地的整治，提高建设用地利用效率和效益，改善人民群众生产生活条件和生态环境。

第三十二条 县级以上地方国土资源主管部门在本级人民政府的领导下，会同有关部门建立城镇低效用地再开发、废弃地再利用的激励机制，对布局散乱、利用粗放、用途不合理、闲置浪费等低效用地进行再开发，对因采矿损毁、交通改线、居民点搬迁、产业调整形成的废弃地实行复垦再利用，促进土地优化利用。

鼓励社会资金参与城镇低效用地、废弃地再开发和利用。鼓励土地使用者自行开发或者合作开发。

第七章 监督考评

第三十三条 县级以上国土资源主管部门应当加强土地市场动态监测与监管，对建设用地批准和供应后的开发情况实行全程监管，定期在门户网站上公布土地供应、合同履行、欠缴土地价款等情况，接受社会监督。

第三十四条 省级国土资源主管部门应当对本行政区域内的节约集约用地情况进行监督，在用地审批、土地供应和土地使用等环节加强用地准入条件、功能分区、用地规模、用地标准、投入产出强度等方面的检查，依据法律法规对浪费土地的行为和责任主体予以处理并公开通报。

第三十五条 县级以上国土资源主管部门应当组织开展本行政区域内的建设用地利用情况普查，全面掌握建设用地开发利用和投入产出情况、集约利用程度、潜力规模与空间分布等情况，并将其作为土地管理和节约集约用地评价的基础。

第三十六条 县级以上国土资源主管部门应当根据建设用地利用情况普查，组织开展区域、城市和开发区节约集约用地评价，并将评价结果向社会公开。

节约集约用地评价结果作为主管部门绩效管理和开发区升级、扩区、区位调整和退出的重要依据。

第八章 法律责任

第三十七条 县级以上国土资源主管部门及其工作人员违反本规定，有下列情形之一的，对有关责任人员依法给予处分；构成犯罪的，依法追究刑事责任：

（一）违反本规定第十七条规定，为不符合建设项目用地标准和供地政策的建设项目供地的；

（二）违反本规定第十九条规定，为禁止或者不符合限制用地条件的建设项目办理建设用地供应手续的；

（三）违反本规定第二十二条规定，低于国家规定的工业用地最低价标准供应工业用地的；

（四）违反本规定第三十条规定，通过高标准基本农田项目验收的；

（五）其他徇私舞弊、滥用职权和玩忽职守的行为。

第九章 附 则

第三十八条 本规定自 2014 年 9 月 1 日起实施。

上海市征收集体土地房屋补偿评估管理规定

沪规土资征规〔2014〕265 号

第一章 总则

第一条（目的和依据）

为规范本市征收集体土地房屋补偿（以下简称征地房屋补偿）评估活动，维护征地范围内房屋权利人的合法权益，保证征地房屋补偿评估结果客观公平，根据《上海市征收集体土地房屋补偿暂行规定》的有关规定，结合本市实际情况，制定本规定。

第二条（适用范围）

在本市行政区域范围内征地房屋补偿评估活动，以及对相关评估结果进行复核评估和鉴定，适用本规定。

第三条（评估独立）

估价机构、估价师、估价专家委员会成员应当独立、客观、公正地开展征地房屋补偿评估、鉴定工作，并对出具的评估、鉴定意见负责；与当事人有利害关系的，应当回避。

任何单位和个人不得干预征地房屋补偿评估、鉴定活动。

第四条（评估技术标准）

估价机构应当按照《上海市征收集体土地房屋补偿评估技术规范》及征地房屋补偿法律、法规、规章等的有关规定进行评估。

第五条（管理部门）

市土地行政管理部门负责本市征地房屋补偿评估活动的监督管理。区（县）土地行政管理部门负责所辖区域范围内征地房屋补偿评估活动的监督管理。

第六条（机构资格条件）

具有房地产、土地相应估价资质的估价机构可以从事征地房屋补偿评估，但资质处于暂定期的除外。

估价机构应当具有与征地房屋补偿评估项目工作内容及工作量相适应的足够数量的注册估价师和辅助人员开展评估工作。

第七条（共同承担）

同一征地项目的征地房屋补偿评估工作，原则上由一家估价机构承担。征地范围较大的，可以由两家或者两家以上估价机构共同承担。

同一征地项目的征地房屋补偿评估工作由两家或两家以上估价机构承担的，应当共同协商确定一家估价机构为牵头单位。协商不成的，由区（县）征地事务机构指定。牵头单位应当组织相关估价机构就评估技术路线等进行沟通，统一标准。

第二章 估价机构的确定

第八条（项目发布）

征地公告发布后，区（县）征地事务机构应将征地房屋补偿评估项目在市土地行政管理部门网站上发布。发布内容应包含征地房屋补偿评估项目名称、四至范围、征地范围内户数及建筑面积，完成评估时限、需要估价机构数量，估价机构报名的起止时间、地点、联系方式和应当提交的资料等，报名起止时间应当不少于5个工作日。

第九条（估价机构报名）

估价机构可以按照自愿的原则在规定的报名时间内提交书面报名文件。区（县）征地事务机构收到报名文件后应当向估价机构出具回执。区（县）征地事务机构对不符合条件的估价机构，应当书面告知并说明原因；符合条件的估价机构名单应当在征地范围内公示。

第十条（估价机构确定）

镇（乡）人民政府或者街道办事处应当组织宅基地使用人或者房屋所有人在估价机构名单公示之日起5个工作日内，在张贴公示的估价机构名单中协商选定估价机构。

协商不成的，镇（乡）人民政府或者街道办事处应当组织宅基地使用人或者房屋所有人在张贴公示的估价机构名单中进行投票，按照简单多数的原则，以得票数多少的顺位确定估价机构，或者采取摇号、抽签等随机方式确定估价机构。

估价机构的确定，镇（乡）人民政府或者街道办事处可以邀请公证机关公证。

区（县）征地事务机构应当将确定的估价机构名单在征地范围内予以公告。

第三章 评估工作的开展

第十一条（评估委托）

估价机构确定后，由区（县）征地事务机构作为委托人，向估价机构出具征地房屋补偿评估委托书，并与其签订征地房屋补偿评估委托合同。

征地房屋补偿评估委托书应当载明委托人的名称、受托的估价机构的名称、评估目的、评估对象范围、评估要求以及委托日期等内容。

征地房屋补偿评估委托合同应当载明下列事项：

（一）委托人和估价机构的基本情况；

（二）负责本评估项目的估价师；

（三）评估目的、评估对象、评估时点等评估基本事项；

（四）委托人应提供的评估所需资料；

（五）评估过程中双方的权利和义务；

（六）评估费用及收取方式、支付时间；

（七）评估报告交付时间、方式；

（八）违约责任；

（九）解决争议的方法；

（十）其他需要载明的事项。

第十二条（房屋调查结果的提供）

区（县）征地事务机构应当向受托的估价机构提供征地范围内经公布的房屋调查结果，包括已经登记的房屋情况和未经登记建筑物、构筑物的认定、处理结果情况。

第十三条（实地查勘）

估价机构应当指派与评估项目工作量相适应的估价师和辅助人员对房屋进行实地查勘，

调查房屋状况，拍摄反映房屋内外部状况的照片等影像资料，做好实地查勘记录，并妥善保管。区（县）征地事务机构、宅基地使用人或者房屋所有人和估价师应当在实地查勘记录上签字或者盖章确认。

宅基地使用人或者房屋所有人应当协助估价师对房屋进行实地查勘，提供或者协助搜集评估所必需的情况和资料。

第十四条（不配合评估的处理）

宅基地使用人或者房屋所有人拒绝在实地查勘记录上签字或者盖章的，征地事务机构应当请无利害关系的第三人见证，估价机构应当在评估报告中说明有关情况。

在征地房屋补偿评估过程中，宅基地使用人或者房屋所有人不配合、不提供相关资料的，估价机构应当在评估报告中说明有关情况。

宅基地使用人或者房屋所有人不提供资料、拒绝估价人员实地查勘，致使房屋评估无法进行的，估价机构可参照同区域、同建筑类型的房屋进行评估。

第十五条（其他补偿的评估）

经批准用于生产经营的非居住房屋，停产、停业损失补偿需要评估的，区（县）征地事务机构应当委托估价机构对停产停业损失进行评估，并按照评估结果予以补偿。

设备搬迁和安装费用、无法恢复使用的设备按照重置价结合成新结算的费用，由区（县）征地事务机构与房屋所有人协商确定。协商不成的，可以委托估价机构通过评估确定。

第十六条（协助评估）

征收集体土地房屋补偿评估中涉及原始成本、机电设备、工程造价等专业技术工作的，估价机构可委托有资格从事该类业务的机构协助评估，并在报告中予以说明。

第四章 评估报告和异议处理

第十七条（初步评估结果）

估价机构应当按照征地房屋补偿评估委托书的要求或者委托合同的约定，向区（县）征地事务机构提供分户的初步评估结果。分户的初步评估结果应当包括评估对象的构成及其基本情况和评估价值。区（县）征地事务机构应当将分户的初步评估结果在征地范围内向宅基地使用人或者房屋所有人公示，公示时间不少于 7 日。

公示期间，估价机构应当安排估价师对分户的初步评估结果现场解释。存在错误的，估价机构应当修正。

第十八条（评估报告）

分户初步评估结果公示期满后，估价机构应当向区（县）征地事务机构提供整体评估报告和分户评估报告。区（县）征地事务机构应当向宅基地使用人或者房屋所有人转交分户评估报告。

整体评估报告和分户评估报告应当由负责征地房屋补偿评估项目的两名以上估价师签字，不得以印章代替签字。评估报告应当加盖估价机构公章。

区（县）征地事务机构、宅基地使用人或者房屋所有人对评估报告有疑问的，出具评估报告的估价机构应当向其作出解释和说明。

第十九条（复核评估与鉴定申请）

区（县）征地事务机构、宅基地使用人或者房屋所有人对评估结果有异议的，应当自收到评估报告之日起 10 日内，向出具评估报告的估价机构书面提出复核评估申请。

估价机构应当自收到复核评估申请之日起 10 日内对评估结果进行复核。复核后，改变原评估结果的，应当收回原评估报告，重新出具评估报告；评估结果没有改变的，应当书面告知复核评估申请人。

当事人对估价机构的复核结果有异议的，应当自收到复核结果之日起 10 日内，向估价专家委员会申请鉴定。

第二十条（资料归档）

征地房屋补偿评估业务完成后，估价机构应当将评估报告及相关资料立卷、归档保管。

第二十一条（收费）

征地房屋补偿的评估、鉴定费用按照规定的收费标准执行。设备搬迁和安装费用、无法恢复使用的设备按照重置价结合成新结算的费用，以及停产、停业损失等其他补偿的评估费用，由委托人与估价机构协商确定。

第五章 行为规范

第二十二条（违规行为处理）

估价机构和人员在开展征地房屋补偿评估时，应当遵守评估管理规定和评估技术规范。存在下列情形的，由估价师协会对估价机构负责人及有关责任人进行处理。构成犯罪的，依法追究刑事责任。

（一）转让或者变相转让受托的征地房屋补偿评估业务的；

（二）分户的初步评估结果、整体评估报告和分户评估报告未按规定盖章或签字的；

（三）违反征地房屋补偿评估技术规范，以及故意抬高或压低评估价格的；

（四）采取迎合征收当事人不当要求、虚假宣传、恶意低收费等不正当手段承揽评估业务的；

（五）除法律、法规另有规定外，未经委托人书面同意，对外提供评估活动中获知的当事人的商业秘密和业务资料的；

（六）在评估过程中，索贿、受贿或者谋取合同约定费用外其他利益的。

第六章 附则

第二十三条（施行时间）

本规定自 2014 年 5 月 10 日起施行，有效期至 2019 年 5 月 9 日。原《上海市征收集体土地房屋补偿评估管理暂行规定》（沪规土资征〔2012〕379 号）自本规定施行之日起废止。

第三节 房地产税费政策

关于纳税人开发回迁安置用房有关营业税问题的公告

国家税务总局公告 2014 年第 2 号

现将纳税人开发回迁安置房有关营业税问题明确如下：

纳税人以自己名义立项，在该纳税人不承担土地出让价款的土地上开发回迁安置房，并向原居民无偿转让回迁安置房所有权的行为，按照《中华人民共和国营业税暂行条例实施细则》（财政部 国家税务总局令第 52 号）第五条之规定，视同销售不动产征收营业税，其计税营业额按财政部 国家税务总局令第 52 号第二十条第一款第（三）项的规定予以核定，但不包括回迁安置房所处地块的土地使用权价款。

本公告自 2014 年 3 月 1 日起施行。本公告生效前未作处理的事项，按照本公告规定执行。

特此公告。

国家税务总局

2014 年 1 月 8 日

关于房地产开发企业成本对象管理问题的公告

国家税务总局公告 2014 年第 35 号

2014年1月28日，国务院发布《关于取消和下放一批行政审批项目的决定》（国发〔2014〕5 号），取消了房地产开发企业开发产品计税成本对象事先备案制度。为做好取消房地产开发企业开发产品计税成本对象事先备案制度的落实和后续管理工作，现将有关问题公告如下：

一、房地产开发企业应依据计税成本对象确定原则确定已完工开发产品的成本对象，并就确定原则、依据，共同成本分配原则、方法，以及开发项目基本情况、开发计划等出具专项报告，在开发产品完工当年企业所得税年度纳税申报时，随同《企业所得税年度纳税申报表》一并报送主管税务机关。

房地产开发企业将已确定的成本对象报送主管税务机关后，不得随意调整或相互混淆。如确需调整成本对象的，应就调整的原因、依据和调整前后成本变化情况等出具专项报告，在调整当年企业所得税年度纳税申报时报送主管税务机关。

二、房地产开发企业应建立健全成本对象管理制度，合理区分已完工成本对象、在建成本对象和未建成本对象，及时收集、整理、保存成本对象涉及的证据材料，以备税务机关检查。

三、各级税务机关要认真清理以前的管理规定，今后不得以任何理由进行变相审批。

主管税务机关应对房地产开发企业报送的成本对象确定专项报告做好归档工作，及时进行分析，加强后续管理。对资料不完整、不规范的，应及时通知房地产开发企业补齐、修正；对成本对象确定不合理或共同成本分配方法不合理的，主管税务机关有权进行合理调整；对成本对象确定情况异常的，主管税务机关应进行专项检查；对不如实出具专项报告或不出具专项报告的，应按《中华人民共和国税收征收管理法》的相关规定进行处理。

四、本公告自发布之日起30日后施行。《国家税务总局关于印发〈房地产开发经营业务企业所得税处理办法〉的通知》（国税发〔2009〕31号）第二十六条第二款同时废止。本公告施行前房地产开发企业尚未完成开发产品成本对象事先备案的，也按本公告执行。

特此公告。

国家税务总局

2014年6月16日

关于调整本市普通住房标准的通知

沪房管规范市〔2014〕6号

各区县住房保障房屋管理局、规划土地局、财政局、地税局：

根据《国务院办公厅转发建设部等部门关于做好稳定住房价格工作意见的通知》（国办发〔2005〕26号）等相关规定，经市政府同意，现将调整本市普通住房标准事宜通知如下：

可以享受优惠政策的普通住房，应同时满足以下条件：

一、五层以上（含五层）的多高层住房，以及不足五层的老式公寓、新式里弄、旧式里弄等；

二、单套建筑面积在140平方米以下；

三、实际成交价格：低于同级别土地上住房平均交易价格1.44倍以下，坐落于内环线以内的低于450万元/套，内环线与外环线之间的低于310万元/套，外环线以外的低于230万元/套。

上述标准自2014年11月20日起执行。

特此通知。

上海市住房保障和房屋管理局

上海市规划和国土资源管理局

上海市财政局

上海市地方税务局

2014年11月13日

第四节　房地产管理政策

不动产登记暂行条例

第一章　总　　则

第一条　为整合不动产登记职责，规范登记行为，方便群众申请登记，保护权利人合法权益，根据《中华人民共和国物权法》等法律，制定本条例。

第二条　本条例所称不动产登记，是指不动产登记机构依法将不动产权利归属和其他法定事项记载于不动产登记簿的行为。

本条例所称不动产，是指土地、海域以及房屋、林木等定着物。

第三条　不动产首次登记、变更登记、转移登记、注销登记、更正登记、异议登记、预告登记、查封登记等，适用本条例。

第四条　国家实行不动产统一登记制度。

不动产登记遵循严格管理、稳定连续、方便群众的原则。

不动产权利人已经依法享有的不动产权利，不因登记机构和登记程序的改变而受到影响。

第五条　下列不动产权利，依照本条例的规定办理登记：

（一）集体土地所有权；

（二）房屋等建筑物、构筑物所有权；

（三）森林、林木所有权；

（四）耕地、林地、草地等土地承包经营权；

（五）建设用地使用权；

（六）宅基地使用权；

（七）海域使用权；

（八）地役权；

（九）抵押权；

（十）法律规定需要登记的其他不动产权利。

第六条　国务院国土资源主管部门负责指导、监督全国不动产登记工作。

县级以上地方人民政府应当确定一个部门为本行政区域的不动产登记机构，负责不动产登记工作，并接受上级人民政府不动产登记主管部门的指导、监督。

第七条　不动产登记由不动产所在地的县级人民政府不动产登记机构办理；直辖市、设区的市人民政府可以确定本级不动产登记机构统一办理所属各区的不动产登记。

跨县级行政区域的不动产登记，由所跨县级行政区域的不动产登记机构分别办理。不能分别办理的，由所跨县级行政区域的不动产登记机构协商办理；协商不成的，由共同的上一级人民政府不动产登记主管部门指定办理。

国务院确定的重点国有林区的森林、林木和林地，国务院批准项目用海、用岛，中央国家机关使用的国有土地等不动产登记，由国务院国土资源主管部门会同有关部门规定。

第二章　不动产登记簿

第八条　不动产以不动产单元为基本单位进行登记。不动产单元具有唯一编码。

不动产登记机构应当按照国务院国土资源主管部门的规定设立统一的不动产登记簿。

不动产登记簿应当记载以下事项：

（一）不动产的坐落、界址、空间界限、面积、用途等自然状况；

（二）不动产权利的主体、类型、内容、来源、期限、权利变化等权属状况；

（三）涉及不动产权利限制、提示的事项；

（四）其他相关事项。

第九条　不动产登记簿应当采用电子介质，暂不具备条件的，可以采用纸质介质。不动产登记机构应当明确不动产登记簿唯一、合法的介质形式。

不动产登记簿采用电子介质的，应当定期进行异地备份，并具有唯一、确定的纸质转化形式。

第十条　不动产登记机构应当依法将各类登记事项准确、完整、清晰地记载于不动产登记簿。任何人不得损毁不动产登记簿，除依法予以更正外不得修改登记事项。

第十一条　不动产登记工作人员应当具备与不动产登记工作相适应的专业知识和业务能力。

不动产登记机构应当加强对不动产登记工作人员的管理和专业技术培训。

第十二条　不动产登记机构应当指定专人负责不动产登记簿的保管，并建立健全相应的安全责任制度。

采用纸质介质不动产登记簿的，应当配备必要的防盗、防火、防渍、防有害生物等安全保护设施。

采用电子介质不动产登记簿的，应当配备专门的存储设施，并采取信息网络安全防护措施。

第十三条　不动产登记簿由不动产登记机构永久保存。不动产登记簿损毁、灭失的，不动产登记机构应当依据原有登记资料予以重建。

行政区域变更或者不动产登记机构职能调整的，应当及时将不动产登记簿移交相应的不动产登记机构。

第三章　登记程序

第十四条　因买卖、设定抵押权等申请不动产登记的，应当由当事人双方共同申请。

属于下列情形之一的，可以由当事人单方申请：

（一）尚未登记的不动产首次申请登记的；

（二）继承、接受遗赠取得不动产权利的；

（三）人民法院、仲裁委员会生效的法律文书或者人民政府生效的决定等设立、变更、转让、消灭不动产权利的；

（四）权利人姓名、名称或者自然状况发生变化，申请变更登记的；

（五）不动产灭失或者权利人放弃不动产权利，申请注销登记的；

（六）申请更正登记或者异议登记的；

（七）法律、行政法规规定可以由当事人单方申请的其他情形。

第十五条　当事人或者其代理人应当到不动产登记机构办公场所申请不动产登记。

不动产登记机构将申请登记事项记载于不动产登记簿前，申请人可以撤回登记申请。

第十六条　申请人应当提交下列材料，并对申请材料的真实性负责：

（一）登记申请书；

（二）申请人、代理人身份证明材料、授权委托书；

（三）相关的不动产权属来源证明材料、登记原因证明文件、不动产权属证书；

（四）不动产界址、空间界限、面积等材料；

（五）与他人利害关系的说明材料；

（六）法律、行政法规以及本条例实施细则规定的其他材料。

不动产登记机构应当在办公场所和门户网站公开申请登记所需材料目录和示范文本等信息。

第十七条 不动产登记机构收到不动产登记申请材料，应当分别按照下列情况办理：

（一）属于登记职责范围，申请材料齐全、符合法定形式，或者申请人按照要求提交全部补正申请材料的，应当受理并书面告知申请人；

（二）申请材料存在可以当场更正的错误的，应当告知申请人当场更正，申请人当场更正后，应当受理并书面告知申请人；

（三）申请材料不齐全或者不符合法定形式的，应当当场书面告知申请人不予受理并一次性告知需要补正的全部内容；

（四）申请登记的不动产不属于本机构登记范围的，应当当场书面告知申请人不予受理并告知申请人向有登记权的机构申请。

不动产登记机构未当场书面告知申请人不予受理的，视为受理。

第十八条 不动产登记机构受理不动产登记申请的，应当按照下列要求进行查验：

（一）不动产界址、空间界限、面积等材料与申请登记的不动产状况是否一致；

（二）有关证明材料、文件与申请登记的内容是否一致；

（三）登记申请是否违反法律、行政法规规定。

第十九条 属于下列情形之一的，不动产登记机构可以对申请登记的不动产进行实地查看：

（一）房屋等建筑物、构筑物所有权首次登记；

（二）在建建筑物抵押权登记；

（三）因不动产灭失导致的注销登记；

（四）不动产登记机构认为需要实地查看的其他情形。

对可能存在权属争议，或者可能涉及他人利害关系的登记申请，不动产登记机构可以向申请人、利害关系人或者有关单位进行调查。

不动产登记机构进行实地查看或者调查时，申请人、被调查人应当予以配合。

第二十条 不动产登记机构应当自受理登记申请之日起30个工作日内办结不动产登记手续，法律另有规定的除外。

第二十一条 登记事项自记载于不动产登记簿时完成登记。

不动产登记机构完成登记，应当依法向申请人核发不动产权属证书或者登记证明。

第二十二条 登记申请有下列情形之一的，不动产登记机构应当不予登记，并书面告知申请人：

（一）违反法律、行政法规规定的；

（二）存在尚未解决的权属争议的；

（三）申请登记的不动产权利超过规定期限的；

（四）法律、行政法规规定不予登记的其他情形。

第四章　登记信息共享与保护

第二十三条　国务院国土资源主管部门应当会同有关部门建立统一的不动产登记信息管理基础平台。

各级不动产登记机构登记的信息应当纳入统一的不动产登记信息管理基础平台，确保国家、省、市、县四级登记信息的实时共享。

第二十四条　不动产登记有关信息与住房城乡建设、农业、林业、海洋等部门审批信息、交易信息等应当实时互通共享。

不动产登记机构能够通过实时互通共享取得的信息，不得要求不动产登记申请人重复提交。

第二十五条　国土资源、公安、民政、财政、税务、工商、金融、审计、统计等部门应当加强不动产登记有关信息互通共享。

第二十六条　不动产登记机构、不动产登记信息共享单位及其工作人员应当对不动产登记信息保密；涉及国家秘密的不动产登记信息，应当依法采取必要的安全保密措施。

第二十七条　权利人、利害关系人可以依法查询、复制不动产登记资料，不动产登记机构应当提供。

有关国家机关可以依照法律、行政法规的规定查询、复制与调查处理事项有关的不动产登记资料。

第二十八条　查询不动产登记资料的单位、个人应当向不动产登记机构说明查询目的，不得将查询获得的不动产登记资料用于其他目的；未经权利人同意，不得泄露查询获得的不动产登记资料。

第五章　法律责任

第二十九条　不动产登记机构登记错误给他人造成损害，或者当事人提供虚假材料申请登记给他人造成损害的，依照《中华人民共和国物权法》的规定承担赔偿责任。

第三十条　不动产登记机构工作人员进行虚假登记，损毁、伪造不动产登记簿，擅自修改登记事项，或者有其他滥用职权、玩忽职守行为的，依法给予处分；给他人造成损害的，依法承担赔偿责任；构成犯罪的，依法追究刑事责任。

第三十一条　伪造、变造不动产权属证书、不动产登记证明，或者买卖、使用伪造、变造的不动产权属证书、不动产登记证明的，由不动产登记机构或者公安机关依法予以收缴；有违法所得的，没收违法所得；给他人造成损害的，依法承担赔偿责任；构成违反治安管理行为的，依法给予治安管理处罚；构成犯罪的，依法追究刑事责任。

第三十二条　不动产登记机构、不动产登记信息共享单位及其工作人员，查询不动产登记资料的单位或者个人违反国家规定，泄露不动产登记资料、登记信息，或者利用不动产登记资料、登记信息进行不正当活动，给他人造成损害的，依法承担赔偿责任；对有关责任人员依法给予处分；有关责任人员构成犯罪的，依法追究刑事责任。

第六章 附 则

第三十三条 本条例施行前依法颁发的各类不动产权属证书和制作的不动产登记簿继续有效。

不动产统一登记过渡期内，农村土地承包经营权的登记按照国家有关规定执行。

第三十四条 本条例实施细则由国务院国土资源主管部门会同有关部门制定。

第三十五条 本条例自 2015 年 3 月 1 日起施行。本条例施行前公布的行政法规有关不动产登记的规定与本条例规定不一致的，以本条例规定为准。

城镇住房保障条例

征求意见稿

第一章 总 则

第一条 为了规范城镇住房保障工作，解决中低收入家庭的住房困难，促进实现住有所居，制定本条例。

第二条 本条例所称城镇住房保障，是指通过配租、配售保障性住房或者发放租赁补贴等方式，为住房困难且收入、财产等符合规定条件的城镇家庭和在城镇稳定就业的外来务工人员提供支持和帮助，满足其基本住房需求。

前款所称保障性住房，是指纳入城镇住房保障规划和年度计划，限定面积标准、租售价格等，向符合条件的保障对象提供的住房。

第三条 城镇住房保障应当与经济社会发展水平相适应，遵循保障基本、公平公正、全程管理、因地制宜的原则。

第四条 城镇住房保障是县级以上人民政府的重要责任。国家对城镇住房保障工作实行地方人民政府目标责任制和考核评价制度。

县级以上人民政府应当将城镇住房保障资金纳入财政预算，在土地出让收益中提取一定比例的资金用于城镇住房保障。省级以上人民政府应当安排城镇住房保障补助资金，对城镇住房保障工作提供支持。

第五条 保障性住房的建设、运营和收购，按照国家有关规定享受税收优惠政策，免收各种行政事业性收费和政府性基金；鼓励金融机构为保障性住房的建设、运营提供金融支持，引导融资担保机构为保障性住房融资提供担保。

第六条 市、县级人民政府应当有计划、有步骤地对危房集中、基础设施落后的居住区以及建筑质量差、设施不配套的住房（以下统称棚户区）进行改造。

棚户区改造按照国家有关规定享受财政补助、信贷支持、用地供应、税费优惠等政策。

第七条 国务院住房城乡建设主管部门负责全国的城镇住房保障工作，国务院其他有关部门在各自职责范围内负责城镇住房保障相关工作。

县级以上地方人民政府住房保障部门负责本行政区域内的城镇住房保障工作，县级以上地方人民政府其他有关部门在各自职责范围内负责城镇住房保障相关工作。

县级以上地方人民政府住房保障部门可以委托城镇住房保障实施单位，承担本行政区域内城镇住房保障的具体工作。

第二章　规划与建设

第八条　县级以上人民政府应当根据当地城镇住房状况、经济社会发展水平等，组织编制城镇住房保障规划和年度计划。

城镇住房保障规划应当明确保障目标、建设规模、供应结构、空间布局、实施时序等内容。城镇住房保障年度计划应当明确住房保障的资金安排，保障性住房的建设任务、土地供应、项目选址、基础设施和公共服务设施配套，租赁补贴的发放规模以及棚户区改造的任务安排等内容。

第九条　保障性住房通过建设、收购、租赁、受赠等多种方式筹集，可以由政府投资，也可以由政府提供政策支持、社会力量投资。

第十条　保障性住房应当优先安排在交通便利、公共设施较为齐全的区域，并按照国家有关规定配套建设生活服务设施和商业服务设施。

第十一条　县级以上地方人民政府应当根据城镇住房保障规划和年度计划，优先安排保障性住房和棚户区改造安置住房建设用地。

直辖市、市、县人民政府应当在土地供应年度计划中，单独列出保障性住房和棚户区改造安置住房建设用地规模，并根据项目选址落实到具体地块。建设用地规模和具体地块情况应当向社会公布。

禁止利用保障性住房建设用地直接或者变相进行商品房开发等活动。

第十二条　保障性住房的建设，可以采取在商品住房项目中配建的方式，也可以采取集中建设的方式。

以配建方式建设保障性住房的，配建面积、套型结构等内容应当作为取得建设用地的前置条件，纳入建设用地使用权出让合同。

第十三条　保障性住房的建设应当遵循节约集约用地的原则，严格执行住宅设计、建筑工程质量安全、节能和环保等工程建设标准，并遵守国家有关保障性住房的面积标准和套型结构的规定。

第十四条　在保障性住房设计文件规定的使用期限内，建设单位及其主要负责人对保障性住房的基础、结构、墙体、管线设施等的质量承担全面责任，勘察、设计、施工、监理单位及其主要负责人、项目负责人依法承担相应的工程质量责任。

保障性住房项目竣工验收合格后，建设单位应当按照国家有关规定设置永久性标识，记载承担相应质量责任的建设、勘察、设计、施工、监理单位名称和主要负责人姓名。

第三章　保障性住房的申请、使用与退出

第十五条　申请人申请保障性住房的，应当经由乡镇人民政府、街道办事处或者直接向市、县级人民政府住房保障部门提出，如实申报住房、收入和财产状况等信息。

市、县级人民政府住房保障部门应当会同有关部门对申报的信息进行审核。

第十六条 对符合条件的申请人，应当予以公示，经公示无异议或者异议不成立的，登记为轮候对象，并向社会公布；对不符合条件的申请人，应当书面告知并说明理由。

第十七条 直辖市、市、县人民政府应当根据本地区经济社会发展水平、住房困难状况、城镇住房保障需求等因素，合理确定配租、配售保障性住房的轮候期，并向社会公布。

第十八条 轮候对象的配租、配售排序，可以根据申请人的住房、收入和财产以及居住年限、申请时间等因素综合评分确定，也可以通过随机选定等方式确定。具体办法由直辖市、市、县人民政府制定。

对符合条件的优抚对象、住房救助对象等，以及个人住宅被征收的轮候对象，应当优先给予保障。

第十九条 配租、配售保障性住房的，当事人应当签订书面合同，明确价格、支付方式、使用要求以及违约责任等。配租、配售的价格由直辖市、市、县人民政府价格主管部门会同住房保障部门确定。

配租保障性住房的，租金应当低于同地段、同类型商品住房的市场租金水平，并可以按照直辖市、市、县人民政府有关规定，根据承租人的支付能力实行差别化租金，或者对支付租金有困难的承租人，给予租金减免或者租金补贴。

配售保障性住房的，当事人应当在合同中约定产权份额。产权份额根据配售价格与同地段、同类型商品住房价格的比例，参考政府土地出让价款减让、税费优惠等因素确定。

第二十条 保障性住房及其附属设施的维修养护，由出租人或者承购人负责。

承租人应当合理使用住房及其附属设施，并按时缴纳租金。

第二十一条 租赁期届满需要续租的，承租人应当在租赁期满 3 个月前向出租人提出申请。未按照规定提出续租申请的，租赁期届满承租人应当腾退承租住房。

市、县级人民政府住房保障部门应当在租赁期满 1 个月前完成核查，符合条件的，续签合同；不符合条件的，书面通知承租人并说明理由。

第二十二条 承租人连续租赁保障性住房不少于 5 年，且符合保障性住房配售条件的，经出租人同意，可以购买承租的保障性住房，并遵守配售保障性住房的有关规定。但是，直辖市、市、县人民政府规定禁止出售配租保障性住房的除外。

出售政府投资建设的配租保障性住房的收入管理，应当遵守财政部门的有关规定。

第二十三条 承购人购买保障性住房未满 5 年的，不得转让保障性住房；确需转让的，由直辖市、市、县人民政府按照原购房价格并考虑折旧和物价水平等因素予以回购。

承购人购买保障性住房已满 5 年的，可以转让保障性住房，并按照配售合同约定的产权份额向直辖市、市、县人民政府补缴相应价款，直辖市、市、县人民政府在同等条件下享有优先购买的权利；承购人也可以按照配售合同约定的产权份额补缴相应价款，取得完全产权。但是，直辖市、市、县人民政府规定不得转让或者不得补缴相应价款取得完全产权的除外。

第二十四条 承租人通过购买、继承、受赠等方式取得其他住房，不再符合保障条件的，应当腾退保障性住房；承租人收入状况发生变化，不再符合保障条件的，可以按照市场租金标准继续承租保障性住房。

承购人购买保障性住房未满5年，通过购买、继承、受赠等方式取得其他住房，不再符合保障条件的，应当腾退保障性住房，由直辖市、市、县人民政府按照原购房价格并考虑折旧和物价水平等因素予以回购。

第二十五条 有下列情形之一的，承租人、承购人应当腾退配租、配售的保障性住房：

（一）无正当理由累计6个月以上未缴纳租金，经催缴仍不缴纳的；

（二）无正当理由连续6个月以上未在配租的保障性住房内居住的；

（三）出租、转租、出借、擅自调换或者转让保障性住房的；

（四）损毁、破坏保障性住房，擅自改变房屋用途、结构和配套设施，拒不恢复原状或者不当使用造成重大损失的。

承购人违反前款规定的，配售的保障性住房由直辖市、市、县人民政府按照原购房价格并考虑折旧和物价水平等因素予以回购。

第二十六条 承租人、承购人依照本条例规定，应当腾退保障性住房但拒不腾退的，市、县级人民政府住房保障部门应当依法作出责令其限期腾退的决定。承租人、承购人对决定不服的，可以依法申请行政复议，也可以依法提起行政诉讼。

承租人、承购人在法定期限内不申请行政复议或者不提起行政诉讼，在决定规定的期限内又不腾退的，由作出决定的市、县级人民政府依法申请人民法院强制执行。

第二十七条 对配租的保障性住房、不符合转让条件的配售的保障性住房，房地产中介服务机构及其中介服务人员不得提供经纪服务。

第四章 租赁补贴

第二十八条 未承租、承购保障性住房的保障对象自行租赁其他符合规定标准住房的，按照直辖市、市、县人民政府的规定，可以申请租赁补贴。

第二十九条 租赁补贴的申请、审核程序，依照本条例第十五条的规定执行，审核结果应当公示。对符合条件的申请人，发放租赁补贴；对不符合条件的申请人，应当书面告知并说明理由。

第三十条 享受租赁补贴的保障对象，应当每年向市、县级人民政府住房保障部门如实申报住房、收入和财产状况等信息，市、县级人民政府住房保障部门应当会同有关部门进行审核。

第三十一条 享受租赁补贴的保障对象无正当理由不按期申报有关信息，经催告仍不申报，或者不再符合发放条件的，市、县级人民政府住房保障部门应当停止发放租赁补贴。

第五章 社会力量参与

第三十二条 国家鼓励单位和个人等社会力量通过直接投资、间接投资、参股、委托代建等方式参与城镇住房保障，或者出租、捐赠符合条件的自有住房作为保障性住房。

第三十三条 社会力量投资建设、持有和运营保障性住房，应当纳入城镇住房保障规划、年度计划和租售管理，其配租、配售对象应当为经住房保障部门登记的轮候对象。

第三十四条 社会力量投资建设和运营保障性住房的，按照国家有关规定享受投资补助、财政贴息等支持政策；国家鼓励银行业金融机构对其发放保障性住房中长期贷款，允许符合条件的企业通过发行债券进行融资。

出租、捐赠符合条件的自有住房作为保障性住房的，按照国家有关规定享受税收优惠政策。

第三十五条 住房保障部门应当通过提供保障性住房项目有关情况、轮候对象数量信息等方式，为社会力量参与住房保障创造条件、提供便利。

第三十六条 各级人民政府和有关部门对积极参与城镇住房保障、做出显著成绩的单位和个人，按照国家有关规定给予表彰。

第六章 监督管理

第三十七条 县级以上人民政府应当将城镇住房保障实施情况向同级人民代表大会报告。

第三十八条 申请人或者已获得住房保障的保障对象，应当按照规定如实申报住房、收入和财产状况。

市、县级人民政府住房保障部门根据申请人或者已获得住房保障的保障对象的请求、委托，可以通过户籍管理、税务、社会保险、不动产登记、工商登记、住房公积金管理、车船管理等单位和银行、保险、证券等金融机构，代为查询、核对其住房、收入和财产状况；有关单位和金融机构应当予以配合。

第三十九条 市、县级人民政府住房保障部门应当加强对城镇住房保障工作的监督检查。

市、县级人民政府住房保障部门和乡镇人民政府、街道办事处在履行住房保障职责过程中，可以查阅、记录、复制与住房保障事项有关的资料，询问与住房保障事项有关的单位和个人，要求其对相关情况作出说明，提供相关证明材料。有关单位和个人应当如实提供相关材料。

市、县级人民政府住房保障部门应当将监督检查的结果向社会公布。

第四十条 县级以上地方人民政府应当按照国家有关标准建立城镇住房保障信息系统，完善保障性住房档案和保障对象档案，动态监测保障对象住房、收入和财产等状况变化情况。

市、县级人民政府有关部门应当建立住房保障对象的住房、收入和财产状况等信息核查协作机制。

第四十一条 城镇住房保障的申请条件、核查程序、轮候规则等政策，保障性住房项目开工、竣工和房源情况，配租配售、发放租赁补贴的程序、过程和结果，应当向社会公布。

第四十二条 城镇住房保障资金实行专项管理、专款专用，任何单位和个人不得挤占、挪用。

审计机关应当加强对城镇住房保障资金管理和使用情况的监督，并公布审计结果。

第四十三条 住房保障部门及其委托的实施单位的工作人员对在住房保障工作中知悉的公民个人信息，除按照规定应当公示的信息外，应当予以保密。

第四十四条 任何单位和个人都有权对违反城镇住房保障法律、法规的行为进行举报、投诉，住房保障部门和其他有关部门应当依法及时处理。

第七章　法律责任

第四十五条　违反本条例规定，有关人民政府及其工作人员未履行城镇住房保障相关职责的，对直接负责的主管人员和其他直接责任人员依法给予处分；构成犯罪的，依法追究刑事责任。

第四十六条　违反本条例规定，住房保障部门和其他有关部门及其工作人员有下列行为之一的，由本级人民政府或者上级机关责令改正，通报批评；对直接负责的主管人员和其他直接责任人员依法给予处分；构成犯罪的，依法追究刑事责任：

（一）对不符合规定条件的申请人，提供保障性住房，发放租赁补贴、租金补贴或者减免租金的；

（二）对符合规定条件的申请人，未依法登记为保障性住房轮候对象或者未依法向其发放租赁补贴、租金补贴或者减免租金的；

（三）未依法出具住房、收入和财产状况等证明材料的；

（四）泄露在工作中知悉的公民个人信息，造成后果的；

（五）有其他滥用职权、玩忽职守、徇私舞弊等行为的。

第四十七条　违反本条例规定，申请人隐瞒、虚报或者伪造住房、收入和财产状况等信息申请城镇住房保障的，由住房保障部门给予警告，向社会通报，并依法将有关信息提供给征信机构记入个人征信记录；已承租、承购保障性住房的，责令退回，按照市场价格补缴承租、承购期间的租金，并处应补缴租金数额 1 倍以上 3 倍以下罚款；已领取租赁补贴和租金补贴的，责令退回，并处领取数额 1 倍以上 3 倍以下罚款；构成犯罪的，依法追究刑事责任；申请人在 5 年内不得再次申请城镇住房保障。

违反本条例规定，有关单位、金融机构和个人出具虚假证明材料的，由住房保障部门给予警告，向社会通报，有违法所得的，没收违法所得，并处违法所得 1 倍以上 3 倍以下罚款。

第四十八条　违反本条例规定，保障性住房的承租人、承购人有下列行为之一的，由住房保障部门记入住房保障对象档案；有违法所得的，予以没收；未缴纳租金的，责令限期补缴；损毁、破坏保障性住房，擅自改变房屋用途、结构和配套设施，责令限期恢复原状或者采取其他补救措施；造成损失的，依法承担赔偿责任；原承租人、原承购人在 5 年内不得再次申请城镇住房保障：

（一）无正当理由累计 6 个月以上未缴纳租金，经催缴仍不缴纳的；

（二）无正当理由连续 6 个月以上未在配租的保障性住房内居住的；

（三）出租、转租、出借、擅自调换或者转让保障性住房的；

（四）损毁、破坏保障性住房，擅自改变房屋用途、结构和配套设施，拒不恢复原状或者不当使用造成重大损失的。

第四十九条　违反本条例规定，保障性住房项目的建设、勘察、设计、施工、监理单位未履行相应建设工程质量责任的，按照有关建设工程质量管理法律、法规的规定处罚。

第五十条　违反本条例规定，房地产中介服务机构和中介服务人员对配租的保障性住房、不符合转让条件的配售的保障性住房提供经纪服务的，由房地产主管部门责令停止违法行为，记入房地产经纪信用档案；有违法所得的，没收违法所得；对房地产中介服务机构，处合同约定中介服务费1倍以上3倍以下罚款，情节严重的，责令停业整顿；对房地产中介服务人员，处2万元以上10万元以下罚款；构成犯罪的，依法追究刑事责任。

第八章 附 则

第五十一条 城镇住房保障对象的住房、收入、财产等条件的具体标准，由直辖市、市、县人民政府制定、公布，并根据经济社会发展变化水平适时进行调整。

直辖市、市、县人民政府应当组织有关部门对具体标准进行论证，并采取听证会、论证会等形式听取社会公众意见。

第五节 房地产金融政策

关于进一步做好住房金融服务工作的通知

为进一步改进对保障性安居工程建设的金融服务，继续支持居民家庭合理的住房消费，促进房地产市场持续健康发展，现就有关事项通知如下：

一、加大对保障性安居工程建设的金融支持鼓励银行业金融机构按照风险可控、财务可持续的原则，积极支持符合信贷条件的棚户区改造和保障房建设项目。对公共租赁住房和棚户区改造的贷款期限可延长至不超过25年。进一步发挥开发性金融对棚户区改造支持作用；对地方政府统筹规划棚户区改造安置房、公共租赁住房和普通商品房建设的安排，纳入开发性金融支持范围，提高资金使用效率。

二、积极支持居民家庭合理的住房贷款需求对于贷款购买首套普通自住房的家庭，贷款最低首付款比例为30%，贷款利率下限为贷款基准利率的0.7倍，具体由银行业金融机构根据风险情况自主确定。对拥有1套住房并已结清相应购房贷款的家庭，为改善居住条件再次申请贷款购买普通商品住房，银行业金融机构执行首套房贷款政策。在已取消或未实施“限购”措施的城市，对拥有两套及以上住房并已结清相应购房贷款的家庭，又申请贷款购买住房，银行业金融机构应根据借款人偿付能力、信用状况等因素审慎把握并具体确定首付款比例和贷款利率水平。银行业金融机构可根据当地城镇化发展规划，向符合政策条件的非本地居民发放住房贷款。

银行业金融机构要缩短放贷审批周期，合理确定贷款利率，优先满足居民家庭贷款购买首套普通自住房和改善型普通自住房的信贷需求。

三、增强金融机构个人住房贷款投放能力鼓励银行业金融机构通过发行住房抵押贷款支持证券（MBS）、发行期限较长的专项金融债券等多种措施筹集资金，专门用于增加首套普通自住房和改善型普通自住房贷款投放。

四、继续支持房地产开发企业的合理融资需求银行业金融机构在防范风险的前提下，合理配置信贷资源，支持资质良好、诚信经营的房地产企业开发建设普通商品住房，积极支持有市场前景的在建、续建项目的合理融资需求。扩大市场化融资渠道，支持符合条件的房地产企业在银行间债券市场发行债务融资工具。积极稳妥开展房地产投资信托基金（REITs）试点。

人民银行、银监会各级派出机构要针对辖区内不同城市情况和当地政府对房地产市场的调控要求，支持当地银行业金融机构把握好各类住房信贷政策的尺度，促进当地房地产市场持续健康发展。

请人民银行上海总部，各分行、营业管理部、省会（首府）城市中心支行，各省（自治区、直辖市）银监局将本通知联合转发至辖区内城市商业银行、农村商业银行、农村合作银行、城乡信用社、外资银行及村镇银行。

中国人民银行

银监会

2014 年 9 月 29 日

关于发展住房公积金个人住房贷款业务的通知

各省、自治区、直辖市住房城乡建设厅（建委）、财政厅（局），新疆生产建设兵团建设局、财务局，中国人民银行上海总部、有关分行、营业管理部、省会（首府）城市中心支行，直辖市、新疆生产建设兵团住房公积金管理委员会、住房公积金管理中心：

住房公积金个人住房贷款是提高缴存职工住房消费能力的重要途径，也是缴存职工的基本权益。当前，各地住房公积金个人住房贷款业务发展不平衡，部分城市贷款发放率较高，但多数城市发放率在 85% 以下，影响了缴存职工的合法权益，也削弱了住房公积金制度的作用。为提高住房公积金个人住房贷款发放率，支持缴存职工购买首套和改善型自住住房，现就发展住房公积金个人住房贷款业务的有关问题通知如下。

一、合理确定贷款条件。职工连续足额缴存住房公积金 6 个月（含）以上，可申请住房公积金个人住房贷款。对曾经在异地缴存住房公积金、在现缴存地缴存不满 6 个月的，缴存时间可根据原缴存地住房公积金管理中心出具的缴存证明合并计算。住房公积金贷款对象为购买首套自住住房或第二套改善型普通自住住房的缴存职工。住房公积金管理中心不得向购买第三套及以上住房的缴存职工家庭发放住房公积金个人住房贷款。

二、适当提高首套贷款额度。住房公积金个人住房贷款发放率低于 85% 的设区城市，住房公积金管理委员会要根据当地商品住房价格和人均住房面积等情况，适当提高首套自住住房贷款额度，加大对购房缴存职工的支持力度。

三、推进异地贷款业务。各省、自治区、直辖市要实现住房公积金缴存异地互认和转移接续。职工在就业地缴存住房公积金，在户籍所在地购买自住住房的，可持就业地住房公积金管理中心出具的缴存证明，向户籍所在地住房公积金管理中心申请住房公积金个人住房贷款。

四、设区城市统筹使用资金。未按照《住房公积金管理条例》规定调整到位的分支机构，要尽快纳入设区城市住房公积金管理中心统一制度、统一决策、统一管理、统一核算。设区城市住房公积金管理中心统筹使用分支机构的住房公积金。

五、盘活存量贷款资产。住房公积金个人住房贷款发放率在85%以上的城市，要主动采取措施，积极协调商业银行发放住房公积金和商业银行的组合贷款。有条件的城市，要积极探索发展住房公积金个人住房贷款资产证券化业务。

六、降低贷款中间费用。住房公积金个人住房贷款担保以所购住房抵押为主。取消住房公积金个人住房贷款保险、公证、新房评估和强制性机构担保等收费项目，减轻贷款职工负担。

七、优化贷款办理流程。各地住房公积金管理中心与房屋产权登记机构应尽快联网，实现信息共享，简化贷款办理程序，缩短贷款办理周期。房屋产权登记机构应在受理抵押登记申请之日起10个工作日内完成抵押权登记手续；住房公积金管理中心应在抵押登记后5个工作日内完成贷款发放。房地产开发企业不得拒绝缴存职工使用住房公积金贷款购房。

八、提高贷款服务效率。各地住房公积金管理中心要健全贷款服务制度，完善服务手段，积极开展网上贷款业务咨询、贷款初审等业务，要全面开通12329服务热线和短信平台，向缴存职工提供数据查询、业务咨询、还款提示、投诉举报等服务。积极探索建立全省统一的12329服务热线和短信平台。

九、加强考核和检查。各省、自治区住房和城乡建设厅要加强对各市住房公积金个人住房贷款业务的考核，加大个人住房贷款业务考核权重。要定期进行现场专项检查，对工作不力的城市，要责令加大工作力度。住房城乡建设部每月通报全国住房公积金个人住房贷款发放情况。

各省、自治区住房城乡建设厅、财政厅、人民银行分支机构，直辖市、新疆生产建设兵团住房公积金管理委员会要按照本通知要求，根据不同城市住房公积金个人住房贷款发放情况，加强分类指导，加大对贷款发放率低的城市督促检查力度，提高资金使用效率，保障住房公积金有效使用和资金安全，并将本通知落实情况于2014年年底前报住房城乡建设部、财政部和人民银行。

中华人民共和国住房和城乡建设部
中华人民共和国财政部
中国人民银行
2014年10月9日

关于贯彻落实住房公积金基础数据标准的通知

各省、自治区住房城乡建设厅，直辖市、新疆生产建设兵团住房公积金管理委员会、住房公积金管理中心：

贯彻落实《住房公积金基础数据标准》（以下简称《基础数据标准》）对建立科学、合理、规范的住房公积金业务数据体系，提高住房公积金管理信息化水平，促进住房公积金监管系统建设，提升住房公积金服务能力，实现异地转移接续使用具有重要意义。为做好《基础数据标准》贯彻落实工作，现就有关要求通知如下：

一、请各省、自治区住房城乡建设厅组织本地住房公积金管理中心（以下简称公积金中心）开展信息系统《基础数据标准》贯彻落实工作，并于2017年底之前完成。

二、公积金中心新建或升级改造信息系统，在咨询设计阶段要明确贯彻《基础数据标准》的方法和措施；在招标阶段，要把贯彻《基础数据标准》作为项目招投标条件之一；在建设阶段，要按《基础数据标准》规定进行应用系统和数据库设计开发；在验收阶段，要将贯彻《基础数据标准》情况形成专门的验收测评报告。

三、暂不进行信息系统升级改造的公积金中心，应按照《基础数据标准》要求，在现有业务信息系统数据库中建立标准数据表，实现系统生产数据项与标准数据表中数据项的对照映射，确保能够覆盖标准数据表中所有数据项。

四、公积金中心应于2014年12月底前将贯彻《基础数据标准》方案和计划报本省、自治区住房城乡建设厅，直辖市和新疆生产建设兵团公积金中心直接报我部住房公积金监管司。各省、自治区住房城乡建设厅要根据本地公积金中心贯彻《基础数据标准》工作的安排，拟订三年内完成贯彻《基础数据标准》的工作计划，于2015年1月底前报我部住房公积金监管司；同时，与我部建立联动机制，按照公积金中心贯彻《基础数据标准》工作进度共同提供指导和咨询服务，促进工作顺利开展。

五、为确保资金安全，提供便捷服务，各地公积金中心信息系统在贯彻《基础数据标准》过程中，要同时接入全国统一的住房公积金银行结算数据应用系统，与受托银行进行直联支付结算，实时获取银行结算数据，实现资金、业务和财务信息的自动平衡匹配，建立先进、实用、安全的信息系统。

六、各省、自治区住房城乡建设厅要对本地公积金中心信息系统贯彻《基础数据标准》情况，组织专项检查验收并形成报告，报我部住房公积金监管司。我部在住房公积金数据镜像系统部署工作中，将对完成贯彻《基础数据标准》工作的公积金中心信息系统进行逐项复查。

七、公积金中心要按本通知要求，积极与财政部门沟通，将贯彻《基础数据标准》工作费用列入专项经费，保证《基础数据标准》贯彻落实工作按期完成。

中华人民共和国住房和城乡建设
部办公厅
2014年12月9日

上海市住房公积金账户封存管理办法

第一条（目的和依据）为了规范和加强本市住房公积金账户（以下简称账户）封存管理，维护住房公积金缴存职工合法权益，根据国务院《住房公积金管理条例》和《上海市住房公积金管理若干规定》，结合本市实际情况，制定本办法。

第二条（定义）本办法所称封存是指职工住房公积金中断缴存后，其账户由上海市公积金管理中心（以下简称“市公积金管理中心”）集中管理的账户处理方式。封存的账户为封存户。

第三条（适用情形）凡符合以下情形之一的，单位应当为职工办理账户封存手续：

（一）职工与单位终止劳动关系，尚未重新就业的；

（二）单位合并、分立、撤销、解散、破产，职工尚未重新就业的。

第四条（管理主体）上海市公积金管理中心设立全市统一专户，对封存户实行集中管理。

市公积金管理中心各区（县）管理部（以下简称“管理部”）具体负责办理封存户的入管封存、封存转出、信息核对等业务。

第五条（入管封存）符合本办法第三条第（一）项的，单位应当自劳动关系终止之日起三十日内持与职工终止劳动关系的证明材料，到管理部办理账户封存手续。

符合本办法第三条第（二）项的，单位或者清算组织应当在单位终止或注销前持相关证明材料，到管理部办理账户封存手续。

单位或者清算组织在办理账户封存手续前，应事先告知职工本人。

第六条 （封存转出）封存户职工重新就业后，新录用单位应自录用之日起三十日内到管理部或受委托银行办理封存账户转出手续。

职工本人也可以持相关证明到管理部办理封存账户转出手续。

第七条（信息核对）管理部在办理封存手续时，发现账户信息缺失的，应当要求单位核对补齐相关信息。

封存户职工个人身份信息与市公积金管理中心记载不一致的，职工可以持有效证明办理账户信息变更手续。

第八条（封存户权利）职工账户封存期间，除不具备个人住房公积金购房贷款资格外，享有提取、对账查询、投诉建议等权利。

职工账户封存期间，账户余额属职工个人所有，并按照有关规定计息。

第九条 （暂停缴存）账户不符合封存条件，但实际处于以下中断缴存情形的，单位可以办理停缴手续：

（一）职工工作变动至新单位，账户在原单位尚未转移的；

（二）职工账户符合销户提取条件，尚未办理提取手续的；

（三）职工与单位暂时中止工资关系仍保留劳动关系的。

符合上述（一）情形的，停缴期限为六个月，到期后账户自动恢复正常缴存；符合（三）情形的，单位应当根据实际情况提出停缴期限，到期后账户自动恢复正常缴存。

第十条 （监督管理）上海市公积金管理中心应当履行封存审核职责，制定具体业务操作细则，完善账户信息管理系统，建立账户变动预警机制，确保封存业务规范有序运行。

第十一条（补充住房公积金）职工补充住房公积金账户的封存参照本办法执行。

第十二条（组织实施）本办法由市公积金管理中心组织实施。

第十三条 （施行时间）本办法自 2014 年 7 月 1 日起施行，有效期五年。《上海市住房公积金封存管理办法》（沪公积金发〔1999〕54 号）同时废止。

《上海市提取住房公积金支付房屋租赁费用实施办法》操作细则

为执行《上海市提取住房公积金支付房屋租赁费用实施办法》(沪公积金管委会〔2014〕7号)，制定本操作细则。

一、提取对象和范围

职工(以下称“申请人”)符合下列条件之一的，可以申请提取本人住房公积金账户内的存储余额，用于支付房屋租赁费用：

(一)承租本市廉租住房、公共租赁住房或其他由政府认定的保障性住房；

(二)承租本市商品住房、售后公房等其他住房用于自住，且房屋月租赁费用超出家庭月工资收入20%的。

申请人在申请提取本人住房公积金账户存储余额不足时，经共同提取人书面同意，可以申请提取共同提取人住房公积金账户内的存储余额。共同提取人限定为申请人的配偶、父母或子女。

二、提取金额

(一)承租本市廉租住房、公共租赁住房或其他由政府认定的保障性住房的，在当月需实际支付的房屋月租赁费用限额内提取；

(二)承租本市商品住房、售后公房等其他住房用于自住的，在扣除家庭月工资收入20%后的限额内提取，且每月提取金额不超过2000元。

三、提取审核材料

申请人需持以下材料(原件及复印件)办理提取申请手续。

(一)身份证明材料

1、申请人身份证件；

2、如有共同提取人的，应提供共同提取人的身份证件、其与申请人之间的关系证明(如结婚证、户口簿等)、出具的书面同意书(见附件一)

(二)填妥的《提取住房公积金支付房屋租赁费用申请表》(见附件二)；

(三)提取原因证明材料

1、承租本市廉租住房的：

(1)由本市住房保障部门出具的廉租住房实物配租通知单或廉租住房租金补贴协议；

(2)房屋租赁合同；

(3)房屋租赁合同备案证明等。

如申请人再次就同一房屋租赁行为申请提取住房公积金的，无需提供上述原因证明材料。

2、承租本市公共租赁住房的：

(1)由本市住房保障部门认定的公共租赁住房配租审批件(承租获本市住房保障部门批复，且经上海市公积金管理中心备案的公共租赁住房项目的，可不提供该项材料)；

(2)上海市公共租赁住房租赁合同；

(3)已支付房屋租赁费用的税控发票等。

如申请人再次就同一房屋租赁行为申请提取住房公积金的，无需提供第(1)、(2)项材料。

3、承租本市商品住房、售后公房等其他住房用于自住的；

(1) 房屋租赁合同；

(2) 房屋租赁合同备案证明；

(3) 已支付房屋租赁费用的税控发票等。

如申请人再次就同一房屋租赁行为申请提取住房公积金的，无需提供第 (1)、(2) 项材料。

四、审核注意事项

（一）提取要求

提取住房公积金支付房屋租赁费用，应符合以下要求：

1、申请人及共同提取人已累计缴存住房公积金满六个月；

2、申请人及共同提取人目前无住房公积金贷款、无提取住房公积金归还住房贷款委托或支付物业服务费等住房消费类提取行为；

3、职工作为申请人或共同提取人仅可提取住房公积金支付一套房屋的租赁费用；

4、申请人的租赁行为应符合本市房屋租赁相关规定。

（二）办理流程

1、符合租赁提取条件的职工，可向租赁房屋所在地的上海市公积金管理中心区、县管理部（以下简称“区、县管理部”）提出申请，并按规定提供相关证明材料。

2、各区、县管理部应当自受理申请之日起三个工作日内，作出准予提取或者不准提取的决定，并通知申请人。区、县管理部在受理申请后，如对申请人提供的证明材料有疑问的，有权要求申请人进一步提供其他有效证明材料。

3、准予提取的，申请人凭审核单、提取审核材料到指定的建设银行办理提取手续；不准予提取的，受理机构应当说明理由。

（三）时间限定

提取住房公积金支付房屋租赁费用以季度为单位，申请人可每季度提取一次住房公积金，即两次提取申请的间隔时间应为三个月，且每次提取不得超过三个月的规定提取限额。申请人提取住房公积金支付房屋租赁费用，应在房屋租赁期内提出，且不超过房屋租赁行为终止后半年内。

本操作细则自 2014 年 10 月 1 日起施行。2009 年 9 月 14 日由上海市公积金管理中心印发的《上海市职工提取住房公积金支付房屋租赁费用操作办法》（沪公积金〔2009〕47 号）同时废止。

第十八章　管理与服务机构

第一节　政府管理机构

【上海市住房和城乡建设管理委员会】 经中共中央、国务院批准新组建的上海市住房保障和房屋管理局，将上海市房屋土地资源管理局的住房建设管理和房地产市场调控、物业行业管理等职责，上海市建设和交通委的动迁管理职责，整合划入上海市住房保障和房屋管理局。原上海市房屋土地资源管理局不再保留。

地址：上海市浦东新区世博村路300号6号楼，电话：23111111。

一、主要职责

（一）贯彻执行有关住房保障、住房建设、住房制度改革、房地产市场监管以及房屋管理的法律、法规、规章和方针、政策；研究起草住房保障、住房建设、住房制度改革、房地产市场监管以及房屋管理方面的地方性法规、规章草案和政策，并组织实施有关法规、规章和政策。

（二）根据本市国民经济和社会发展总体规划，研究制定住房保障和住房产业发展专业规划，并组织实施。

（三）推进国家住宅产业技术标准和行业规范的实施，综合协调、推进本市住宅产业现代化及节能省地型住宅产业发展；组织研究制定住宅产业科技进步规划及产业政策；参与住宅基地详细规划方案的审核、扩初设计的审批以及土地招标拍卖挂牌文件中相关建设指标的确定。

（四）负责编制住房保障、住房建设、住房竣工及配套设施等发展规划，会同市有关部门对本市住宅设计标准以及居住区公共服务设施标准进行编制和调整，经市有关部门批准后组织实施，并对实施情况进行监督检查。

（五）负责建立和完善本市住房保障体系，制定住房分配制度改革政策和公有住房出售、出租等政策，编制各类保障性住房工作年度计划并组织实施。

（六）负责本市住宅质量和性能管理；负责新建住宅交付使用的许可审批；对区县住宅建设管理部门新建住宅交付使用的审核发证工作实施监督检查，协同市有关部门对住宅开发企业、工程监理机构的资质进行审核或备案。

（七）制定本市各类房屋测绘、房屋权属登记、房屋权属管理等制度并监督执行；负责房屋测绘，房屋权属登记发证、房屋权属档案等管理工作；建立统一的房屋权属信息系统并实施管理。

（八）组织开展房地产市场监测分析工作，建立健全并组织实施本市房地产市场信息系统和预警预报体系；组织性、拟定稳定房地产市场的政策、措施并监督执行；安全线负责房地产业相关的开发经营行为、交易行为、交易资金监管和房屋租赁管理工作，以及房地产开发、估价、经纪相关的行政管理。

（九）负责物业管理的行业管理；指导、监督业主委员会的运作以及住宅专项维修资金的管理。

（十）负责居住类房屋的修缮、改造和安全稳定的行政管理；推进旧区改造项目；负责优秀历史建筑的保护管理工作；受上海市国有资产监督管理委员会的委托，负责直管公房资产的监督和管理；负责落实私房政策和私房历史遗留问题及宗教房产代经管理；会同市有关部门推进建成住宅的功能完善工作。

（十一）制定本市房屋征收与拆迁的规章制度并监督执行；牵头制定房屋拆迁规划和年度拆迁计划并监督实施；审查核发房屋拆迁行政许可，建立房屋征收和拆迁监管信息系统，组织协调拆迁违规行为的查处工作。

（十二）组织指导协调并监督住房建设、房地产市场、物业管理的行政执法工作；依法对各种违法行为进行行政处罚，依法处理各种房产权属纠纷。

（十三）负责住房保障和房屋管理等方面的科技、教育工作；组织协调本系统信息化建设。

（十四）负责房地产市场、住房保障和房屋管理等方面的统计和分析，及时向市政府、有关部门和社会报送、提供发展动态和信息。

（十五）参与住房保障和房屋管理有关资金的管理；参与公有住房租金调整；负责住宅建设配套工程费的征收，并按批准的年度计划使用和管理。

（十六）负责有关行政复议受理和行政诉讼应诉工作。

（十七）承办市政府交办的其他事项。

二、内设机构

根据上述职责，市住房保障和房屋管理局设 16 个内设机构。 一、办公室（信访办公室）、 二、政策法规处、 三、组织人事处、 四、计划财务处（审计处）、 五、科技教育处、 六、住房发展处、 七、执法监督处、 八、住房保障管理处（市廉租住房管理办公室） 九、住房建设监管处、 十、住房配套管理处、 十一、房产权籍管理处； 十二、房地产市场监管处； 十三、房屋拆迁管理处； 十四、房屋修缮和改造管理处（历史建筑保护处）； 十五、物业管理处； 十六、落实私房政策处；按有关规定设置纪检监察机构和机关党委。

【上海市规划和国土资源管理局】 经中共中央、国务院批准新组建的上海市规划和国土资源管理局，将上海市城市规划管理局的职责、上海市房屋土地资源管理局的土地和矿产资源管理职责，整合划入上海市规划和国土资源管理局。不再保留上海市城市规划管理局。

地址：上海市北京西路 99 号，电话：63193188

一、主要职责

（一）贯彻执行有关城乡规划、土地、地质矿产的法律、法规、规章和方针、政策；研究起草有关城市规划编制和规划实施、土地、地质矿产的地方性法规、规章草案和政策，并组织实施。

（二）参与编制社会、经济发展与城市建设中长期规划和年度计划；根据本市国民经济和社会发展总体规划，具体组织编制城市总体规划、分区规划、重要地区的详细规划及市政府其他指令性规划，对其他专业系统规划进行综合协调与平衡；指导区县编制职责范围内的各类规划；依法审核、审批各类规划。

（三）根据本市国民经济和社会发展总体规划，研究制定土地利用总体规划、矿产资源保护与合理利用规划、地质灾害防治规划等中长期规划；负责编制并组织实施地质勘查年度计划；会同市有关部门，编制土地开发利用年度计划，经批准后组织实施。

（四）负责城市地名、城市规划设计、城市建设档案等管理工作，组织实施重大问题调研；领导、指导测绘管理部门开展测绘管理工作；负责城市规划设计单位的资质管理工作；负责历史文化名城、历史风貌保护区、历史文化名镇、优秀历史建筑和市级以上历史文物古迹的规划管理工作。

（五）依法实行建设项目选址意见书、建设用地规划许可证、建设工程规划许可证管理制度；对建设项目审批后到竣工验收前规划执行情况实行跟踪监督。

（六）负责土地使用权和集体土地所有权登记管理工作，负责地籍和土地利用现状调查管理，依法对土地权属争议进行调处，指导建立地籍数据库和土地利用现状数据库。

（七）统一管理城乡土地资源，确保本市耕地保有量和基本农田面积不减少，保障农业生产发展的需要；负责城镇建设用地规模的总量控制和用途管制，并承担监管责任；依法负责土地划拨、征收征用、农用地转用、政府土地储备等各类建设用地以及土地开垦、整理、复垦的审批和管理。

（八）组织实施城市规划、土地、地质矿产的行政执法工作；依法对各种违法行为进行行政处罚；依法处理各类城市规划、土地、地质矿产的纠纷。

（九）依法负责土地收回、土地储备和各类建设用地的审批和管理，拟订并实施节约集约用地评价；研究制定深化土地使用制度改革的政策措施，并按规定组织实施土地使用权的出让、租赁、作价出资、转让、交易和政府收购的管理；指导农村集体非农土地使用权的流转管理。

（十）依法管理矿产资源的开发、利用和保护；承担矿产资源储量及其探矿权、采矿权的管理；征收矿产资源补偿费；负责地质勘查、地质灾害防治、地质遗迹保护的行业管理和具体实施；负责地质环境调查、监督和管理；负责地面沉降的监测和防治，并承担监管责任；会同市有关部门，按规定负责矿泉水和地热资源开采中有关管理职责。

（十一）加强国土资源资产管理；建立基准地价等公示地价制度，依法参与管理土地、矿产等资源性资产；负责土地储备资金收支预算的审核，负责编报年度土地出让收支决算及土地储备资金收支项目决算，负责编制市级土地出让收入支出预算，负责本市土地储备成本认定工作，负责本市地质矿产资源费用的征收使用。

（十二）承担国土资源服务行业监管职责；监测土地市场和建设用地利用情况，监管地价，参与拟订涉及国土资源的调控政策和措施。

（十三）承担有关行政复议受理和行政诉讼应诉工作。

（十四）承办市政府交办的其他事项。

二、内设机构

上海市规划和国土资源管理局机关行政编制为220名。其中，局长1名、副局长5名、总工程师1名，正副处级领导职数55名。非领导职数按照《公务员法》有关规定设置。下设十八个处室，分别是：（一）办公室（政策研究室、外事办、信访办）；（二）组织人事处；（三）政策法规处；（四）财务管理处；（五）科技管理处（总师办）；（六）总体规划管理处；（七）详细规划管理处；（八）建筑规划管理处；（九）市政规划管理处；（十）监督管理处；（十一）历史风貌保护处（城市雕塑管理处）；（十二）地名管理处；（十三）土地综合计划处（耕地保护处）；（十四）土地利用处；（十五）土地权籍管理处；（十六）矿产资源管理处（地质环境和勘查管理处）；（十七）行政许可处；（十八）监察室；（十九）直属机关党委（文明办）、工会、团委；

第二节 行业协会与学会

【上海市房地产行业协会】 成立于1986年1月（成立之初为上海市房地产业协会），是上海改革开放后最早成立的一批协会之一。2004年7月与上海市住宅产业协会合并为上海市房地产行业协会。

协会的业务范围：房地产开发经营的行业调研，行业培训，行业评比、优秀住宅评选、会展服务、中介咨询、国内外行业信息交流和编辑出版等。

围绕“提供服务、反映诉求、规范行为”的办会宗旨，近几年来，本协会在提供服务的过程中将“规定动作”和“自选动作”相结合，努力提高为会员企业的服务水平。

协会地址：上海市浦东新区南泉北路201号（房地大厦）1205室

邮政编码：200120 联系电话：58387032 传真电话：50897679

【上海市房产经济学会】 成立于1981年5月，现有5 000多名会员。设有秘书处、学术部、咨询服务部、编辑部、组织联络部等职能部门。学会在坚持改革开放、从计划经济向市场经济转变、建设有中国特色社会主义的前提下，进行房地产经济理论的研究与探索。在实践发展中，不断的研究其发展轨迹，并作出新的理论概括，以新的理论制导新的实践，推动上海房地产经济的发展。与此同时，学会业取得了丰硕的科研成果，并初步形成房地产经济理论的框架体系。 学会的理论刊物为《上海房地》（有刊号，公开发行），信息刊物为（房地产研究与动态》。学会有18个分会和8个专业委员会，覆盖全市各区（县）和有关高校、科研、金融、企事业、综合、经济管理等部门，形成了一支房地产经济理论研究的骨干队伍，为上海房地产经济理论研究与发展奠定了基础。

地址：江西中路170号三楼 邮编：200002

电话：63210193　　63210242　传真：63211550

【上海市土地学会】 上海市土地学会是上海市从事土地管理、土地科技、土地经济理论研究和土地开发经营等专业人员及相关单位自愿组成的学术性、非营利性的社会团体法人。上海市土地学会成立于1989年3月16日。登记管理机关是上海市社会团体管理局；业务主管单位是上海市社会科学界联合会；挂靠上海市规划和国土资源管理局。协会接受上述单位的业务指导和监督管理。

学会设有办公室、学术部、咨询服务部、《上海土地》编辑部等四个工作部门。本市各区县设有上海市土地学会联络处；根据工作需要，还设立了若干专业委员会等分支机构。2011年1月17日，上海市土地学会召开第六次会员代表大会选举产生了上海市土地学会第六届理事会及其新的领导班子。

地址：上海市海伦路306弄8号　　邮编：200086

电话：021-65877867　65877108

【上海市房地产经纪行业协会】 成立于1996年12月。协会由本市房地产居间介绍、代理营销、咨询策划、金融服务、信息服务等机构，相关企事业单位和在沪注册的中华人民共和国房地产经纪人，依法自愿组成的全市性行业组织，是实行行业服务和自律管理、具有法人资格的非营利性社会团体。 协会单位会员基本涵盖全市有一定规模、良好品牌的房地产经纪骨干企业。

2010年10月12日第三次会员大会通过的《章程》第二十二条规定：协会会长由房地产经纪企业经营者或业内专家担任，实行届内轮值制。新一届理事会选出两位轮值会长，同时确定轮值次序，第一位的任期为换届履职之日起两年，第二位的任期为接任履职期到届满。常务副会长、副会长每届四年，驻会常务副会长、副会长连任不得超过两届。《章程》第二十三条规定：协会常务副会长为法定代表人。 协会宗旨：发挥提供服务、反映诉求、规范行为的作用，促进房地产经纪行业的繁荣和健康发展。多年来，协会积极发挥"服务、代表、自律、协调"的职能，2005年，被评为上海市先进民间组织，2006年被中国房地产行业协会评为优秀行业协会。 为会员单位服务是行业协会应尽的职责。面对新情况，解决新问题，上海市房地产经纪行业协会作了许多努力。

上海市浦东新区南泉北路201号（房地大厦）1208室

电 话：58881688-1223 传 真：58405644

【上海市房地产海外联谊会】 成立于1989年8月19日，其业务主管部门为上海市房屋土地资源管理局。主要职能是：起到海内外房地产及相关行业投资与政府部门之间的一个桥梁作用，并为广大投资者做好服务及促进工作，为上海房地产的振兴持续发展作贡献。主要任务为：一、发展对外联系，沟通上海与港、澳、台同胞，海外侨胞，外籍华人及其商会、同行会、校友会等社会团体之间的联系。二、开展对外宣传，招商引资，为外商投资开发上海牵线搭桥。三、提供咨询服务。为到上海开发的外商申报有关报批手续；提供营销策划、咨询服务、中介服务、物业管理、办理权证等从土地批租到商品房销售的"一条龙"服务。四、沟通信息，将房地产及相关行业的法律、法规、楼盘及中介咨询信息等，适时提出市场分析，并汇总相关资料定期汇编成册（《房地产海联会专版》），分发给会员单位及相关部门。五、协助政府及时了解外商意见及建议，同时传达政府有关政策法规，组织各种大型研讨会，沟通外商投资者与政府间的对话。六、开展对外经济技术文化艺术等民间交流，每年定期举行有关房地产政策、信息、市场分析等方面的讲座及讨论会；组织国内外考察交流活动。

【上海市物业管理协会】 上海市物业管理协会成立于 1994 年 12 月，2006 年 4 月 26 日经会员代表大会通过，更名为上海市物业管理行业协会，英文缩写为 TASPM。

协会由上海市物业管理企业、注册物业管理师以及相关企事业单位自愿组成，是实行行业服务和自律管理的非营利性社会团体。协会接受上海市住房保障和房屋管理局、上海市社团管理局管理。

协会的宗旨是：遵循国家有关法律、法规、规章和政策，引导、培育和发展上海市物业管理市场，为会员提供服务，维护会员合法权益，倡导行业自律和公平竞争，促进本市物业管理行业的繁荣和健康发展。

协会的最高权利机构为会员代表大会，执行机构为理事会。秘书处为理事会的日常办事机构，下设综合管理办公室、培训部、咨询服务部、信息部、协调指导部和鉴定部等六个部门。同时协会根据本市区县设置，下设 18 个工作委员会，目前共有会员单位千余家。

协会旨在发挥政府和企业的桥梁、纽带作用，宣传和贯彻国家和本市关于本行业的法律、法规和政策，协助政府主管部门进行行业调查和立法调研，参与行业政策和立法的论证和听证；制定并监督执行本行业的自律措施，倡导公平竞争，维护会员权益；为政府、行业、会员之间沟通信息，对会员关心的热点、难点问题开展调研，反映会员的呼声和建议；协同有关部门调解会员与会员、非会员或者消费者之间的重大争议；组织行业培训，提高从业人员素质；收集和整理国内外本行业技术、市场信息、行业动态和经营管理经验，定期出版行业刊物；开展与行业相关的各类咨询服务，举办会展招商等市场推广活动，帮助会员拓展市场；开展与国内外同行业社会团体、经济团体之间的交流和合作；根据政府有关部门要求，进行企业资质和从业人员资格管理，进行企业、管理项目和从业人员评比，对物业收费价格进行评估和协调，进行行业调查统计，推进行业技术标准的制定。

【上海市房地产估价师协会】 于 1997 年 1 月 16 日成立，通过了协会章程，选举产生了第一届理事会，张重光任首届会长。2001 年 3 月 23 日，协会召开了第二届会员大会，审议修改了协会章程，选举产生了第二届理事会，吴赛珍任第二届会长。

上海市房地产估价师协会（英文简称：SREAA）是由在上海市注册执业的房地产（土地）国家机构和从事房地产估价工作的注册房地产估价师、土地估价师组成的社会团体。依照中华人民共和国和国务院颁布的《社会团体登记管理条例》的规定，本协会已经上海市社会团体管理局登记，领取社会团体法人登记证书，取得社会法人资格。

【上海市房地产估价师协会（房屋拆迁估价专家委员会）】 是上海市房地产估价师协会的分支机构，已经上海市房地资源局、上海市社团管理局审核，于 2002 年 4 月 30 日批准成立。2002 年 4 月 11 日协会二届二次常务理事会议审定了首批专家委员会名单（30 名）。2002 年 6 月 21 日，协会二届三次理事会议选举产生了专家委员会主任、副主任。

【上海市装饰装修行业协会】 成立于 2002 年 4 月，是由原上海市建筑装饰协会和上海市家庭装饰行业协会归并组建而成的行业性、非营利性的社会团体。协会遵守国家的法律、法规，接受政府委托，承担对本市装饰装修行业的行业管理开展行业统计、行业调查、行业评比，发布行业信息、公信证明、价格协调、行业准入资格审核等项活动。

第十九章 学术研究机构

【复旦大学房地产研究中心】 成立于1994年，是国内高校中著名的房地产经济研究机构。中心主要研究我国房地产经济走势及政策，也为各级政府和境内外机构提供决策咨询。中心先后完成多项省部级纵向研究课题和近百项地方政府和企业委托的横向研究课题，为政府决策提供多项咨询报告，出版多部房地产业、房地产金融和房地产政策相关的专著，在报刊发表文章数百篇，经常在新华社、中央电视台、凤凰卫视等境内外主流媒体发表观点和意见，深受各级政府、企事业单位和广大群众的关注和重视，在国内具有崇高的学术地位和影响。中心自成立以来，为各级政府、金融机构和房地产行业输送了大量的人才。它通过组织定期和不定期的内部交流，已经成为圈内联系紧密、公信力卓著、渠道资源专享的圣殿。尤其的，2010年中心专门成立了分支机构—复旦大学商业地产研究所。目前复旦大学房地产研究中心主任和商业地产研究所所长由复旦大学经济学院尹伯成教授担任。

【东方房地产学院】 由华东师范大学、建设部房地产业司、上海市房屋土地管理局、建设银行上海分行、中房上海总公司于1995年联合创立。

学院坚持“产学研结合、育人为本、科研领先、紧贴行业、争创一流”的办学理念，经过近二十年的发展，目前学院已经建立了结构完善、层次分明、专业互补的学科研究梯队，聚集了近20名教授、副教授或具有博士学位的专业教学和研究人员，并形成了从本科到硕士、博士、博士后的完整的教学体系。在房地产经济理论研究、学科建设、人才培养、为政府决策咨询及行业改革发展服务等方面，均取得了政府部门和房地产界的广泛认可，东方房地产学院已是我国房地产领域内知名的学科名牌。

学院实行董事会领导下的院长负责制。第三届董事单位由华东师范大学、上实城开(0563.HK)、中华企业（600675.SH）、嘉凯城集团（000918.SZ）、旭辉股份（00884.HK）、复旦复华（600624.SH）、西藏城投（600773.SH）、中铁置业集团、吴中地产集团、联银恒通基金、易居房地产研究院等单位组成。南极论坛秘书长蔡育天先生出任董事长、张永岳教授出任院长；龙胜平、华伟出任常务副院长、顾志敏、彭加亮出任副院长、谢福泉出任董事会秘书。

【上海财经大学不动产研究所】 上海财经大学不动产研究所成立于1998年，具有悠久历史，成果卓著。本所以上海财经大学从事房地产领域研究的教师为核心研究人员，有大量国际国内权威房地产专家作为兼职研究人员。创始人、首任所长和荣誉所长为王洪卫教授（现任上海金融学院院长），现任所长为姚玲珍教授（上海财经大学副校长）、执行所长陈杰教授。研究所设在上海财经大学公共经济与管理学院大楼（凤凰楼）。

地址：上海杨浦区武川路111号上海财经大学凤凰楼503室

【上海易居房地产研究院】 2005年正式成立，院长为张永岳，是本市首家具有独立法人实体地位的民办非企业的专业房地产研究机构。研究院致力于深入探索房地产行业研发系统的创新，不断加强房地产业领域重大理论和应用问题的研究，持续推动房地产产学研一体化的发展，以求建立较为完善的房地产研究运作机制。目前，该院设立了市场研究中心、教育培训中心、技术开发中心、投资咨询中心等四个职能机构。此外，研究院还设立了产业环境、地产营销、建筑产品等研究室及开放式公共服务平台，以便能对一些前沿课题进行专题研究和深入探索，并吸引相关领域的行业专家进行研发创新及教育培训。

【上海社会科学院房地产业研究中心】 成立于1988年，由上海社会科学院会同政府管理部门和著名房地产企业组成的专业研究机构。研究重点集中在房地产业和房地产市场的重大理论与实际问题。既为政府提供政策研究，也为企业发展与项目决策提供咨询。

【上海大学房地产学院】 是由上海大学与上海市房屋土地资源管理局联合组建的专业学院，于2004年5月正式揭牌，同年首次招收计划内全日制本专科生。

学院实行董事会领导下的院长负责制。董事会由上海大学、上海市房屋土地资源管理局及投资企业组成。由上海市房屋土地资源管理局与上海大学主要领导担任董事长，聘请国家建设部副部长刘志峰、国土资源部副部长李元、市人大常委会副主任刘伦贤、市人大城市建设与环境保护委员会副主任姜夔富等领导担任顾问，并将聘请有关知名人士、企业家担任名誉董事。

院长受董事会委托全面负责学院的教学与日常行政管理工作，定期向董事会述职。高校与行业联办的管理体制，对学院培养适合社会经济发展需要的应用型人才以及学院的发展带来了得天独厚的活力。

【上海市房地产科学研究院】 上海市房地产科学研究院始建于1975年3月，是一所在全国房地产行业中创立最早、规模最大、专业设置齐全、技术力量雄厚的科研院所。建院30多年来，房科院已逐渐发展成为一个多学科、综合型的科研院所。

自1985年房科院被确定为上海科研系统科技体制改革试点单位以来，房科院在体制机制、学科建设、人才培养与引进、经济效益等方面均取得了一定的成绩。其中，在科研工作方面共获得9项国家建设部级的科技成果奖、12项上海市科技进步奖、19项专利。目前房科院的业务范围涉及房地产经济研究、历史建筑保护、房屋质量检测评估、既有建筑综合改造、住宅产业现代化、建筑结构加固工程、房屋防水及新型材料等。同时还受建设部，开展对全国房地产行业技术标准进行归口管理。

房科院坚持以科学发展观统领自身的发展，以科技创新为先导，以面向行业，面向市场，服务社会为宗旨，注重功能定位，为适应房地产行业飞速发展和房科院自身发展的需要，促进科学研究、产品开发、技术服务相结合，提高房科院科技创新能力，起到引领房地产行业科技创新的作用。

第二十章 优秀企业展示

【上海地产（集团）有限公司】成立于2002年11月，是经上海市委、市政府批准，在对上海国有房地产企业进行整合基础上成立的国有多元投资企业，注册资金42亿元人民币。2009年经市国资委批准，上海地产集团调整为国有独资企业集团。

上海地产集团成立十年来，在市委、市政府的正确领导下，在市政府相关委办局、各区县政府、各相关企业的关心支持下，紧紧围绕“土地储备主渠道、旧区改造主力军、土地占补平衡指标主要来源、保障性住房建设的主要骨干和示范、国有房地产企业的引领和主导、国家级开发区建设管理”的六项定位目标，充分发挥国有企业集团的优势，在土地储备前期开发、滩涂造地建设管理、保障性住房开发建设、国有资产保值增值等方面出色地完成了市委、市政府下达的各项工作任务，较好地完成了服务社会和发展自身两篇文章。

【上海城建置业发展有限公司】 是上海城建集团全资子公司，拥有房产开发一级资质，获评2012年中国房地产百强企业“百强之星”，位列上海市房地产开发50强企业第16位。

公司秉承“质量第一，诚信至上”的核心价值观，以“专业化、纵深化、市场化”的发展理念，先后开发建设了古北瑞仕花园、金桥瑞仕花园、悠和家园、瑞和新苑、沪东商业中心、城建国际中心、城建地产大厦、瑞和宜山大厦、瑞和国顺大厦等100多万平方米的优秀住宅和高档写字楼。至今，公司累计开发面积近1250万平方米，在市场上逐步形成了以中档商品房为主的“瑞和”及以高档精装修住宅为主的“瑞仕”两大品牌。

开发建设的楼盘曾先后荣获“上海最受欢迎楼盘综合金奖”、“十大国际品质楼盘”、“建设部中国住宅经典示范楼盘”、“上海市优秀住宅金奖”、“上海市“四高”优秀住宅小区”、“首届上海十大经典全装修示范楼盘”、“首届全国新时代优秀规划建筑设计方案全国优秀商务楼金奖”、“上海市“白玉兰”奖”、“中国建筑工程“鲁班奖””等多项殊荣。

目前公司在建的楼盘有浦江大型居住社区保障房项目、青浦华新及徐泾北配套商品房项目、嘉定云翔大型居住社区经适房项目、大宁瑞仕花园、安亭瑞仕华庭、无锡渔港瑞仕花园、无锡蠡湖瑞仕花园、上海城建大厦、城建路桥研发中心等，共计开发面积达370多万平方米。

公司始终以企业战略引领业务发展，以质量促效率、以质量提品质、以质量树口碑，努力实现社会效益和经济效益的双丰收，为打造城建房产品牌，推进上海的住房建设，构建和谐社会不断作出贡献。

【上海古北（集团）有限公司】 原名上海古北新区联合发展有限公司，1986年，由市建委批准，中华企业公司、长宁住宅建设综合开发公司和浦江工程承包公司共同投资组建，负责规划并实施136.6公顷古北新区的开发建设，开发模式为一级土地开发。2001年中华企业股份有限公司收购至占87.5%股权，上海新长宁集团公司占12.5%的股权。公司注册资本为20930万元，拥有房地产城市综合开发二级资质。

28年来，公司在负责136.6公顷的古北新区的开发建设中，力求规划设计超前，布局先进合理。至上世纪末完成了古北一期约 185 万平方米具有欧陆风格楼宇的建设，率先在上海营造了国际化大都市高尚住宅区，1995 年被评为〞九十年代上海十大新景观〞之一，1999 年被评为成新中国 50 年上海最佳住宅小区。跨入新世纪，公司以更科学的态度规划和建设了古北二期约 103 万平方米的新古北国际社区，以黄金城道步行街为中轴线的布局，为居住者提供了交流、休闲、活动和购物的空间，延续和提升了古北新区独特的人文环境，古北新区二期被评为中国社区规划示范住宅 。古北新区在上海乃至全国享有广泛的影响，来自 36 个国家和地区的境外人士在此居住，成功地创建了古北品牌。正在进行的古北新区三期 26.6 公顷商务用土地开发建设中，由公司开发的建筑面积约 23 万平方米。古北新区三期建筑设计基本理念在于把自然和都市、文化和艺术、工作和购物融为一体，开发建造具有浓郁国际商贸文化的智能化生态商业综合建筑楼群，为海内外成功人士创造和搭建国际商贸活动和文化交流的平台。公司建成的古北国际财富中心一期（9-4 地块）、古北国际财富中心二期（9-3 地块）已成功吸引包括日本高岛屋百货在内的众多世界知名企业入驻。

公司在积极推进古北新区建设的同时，努力拓展房地产开发业务，先后在苏州、青浦、宝山、嘉定、浦东新区开发低密度别墅、高级公寓、保障房等项目建设，为古北品牌再铸辉煌。

在未来的日子里，公司将秉承客户至尊，品质建筑，绿色环保，关爱世界的企业理念，继续为客户、为股东、为社会创造价值。

【上海东苑房地产开发（集团）有限公司】 起步于 1993 年，是一家致力于上海城市化建设、推动住宅发展的综合性房地产开发集团，下辖房地产开发、营销代理和物业管理等十多家全资及合资子公司。具有房地产开发一级资质。

十几年来，东苑集团一直秉承“发展住宅产业，营造居住文化”的先进理念，在绿化环境、建筑风格、商业氛围等方面，将居住者的文化、功能需求全面加以渗透，以卓越的品质、诚信的作风和创新的思维，为“创造诗意生活新空间”而不懈努力。2003 年上海东苑房地产开发（集团）有限公司 荣获首届上海市房地产开发企业 50 强第七位，2004 年上海东苑房地产开发（集团） 有限公司荣获 “2004 年度上海房地产关注品牌（商标） ”， 2005 年上海东苑房地产开发（集团） 有限公司荣获年度中国建设系统企业信用 AAA 级。

东苑集团近年来的开发总量和综合排名，均获得上海房地产开发企业前五十强之誉。如今已相继开发了东苑绿世界、东苑半岛花园、东苑世纪名门、东苑现代缘墅、塞纳左岸、东苑新天地、东苑米蓝城等超过百万平方米的数十个社区，并获得各种荣誉几十项。开发的项目受到了普遍赞誉和一致好评，并深受消费者的欢迎和喜爱。

早在 1998 年公司开发的东苑锦都花园荣获上海优秀住宅房型奖，2000 年开发的东苑绿世界荣获年度四高优秀小区，2000 年开发的东苑半岛花园荣获 “ 创新风暴” 全国住宅设计 “ 综合金奖 ”、 “ 全国人居经典 ” 综合大奖、第三届 “ 上海优秀住宅 ” 绿化景观奖、， 2002 年开发的东苑世纪名门荣获年四高优秀小区，2003 开发的塞纳左岸荣获第三届 “ 上海市优秀住宅 ” 银奖、上海市 “ 四高 ” 优秀小区称号 2005 年开发的东苑米蓝城荣获 2005 上海优秀生态水景住宅“金巢奖”，2006 年开发的东苑福邸获得中国上海成熟社区最佳人气户型奖。

【绿地集团】 集团是中国综合性地产领军企业，在2008中国企业500强排名中位列第183位，在中国房地产企业排名中位居第2位，在上海市百强企业集团中排名第17位。2007年，业务销售收入、资产规模、经营性现金流量三个指标均突破300亿元，2008年三项指标力争突破“三个500亿元”。

绿地集团创立16年来，始终坚持“营造美好生活”的企业宗旨和“和谐绿地、共建共享”的发展理念，通过产业经营与资本经营并举发展，形成了目前“房地产主业突出，能源、金融等相关产业并举发展”的产业布局。房地产开发经营作为绿地集团的核心主导产业，建设项目遍及上海、南京、合肥、南昌、苏州、无锡、徐州、芜湖、蚌埠、安庆、郑州、新乡、重庆、成都、贵阳、西安、银川、天津、呼和浩特、太原、廊坊、沈阳、长春、哈尔滨、牡丹江等全国19个省30多个城市，并与上海四大企业集团共同在俄罗斯圣彼得堡投资建设波罗的海明珠项目；商业地产、建筑、能源、金融、汽车服务等产业也已经具有了较大的规模和较强的实力。

绿地集团具有很强的社会责任感，发展不忘回报社会。成立16年来，累计无偿投资4亿多元在上海建成了一批城市标志性公共绿地，此外，在慈善、公益、拥军等方面累计捐赠2.3亿多元。绿地集团先后获得了全国“五一劳动奖状”、全国精神文明建设工作先进单位、“中华慈善奖”提名奖、上海市慈善之星等荣誉称号。“绿地”商标先后获评上海市著名商标、上海市最具影响力服务商标、中国驰名商标。

绿地集团已经制定了中期发展战略，力争到2011年左右实现销售收入1300亿元，跻身世界企业500强。

【上海卫百辛（集团）有限公司】 成立于1996年的国有独资公司，注册资本32.5亿元人民币，具有国家房地产开发企业二级资质，经营管理范围涉及房地产开发、物业管理、旧住房成套改造、动拆迁等惠及民生的工程，连续十六年获得“上海市重点工程实事立功竞赛优秀公司”荣誉称号，并先后被评为上海市厂务公开民主管理工作先进单位、上海市双拥模范先进集体、上海市群众体育先进单位、上海房地产十八年杰出贡献企业。公司自成立以来，秉承“便民利民为百姓、创业创新求发展”的企业精神，以“建设和谐社区”为己任，用心打好“服务民生”这张牌，承担好杨浦区680多万平方米直管公房（含售后公房）的授权经营，在各项民生工作的推进中，不断提升服务意识和技能水平，不断深化“卫百辛”品牌中“为百姓服务”的内涵。近年来，公司在关注企业社会责任的同时，积极谋求自身发展，拓展多种业务经营，实现了经济效益和社会效益的双提升。公司党政领导班子将携手全体员工，以十八大精神为引领，加快企业经济结构的转型，以更加饱满的工作热情、更加昂扬的精神状态投入杨浦国家创新型试点城区建设，为杨浦的繁荣稳定再作贡献。

【上海闵行房地（集团）有限公司】 公司成立于1996年，是一家以房地产开发和物业管理为主营板块的企业，注册资金5000万，具有二级房地产开发资质。 集团成立以来，坚持以市场为导向，不断创新管理，加大开拓市场力度，为繁荣区域经济和优化群众居住环境作了积极的贡献。集团房地产开发量累计达到68万平方米，还有5个大型项目已经或即将开始开发建设。在上海市新闻联合报社联合举办的优秀楼盘评选活动中，集团开发的总建筑面积达21万平方米的“枫桦景苑”项目获得了“2006年最受欢迎楼盘‘综合金奖’”称号。集团开发的另一项“职业广场”，吸引了包括世界500强法国欧尚集团等诸多知名厂商前来入住经营，现已成为当地标志性建筑。

【上海万科房地产有限公司】 1992年，上海万科第一个项目万科城市花园项目正式启动，上海从此有了城市大型社区的典范。1993年11月，上海万科物业管理有限公司注册成立。1994年，上海万科城市花园第一批业主入住。 1995年5月，万科商务广场投入使用。1996年6月，与复旦大学合作成立上海民办复旦万科实验学校（位于城市花园内）；同年11月，上海万科城市花园获评“全国城市物业管理优秀示范住宅小区（大厦）”。1997年，上海万科城市花园二期海棠苑荣获上海市“白玉兰”奖。1998年8月，万科推出“万客会”，建立了全国首家由房产商发起的客户俱乐部。1999年，上海万科城市花园二期紫薇苑荣获国家建设部“鲁班奖”。2000年10月，万科集团入选《福布斯》评出的“全球300家最佳中小企业”。2001年，万科推出全新的造镇计划，假日风景应时诞生。2002年6月，春申万科城获“2002中国创新夺标——创新示范楼盘”称号。2003年，万科倾力打造兰乔圣菲，为上海筑就国际化贵族社区；同年朗润园项目获上海市第一个一级生态型住宅小区创建项目称号。2004年7月，朗润园／蓝山小城同时获2004年度上海“最受欢迎楼盘”特别大奖，同年8月上海万科获ISO认证证书。2005年，万科建设和谐社区，成就万科新里程；同年9月春申万科城荣获“2005年詹天佑大奖优秀住宅小区金奖”。2006年，红郡项目获2006年度上海最受欢迎楼盘“特别大奖”。2007年2月，上海万科新里程一期B标工厂化住宅楼全面启动。植根上海、承启无限。经历了将近18年的发展，上海万科始终秉持“对客户，意味着了解你的生活，创造一个展现自我的理想空间。对投资者，意味着了解你的期望，回报一份令人满意的理想收益。对员工，意味着了解你的追求，提供一个成就自我的理想平台。对社会，意味着了解时代需要，树立一个现代企业的理想形象。”的经营宗旨，一路走来，从发展到壮大。并已成为中国房地产行业领跑者。

【上海新松江置业（集团）有限公司】 属国有独资企业，于1997年3月成立，公司注册资金2.86亿元。所属有上海城凯置业有限公司、上海广源房地产开发有限公司、上海松江茸城动拆迁有限公司（上海市松江第一房屋征收服务事务所有限公司）三家子公司。

公司目前有四大建设任务：一是动迁安置房建设，已建和在建的工程有“华亭新家苑”、“三辰苑”、“辰丰苑”等；二是财政性公建项目，已建和在建的工程有中山中路休闲绿地、中心医院一期二期代建等；三是老城改造，已建和在建的有岳庙街、长桥街、华亭老街、“龙潭苑”二期等；四是“城中村”改造，现有项目为沪松路21弄等“城中村”地块改造、戴家浜等“城中村”地块改造。公司每年的开发建设量都超过20万平方米。

公司通过不断的努力，在松江区老城建设中打造了强有力的品牌，锤炼了一支能打善战的铁军，曾获得上海市年度住宅立功竞赛先进集体等多项市级荣誉。在今后的发展中将继续发扬“梦想平地而起，团队构筑神奇”的企业精神，为建设美丽、宜居的现代化新松江而努力奋斗。

【上海保集（集团）有限公司】 成立于1996年，是一家以房地产开发为核心，集房地产开发、建筑施工、物业管理、金融投资、生物医药制造、国际贸易为一体的大型民营企业集团公司。集团总部设在上海，在国内及海外拥有20余家全资及控股公司。

十余年来，保集集团追求创“一流企业、一流产品、一流服务、一流效益”的经营目标，实行专业化、规范化、模块化的管理模式。在房地产开发中秉承“开发的是土地，建造的是家园、营造的是文化、创造的是价值”的开发理念，凭借多年的地产开发经验，成功地整合成形成了房产开发从规划设计，施工建设、营销推广、物业管理、品牌集成等一体化的运营体系。目前保集集团的房地产已形成住宅地产、商业地产等多种业态的开发经营，开发区域正在由上海、金华、扬州、南昌、天津等地区域向其他区域拓展。 “保集”品牌通过多年精品项目的建设和客户良好口碑的积累，已赢得了市场的尊重和社会的好评，保集集团分别于2007年和2010年入选中国房地产企业百强企业，并于2008年入选中国最大企业500强。

“利益、负责、执行、忠诚、学习” 是保集集团的企业文化核心内容，保集的英文名称BOILL与 “利益、负责、执行、忠诚、学习”各词组的英文首个字母组成相一致，体现了保集的价值观。保集集团追求企业经营效益与社会责任的和谐统一，倡导节能、环保、生态、科学的可持续发展观，注重细节与基础管理，以宽阔的胸怀引进和包容各方人才，力创学习型企业，使人人挑战无限，创造卓越，使企业成为受人尊敬的企业。

第二十一章　大事记（2014年）

1月

1月10日，国土部部长姜大明在全国国土资源工作会议上就实施国土资源节约集约利用行动计划，着重严控增量、盘活存量问题作出阐释：中央要求东部三大城市群发展要以盘活土地存量为主，今后将逐步调减东部地区新增建设用地供应，除生活用地外，原则上不再安排人口500万以上特大城市新增建设用地。

1月28日，15家知名房企参与，140轮的激烈竞价，方兴地产最终以101亿元竞得闸北区大宁路街道325街坊地块，溢价111.59%，搜房网测算楼板价47 609元/平方米。

2月

2月24日，上海市第十四届人大常委会十一次会议表决通过了《上海市人口与计划生育条例修正案》，并决定从3月1日起正式施行。据相关机构预测，未来两三年内上海因该新政出生的孩子会接近2万个，而“二孩”的出生势必会牵扯到置换住房的需求。

2月26日，继浙江杭州北海公园项目楼盘均价直降2000元，给杭州乃至全国楼市投下一枚“重磅炸弹”后，江苏常州“雅居乐星河湾”楼盘也加入降价行列，单价直降5 000元。与此同时，杭州方面，距离德信北海公园宣布降价不到24个小时，其不远处的天鸿香榭里也率先跟进，并打出广告宣称“直降6 000元/平方米”。

3月

3月3日，时任住建部部长姜伟新表示今年楼市双向调控政策，针对不同城市情况分类调控，不再对全国各地楼市进行一刀切式调控。

3月5日，国务院总理李克强在政府工作报告中提出：“针对不同城市情况分类调控，增加中小套型商品房和共有产权住房供应，抑制投机投资性需求，促进房地产市场持续健康发展。”

4月

4月29日，“2014年的春季楼市有点冷，倒春寒迹象明显，市场观望依然延续影响4

月市场。”楼市在信贷收紧影响下，上涨开始乏力，特别是受到贷款影响最大的二手房，价格开始阴跌，成交量持续下滑。

5月

5月6日，在上海市第六次规划土地工作会议上，市委、市政府正式启动上海市新一轮城市总体规划编制工作，期限可确定为2040年，将指导未来二十年的城市发展、建设和管理。编制工作将分为前期准备、战略研究、成果制定、规划报批四个阶段，计划在2015年年底完成各项审批程序。

5月22日，融创中国宣布以约50.6亿元的代价，收购绿城中国24.313%的股份，收购完成后，融创中国与九龙仓将并列成为绿城的第一大股东，绿城中国董事会主席宋卫平和副董事长寿柏年的持股比例则分别降至10.473%和8.086%，中国最大的房地产并购案出炉。12月，宋卫平表示，“我发现把绿城卖给了一个不应该卖的人，融创和孙宏斌的基因，经过100多天的观察，是明显不融于绿城。”融创与绿城上演了一场控制权争夺大戏。

6月

6月13日，中央发布《关于放开房地产咨询收费和下放房地产经纪收费管理的通知》，将房地产经纪服务的收费定价权下放到省级政府自行决定。未来，房地产经纪服务收费有望逐步走向市场化，服务费用将和中介公司的服务质量挂钩，由市场决定。

7月

7月28日，由杭州市政府牵头的一场内部讨论会最终作出决定：杭州主城区140平方米以上（包含140平方米）放开限购，萧山区、余杭区限购全面解禁。针对″双限″政策中的限购政策松绑，一些业内人士的意见是：利好是肯定的，但在限贷政策依旧的前提下，实行限购政策的松绑，利好程度或许是有限的。

8月

截至8月4日，全国47个限购城市中，已有17个城市官方发文确认取消限购，包括呼和浩特、济南、苏州、南宁、海口、西安、无锡、石家庄等。另有12个城市仍在坚守限购，包括上海、北京、广州、深圳、台州等。其他限购城市虽然没有官方的口径，但在实际执行中，已悄然放开限购。

8月8日据外媒报道，李嘉诚拥有股份的亚腾资产管理有限公司（ARA Asset Management Ltd.）正在接近达成出售上海虹口区的一幢写字楼。

8月28日，经过上海市住房公积金管理委员会的第四十三次会议审议通过，上海市对租赁及支付物业服务费提取住房公积金有关政策进行了调整，从10月起购买共有产权房，公积金提取不再要求收入证明

9月

9月8日，上海市商务委、市规土局联合发布《上海市商业网点布局规划（2014-2020）》。根据规划，至2020年，上海将形成“市级商业中心、地区级商业中心、社区商业中心＋特色商业街区”的“3+1”商业布局体系。为避免无序竞争和重复建设，市商务委首次提出，将限制上海超大型和大型商业网点的过度建设。

9月22日，土地财政的存在使得各地在楼市降温的情况下，愈加频繁出台救市政策，力度越来越大，救市政策出台的底线越来越低。第一轮放松以数十个城市松绑限购为标志，第二轮松绑政策的主要特征为各省级政府出台的地方救市细则，主要内容基本为增加购房补贴、降低公积金利用难度、要求商业银行降低商贷价格。就在国土部相关负责人表示各地应避免年内出现新的地王后不久，北京市国土局便暂停了原“大龙地王”的出让。

9月30日，央行和银监会发布《关于进一步做好住房金融服务工作的通知》明确，拥有1套住房并已结清相应购房贷款的家庭，为改善居住条件再次申请贷款购买普通商品住房，银行业金融机构执行首套房贷款政策。

10月

10月10日，雅居乐地产公司发布公告称，其非执行董事、公司董事局主席陈卓林配偶陆倩芳在10月1日知会公司“收到昆明市检察院通知”，并于9月30日晚上起，该检察院已经对陈卓林执行了“指定居所居住的措施”。雅居乐地产负面消息不断，从涉嫌虚假宣传到被曝拖欠巨额土地增值税，再从多数网友不认可的差口碑到主席被拘对公司造成的消极影响，其负面新闻所涉猎范围之广不禁让人汗颜。

10月17日，上海首单“房产众筹”活动正式启动，搜房网联手万科拿出50万元一套的房源进行众筹资金招募及房屋竞拍，这将开启购房者及房企双赢时代。

10月24日，国家统计局发布数据显示，房地产投资增速连续8个月下滑，1至9月房地产投资增速降0.7个百分点至12.5%，创2009年8月以来新低。部分专家认为，房地产投资增速的下滑拖累了宏观经济。

11月

11月7日，上海公积金中心发布通知，对拥有1套住房并已结清贷款，再次申请贷款购买普通住宅，参照首套房贷款政策执行。

11月13日沪房管局发布通知，从11月20日起执行新的普通住宅认定标准，新的标准大幅度提高了各环线内外的房源单套总价格。

11月22日起下调金融机构人民币贷款和存款基准利率。金融机构一年期贷款基准利率下调0.4个百分点至5.6%；一年期存款基准利率下调0.25个百分点至2.75%。与此同时，央行宣布，结合推进利率市场化改革，将金融机构存款利率浮动区间的上限由存款基准利率的1.1倍调整为1.2倍。对于购房者来说，此次贷款利率的下调意味着还款负担的降低。

12月

12月2日，链家地产宣布开放平台，欢迎所有有房源的经纪人加盟，佣金最高可以提七成。12月4日，思源地产宣布将买卖中介费点位降低至1.5%，同时大幅提高经纪人的佣金点数。12月5日，我爱我家宣布推出“全员持股”的金钥匙计划，打造三大平台。这些举措和之前中介公司之间的竞争有了本质的区别，众所周知，之前中介公司为了抢占市场份额多会采用门店扩张的方式，而在宏观经济环境和互联网技术发展的双重影响之下，中介行业的竞争俨然已经跨出同行之间的竞争，而转为跨行业间的竞争。

12月3日，2014年房地产互联网大会将在上海举办，搜房网推陈出新，以新思维模式颠覆PC时代，开启房地产全新移动化时代。

12月15日，绿地集团继续在国际一线城市扩大品牌影响，绿地在美项目也即将迎来新一轮业绩爆发。美国纽约当地时间12月15日，绿地集团美国公司与ForestCityRatnerCompanies合作投资开发（绿地集团美国公司持70%股权）的美国纽约布鲁克林太平洋公园项目正式开工。该项目计划总投资超50亿美元，是纽约30年来最大规模房地产综合体项目之一，同时也是中国房企迄今为止在美最大投资。加上洛杉矶绿地中心项目，绿地在美项目总投资额达60亿美元。

12月22日，国务院公布了《不动产登记暂行条例》全文。根据国务院令，该条例将在2015年3月1日起正式实施。

12月23日，万达商业地产于12月10日上午在香港公开发售，预计于12月15日结束，并于12月23日在香港联交所主板挂牌交易，其股份代号为03699。

第二十二章 房地产开发企业

房地产开发企业（一级资质）

编号	企业名称	法人代表
1	上海城建置业发展有限公司	祝勇
2	上海陆家嘴金融贸易区开发股份有限公司	徐而进
3	上海城开（集团）有限公司	蔡育天
4	上海地产（集团）有限公司	皋玉凤
5	农工商房地产（集团）股份有限公司	
6	上海市漕河泾新兴技术开发区发展总公司	刘家平
7	上海瀛通(集团)有限公司	陈伟峰
8	上海景瑞地产（集团）股份有限公司	陈新戈
9	上海安居房产开发有限责任公司	赵正宽
10	上海顾村房地产开发（集团）有限公司	盛友兴
11	上海华丽家族(集团)有限公司	王伟林
12	华能房地产开发公司	
13	上海西部企业（集团）有限公司	董素铭
14	天地源股份有限公司	俞向前
15	上海新黄浦置业股份有限公司	王伟旭
16	上海鹏欣房地产开发有限公司	姜照柏
17	经纬置地有限公司	陈经纬
18	中邦置业集团有限公司	卫平
19	中华企业股份有限公司	
20	上海永业企业(集团)有限公司	
21	旭辉集团股份有限公司	林中
22	上海汇成房产经营有限公司	沈培云
23	复地（集团）股份有限公司	范伟
24	上海中环投资开发（集团）有限公司	
25	上海嘉定区房地产（集团）有限公司	凌福昌
26	上海万科房地产有限公司	陈东彪
27	上海建工房产有限公司	蒋志权
28	上海中虹（集团）有限公司	
29	上海中星（集团）有限公司	
30	大华（集团）有限公司	金惠明
31	上海金外滩（集团）发展有限公司	

房地产开发企业（二级资质）

编号	企业名称	法人代表
1	上海巨龙房地产有限公司	戚时明
2	上海外高桥保税区开发股份有限公司	舒榕斌
3	上海张江房地产有限公司	倪伟忠
4	上海豪都房地产开发经营有限公司	屠海鸣
5	上海证大置业有限公司	王辅捷
6	上海东苑房地产开发（集团）有限公司	侯抗胜
7	上海奥林匹克置业投资有限公司	陈阳庆
8	上海市宝山区房产经营公司	张培明
9	上海金山新城区建设发展有限公司	吴珺
10	上海嘉房置业发展有限公司	徐表德

房地产开发企业（二级资质）

编号	企业名称	法人代表
11	上海曹峰置业有限公司	王正春
12	上海平士实业（集团）有限公司	李懿
13	金大元集团（上海）有限公司	顾文元
14	上海华辰房地产开发有限公司	朱永兴
15	上海枫围房地产有限公司	张萍
16	上海保利佳房地产开发有限公司	夏文伟
17	上海安裕置业有限公司	胡兵
18	上海联鑫房地产有限公司	屠旋旋
19	上海博锦房地产开发中心有限公司	朱骏
20	上海仓桥房产经营有限公司	唐菊芳
21	上海日月明房地产开发(集团)有限公司	秦宝君
22	上海市上投房地产有限公司	王卫平
23	上海市天宸股份有限公司	叶茂菁
24	上海江浙投资置业发展有限公司	沈荣帅
25	上海昌鑫（集团）有限公司	陈招贵
26	上海康桥实业发展（集团）有限公司	汤柳鹳
27	上海仲义建设实业有限公司	许金龙
28	上海世博土地控股有限公司	皋玉凤
29	上海佳铭房产有限公司	徐学青
30	上海建佳房地产开发有限公司	胡建国
31	上海潼港置业有限公司	徐赐祥
32	上海中万置业投资有限公司	任国龙
33	上海振龙房地产开发有限公司	周国强
34	上海联益房地产实业公司	王菁
35	上海盛青房地产发展有限公司	池峰
36	上海晟地集团有限公司	陈伟兴
37	上海同丰房地产开发有限公司	袁楚丰
38	上海上南房产有限公司	吴玲莺
39	上海亚通置业发展有限公司	沈建良
40	上海云间房地产开发有限公司	王澍陶
41	上海张江高科技园区置业有限公司	彭望爵
42	上海新黄浦(集团)有限责任公司	周海鹰
43	上海漕河泾开发区经济技术发展有限公司	桂恩亮
44	上海闵行房地（集团）有限公司	沈金荣
45	上海临港新城投资建设有限公司	俞建龙
46	上海南汇房地产开发经营有限公司	姚龙飞
47	上海康妙置业有限公司	陶国兴
48	上海华飞投资集团股份有限公司	石耀飞
49	上海罗店房地产有限责任公司	金海龙
50	上海金牛房地产有限公司	沈伟平
51	上海慧创现代服务园发展有限公司	丁雪祥
52	上海鉴诚韵置业有限公司	徐军
53	上海住宅科技置业发展有限公司	钱国忠
54	上海市龙峰企业集团有限公司	任国龙
55	上海虹桥经济技术开发区联合发展有限公司	冯晓明

房地产开发企业（二级资质）

编号	企业名称	法人代表
56	上海紫竹置业(集团)有限公司	龚建忠
57	上海星腾房产开发有限公司	桂祖达
58	上海浦程房地产发展有限公司	朱根林
59	上海金山土地开发服务公司	陈江华
60	上海圣陶沙置业有限公司	郭聪聪
61	上海松江新城建设工程服务有限公司	陈朝
62	上海中融置业集团有限公司	倪召兴
63	上海南房（集团）有限公司	马作宇
64	上海华岳房地产开发经营有限公司	
65	上海张江高科技园区开发股份有限公司	陈干锦
66	上海九韵置业有限公司	朱震宇
67	上海明旺房地产有限公司	沈宏泽
68	上海大众房地产开发经营公司	杨国平
69	上海蓝印实业有限公司	高幸奇
70	上海中通置业(集团)有限公司	袁佳旺
71	上海维罗纳置业发展有限公司	董希北
72	上海兴盛实业发展（集团）有限公司	张兴标
73	上海华能天地房地产有限公司	陆美芳
74	上海麦格茂置业有限公司	赵向伟
75	上海市外高桥保税区新发展有限公司	姚忠
76	上海浦东发展置业有限公司	刘朴
77	上海高新房地产发展有限公司	蒋国兴
78	上海金山卫房地产经营有限公司	黎大奎
79	上海总泉置业有限公司	陈立群
80	上海通联房地产有限公司	李东
81	中信地产(上海)投资有限公司	许志雄
82	上海华业房地产发展有限公司	陆国先
83	上海华敏置业（集团）有限公司	吴蓉蓉
84	上海爱建股份有限公司	徐风
85	上海月浦房地产开发有限责任公司	陈卫
86	上海国际汽车城置业有限公司	肖宏振
87	上海新发展房地产开发有限公司	DING FURU
88	上海东紫房地产发展有限公司	邵东明
89	上海原脉房地产开发有限公司	池通林
90	上海金山房产经营有限公司	郭骥谡
91	上海复兴建设发展有限公司	于洪
92	上海嘉实房地产发展有限公司	章亦男
93	上海奉贤住宅建设有限公司	蔡立
94	上海中瀛企业（集团）有限公司	密春雷
95	上海花木房地产开发经营公司	倪胜群
96	上海玉宇房地产开发有限公司	朱昌言
97	上海隧峰房地产开发有限公司	田军
98	上海永业股份有限公司	钱军
99	上海中建申拓投资发展有限公司	高洪彦
100	上海莘松房地产有限公司	陆根良
101	上海莘盛发展有限公司	叶立培
102	上海中暨置业有限公司	郑金云
103	上海松江方松建设投资有限公司	方亚弟
104	上海松江新城投资建设有限公司	胡柳强
105	上海仁杰河滨园房地产有限公司	钟百灵
106	上海五隆置业发展有限公司	朱黎庆
107	上海金工企业发展有限公司	陆钱欣
108	上海申能房地产有限公司	姚志坚

房地产开发企业（二级资质）

编号	企业名称	法人代表
109	上海西郊庄园房地产开发有限公司	王树清
110	上海环城置业发展有限公司	孙俊
111	上海盛源房地产(集团)有限公司	刘建士
112	上海界龙房产开发有限公司	高祖华
113	上海两港装饰材料城有限公司	胡景荣
114	上海瑞虹新城有限公司	王颖
115	上海长甲置业有限公司	赵长甲
116	上海丽华房地产有限公司	郁玉生
117	上海爱家豪庭房地产集团发展有限公司	薛萍
118	上海刚泰置业有限公司	徐建刚
119	上海天祥华侨城投资有限公司	吴学俊
120	上海中冶成工置业有限公司	徐永峰
121	上海诚建建设投资有限公司	王华惠
122	上海龙盛置业有限公司	阮兴祥
123	上海罗南房地产有限公司	周建龙
124	上海三盛房地产（集团）有限责任公司	潘功成
125	上海洲海房地产开发有限公司	康龙
126	上海永圣房地产有限公司	沈俞
127	上海申昶房地产开发有限公司	盛凤祥
128	上海张江微电子港有限公司	丁磊
129	上海绿地实业发展有限公司	黄骏
130	上海源恺城建开发有限公司	
131	中国中建地产有限公司	贺海飞
132	上海陆洋经济联合发展有限公司	马友良
133	上海华门置业有限公司	金荣法
134	上海城投资产经营有限公司	刘强
135	上海绿洲花园置业有限公司	蒋旭东
136	上海新发展新团房地产开发有限公司	葛建军
137	上海舜元置业有限公司	陈炎表
138	华鑫置业（集团）有限公司	毛辰
139	上海华鑫股份有限公司	毛辰
140	上海四通国际科技商城物业公司	王云龙
141	上海沙田房地产开发有限责任公司	梁振民
142	上海金沪投资有限公司	黄少荣
143	上海龙锡置业有限公司	谈龙彬
144	上海兴城建设发展有限公司	沈伊行
145	上海东波房地产开发经营有限公司	黄稚燕
146	上海恒信源置业有限公司	顾仁源
147	上海致达建设发展有限公司	吴文忠
148	上海北蔡房地产发展有限公司	顾桂兴
149	上海绿地海珀置业有限公司	吴卫东
150	上海双鸥置业有限公司	马佩君
151	上海浦东星河湾房地产开发有限公司	吴惠珍
152	上海集伟投资发展有限公司	徐耀昌
153	上海开天房地产开发经营有限公司	吴斌
154	上海龙华房地产有限公司	侯军欣
155	上海临江控股（集团）有限公司	谈意道
156	上海嘉定城市建设投资有限公司	赵强
157	上海正阳投资集团有限公司	邹建明
158	上海荣联房地产有限公司	王德荣
159	上海江南造船厂房地产开发经营公司	杨青海
160	上海海东房地产有限公司	苏俊坤
161	上海嘉宝实业（集团）股份有限公司	钱明

房地产开发企业（二级资质）

编号	企业名称	法人代表
162	上海汉石投资管理有限公司	姚培明
163	上海中建房产(集团)有限公司	李永芬
164	上海新高桥开发有限公司	施伟民
165	上海龙仓置业有限公司	何建树
166	上海骏丰物业有限公司	衣振涛
167	上海陆家嘴东城开发有限公司	徐而进
168	上海锦和置业有限公司	郁敏珺
169	上海锦绣华城房地产开发有限公司	陈宁
170	上海欧美亚置业有限公司	林国弟
171	上海国飞绿色置业有限公司	潘锋
172	上海昕城房地产有限公司	徐宝棣
173	上海崇裕置业发展有限公司	陈尹文
174	上海周康房地产有限公司	杨昌硕
175	通用地产（上海）有限公司	沈银发
176	上海锦江国际地产有限公司	邵晓明
177	上海华纺房地产发展有限公司	龚羽
178	上海南方房地产有限公司	俞培德
179	上海万业企业股份有限公司	朱旭东
180	上海东上海联合置业有限公司	黄兆伟
181	上海浦陈房地产开发经营有限公司	赵茂祥
182	上海保辉房地产开发有限公司	林隆彬
183	上海枫枫房地产置业有限公司	沈纪根
184	上海百倍置业有限公司	李文新
185	上海金禧房地产开发有限公司	阮其惠
186	上海东方城市花园有限公司	山佳明
187	上海祁连房地产开发总公司	李惠良
188	上海朱家角房地产发展有限公司	蔡利平
189	上海象屿置业有限公司	王澍陶
190	上海广昊房产集团有限公司	夏品云
191	上海祝桥新镇投资发展有限公司	顾林昌
192	上海康发房产经营有限公司	薛晓容
193	上海古北（集团）有限公司	戴智伟
194	上海爱法房地产经营开发有限公司	庞爱珠
195	上海新城万嘉房地产有限公司	王振华
196	上海浦东伟业房地产开发有限公司	张建良
197	上海金桥房地产发展有限公司	杨蕾芳
198	上海万源房地产开发有限公司	倪建达
199	上海杨浦滨江投资开发有限公司	徐建华
200	上海港房地产经营开发公司	范长清
201	上海住联房地产（集团）有限公司	朱卫杰
202	上海新松江置业(集团)有限公司	王旨
203	上海兴景房地产经营有限公司	潘建根
204	上海飞士房地产开发经营有限公司	江庆
205	上海中地圣世置业有限公司	苏沪光
206	上海金韵房地产发展有限公司	朱国斌
207	上海佳运置业有限公司	沈仁兴
208	上海城申置业有限公司	夏平
209	上海绿洲房地产（集团）有限公司	王惠琪
210	上海鹏欣(集团)有限公司	姜照柏
211	上海电力房地产有限公司	包辰震
212	上海地纬（集团）股份有限公司	郁鑫
213	上海松山房地产开发有限公司	张义才
214	上海中城企业集团房地产有限公司	林宁光

房地产开发企业（二级资质）

编号	企业名称	法人代表
215	上海亚联置业有限公司	郁建中
216	上海友谊集团置业有限公司	浦静波
217	上海昂立房地产开发有限公司	朱敏骏
218	上海汇峰房地产开发有限公司	童锦泉
219	上海万临置业有限公司	宋祥麟
220	上海黄浦建设发展（集团）有限公司	钱家琪
221	上海金房置业有限公司	谢鹤鸣
222	上海祥腾投资有限公司	于教清
223	上海营巢房产开发有限公司	王新其
224	上海乾溪置业总公司	朱红兵
225	上海山阳房产开发有限公司	朱龙明
226	上海隆宇企业发展有限公司	钱思解
227	上海千秋置业股份有限公司	杨敏杰
228	上海同盛投资集团房地产有限公司	胡晨
229	上海奉贤正阳置业有限公司	邹建国
230	上海广洋房地产开发经营有限公司	
231	上海曹路房地产开发经营公司	施爱琴
232	上海意得实业投资有限公司	林汝琴
233	上海信盛置业有限公司	郑朝龙
234	上海海欣建设发展有限公司	陈谋亮
235	上海泉山房地产开发有限公司	陶基劲
236	上海珠江投资有限公司	林海涛
237	上海虹房(集团)有限公司	徐芬庆
238	上海盛帆房地产开发有限公司	盛明其
239	上海市浦东新区房地产(集团)有限公司	刘朴
240	上海富润房地产发展有限公司	徐荣璞
241	上海外高桥保税区联合发展有限公司	姚忠
242	上海同济房地产有限公司	王明忠
243	上海阳光欧洲城投资发展集团有限公司	杨文龙
244	上海万星房地产集团有限公司	董大根
245	上海通城房地产经营开发有限公司	朱建芳
246	上海新申房产建设有限公司	桑新弟
247	上海浦东土地控股（集团）有限公司	陶伟昌
248	上海高远置业（集团）有限公司	邹蕴玉
249	上海凯通置业有限公司	程宏利
250	上海天歌置业有限公司	吴华
251	上海陆家嘴（集团）有限公司	杨小明
252	上海意邦置业有限公司	张许秀
253	上海外高桥新市镇开发管理有限公司	刘樱
254	上海吉联房地产开发经营有限公司	黄勇
255	东方国际集团上海外经贸房地产开发经营有限公司	陆卫民
256	保利置业集团有限公司	雪明
257	上海华盛建设(集团)有限公司	陈华
258	上海信达银泰置业有限公司	周卓
259	上海中星集团新城房产有限公司	董鸿
260	上海市房地产实业有限公司	柴之元
261	上海新长宁（集团）有限公司	冯燮堃
262	农工商房地产集团上海虹阳投资有限公司	沈宏泽
263	上海新世界智富置业有限公司	柳晓明
264	上海金镇城镇建设发展有限公司	俞高强
265	上海徐房（集团）有限公司	冯上达

房地产开发企业（二级资质）

编号	企业名称	法人代表
266	上海保利建锦房地产有限公司	陈冬桔
267	上海飞洲房地产开发有限公司	郑生华
268	上海石化城市建设综合开发公司	周潜
269	上海中金房地产（集团）有限公司	周传有
270	上海漕河泾开发区新经济园发展有限公司	丁桂康
271	上海鑫昌房地产开发经营有限公司	俞长仁
272	上海西上海房地产有限公司	陈德兴
273	上海江海置业有限公司	张吉明
274	上海闵行置业发展有限公司	华允弟
275	上海贝越实业有限公司	贝秋荣
276	上海张江（集团）有限公司	陈干锦
277	上海明兴房地产开发经营有限公司	黄汉兴
278	上海贵来房产发展有限公司	徐桂来
279	上海浦东金三角房地产实业有限公司	厉瞬敏
280	上海大发房地产集团有限公司	葛和凯
281	上海三林房地产开发经营有限公司	全晓军
282	上海思致置业有限公司	万思文
283	上海广顺房地产开发公司	
284	上海众众房地产开发有限公司	吴嘉禄
285	上海申马房地产实业有限公司	张志清
286	上海住德房地产开发有限公司	王建忠
287	上海界龙联合房地产有限公司	费钧德
288	上海万宇房地产（集团）有限公司	王素云
289	上海漕河泾开发区高科技园发展有限公司	桂恩亮
290	上海市申懋房地产经营公司	瞿宏伟
291	上海万科长宁置业有限公司	刘爱明
292	上海新泾房地产开发有限公司	苏菊弟
293	上海申亚房地产有限公司	李忠
294	上海中盛房地产有限公司	张宗宝
295	上海莲森实业（集团）有限公司	马献平
296	上海一方置业发展有限公司	唐钟录
297	上海英达莱置业有限公司	胡逢祥
298	上海静安置业股份有限公司	王中斌
299	上海市静安区房地产开发经营公司	许惟铮
300	上海静安新成置业有限公司	王永康
301	上海汽车工业房地产开发有限公司	陈德美
302	上海兴海房产综合开发有限公司	陈建荣
303	上海沪中房地产联合发展总公司	张英杰
304	上海吉富绅置业集团有限公司	斯朝富
305	上海运杰置业有限公司	陈祖新
306	景港控股集团有限公司	张页帆
307	上海建德企业（集团）有限公司	周志成
308	上海民强投资（集团）有限公司	杨春
309	上海浦西房地产开发有限公司	康峻
310	上海三友房地产有限公司	俞兴泉
311	上海兴荣房地产发展有限公司	姚荣春
312	上海物资集团房地产有限公司	
313	上海市城市建设综合开发有限公司	梁镇海
314	上海硕诚置业有限公司	李华
315	上海泰宇房地产(集团)有限公司	黄贤芳
316	上海市机电工业房地产公司	邱志宇
317	上海东北明园实业发展有限公司	李松坚
318	上海望源房地产开发有限公司	季宝红

房地产开发企业（二级资质）

编号	企业名称	法人代表
319	上海锦威房产开发经营有限公司	陈炎荼
320	上海市北高新（集团）有限公司	丁明年
321	上海铁路房地产开发经营有限公司	俞光耀
322	上海市工业系统房地产联合总公司	王信华
323	上海浦联房地产发展公司	樊革平
324	上海和田城市建设开发公司	曾云
325	上海不夜城联合发展（集团）有限公司	张冬平
326	上海宏润地产有限公司	周玉成
327	上海交大南洋房地产（集团）有限公司	朱敏骏
328	上海永和房地产有限责任公司	杨永法
329	上海紫元房地产有限公司	周满娟
330	上海城凯置业有限公司	金红江
331	上海松投房地产开发经营有限公司	徐军
332	上海振华房地产开发经营有限公司	莫少幸
333	上海申豪房地产有限公司	吴桂玲
334	上海市嘉定区建设工程（集团）有限公司	朱参参
335	上海中汇投资发展总公司	陶国强
336	上海上科实业有限公司	吴菲菲
337	上海莘闵房地产有限公司	
338	上海明泉企业（集团）有限公司	王云
339	上海建都房地产开发有限公司	万石龙
340	上海奉贤城乡建设投资开发有限公司	张永飞
341	上海奉贤城建（集团）有限公司	唐爱国
342	上海崇明房地产开发有限公司	陈浪
343	上海言青房产开发有限公司	许成旺
344	上海山鑫置业有限公司	吴振来
345	上海朋鑫房地产有限公司	封纪良
346	上海恒大房产股份有限公司	苏红雷
347	上海金桥出口加工区房地产发展有限公司	黄国平
348	上海静安城建投资有限公司	周宝森
349	上海中亚城市建设综合开发公司	王和泉
350	嘉凯城集团中凯有限公司	张德潭
351	上海桥升商贸置业有限公司	刘国忠
352	上海卫百辛（集团）有限公司	梁超
353	上海青浦房地产有限公司	
354	上海豫园商城房地产发展有限公司	梅红健
355	上海市黄浦区房地产开发实业总公司	王长宝
356	上海阳城房地产有限公司	金建明
357	上海大家置业有限公司	徐崇峰
358	上海新梅房地产开发有限公司	张静静
359	上海盛大房地产开发有限公司	石建极
360	上海市徐汇区城市建设投资开发有限公司	丁建华
361	上海市浦东新区房地产交易市场有限公司	高幸奇
362	上海华升房地产开发有限公司	蒋家艳
363	上海临港泥城经济发展有限公司	黄吉仁
364	上海东方明珠房地产有限公司	凌钢
365	上海上实城市发展投资有限公司	陆申
366	上海智富企业发展（集团）有限公司	丁勤富
367	上海万千投资开发有限公司	范俊华
368	上海新发展金汇房地产开发有限公司	葛建军
369	上海汇达建设发展实业有限公司	严建华

房地产开发企业（三级资质）

编号	企业名称	法人代表
1	上海陈氏集团有限公司	朱学干
2	上海大闻房地产有限公司	莫启康
3	上海兰开房地产开发有限公司	陆惠玲
4	上海江东土地房产开发有限公司	邵永飞
5	上海联洋集团有限公司	徐鸿昌
6	上海嘉宝奇伊房地产经营有限公司	陈伯兴
7	上海新耀房地产开发有限公司	王海松
8	上海堡镇房地产开发有限公司	
9	上海中星集团振城不动产经营有限公司	郑诗达
10	上海上风科盛投资有限公司	陈继谨
11	上海嘉定商晟房产经营有限公司	朱冬兴
12	上海兄弟见龙苑房产开发有限公司	
13	上海广普置业有限公司	毛辰
14	上海兴吉房地产开发有限公司	潘丽峰
15	上海电子商城有限公司	王建东
16	上海泽欣房地产开发有限公司	李国华
17	上海立地房地产有限公司	陈炎荼
18	上海吴淞住宅建设开发有限公司	刘厚生
19	上海江桥建设开发有限公司	沈明兴
20	上海明华房地产有限公司	毛逸铭
21	上海美尔置业发展有限公司	孙忠清
22	上海东方金融广场企业发展有限公司	方晓忠
23	上海怡泰房地产开发（集团）有限公司	蔡勇
24	上海紫勋房地产开发有限公司	史志林
25	上海强拓房产发展有限公司	庄永华
26	上海海岛房地产开发有限公司	朱晓中
27	上海菊缘房地产发展有限公司	冯琛
28	上海中福置业控股集团有限公司	胡培毅
29	上海朋大置业有限公司	张卫娟
30	上海新世纪创业有限公司	汪建玎
31	上海同进置业有限公司	孙益功
32	上海鸿海房地产发展有限公司	忻鸿良
33	上海嘉乐房地产开发有限公司	武忠兴
34	上海龙盟房地产开发有限公司	毛志红
35	上海丰扬房地产开发有限公司	王睎
36	上海松江建通房地产于发有限公司	李月明
37	上海慧氏企业发展有限公司	谢方
38	上海通达房地产有限公司	冯伟建
39	上海国亭置业有限公司	陈一元
40	上海复旦软件园建设有限公司	杨玉良
41	上海欧筑实业发展有限公司	杨毫
42	上海金山国际贸易城市场经营管理有限公司	夏灵勇
43	上海万峰房地产有限公司	黄国平
44	上海宝林房地产开发有限公司	朱卫杰
45	上海黄浦投资（集团）发展有限公司	江丽玲
46	上海富中置业有限公司	严富源
47	上海保利金鹏置业有限公司	雪明
48	上海宏城房地产开发有限公司	高国武
49	上海宏利房地产开发有限公司	
50	上海弘扬房地产开发有限公司	符奇荣
51	上海申惠房地产开发经营有限公司	顾瑞芬
52	上海东方国际文体休闲产业城发展有限公司	康海华
53	上海原申投资有限公司	金银华
54	上海宸东房地产开发有限公司	阮威
55	上海金金置业有限公司	唐宝良
56	上海欣达房地产经营有限公司	陆利刚
57	上海宝冶集团有限公司	王石磊
58	上海实久公司	诸成
59	上海新兴技术开发区联合发展有限公司	桂恩亮
60	上海振川物业有限公司	尹善峰
61	上海金合房地产有限公司	何晓
62	上海行通房地产发展有限公司	范桂元
63	上海海燕房地产经营有限公司	瞿富官
64	上海松辽房地产公司	毕希文
65	上海弘辉房地产开发有限公司	杜自弘
66	上海浦东唐安房地产开发有限公司	龙文明
67	上海鑫唐置业发展有限公司	黄维梅
68	上海杨浦房地产开发经营有限公司	薛小弟
69	上海金明投资集团有限公司	卢泽明
70	上海开创企业发展有限公司	丁明年
71	上海金品房产经营有限公司	徐佳时
72	上海中江房地产发展有限公司	徐志远
73	上海华邸房地产发展有限公司	黄光祖
74	上海瑞禾房地产发展有限公司	姚百祥
75	上海莲申房地产有限公司	金静福
76	上海禹洲房地产投资有限公司	郭英兰
77	上海申舟房产开发经营公司	郑为民
78	上海恒和置业有限公司	何青
79	上海福乐思特房地产发展有限公司	黄崇圣
80	上海军华置业有限公司	陈家泉
81	上海士林置业有限公司	徐勇民
82	上海春郭房地产开发有限公司	施跃鸣
83	上海兴申房地产经营有限公司	苏长荣
84	上海通盛(集团)发展有限公司	潘万盛
85	上海颛桥房地产有限公司	叶月明
86	上海佘山房地产经营开发有限公司	陈功
87	上海市外高桥保税区三联发展有限公司	李伟
88	上海博佳房地产开发有限公司	应立富
89	上海海港新城房地产有限公司	印博
90	上海九亭房地产开发有限公司	陈惠其
91	上海绿地弘途投资发展有限公司	徐荣璞
92	上海东宏房地产开发有限公司	周龙宝
93	上海浦东软件园股份有限公司	杨军
94	上海宏士达房地产开发有限公司	陶若亮
95	上海华江建设发展有限公司	闫浩
96	上海泰元置业有限公司	张春泽
97	上海兴高房地产有限公司	陈美付
98	上海锦茸房地产开发经营有限公司	马立峰
99	上海市市政房地产经营公司	裴建群
100	上海鑫泰房地产发展有限公司	严志荣
101	上海嘉定区菊园房地产开发有限公司	高铭
102	上海裕生房地产发展有限公司	倪思礼
103	上海华闽房地产开发有限公司	吴蓉蓉
104	上海金高房地产有限责任公司	徐伟国

房地产开发企业（三级资质）

编号	企业名称	法人代表
105	上海西庭网球公寓开发有限公司	Richard Johannes
106	上海东航投资有限公司	栗锦德
107	上海泰华房地产开发实业有限公司	王诚民
108	上海伟立房地产有限公司	吴四荣
109	上海华神置业发展有限公司	楼满月
110	上海亲和源置业有限公司	奚志勇
111	上海临港南汇新城经济发展有限公司	黄峰
112	上海富友房产有限公司	刁祥瑞
113	上海国际汽车城产业发展有限公司	唐忠
114	华丽家族股份有限公司	林立新
115	上海众合地产开发有限公司	吕仁杰
116	上海安都房地产发展有限公司	张杏元
117	上海嘉宏房地产有限责任公司	金红
118	上海亚龙投资（集团）有限公司	张文荣
119	上海华天房地产发展有限公	Richard Anthony David
120	盛旅置业（上海）有限公司	朱海发
121	上海盛勤房地产有限公司	陈建方
122	上海远正置业有限公司	崔月明
123	上海庆宁置业有限公司	王祥宝
124	上海凌港置业有限公司	黄维梅
125	上海明师房地产开发有限公司	李岳庆
126	上海康桥房地产开发经营有限公司	沈惠中
127	上海市杨浦区房屋建设开发公司	刘刃
128	长江联合置地有限公司	闵师林
129	上海金纬房地产发展有限公司	周永兴
130	上海中惠投资控股有限公司	张剑
131	上海新弘大置业有限公司	徐红宇
132	上海张江东区高科技联合发展有限公司	金明华
133	上海蔚蓝置业有限公司	封纪良
134	上海安基置业有限公司	钱美君
135	上海宏泰房地产有限公司	万建平
136	绿地地产集团有限公司	张玉良
137	上海新望房地产经营有限公司	金卫国
138	华润超智房地产开发有限公司	唐勇
139	华润（上海）房地产开发有限公司	唐勇
140	上海建创置业有限公司	汤正华
141	华侨城（上海）置地有限公司	张立勇
142	上海虹桥高尔夫俱乐部有限公司	杨思汉
143	上海松征房地产开发有限公司	李国强
144	上海深长城地产有限公司	尹善峰
145	银基发展（上海）投资控股有限公司	刘博巍
146	上海万业企业宝山新城建设开发有限公司	张峻
147	上海周房置业有限公司	周冬
148	上海新凯房地产开发有限公司	奚岳峰
149	上海美郊房地产有限公司	孙忠清
150	上海西郊庄园资产经营管理有限公司	王树清
151	上海颛盛房地产有限公司	叶月明
152	上海绿地湾置业有限公司	黄敏康
153	上海弘久实业集团有限公司	洪根云
154	上海爱迪房产开发有限公司	
155	嘉里发展(上海)有限公司	
156	上海车墩房地产开发有限公司	金海林
157	上海瑞锦房地产开发有限公司	张锦明

房地产开发企业（三级资质）

编号	企业名称	法人代表
158	上海漕河泾开发区华港实业有限公司	袁国华
159	上海临港书院经济发展有限公司	毛国生
160	上海华隆房地产发展有限公司	吴渭凉
161	上海绿地景汇置业有限公司	徐荣璞
162	上海海港国际贸易有限公司	范月闺
163	中集申发建设实业有限公司	麦伯良
164	上海源程置业有限公司	王政
165	上海迎博房地产开发有限公司	魏红萍
166	广东黄河实业集团上海房地产有限公司	郑强辉
167	上海临港万祥经济发展有限公司	瞿惠明
168	上海华夏房地产开发经营有限公司	柳向林
169	上海临港商业建设发展有限公司	杨国昌
170	上海环源房地产开发有限公司	邢志浩
171	上海杨浦置地有限公司	徐建华
172	上海明光房地产发展有限公司	章巨焕
173	上海康奕置业有限公司	陶国兴
174	金茂(上海)置业有限公司	陶天海
175	上海若兰投资有限公司	陈龙英
176	上海广盛房地产开发有限公司	盛凤祥
177	上海祖鼎实业有限公司	朱乐宁
178	上海平苑房地产开发有限公司	杨永清
179	上海徐房房地产开发有限公司	冯上达
180	上海碧橙房地产有限公司	谢琨
181	上海市卢湾区房产经营有限公司	庞立彪
182	上海宝鸿房产开发有限公司	邱伟敏
183	上海东鼎房地产发展有限公司	邵东明
184	上海同济科技园有限公司	杨东援
185	上海信拓置业有限公司	罗存荣
186	上海中铁市北投资发展有限公司	张安民
187	上海信通浦皓置业有限公司	金亚春
188	百旌（上海）控股集团有限公司	章引
189	上海新崇建设发展有限公司	张俊
190	上海为中实业有限公司	樊为中
191	上海东扬房地产开发有限公司	高幸奇
192	上海铭源房地产开发经营有限公司	李铮理
193	上海新和置业管理有限公司	潘亚立
194	上海亚龙企业有限公司	张文荣
195	上海嘉定区住宅建设综合开发有限责任公司	李俭
196	上海万科投资管理有限公司	张海
197	上海孜诚置业有限公司	朱励
198	上海金廊房地产开发有限公司	陆金光
199	上海久事置业有限公司	张建伟
200	上海兴江房地产综合开发公司	王屹
201	上海广源房地产开发有限公司	
202	上海永久房地产开发经营有限公司	顾觉新
203	上海新富港房地产发展有限公司	王喆
204	上海浙联房地产开发有限公司	王迪海
205	上海富林房地产发展有限公司	俞熔
206	上海中新房地产开发有限公司	
207	上海林立房地产开发有限公司	顾关林
208	上海浦东陆家嘴置业发展有限公司	李晋昭
209	上海新湖房地产开发有限公司	冯希蒙

房地产开发企业（三级资质）

编号	企业名称	法人代表
210	上海浦阳置业有限公司	王宏元
211	振丰（上海）有限公司	姚征
212	上海爱家实业有限公司	王志红
213	上海荣海房地产发展有限公司	任妙娣
214	上海绿宇房地产开发有限公司	寿柏年
215	上海安联投资发展有限公司	
216	上海宝安企业有限公司	
217	上海隆济建设发展有限公司	胡均
218	上海驰华房地产开发有限公司	俞美凤
219	上海众众实业发展有限公司	吴嘉禄
220	上海凯托房地产发展有限公司	张文耀
221	上海先达房地产发展有限公司	马守中
222	上海富都世界发展有限公司	
223	上海金山土地整理发展有限公司	沈文强
224	上海华谊集团房地产有限公司	江秋霞
225	上海恒顺远置业有限公司	蔡东巍
226	上海泗泾房地产开发经营有限公司	慎永明
227	上海同润投资(集团)有限公司	范荣
228	上海虹桥东苑置业有限公司	沈慧琴
229	上海久阳房地产开发有限公司	李德伟
230	上海东开置业有限公司	陆斌
231	上海杨泰房地产开发有限公司	郑建国
232	上海顺驰方城置业有限公司	施敏
233	上海复鑫房地产开发有限公司	张华
234	上海新湾投资发展有限公司	陈耿贤
235	上海三新企业发展有限公司	张明园
236	上海莘闵宝铭房地产开发有限公司	王荣铭
237	上海星际房地产发展有限公司	陈少东
238	上海新徐房地产开发有限公司	廖茸桐
239	上海群达置业有限公司	赵斌
240	上海杨浦科技创业中心有限公司	林旭伟
241	中国二十冶集团有限公司	张进贤
242	上海大业房地产开发有限公司	黄苏东
243	上海中大股份有限公司	周先强
244	上海招商奉瑞置业有限公司	王晞
245	远雄房地产开发集团（中国）有限公司	洪贤德
246	上海虹叶置业发展有限公司	谭国平
247	上海招商奉盛置业有限公司	王晞
248	上海上泰置业有限公司	黄敬捷
249	中海发展（上海）有限公司	齐大鹏
250	上海时蓄企业发展有限公司	李维
251	上海骏丰置业发展有限公司	曲桂仕
252	上海汇鑫房地产有限公司	曹凌雯
253	上海金午置业有限公司	施建
254	上海歌信置业有限公司	王华生
255	上海浦东现代产业开发有限公司	花明
256	上海亚东房地产有限公司	张益堂
257	上海华世置地有限公司	林秀芳
258	上海欧港置业有限公司	周仕供
259	上海建浦房地产有限公司	须绍宗
260	上海绿庭四季花城房地产开发有限公司	许良彦
261	上海桑园置业有限公司	姜世良
262	上海瑞明置业有限公司	胡问鸣

房地产开发企业（三级资质）

编号	企业名称	法人代表
263	上海莘城实业有限公司	薛晓路
264	上海西北盛唐房地产有限公司	叶子生
265	上海嘉城兆业房地产有限公司	达伟
266	上海境逸房地产有限公司	张少波
267	上海市黄浦区职工住宅开发有限公司	陈波
268	上海闵行区杜行沿浦房地产经营有限公司	赵茂祥
269	上海博泰房地产发展有限公司	凌福昌
270	上海鑫荣房地产综合开发有限公司	邵惠国
271	上海岭南实业有限公司	高幸奇
272	上海松江工业区房地产开发有限公司	李伟
273	上海氯碱化工房产开发经营有限公司	王锦淮
274	上海恒杰房地产开发有限公司	朱益民
275	上海浦东川城房地产经营开发有限公司	杨秋菊
276	上海万兆房地产发展有限公司	宋小云
277	上海东方明珠置业有限公司	徐辉
278	上海汇华房地产有限公司	钱荣德
279	上海光大房地产有限公司	施子清
280	上海凌桥房地产有限公司	朱晓丹
281	上海新竹房地产有限公司	
282	上海闵行公房资产经营有限公司	陈耀辉
283	上海泰江置业发展有限公司	林华中
284	上海富盛经济开发区开发有限公司	张振飞
285	上海漕河泾房产开发有限公司	杨铁牛
286	上海大柏树房地产开发经营有限公司	王福民
287	上海好世置业有限公司	薛晓路
288	上海博捷房地产开发有限公司	任金荣
289	上海强健房地产开发有限公司	徐瑞平
290	上海六合房地产有限公司	董建军
291	上海泰银置业有限公司	张春泽
292	上海市公房资产经营(集团)有限公司	张永恒
293	上海华阳房地产开发有限公司	薛金林
294	上海南市房地产经营有限公司	鲍伟忠
295	上海亿峰置业有限公司	高凤飞
296	上海北桥房地产有限公司	陈惠民
297	上海招商置业有限公司	王晞
298	上海浦东新区东集房地产实业有限公司	陈青
299	上海新嘉房地产发展有限公司	吴荣辉
300	上海江湾房地产开发经营有限公司	沈龙海
301	上海天亿置业发展有限公司	刘爱明
302	上海晶松房地产开发有限公司	沈华其
303	上海康桥半岛(集团)有限公司	王煦菱
304	上海香溢房地产有限公司	王根宝
305	上海瑞华置业（集团）有限公司	孟明荣
306	上海爱家投资管理有限公司	王志红
307	上海服装机械城企业发展有限公司	王科威
308	上海绍盛房地产发展有限公司	娄冬虎
309	上海申丰房地产开发有限公司	蒋镇林
310	上海康达房地产实业有限公司	席建华
311	上海新景房地产开发有限公司	孟明荣
312	上海沪总送变电房地产经营公司	寿冠阳
313	上海联农房产有限公司	
314	上海市龙威房地产有限公司	黄骏
315	上海海泰房地产（集团）有限公司	丁劲松

房地产开发企业（三级资质）

编号	企业名称	法人代表
316	上海中钱房地产开发有限公司	潘辽原
317	上海地杰置业有限公司	苏红雷
318	上海金居投资管理有限公司	朱黎庆
319	上海平安欣仑物业发展有限公司	孙建德
320	上海三象房产发展有限公司	朱皓
321	上海碧云房地产开发有限公司	朱耀家
322	上海宝地置业有限公司	周竹平
323	上海方舟房地产开发有限公司	朱小弟
324	上海泰日房地产有限公司	曹纳弟
325	上海培润实业发展有限公司	樊培力
326	上海东苑利景置业有限公司	侯抗胜
327	上海浦东富成房地产有限公司	唐钟录
328	上海虹桥房地产有限公司	王缨
329	上海汇裕置业有限公司	张海威
330	上海金罗店开发有限公司	任晓威
331	上海东方康桥房地产发展有限公司	王煦菱
332	上海环恒房地产有限公司	蔡永康
333	上海平高企业集团有限公司	俞跃良
334	上海江兴置业有限公司	孙德兴
335	上海昌大房地产发展有限公司	蒋元昌
336	上海新天鸿高尔夫物业发展有限公司	彭中州
337	上海新舒房地产开发有限公司	曾文星
338	上海双拥文化园投资开发有限公司	缪世鸿
339	上海振亭房地产开发有限公司	曾振波
340	上海森泽房地产有限公司	王雅美
341	上海颛元置业有限公司	牟震
342	上海颐和置业有限公司	卫福才
343	上海陆发房地产开发有限公司	陶开辽
344	上海鸿顺置业发展有限公司	卢福
345	上海新闵房地产联合发展有限公司	李怀靖
346	上海宝域房地产发展有限公司	薛荣坤
347	上海申东房地产开发有限公司	富心荧
348	上海复旦科技园股份有限公司	朱克勤
349	上海华宝房地产发展有限公司	
350	上海庙行房地产开发经营公司	朱国忠
351	上海新练塘城建开发有限公司	沈明
352	上海由由房地产开发有限公司	王福祥
353	上海闵行区商业建设有限公司	林亚夫
354	上海烟草集团房地产开发经营公司	周永森
355	上海申新房地产开发有限公司	杭鹏浩
356	上海金色紫都房地产有限公司	黄文仔
357	上海景秀置业发展有限公司	王正舜
358	上海信建房地产集团有限公司	赵正科
359	上海源东房地产开发有限公司	李从恺
360	上海盛昶房地产开发有限公司	盛凤祥
361	上海城桥房地产开发经营有限公司	庞志云
362	上海东苑兆业房地产发展有限公司	侯抗胜
363	上海峥宸房地产有限公司	沈文贵
364	上海南方国际购物中心有限公司	王雁
365	上海中福（集团）有限公司	高象柱
366	上海张江集成电路产业区开发有限公司	葛培健
367	上海东方城乡房地产开发经营有限公司	
368	上海莘南房地产开发有限公司	谢德光

房地产开发企业（三级资质）

编号	企业名称	法人代表
369	东方海外（上海）投资有限公司	曾文星
370	上海银河房地产经营有限公司	马新高
371	上海安新华诚实业发展有限公司	陆美芳
372	上海东陆房地产发展有限公司	吴永康
373	上海同文置业有限公司	肖小凌
374	上海浩城置业有限公司	孙龙根
375	上海金栋房地产开发有限公司	金守红
376	上海强生房地产开发经营公司	孙冬琳
377	上海新崇房地产开发有限公司	张俊
378	上海绿庭房地产开发有限公司	俞乃奋
379	上海市北置业发展有限公司	朱朝晖
380	上海金山嘴房地产开发有限公司	朱龙明
381	上海谷元房地产开发有限公司	高天国
382	上海益海房地产开发有限公司	奚德龙
383	上海浦东南汇房地产有限公司	钱文台
384	上海银都商城发展有限公司	陈秀钦
385	上海银欣房地产有限公司	杜锦豪
386	上海连兴经济发展合作公司	马友良
387	上海莎海实业（集团）有限公司	王卫兵
388	上海万博房地产开发有限公司	黄志源
389	上海亚达投资发展有限公司	李忠
390	上海新天地置业发展有限责任公司	黄建春
391	上海市工业区开发总公司	叶敞
392	上海长峰房地产开发有限公司	童锦泉
393	上海名鹰房地产发展有限公司	芮永祥
394	上海昌辉企业发展有限公司	苏萍
395	上海上投置业发展有限公司	杨勇
396	上海科事发房地产有限公司	陈剑
397	上海锦迪城市建设开发有限公司	王中斌
398	上海静安公房资产经营有限公司	许惟铮
399	上海众立房地产开发有限公司	夏莲珊
400	上海梅山房地产开发经营有限公司	周荣龙
401	上海申城房地产开发实业总公司	李春农
402	上海华鑫物业管理顾问有限公司	张厚伟
403	上海市房屋实业有限公司	孙明基
404	上海三和房地产有限公司	顾建国
405	上海东鹤房地产有限公司	童彬彬
406	上海乔华房产经营管理有限公司	李珩
407	上海珠街阁房地产开发有限公司	王安德
408	上海恒舜置业有限公司	潘凤杰
409	上海尚晋实业有限公司	黄奕雄
410	上海衡泰房地产有限公司	
411	上海振威投资发展有限公司	魏宝龙
412	上海安盛房产开发有限公司	陈勤帮
413	上海裕康房地产有限公司	
414	上海凤翔房地产开发有限公司	匡放
415	上海越盛房地产开发有限公司	宋世敏
416	上海徐泾房地产有限公司	邵国旗
417	上海锦城房地产有限公司	叶贵勋
418	上海久青房地产开发经营有限公司	黄有根
419	上海恒力房地产发展有限公司	顾宝林
420	上海前晋企业(集团)有限公司	
421	上海民都置业有限公司	谢飞

房地产开发企业（三级资质）

编号	企业名称	法人代表
422	上海北杰旺房地产有限公司	丁明年
423	上海环龙房地产开发经营有限公司	钱一
424	上海跃进房地产开发有限公司	励一鸣
425	中铁二十四局集团上海房地产开发有限公司	白圻业
426	上海裕都房地产开发有限公司	张钧
427	上海汇京置业发展有限公司	杜元龙
428	上海源丰投资发展有限公司	黄成林
429	上海康德利房地产经营有限公司	胡礼刚
430	上海松城房地产有限公司	沈杏芳
431	上海万业企业两湾置业发展有限公司	程光
432	上海彩虹房地产有限公司	陈建彬
433	上海长宁房地产经营有限公司	卓越强
434	上海汇丽房地产开发有限公司	吴镔
435	上海贡霄房地产开发有限公司	蔡为超
436	上海鸿越实业有限公司	周保云
437	上海佳源置业有限公司	方壮源
438	上海五角场房地产开发公司	邢志浩
439	上海公房实业有限公司	包永镭
440	上海华商房产发展公司	张引浩
441	上海东升置业发展有限公司	潘才华
442	华润置地（上海）有限公司	唐勇
443	上海世茂房地产有限公司	许世坛
444	上海亚萌置业有限公司	李剑峰
445	上海九城置业有限公司	李文壅
446	上海市城镇建设发展有限公司	游玉云
447	上海市金辉工业房地产发展公司	常振华
448	上海清水颐园房地产有限公司	
449	上海陆家嘴城市建设开发投资有限公司	毛德明
450	上海中坤置业有限公司	陈伟元

第二十三章 部分物业管理企业名录

物业管理企业（一级资质）

编号	企业名称	法人	电话
1	和记物业服务（深圳）有限公司上海东方汇经中心分公司	龙秀慧	
2	广州市三原物业管理有限公司上海分公司		64938369
3	北京中铁第一太平物业服务有限公司上海分公司		
4	苏州易亚物业管理有限公司上海分公司		
5	中海物业管理有限公司上海分公司		
6	福州融侨物业管理有限公司上海分公司		
7	北京燕侨物业管理有限公司上海分公司		
8	上海诚信中宁物业服务有限公司	罗登科	66403171
9	浙江鸿翔物业管理服务有限公司上海兴瑞物业管理分公司	麻永明	
10	广州侨乐物业服务有限公司上海分公司		13351699783
11	北京戴德梁行物业管理有限公司上海分公司		
12	上海中一物业管理有限公司	邱天明	36355066
13	和记物业服务（深圳）有限公司上海湖畔名邸分公司	龙秀慧	22166045
14	苏州悦华置合物业服务有限公司上海分公司	储高平	
15	上海福田物业管理有限公司		631470797
16	深圳市盛孚物业管理有限公司上海分公司		64934031
17	新工(厦门)物业管理服务有限公司上海分公司		13816631518
18	上海市申江两岸开发建设投资（集团）有限公司		63306500
19	兆丰国际(上海)有限公司	蔡政吉	63611688
20	上海弘辉房地产开发有限公司		51019160
21	上海金樱房地产发展有限公司		34083267
22	上海士林置业有限公司		63777730
23	上海益力实业有限公司		63615410
24	上海金光外滩置地有限公司		63350000
25	中航物业管理有限公司		52895900
26	上海仁恒物业管理有限公司		51380088
27	上海景瑞物业管理有限公司	阳　侃	66293601
28	上海德律风物业有限公司		62669898
29	上海宏阳物业有限公司	陈澄如	56667233
30	上海生乐物业管理有限公司	张伟超	53071133
31	上海新独院物业管理有限公司		58127700
32	上海延吉物业管理有限公司		65485705
33	上海浦东房地产集团物业管理有限公司		58314533
34	上海圣维仕物业管理有限公司		62780489
35	上海虹桥经济技术开发区物业经营管理有限公司	应祖同	62095135
36	上海芸绮物业管理有限公司	沈建中	50305553
37	上海永绿置业有限公司	钱　杰	59182049
38	上海东方大学城物业管理有限公司	周　强	65343501
39	上海古北物业管理有限公司	俞仲根	62194617
40	上海孜诚置业有限公司	朱　励	57827572
41	上海金地物业服务有限公司	周享林	69919999
42	港联物业服务（上海）有限公司	黄建邦	62528855
43	上海虹达物业管理有限公司		65446599
44	上海富都物业管理有限公司	宋安琪	58735432
45	上海三湘物业服务有限公司		65366830
46	上海东方航空物业有限公司		51137913

物业管理企业（一级资质）

编号	企业名称	法人	电话
47	上海浦江物业有限公司		63302406
48	上海招商局物业管理有限公司		62177377
49	上海中星集团申城物业有限公司	丁晓枚	58602003
50	上海联源物业发展有限公司		62031742
51	上海安荣物业管理服务有限公司	傅　平	31261949
52	上海申能物业管理有限公司	徐致丰	63900305
53	上海复欣物业管理发展有限公司	袁德炯	63261621
54	上海文化物业管理有限公司	杨　侃	55512121
55	狮城怡安（上海）物业管理有限公司		54071833
56	上海紫泰物业管理有限公司		62377360
57	上海保利物业酒店管理有限责任公司		68801600
58	上海万科物业服务有限公司		62786600
59	上海阳光投资（集团）物业管理有限公司		33725115
60	上海陆家嘴物业管理有限公司		50810333
61	上海上置物业管理有限公司	李耀民	65224710
62	上实物业管理（上海）有限公司	巢爱莲	64749200
63	中海物业管理（上海）有限公司		64662288
64	上海新世纪房产服务有限公司		68863887
65	上海丰诚物业管理有限公司	王克活	63906111
66	上海东湖物业管理公司		64667880
67	上海采林物业管理有限公司	陈才林	64260060
68	仲量联行测量师事务所（上海）有限公司		61335486
69	上海瑞创物业管理有限公司		62749547
70	上海新长宁（集团）仙霞物业有限公司		62599294
71	上海农工商旺都物业管理有限公司		64682025
72	上海百联物业管理有限公司		63517334
73	上海明华物业管理有限公司		63294612
74	上海宝钢源康物业管理有限公司	杨建君	56110204
75	上海威斯特物业经营有限公司		56059689
76	上海科瑞物业管理发展有限公司	张鑫国	52712415
77	上海上房物业管理有限公司	李文洁	64377300
78	上海地铁东方置业发展有限公司		64474054
79	上海欧鼎物业管理有限公司		38019056
80	天津顺驰物业管理有限公司上海分公司		62251166
81	上海新金桥物业管理有限公司	潘建中	58547356
82	中信泰富（上海）物业管理有限公司		62156215
83	上海新市北企业管理服务有限公司		66313925
84	保利广州物业管理有限公司上海分公司		36508818
85	上海中企物业管理有限公司	朱建华	62884508
86	上海锐翔物业管理有限公司	张圣哲	62449611
87	上海华敏物业管理有限公司	纪　蕊	52380808
88	上海复瑞物业管理有限公司		66392626
89	上海新湖物业管理有限责任公司	叶正猛	61427128
90	上海中远物业管理发展有限公司		65016868
91	上海上勤物业管理有限公司	徐　伟	54674555
92	上海同涞物业管理有限公司	翁国强	63455698
93	深圳市特发物业管理有限公司上海分公司	刘春根	61143723
94	深圳市华侨城物业服务有限公司上海分公司	丘学梅	
95	上海上水市南物业管理有限公司		63390143
96	上海益中亘泰物业管理有限公司	朱春堂	63090963
97	深圳市金地物业管理有限公司		13601983580
98	上海高地商务楼物业管理有限公司		52358110
99	北京世邦魏理仕物业管理服务有限公司上海分公司		24011200

物业管理企业（一级资质）

编号	企业名称	法人	电话
100	上海中浦物业管理有限公司		63320316
101	嘉里建设管理（上海）有限公司	周崇濂	63178008
102	上海漕河泾开发区物业管理有限公司		54902564
103	上海外高桥物业管理有限公司		58681690
104	长城物业集团股份有限公司上海分公司		13761102361
105	深圳市开元国际物业管理有限公司		13602650826
106	杭州开元物业管理有限公司上海松江分公司		67820231
107	江苏新城物业管理有限公司		
108	无锡金马物业管理有限公司上海分公司	顾建洪	52390805
109	上海新湖绿城物业服务有限公司	严　明	61427128

物业管理企业（二级资质）

编号	企业名称	法人	电话
1	深圳衡信柏迪物业管理有限公司上海分公司		13918622616
2	上海中仪物业有限公司	卫立柱	32551788
3	大连万达物业管理有限公司上海分公司		68126592
4	上海安亦物业服务有限公司	张红军	54363155
5	上海长柳实业有限公司	陆惠剑	59442842
6	上海国际医学园区管理有限公司	乔仲欣	38019056
7	上海乐伊物业管理有限公司	袁文战	58799863
8	上海真贤物业管理有限公司	吉建平	13701768781
9	上海复医天健医疗服务产业股份有限公司	方　强	60768008
10	上海智富物业管理有限公司	丁冬梅	56530027
11	上海金陵投资有限公司	刘祖相	58997062
12	上海静安地产集团物业有限公司	曹仕红	62721309
13	上海明嘉物业管理有限公司		64101778
14	上海金洋芸绮物业管理有限公司	陈春萍	50308925
15	上海庆有余物业管理有限公司	吴宇超	13386052925
16	上海东泰物业管理有限公司	张　艳	13381934332
17	上海瑞永投资有限公司	孙金祥	62258254
18	上海安盛物业有限公司	陈勤帮	59885206
19	上海国际贸易中心有限公司	唐贵发	62708008
20	上海优扬物业管理有限公司	荣　玉	51619992
21	上海海存物业管理有限公司	郑善挺	13371892188
22	上海沙田物业管理有限公司	戴立家	52910616
23	上海纺织物业经营管理有限公司	邵　峰	62325117
24	上海大至物业管理有限公司	任　鹏	13816691181
25	上海钰鼎物业管理有限公司	王得正	53062882
26	上海华寿物业管理有限公司	吴伟民	64012818
27	上海盈尚物业管理有限公司	张　武	60585133
28	上海金榜物业有限公司	孙立伟	54715701
29	上海鑫铭物业管理有限公司		54707225
30	上海阳光工联物业管理有限公司	徐俊福	54936148
31	上海仲源物业有限公司		54151596
32	上海欣晨物业管理有限公司	陈　捷	65193393
33	上海马桥物业管理有限公司	顾志兴	64637500
34	上海不凡物业管理有限公司	张月师	20246103
35	上海新轻物业管理有限责任公司	王立安	64318863
36	上海联昌物业管理有限公司	赵春波	51308968
37	上海嘉隆物业管理有限公司	唐祖昌	59530870
38	深圳市太平物业管理有限公司上海分公司		61005702